国家自然科学基金项目·中国经济问题系列丛书

陕北能源富集区土地资源利用与生态安全评价研究

李 强　张 翀　著

国家自然科学基金项目（41301618 基于过程的陕北能源
　富集区土地利用转型与时空配置研究）
陕西省 2015 年度科学技术研究发展计划陕西省青年科技　　　资助出版
　新星项目（2015 KJXX-45 基于 GIS 的陕北能源富集区
　土地利用与生态效应评价）
陕西学前师范学院地理学重点学科

科 学 出 版 社

北 京

内 容 简 介

陕北气候干旱、水土流失严重，且是我国重要的能源资源富集区和能源重化工基地。本书通过利用遥感、统计、测试等多种数据，结合地理信息系统及智能化处理等多种方法，多时空尺度、综合、全面、系统地对生态脆弱区大型能源重化工基地人类活动的生态效应进行测评与分析，以期探明本区域近 30 年人类活动（能源开发相关因素）产生的生态环境效应变化特征和时空差异、发展趋势和动力机制及影响机理。同时建立西部生态脆弱区能源和重化工基地生态安全评价指标体系与方法体系，进行生态安全动态分析，探讨生态安全对能源开发的响应机制。最后将各种数据处理封装在一起，实现生态安全评价、风险预报等的智能化处理。

本书可供地学、资源环境、能源科学、土地生态、城市生态、土地管理、区域发展、农林科学等领域的研究人员及高校师生阅读和参考。

图书在版编目（CIP）数据

陕北能源富集区土地资源利用与生态安全评价研究 / 李强，张翀著.—北京：科学出版社，2016.9

ISBN 978-7-03-049967-7

Ⅰ. ①陕…　Ⅱ. ①李…　②张…　Ⅲ. ①土地资源–资源利用–研究–陕北地区　②生态安全–安全评价–研究–陕北地区　Ⅳ.①F323.211②X959

中国版本图书馆 CIP 数据核字（2016）第 225044 号

责任编辑：徐　倩 / 责任校对：李　影
责任印制：霍　兵 / 封面设计：无极书装

科学出版社 出版

北京东黄城根北街 16 号
邮政编码：100717
http://www.sciencep.com

新科印刷有限公司 印刷

科学出版社发行　各地新华书店经销

*

2016 年 9 月第　一　版　　开本：720×1000 1/16
2016 年 9 月第一次印刷　　印张：17 1/4
字数：380 000

定价：86.00 元
（如有印装质量问题，我社负责调换）

前　　言

陕北是我国能源资源主要产区之一，蕴藏着丰富的煤炭、石油和天然气，该区域正在成为我国西煤东运、西气东输的重要补给地与能源重化工基地。但该地区地处干旱–半干旱地区，为黄土高原水土流失最为严重的区域之一，生态环境十分脆弱，易破坏、难恢复，能源资源的开发对陕北能源区原本十分脆弱的生态环境造成了巨大的破坏，使局部地区生态环境更加恶化，对生态环境产生不可逆转的影响。

本书以陕北为对象，从区域生态环境安全、能源安全和可持续发展出发，选择不同空间尺度，主要分析生态环境变化特征和可持续发展中存在的问题、影响因素、影响机理及过程，构建生态安全本底数据库、模型库，对生态脆弱区中能源开发区的生态效应和生态安全动态进行综合定量测评，运用地理信息系统（geographic information system，GIS）技术进行数据处理及时空的动态模型分析，查清能源开发的生态环境效应及动态变化特征，并对生态安全对能源开发的响应机制进行分析。对深化人地关系研究的理论与方法、促进西部重能源区环境协调持续发展，均有重要的理论意义和现实作用。

本书创新之处及取得的研究进展如下：①研究采用的数据多为时间序列数据，采用的统计学方法较多。各种数学方法的处理均以 MATLAB 的编程语言为基础，从多角度考虑，并且经过图形用户界面（graphical user interface，GUI）设计和开发，建立多种分析方法的可执行文件（executable file，EXE），提高数以万计的栅格的运算效率，最终实现时间序列地理栅格数据的智能化、拓展式、人机交互式处理。期望可以将 GIS 与 MATLAB 的数据处理系统紧密联系起来，对其他地学问题的处理有重要的应用价值和启发意义。②探讨生态系统固碳对碳捕捉与封存成本的影响，估算陕北各个县区的二氧化碳治理最低合计成本，从而基于相关部门的立法和约束，为各个县区的不同产业二氧化碳治理成本投资提供依据，使政府部门可以从全球变暖的主要根源上出发，实现低能耗、低污染、低排放为基础的低碳模式。③将生态安全等级与土壤重金属潜在风险等级相结合，从生态多样性与土壤重金属污染的可能性出发，探测陕北能源区生态热点区域。本书根据实际生态环境及人类活动对其影响程度，在热点区域的基础上给出了应对土壤重金属污染优先保护区,延安市中部的中–低热点区的过渡区及洛川县应该作为应对土壤重金属污染的优先保护区域,该区域生态环境中度安全,人口较为密集,且地下石油储量丰富,石油开采范围较广,削山造城、石油开采等不合理人为活动导致山体稳定性减弱,水土流失加重,这些是该区域土壤重金属的重要来源。该方法为生态环境优先保护范围的确定提供了一种新的思考模式,同时为相关部门生态修复和生态环境进一步管理与保护提供了理论依据。

　　本书得到国家自然科学基金项目(41301618 基于过程的陕北能源富集区土地利用转型与时空配置研究)、陕西省社会科学基金项目(13D019 陕西能源富集区土地开发利用与生态安全评价)、陕西省 2015 年度科学技术研究发展计划陕西省青年科技新星项目(2015KJXX-45 基于 GIS 的陕北能源富集区土地利用与生态效应评价)及陕西省教育厅科学研究计划项目(2014JK1182 陕北农牧交错区油气开发与生态效益评价研究)资助,在此一并致谢!

目　　录

第1章 绪 论

随着人口的增长和社会经济的快速发展，人类的社会经济活动导致自然资源的高速耗减和环境质量的快速下降，以及生态环境服务功能和效应的锐减，人类生存环境面临严重威胁。能源是关系到国民经济发展和国家安全的战略资源。随着我国社会经济的发展，能源供给压力越来越大，因此加快本国能源开发是必然趋势；长期以来，人们十分关注能源的生产和消费研究，但对能源开发区生态环境的研究相对较为薄弱，缺乏全面系统定量的研究和有效的管理机制，造成大型能源基地或地区生态环境不断退化，特别是生态环境脆弱区[1~5]，一旦破坏很难恢复，使区域生态系统服务功能和效应锐减，生态价值损失巨大，灾害频繁发生。据环境保护部、国土资源部调查，在能源开发过程中，造成的生态破坏和环境污染十分严重，而恢复治理率仅为5%（发达国家为65%以上）[6,7]。能源开发中占用和破坏了大量的土地资源，造成土地理化性质和生产力严重破坏，特别是土壤表层的丧失或性质的改变，使土壤失去永续利用的价值，植被破坏、地表结构破坏造成严重的水土流失，或出现大片土地荒漠化。加之能源开发区能源加工基地建设及能源地区铁路、公路的配套和交通建设加快等，加速了生态环境的破坏。生态危机必然会导致区域社会经济的不稳定、不安全及不可持续发展。因此，加强生态脆弱区能源开发生态环境效应测评和研究，探明影响特征、动态变化和影响机理，建立有效政策制度和管理机制，处理好能源开发与区域可持续发展关系，是国家安全的一个战略任务，对我国经济、文化、政治和社会具有重大而深远的意义，特别是在生态脆弱区对能源开发的生态效应进行全面、系统、定量测评与研究，建立科学可行的调控机制，不仅具有必要性，更具有迫切性，同时也是人地关系研究的理论与方法的深化、探索与实践，对学科发展也具有重大的推动作用。

近年来，国内外专家学者从可持续发展角度出发，对能源开发和环境安全问题从理论到方法进行了大量研究和实践，取得了重要进展[8~13]，其研究主要集中于环境安全和能源安全的评价理论与方法和指标体系上，并在不同时空尺度上对生态敏感地带，从不同角度进行了专题性实证研究，取得了重要成果，推动着这一研究的不断深化[14~50]。由于生态系统的复杂性和研究方法的多样性，在目前研究和应用中，仍然存在着许多问题，包括方法需要不断完善，理论需要进一步探讨，并需要在不同地区应用实践中不断完善等。我国近几年的能源和环境安全研究取得了丰富的成果，为深入系统的研究奠定了良好的基础。但仍然存在许多问题，主要问题如下：①环境安全多以行政区为单元进行评价，人为割裂生态系统的完整性；②宏观特征和规律研究较多，微观机制机理研究比较薄弱；③评价指标体系主观性较强，缺乏多尺度指标体系，综合研究较少；④环境安全指标研究中安全阈值的研究较少；⑤环境安全度分等划级主观随意性大，缺乏科学性、客观性和统一性；⑥对西部重能源地区研究相对较少，对能源开发生态环境效应缺少定量化和动态化分析。近年来，陕北能源区相关产业迅速发展，人口迅速聚集，城镇化加快，环境压力剧增，生态问题更为突出，使能源开发区面临巨大的生态风险，影响区域可持续发展。因此，对生态脆弱区能源开发基地和生态安全状况及生态风险需要全面综合系统的研究，建立有效机制进行调控，以免在能源开发枯竭时，又出现大量区域资源和生态环境无法承载的废都、废城和新的贫困区。

因此，通过不同空间尺度的深入研究与实践，力求对区域能源开发利用的生态效应有一个更深刻的认识，并进一步探索能源开发对生态环境影响的过程、动力因素机制和影响机理，从而深化和完善人地关系研究的理论与方法体系，完善和深化区域可持续发展评价的理论体系和方法指标体系，建立能源开发区与生态环境可持续发展途径。

本书以陕北为主要研究区。选择不同空间尺度，主要分析生态环境变化特征和可持续发展中存在的问题、影响因素、影响机理及过程，构建生态安全本底数据库、模型库，并对生态安全对能源开发的响应机制进行分析，最终提出区域能源开发利用与区域可持续发展的调控对策。陕北，特指陕西的延安市和榆林市，它是相对于陕西的陕南和关中而言的。该地区东隔黄河与晋西相望，西以子午岭为界与甘肃、宁夏相邻，北与内蒙古相接，南与关中的铜川相连，其范围包括榆林市和延安市的 25 个县区。陕北是我国能源资源主要产区之一，蕴藏着丰富的煤炭、石油、天然气，已探明储量巨大，分布集中，资源开发远景相当可观。在能源优势的支撑下，该区域正在成为我国西煤东运、西气东输的重要补给地与能源重化工基地。从 2001 年开始，陕北的能源开发规模迅速扩大，为我国的经济增长贡献了重要力量。

但该地区为黄土高原水土流失最为严重的区域之一，降水量少，水资源缺乏，水土流失、沙漠化严重，植被稀疏，生态环境十分脆弱，易破坏、难恢复，能源资源的开发对陕北能源区原本十分脆弱的生态环境造成了巨大破坏，使局部地区生态环境更加恶化，据估计这项损失为 27 697.48 ~ 57 810.84 万元/年，占当地生产总值的 1.01% ~ 2.11%；而且本区域地处干旱–半干旱地区，区域经济发展和人民生活受水资源瓶颈的制约严重。例如，陕西榆林市地下水含水层正好就在煤层上方，煤炭开发很容易造成地下水的流失，引起地表植物枯死，地面沙化和塌陷近年也不断发生，对生态环境产生不可逆转的影响。

此外，能源经济也促进了地区的快速发展，积聚了大量资金，为地区大力度生态建设提供了可能。在这样的情况下，要避免资源大开发变资源大开挖、生态大破坏，待资源枯竭时变成大贫困的困境，就要在动态监测和定期量化评价基础上，建立有效管理机制和措施。

因此，从区域生态环境安全、能源安全和可持续发展出发，对生态脆弱区中能源开发区的生态效应和生态安全动态进行综合定量测评，运用 GIS 技术进行数据处理及时空的动态模型分析，查清能源开发的生态环境效应及动态变化特征，建立生态脆弱区能源开发利用优化模式与可持续发展调控对策。对深化人地关系研究的理论与方法、促进西部重能源区环境协调持续发展，均有重要的理论意义和现实作用。

1.1　国内外研究进展

1.1.1　生态系统服务功能研究进展

生态系统是植物、动物和微生物群落及非生物环境的动态复杂系统，其作为一个功能单位进行相互作用，人类仅仅是生态系统的一个组成部分。生态服务功能概念多样，Costanza 等认为生态系统服务功能可以量化为生态系统为人类提供的产品和服务，以表示生态系统为人类直接或间接提供的利益[51]。Daily 等认为生态系统服务功能是自然生态系统生产产品，从而维持和满足了人类生存的过程[52]。de Groot 等认为生态系统服务功能是自然生态系统和人为生态系统直接或间接为人类提供的产品和服务[53]。根据联合国千年评估报告，生态服务功能被定义为人们从生态系统谋取的利益[54]。该概念中的生态系统既包含自然生态系统，也包含人为及人类改造的生态系统，这种服务可以是间接的，也可以是直接的，既存在有形的效益，也存在无形的效益。由于经济快速发展，人类对生态环境的破坏日益加重，从而使自然环境的变化越来越多地影响着社会经济活动和人类生活，人类开始认识到生态系统提供的资源、净化能力、土壤保持等服务对于维持人类正常的生产和生活尤为重要，所以根据自然科学、哲学、社会学、经济学等多学科，将生态系统服务功能价值货币化，从而使人类对生态系统服务功能认识加深，以便更好地对生态系统进行管理。

生态系统服务功能目前主要侧重于生态系统的生产能力、气候调节能力、土壤保持能力和水源涵养等能力的评价。针对净第一性生产力估算，国内外不同学者建立多种估算方法，估算方法差异性很大，包括气候生产力模型[55~59]、生理生态过程模型[60~64]、光能利用模型估算[65~68]等，其中光能利用模型进行净第一性生产力估算已经成为一种全新手段。我国学者李晶和任志远[69]、朱文泉等[70]应用光能利用效率模型（carnegie-Ames-Stanford approach，CASA）分别对我国陕北黄土高原和我国陆地生态系统的净第一性生产力进行了估算。生态系统固碳释氧的估算是基于净第一性生产力估算，然后根据光合作用化学方程式将净第一性生产力转换为固碳量和释氧量，进而计算其价值量。土壤侵蚀模型分为经验统计模型和物理模型两类。经验统计模型主要有通用土壤流失方程（universal soil loss equation，USLE）、修正通用土壤流失方程（revised universal soil loss equation，RUSLE）、欧洲土壤侵蚀模型（European soil erosion model，EUROSEM）等。物理模型包括农田尺度的水侵蚀预测模型（water erosion erediction project，WEEP）、荷兰 LISEM（limburg soil erosion model）等。目前，USLE 和 RUSLE 是应用最为广泛的两个模型。生态系统涵养水源模型主要包括区域水量平衡法与基于植被和土壤的蓄水能力及径流量的估算方法，如李红云等[71]、张文广等[72]分别对济南南部山区、岷江上游地区的植被涵养水源量进行了计算。

自 1997 年 Costanza 对生态系统服务功能价值的研究后，我国学者对该领域进行了深层次研究，如高长波等[73]、任志远[74]对生态系统的安全与生态服务价值之间的辩证关系及生态系统可持续性进行了详细的论述，均认为生态系统的可持续性/生态安全受到了人类社会系统与自然环境系统两者的共同作用。

对于改善人类福祉、可持续发展、效率与公平、生态保护与恢复决策的要求，生态系统服务功能的价值评估是非常必要的。生态系统服务功能价值量的评估有助于提高公众环境保护意识、环境与经济一体化核算、制定合理的自然资源价格体系、在环境影响评价中做出绿色决策与生态补偿制度的公平。

生态系统提供的服务功能可通过各种定性和定量的方法进行评估。目前，生态系统服务功能的监测和评估可以定量反映出生态系统为人类提供的利益，是生态学、经济学、环境学等多学科的研究热点问题。地球生命支持系统自身的稳定和生态系统服务功能的可持续发展是人类和社会可持续发展的前提，从研究生态系统服务功能物质量及其价值量出发，为合理地开发生态系统资源，逐步将生态服务功能经济价值纳入国民经济评估体系，从而实现社会经济的可持续发展。另外，国内外大量学者已经开展了多种陆地生态系统的服务功能及其价值量评估研究，但由于人们对能源区生态系统及生态服务功能理论的认识局限，使针对能源区生态系统服务功能及其价值量评估的研究相对较少。

1.1.2　生态安全研究进展

人类社会的发展需要开发一定的自然生态系统，如土地、森林和水资源的利用，随之会引起自然生态系统组分、结构和功能发生变化。开发较为严重的情况下，便会导致景观破碎程度增加，自然物种减少甚至灭绝，以及外来物种入侵，所排放的废弃物又会反过来对人类赖以生存的土地、空气和水资源等产生负面影响。这些变化带来了许多严重的生态环境问题，如水土流失和退化、森林资源减少、空气污染、水体污染、温室气体的增加、臭氧层破坏、能源短缺、海洋污染及物种灭绝。此外，这些严重的生态环境问题会产生许多更严重的生态安全问题，如环境健康问题、生态庇护所和资源战争等。这些严重的生态安全问题威胁着一个国家或人民群众的切身利益，人类生存面临严重威胁，并阻碍人类社会的进一步发展，亟须找到有效的方法来解决这个问题。

目前，生态安全，存在广义和狭义两种概念。狭义的生态安全概念是指自然和半自然生态系统的安全，即生态系统完整性和健康的整体水平反映。健康系统是稳定的和可持续的，在时间上能够维持它的组织结构和自治，以及保持对胁迫的恢复力。若将生态安全与保障程度相联系，生态安全可以理解为人类在生产、生活和健康等方面不受生态破坏与环境污染等影响的保障程度，包括饮用水与食物安全、空气质量与绿色环境等基本要素。广义的生态安全是指在人的生活、健康、安乐、基本权利、生活保障来源、必要资源、社会次序和人类适应环境变化的能力等方面不受威胁的状态，包括自然生态安全、经济生态安全和社会生态安全，组成一个复合人工生态安全系统。生态安全涉及的内容主要包括生态安全概念与特点[75]、生态安全评价[76]、生态安全预警与调控[77]、生态安全管理和维护等[78]。其中，生态安全评价是生态安全研究的基础和前提，在全球环境管理工作中占据着越来越重要的地位。

生态安全评价是由生态风险分析与生态健康研究演变而来的。由于生态安全的评估需要大量的数据，如社会经济数据、环境数据、自然资源数据等，集成多源数据建立一个评价模型，是一种定量化和有效的评估方法。目前，生态安全评价常用方法主要包括综合评价法、生态建模法和景观生态学方法。综合评价法在不丢失关键指标的信息的基础上简化了评估过程，并提供比较客观的结果，它已被广泛地应用于评价地理典型区域或生态系统。生态建模法是一种基于数学模型的评价方法，已逐渐成为生态安全评价和管理的有效工具。景观生态学方法相对较为新颖，并已逐步成为研究生态安全的重要方法之一，它在大尺度研究区表现出很强的优势。这些方法都主要是通过使用多源数据来实现对研究区生态安全状况的定量分析。

因此，生态安全评价需要大量实时数据的支持，也需要将其结果及时反馈给决策者，所以需要及时并提供真实信息的系统的支持。遥感（remote sensing，RS）和 GIS 技术能够满足这一需求。GIS 作为分析和管理空间数据的有效工具，在生态安全评价方面表现出较强的优势[79]。不同时期卫星图像和航拍照片等遥感数据，可以用来实现土地覆盖变化动态监测，并获取动态或变化信息，从而更新和完善相关数据；并结合大量多时相和多传感器数据，以实现结果的可靠性、精确性。

生态安全评价还存在很多问题，主要包括：①评价指标体系的建立、指标权重的确定及生态安全等级划分上具有较大的主观性[80]，不同区域上的研究不具有可比性[81, 82]；②评价单元多为行政区，空间差异性及针对性较差[83]；③生态安全评价不具有动态连续性，无法挖掘生态安全随时间的动态变化规律[84]。所以本书以栅格为单元，搜集大量相关数据，并采用转移矩阵、MK（Mann-Kendall）检验等方法分析生态安全的时间动态特征，尽量弥补上述存在的不足。

1.1.3　土壤重金属污染研究进展

陕北作为我国重要的能源资源富集区之一，其能源具有储量丰富、埋藏浅、易开采等特点，能源的开采与开发使陕北经济快速发展。随着陕北能源开发带来的经济的快速发展，表层土壤重金属不断积累，直接造成土壤理化性质的改变，间接造成植被退化、大气污染和水体污染，进而威胁着人类健康[85]，能源开发区长期的能源开采过程引起了土壤污染与生态环境问题[86]，土壤重金属的研究成为区域生态环境评价的重要指标[87]，从而为土壤修复提供参考。

近年来，许多学者对不同地域及矿区土壤重金属进行了研究[88~95]，研究对象多为单一区域[96]或者单一类型的矿区[86]，且主要针对土壤重金属化学形态-生物有效性[97~101]、重金属污染研究[102~104]、重金属污染修复和治理[105~107]及重金属污染评价[108~110]等。但是针对不同类型的能源开发区的能源开发对土壤重金属污染的影响，以及结合生态安全指数确定土壤重金属污染优先保护区的研究还比较少，尤其是针对我国特大能源开发基地的相关研究鲜见报道。

本书主要利用遥感、统计、测试等多种数据，结合地理信息系统及智能化处理等多种方法，多时空尺度、综合全面、系统地对生态脆弱区大型能源重化工基地人类活动的生态效应进行测评与分析，主要包括：①以期探明本区域近30年人类活动（能源开发相关因素）产生的生态环境效应变化特征以及时空差异、发展趋势和动力机制及影响机理。②建立西部生态脆弱区能源和重化工基地生态安全评价指标体系与方法体系、进行生态安全动态分析，建立生态风险预报模型和社会经济发展与生态环境协调发展模式和调控机制。同时，将各种数据处理封装在一起，实现生态安全评价、风险预报等的智能化处理。

1.2　本书主要内容

　　本书以陕北为主要研究地区，并在其中不同环境类型区按照开发能源类型（煤、石油、天然气），选择开发基地内不同典型样区作为重点，从不同尺度，结合实地调查和定点观察测试，对能源开发基地土地利用类型结构变化、生态环境要素变化和生态系统功能结构变化及生态效应变化进行综合定量测评，分析能源开发中人类活动与生态效应变化特征、影响因素、影响过程与机理，进行生态安全动态评价和生态风险分析，建立调控机制，以及科学发展模式和可持续发展途径。

　　本书的研究内容主要包括：①对土地利用时空变化及人类活动和生态环境要素（区域气候、土地退化、植被与水土流失、自然灾害等）变化特征进行影响因素和动力机制分析。②测评在能源开发与能源重化工基地建设等因素影响下生态功能变化效应，包括生物量生产、释氧固碳、涵养水源、保持水土、调节气候、净化空气等服务功能变化，通过测评物质量变化，计算其价值量并分析其动态变化特征。③进行生态安全动态评价，根据生态安全影响因素动态特征，分析生态安全对生态压力、生态状态和生态响应的响应机制。④我国生态脆弱区土壤重金属污染对能源开发的响应。⑤能源开发和基地建设对区域生态环境影响具有区域性、长期性和潜在性，灾害的发生具有滞后性。开发扰动打破了自然生态系统平衡。因此，不同空间尺度上的环境质量变化的生态风险评价也是研究的重点。

第 2 章　区域概况与数据处理

陕北是我国重要的能源资源开发基地之一，能源资源以煤炭为主，还分布储量很大的石油和天然气。其中，煤田包括神府煤田、黄陵煤田等，神府煤田是我国特大煤田之一，该地区地质构造简单，煤层厚、埋藏浅、煤炭品质优良；陕北石油的性质及其使用均在东汉班固《汉书·地理志》和宋代沈括《梦溪笔谈》中提到过，储量较大，探明储量大于 4 亿吨，全国排名第 10 位，已发现的油区主要分布在延安市的延长县、宝塔区和安塞县；陕北天然气储量丰富、品质好，探明储量为 3 200 亿立方米，居全国第 2 位，主要分布于定边县和靖边县，是西安、北京、银川等城市天然气供给之一。

陕北是半湿润向半干旱气候的过渡区，又是典型的农牧交错带向农牧-工矿交错带过渡的地区，多种界质交错，生态环境波动性较大，且非常脆弱。煤炭、石油和天然气的开发及相关产业的发展是陕北社会经济发展的主要基础，能源开发及相关产业的发展促进了陕北能源区的城镇化发展，同时也给当地本身脆弱的生态环境带来了巨大压力。

2.1　区　域　概　况

2.1.1　地理位置

陕北是黄土高原的典型部分，地处北纬 35.2°~35.95°，东经 107.15°~110.15°，位于晋陕黄河峡谷以西、子午岭以东、渭北旱塬以北、毛乌素沙地以南，南北狭长，地势西北高、东南低，总面积约为 89 327 平方千米。

根据地貌、土壤、气候、植被、水土流失等情况，陕北能源区可划分为风沙区、黄土丘陵沟壑区、黄土高原沟壑区，涉及的行政区如表 2-1 所示。

表 2-1　陕北地貌行政区划表

地貌类型	涉及县市
风沙区	榆阳区（部分）、神木县（部分）、府谷县（部分）、横山区、靖边县、定边县
黄土丘陵沟壑区	榆阳区（部分）、神木县（部分）、宝塔区、延长县、延川县、子长县、安塞区、志丹县、吴起县、甘泉县、绥德县、米脂县、佳县、吴堡县、清涧县、子洲县
黄土高原沟壑区	富县、宜川县、黄龙县、洛川县、黄陵县

1. 风沙区

陕北风沙区属于毛乌素沙地的一部分，东界黄河，西临宁夏盐池，北与内蒙古毛乌素沙地相连，南大体以明代万里长城为界。气候干旱，蒸发量大，水资源缺乏，风沙大、日照充足。大小湖泊 149 个，地表、地下水相对丰富，水土流失严重，是黄河粗沙和北方沙尘暴的来源之一，是陕北乃至陕西生态最为脆弱的区域。

2. 黄土丘陵沟壑区

黄土丘陵沟壑区是陕北黄土高原的主体。地貌梁峁起伏，地表支离破碎，该区域水热同期，夏秋暴雨侵袭，土壤抗侵蚀力差，是黄河中游水土流失最严重的地区之一，土壤肥力容易流失。坡度大于 25°、15°～25° 及农耕土地均占该区域面积的 1/4，农业生产受到限制，广种薄收，粗放经营。

3. 黄土高原沟壑区

黄土高原沟壑区是陕北高原的一部分，地貌以黄土塬和残塬为主，属暖温带半湿润区，降水量丰富。黄土塬塬面地势平坦宽平，坡度 1°～3°，耕地分布集中，塬边沟壑发育，支离破碎。由于水资源缺乏，农业以旱作为主。除子午岭林区东缘和黄龙、黄陵-宜川林区等分布天然次生林区外，其他地区植被覆盖较低。塬边与植被覆盖较低区水土流失严重。

本书综合多个图件，编辑得到陕北煤炭、石油、天然气这三种能源集中开采区，并在此范围基础上生产 10 千米的缓冲区（图 2-1），以对比能源开采区内能源开发对其周边生态环境的影响。

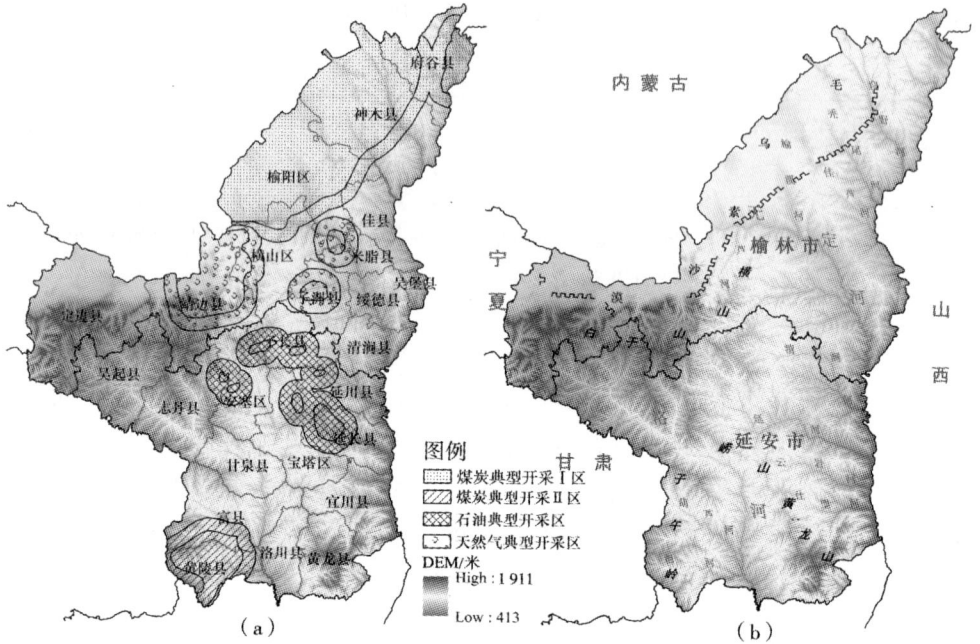

图 2-1　陕北能源区概况

2.1.2　地质地貌

地质构造主要是在中生代基岩所构成的古地形基础上，覆盖新生代红土和很厚的黄土层，经流水侵蚀形成。地势东南低、西北高，地貌类型主要包括黄土塬、墚、峁、沟。黄土塬分布于延安市以南，宝塔区、延长县、延川县地貌类型是以黄土墚为主的墚峁沟壑丘陵区，延安市以北分布以峁为主的峁墚沟壑丘陵区，长城以北沿线是风沙滩地。陕北中南部分布有白于山、子午岭、崂山、黄龙山等山地。

2.1.3　气候

陕北属于中温带干旱大陆性季风气候，且属于西风带。气温偏寒，年均温 7 ~ 13 摄氏度，1 月均温 –4 ~ 9 摄氏度，7 月均温 20 ~ 24 摄氏度。无霜期 170 ~ 200 天。年降水量 400 ~ 700 毫米。季节差异明显，春季风沙多，夏季多雨，秋冬季降水稀少，干冷。

2.1.4　土壤

陕北主要土壤类型包括黑垆土、黄绵土和黑状土，其次为风沙土和栗钙土。黑垆土发育于黄土母质之上，其在沙漠化、气候变化等因素的影响下，尽保存于部分地区。黄绵土由北向南呈区域变化而且具有明显的规律性，即亚细绵沙土、黄绵土和黄墡土。在冷凉气候的林地，土壤向黑垆土发育，土壤剖面下部具有较多根管状碳酸盐新生体，该土壤被称为黑状土。

2.1.5　植被

陕北植被从西北向东南分别为风沙草原、草原化森林草原和森林草原。风沙草原区以耐寒旱的干草原和沙生植被为主；草原化森林草原区植被破坏和水土流失严重，植被向草原化方向发展；森林草原植被覆盖相对较好，以落叶阔叶林为主，属国家天然林保护区。

2.1.6　生态环境问题

1. 水资源缺乏

陕北属干旱半干旱大陆性季风气候，蒸发强烈。陕北水资源总量占陕西省水资源总量的 17.4%。延安市和榆林市人均拥有水量分别占全国人均水量的 33%和43%，属重度缺水地区。延安市水资源总量如表2-2所示。

表2-2　延安市水资源总量（单位：亿米^3）

行政区名称	地表水资源量	地下水资源量	重复水资源量	水资源总量
宝塔区	1.15	0.280	1.150	0.28
延长县	0.60	0.178	0.178	0.60
延川县	0.82	0.201	0.201	0.82
子长县	1.11	0.303	0.303	1.11
安塞区	1.30	0.326	0.326	1.30
志丹县	1.47	0.433	0.433	1.47
吴起县	1.16	0.378	0.378	1.16
甘泉县	0.57	0.182	0.182	0.57
富县	1.09	0.423	0.423	1.09
洛川县	0.53	0.226	0.226	0.53
宜川县	1.04	0.394	0.394	1.04

续表

行政区名称	地表水资源量	地下水资源量	重复水资源量	水资源总量
黄龙县	1.33	0.357	0.357	1.33
黄陵县	1.21	0.562	0.562	1.21
全市	13.38	4.243	5.113	12.51

2. 水土流失严重

陕北干旱少雨,但是降水集中在 7~9 月,多为暴雨,暴雨冲刷使植被稀疏、土质疏松的粗粒沙黄土水土流失十分严重,大量泥沙输入黄河,陕西黄土高原年输沙量占黄河输沙总量的 42%。水土流失破坏生态平衡,造成河道、库、塘、渠淤积,加剧了洪旱灾害。灌区常因灌溉期泥沙淤积,造成停灌、作物减产。

3. 土地沙漠化程度严重

由于陕北能源区西北部的毛乌素沙地在风力作用下向东南方向扩张,毛乌素沙地东南缘分布着大面积的沙黄土,在风蚀和水蚀作用下极易向沙漠化演变,沙漠化程度由西北向东南逐渐降低。

4. 浪费资源,环境污染严重

首先,能源资源的开采对生态环境的影响较大,尤其对露天煤矿影响最大,地表形态发生变化,地表稳定性降低,植被破坏,煤炭、尾矿及其剥离物的随意堆放造成土壤重金属污染。其次,与能源开采的相关产业发展较快,"三废"排放量不断增加(表 2-3 和表 2-4),水环境、空气污染和土壤污染日益严重。

表 2-3　榆林市主要污染物排放量

污染物排放量	2001 年	2002 年	2003 年	2004 年	2005 年
二氧化硫/万吨	1.35	2.28	4.64	5.75	12.40
烟尘/万吨	1.72	1.66	2.30	3.52	5.75
化学需氧量/吨	1 772.64	393.27	425.75	436.46	807.09
氨氮/吨	33.22	23.39	39.10	42.10	41.79
石油类/吨	2.73	3.06	2.69	2.74	5.57

表 2-4　榆林市工业废水排放量(单位:万吨)

年份	2001	2002	2003	2004	2005
废水排放量	791.55	729.12	761.83	1 083.71	1 182.19

2.2　技　术　路　线

本书分析和研究了陕北能源区各空间尺度下能源开发对生态安全的影响，技术路线如图 2-2 所示，具体如下。

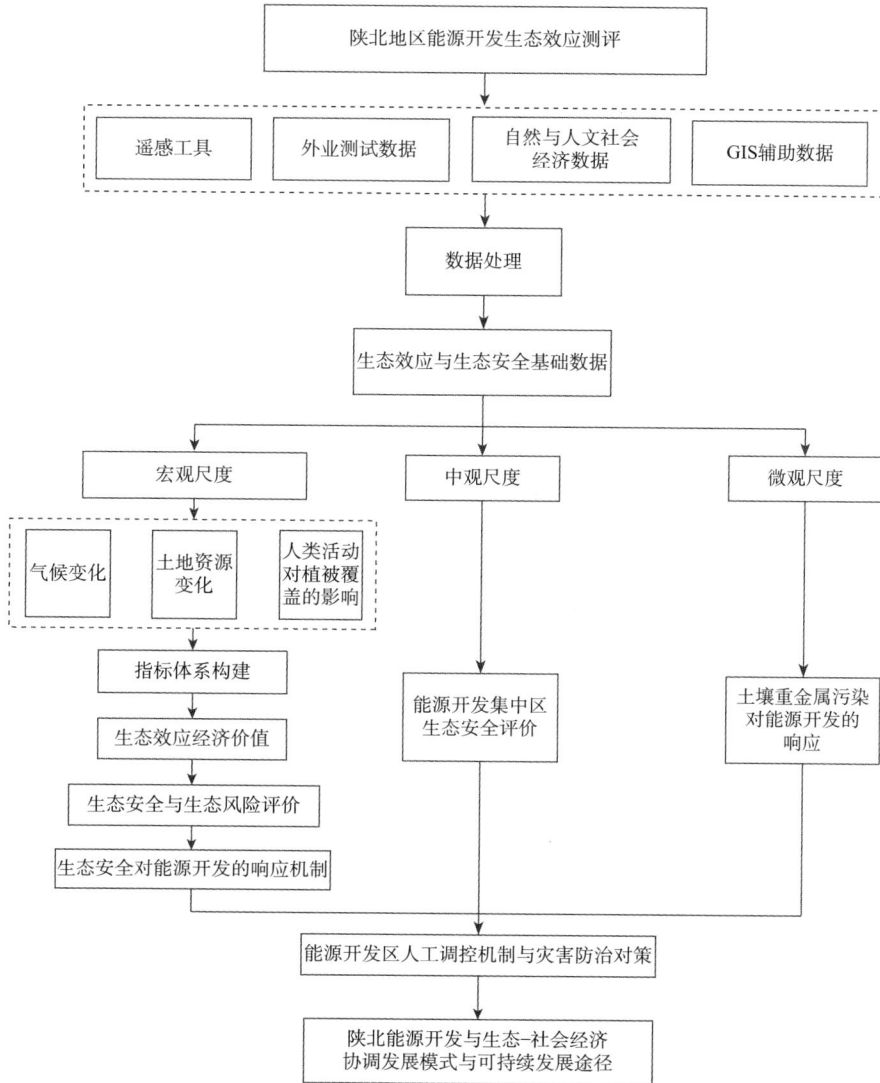

```
┌─────────────────────────────────┐
│     陕北地区能源开发生态效应测评      │
└─────────────────────────────────┘
┌─────────┬──────────┬──────────────┬──────────┐
│ 遥感工具  │ 外业测试数据 │ 自然与人文社会 │ GIS辅助数据 │
│         │          │  经济数据     │          │
└─────────┴──────────┴──────────────┴──────────┘
              ┌──────────┐
              │  数据处理  │
              └──────────┘
        ┌──────────────────────┐
        │  生态效应与生态安全基础数据  │
        └──────────────────────┘
   ┌──────────┬──────────┬──────────┐
   │ 宏观尺度   │ 中观尺度   │ 微观尺度   │
   └──────────┴──────────┴──────────┘
┌────────┬──────────┬──────────┐
│ 气候变化 │ 土地资源   │ 人类活动   │
│        │ 变化      │ 对植被覆   │
│        │          │ 盖的影响   │
└────────┴──────────┴──────────┘
   ┌──────────┐
   │ 指标体系构建 │
   └──────────┘
   ┌──────────┐   ┌──────────┐   ┌──────────┐
   │ 生态效应经济价值 │ 能源开发集中区 │ 土壤重金属污染 │
   └──────────┘   │ 生态安全评价   │ 对能源开发的  │
   ┌──────────┐   └──────────┘   │ 响应       │
   │ 生态安全与生态风险评价 │          └──────────┘
   └──────────┘
   ┌──────────────────┐
   │ 生态安全对能源开发的响应机制 │
   └──────────────────┘
   ┌──────────────────────┐
   │ 能源开发区人工调控机制与灾害防治对策 │
   └──────────────────────┘
   ┌──────────────────────┐
   │ 陕北能源开发与生态–社会经济   │
   │ 协调发展模式与可持续发展途径   │
   └──────────────────────┘
```

图 2-2　技术路线图

（1）收集研究区近30年土地利用与覆盖变化和能源开发基地建设相关资料，包括遥感数据、自然、社会经济、人口与外业测试数据等，建立基础数据库。

（2）宏观尺度上：①进行资料分析、数据处理，建立分析模型，对气候资源、土地资源变化与土地退化特征进行动态特征和时空分析。②建立评价指标体系，测评能源开发利用条件下，生态效应经济价值动态变化特征。③进行生态安全评价和生态风险动态变化分析，探究生态安全对能源开发的响应机制。

（3）中观尺度上，进行能源开发集中区生态安全评价。

（4）微观尺度上，进行能源开发基地土壤重金属污染对能源开发的响应研究。

（5）构建调控机制和能源基地综合协调发展模式及可持续发展途径。

2.3　数据搜集与处理

2.3.1　Landsat 卫星数据

Landsat 卫星数据主要用于土地利用的解译，主要包括 1980 年的 Landsat 1-3 MSS 数据、1990 年的 Landsat 4-5 TM 数据、2000 年的 Landsat 7 SLC-on ETM 数据与 2010 年的 Landsat 7 SLC-off TM 数据，数据均来源于地理空间云数据（http://www.gscloud.cn）。具体处理过程如下。

1. 几何校正

由于机载或星载传感器不会停留在某个恒定的高度，也不会保持恒定的速度，加之传感器本身的误差，所以收集到的数字图像往往含有系统性和非系统性几何误差。

系统性误差可以通过使用平台的星历表和已知的内部传感器的失真特性进行校正，非系统性误差只能通过从地图或全球定位系统获取，并与误差图像相匹配的、同一特性的地理坐标进行校正。几何校正的目的就是将由于上述因素扭曲的图像坐标系 (x, y) 变换到特定的地图投影 (x', y')，如图 2-3 所示。在成像过程中涉及现实 3-D 场景到 2-D 图像的几何变换。

$x'=Ax+By+C$
$y'=Dx+Ey+F$

单位：度、米、其他

单位：像素

列

行

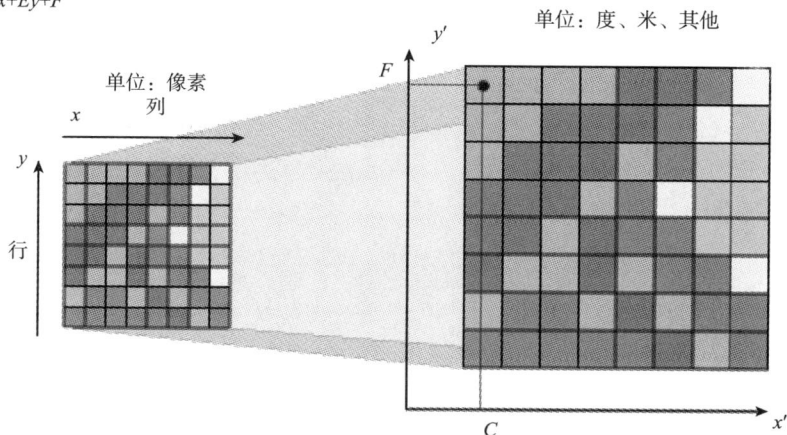

图 2-3　几何校正示意图

2. 遥感图像融合

遥感图像融合的目的是将不同传感器获取的,同一地区具有不同空间分辨率、光谱分辨率或不同时间分辨率等特征的不同影像数据采用一定的算法,将各个影像数据中所包含的信息有机结合起来,产生新的数据。主要内容包括：同种遥感信息的多时相叠加融合,不同遥感方式获取的遥感影像的融合,遥感信息与非遥感信息的融合。

由于采用的 Landsat MSS 与 Landsat TM 的分辨率不同,以及下文采用多种传感器获取的植被指数数据,所以本书采用小波变化与人类视觉系统的图像融合新算法来生成融合图像。

3. 图像增强

为了提高视觉解释效果,遥感影像中地物的视觉外观可以通过图像增强技术改善,如灰度拉伸可以提高图像的对比度,空间滤波可以凸显地物的边缘。

图 2-4 整体上表现出一种模糊的效果。这种模糊的外观是由太阳光的散射辐射通过大气进入传感器而造成的。这个模糊效果降低不同土地利用之间的对比度。在进行图像增强之前,检查图像的直方图是非常必要的。直方图的 X 轴是图像中栅格值的数值范围,即 0~255, Y 轴是图像中某个数值的栅格数。图 2-4 的近红外、红、绿这三个波段的直方图如图 2-5 所示。

图 2-4　未有任何图像增强的遥感影像

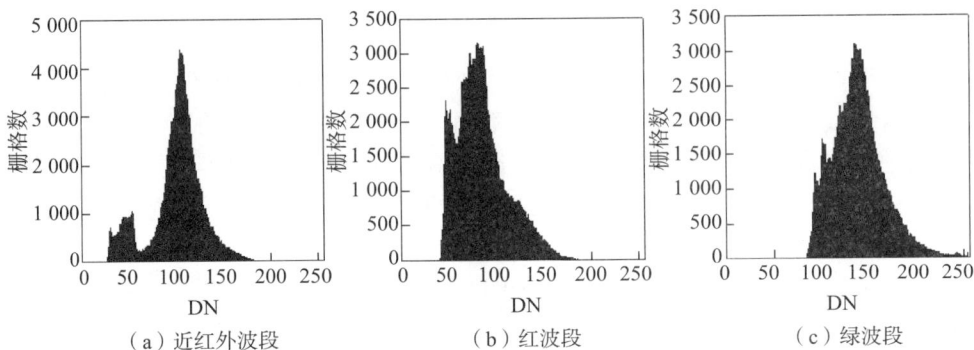

（a）近红外波段　　　　　　　（b）红波段　　　　　　　（c）绿波段

图 2-5　近红外、红、绿三个波段的直方图

　　本书利用线性灰度拉伸对遥感影像进行增强处理，该方法采用高低阈值法来对像元进行判断，小于低阈值的所有像素值都被映射为零，大于高阈值的栅格赋值为 255，将其他栅格值线性内插到 0 ~ 255，增强后的图像如图 2-6 所示。

　　4. 解译过程

　　Landsat 卫星数据的解译主要采用地理信息系统与遥感图像处理一体软件 Idrisi，具体方法为芬兰科学家 Kohonen 提出的 Kohonen 自组织神经网络分类法[111]。它能够有效地进行非监督分类（图 2-7），但是初始权值随机化、学习率和邻域难以确定等缺点使该方法非监督分类精度较低，网络不稳定。所以本书将非监督和监督相结合，也就是把训练样本输入非监督学习好的网络中，如果竞争层的优势神经元代表该类

图 2-6　线性灰度拉伸的增强图像

别，则将优势神经元权向量向样本靠拢，否则远离样本。解译标志建立如表 2-5 所示。

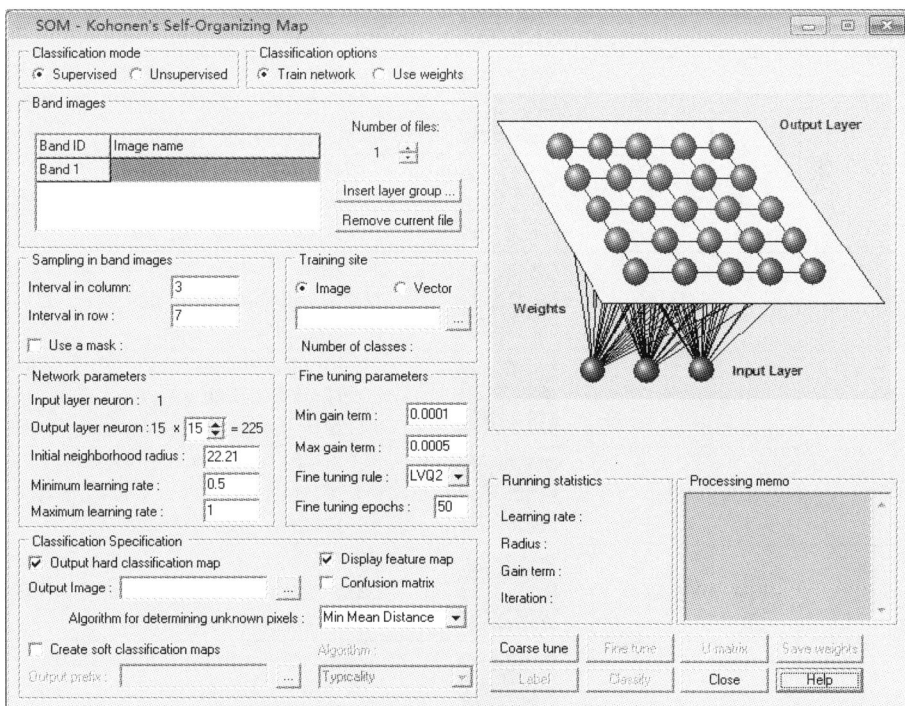

图 2-7　Kohonen 自组织神经网络分类界面

表 2-5　Landsat 卫星影像的解译标志

土地类型	编码	样图	特征描述
耕地 1	水田		形态以块状分布，地类边界清楚，地块整齐。影像纹理细腻，颜色不均匀，作物间差异较大
	平原旱地		影像的几何特征规则，地块大，排列整齐，呈现出红、淡红、粉红、鲜红等颜色。影像纹理较粗糙，但地类间色差很明显
	丘陵旱地		几何特征不规则，连片，局部有条状形态。影像呈现出红、淡红、粉红、鲜红等颜色。影像纹理较粗糙，但地类间色差很明显
	山区旱地		影像几何特征不规则，局部呈条状形态。影像呈现出红、淡红、粉红和淡蓝等颜色。影像纹理较粗糙，纹理不均匀
林地 2	有林地		几何形状不规则，与其他地类间边界滑润清晰。影像呈现为鲜红，针叶或阔叶灌丛有明显区别。影像纹理色调较均匀，影像纹理都很细腻
	灌木林地		几何特征不规则，生长在低地中。影像呈现红、鲜红、粉红和暗红色。影像纹理细腻，在同一色调中差异不大
	疏林地		几何特征不规则，生长在低地中。影像呈红、鲜红、粉红色。以小块星点状分布。影像纹理细腻，在同一色调中差异不大
	其他林地		大多数以线状、格状、点状和片状分布。影像呈红、鲜红和粉红色的线格状、点状分布。影像纹理上看比较杂乱，不规则
草地 3	高覆盖草地		形态各异，连片分布地类边界明显。影像质底较细腻、纹理清晰、颜色均一。影像以鲜红、红、淡红、粉红为主色调
	中覆盖草地		形态不规则，基本生长在土层较厚易积水地段。影像颜色以红、淡红、粉红为主色调。影像质底较细腻、颜色均一，不同地类间色差较明显
	低覆盖草地		形态不规则，基本生长在土层较厚易积水地段。影像颜色以粉红、淡红为主色调。影像质底较细纹理清晰，地类间颜色差别较大
水域 4	河流与干支渠		几何形状明显，河弯曲不定，支干渠相对较直。影像呈现深蓝色、蓝色或淡蓝色。影像质底较细腻、纹理清晰、颜色均匀
	湖泊		几何形状明显，河弯曲不定，支干渠相对较直。影像呈现深蓝色、蓝色或淡蓝色。影像质底较细腻、纹理清晰、颜色均匀

续表

土地类型	编码	样图	特征描述
水域 4	水库坑塘		几何形状较明显,人工建造痕迹明显(大坝)。影像呈深蓝、蓝、淡蓝色,但颜色均匀。影像质底较细腻、纹理清晰、颜色均匀
	冰川与永久性积雪		几何特征沿等高线分布。影像呈现白色,但颜色均匀。影像质底较细腻,色调均一
	河滩地		呈现不规则的条带或片状。影像颜色呈现灰、灰白及白色。影像质底较细腻,色调均一
建设用地 5	城镇用地		几何特征明显,形状多样,边界清晰。影像为灰、灰白、白色。影像纹理较粗糙、但边界清晰
	农村居民用地		几何特征明显,较规则。影像颜色呈现灰、灰白及白色
	工矿和交通用地		几何特征明显,较规则。影像呈现黑灰、灰和灰白色。影像纹理质地较粗糙,显得较乱
未利用地 6	沙地		几何特征明显,边界清晰明显。影像呈现灰黄、灰和灰白色。影像质地较细腻
	隔壁		几何特征不明显,边界清晰。影像呈灰和灰白色。影像质地纹理较细腻
	盐碱地		几何特征不明显,边界清晰。影像呈灰、灰白、白色。影像质地纹理较细腻,颜色均匀
	沼泽		几何特征不明显,也不规则。影像呈鲜红、淡红及黑灰色。影像质地较细但不均匀
	裸土地		几何特征不明显,地类边界线不规则。影像呈现白色。影像质地较细、均匀
	裸岩		地类边界线明显但不规则。影像呈现灰白色。影像质地较细但不均匀

利用随机点,结合野外实际调查数据、目视方法和 Googleearth 等方法对分类影像进行精度检验,1980 年、1990 年、2000 年和 2010 年的 kappa 系数分别为 0.826 3、0.884 6、0.895 0 和 0.871 3,分类结果精度满足本书的需求。

5. 分类后处理

分类图像中可能存在某些错误分类的孤立像素或小区域的像素，分类后处理是指除去这些噪点并改善分类图像质量的过程，如图 2-8 所示。

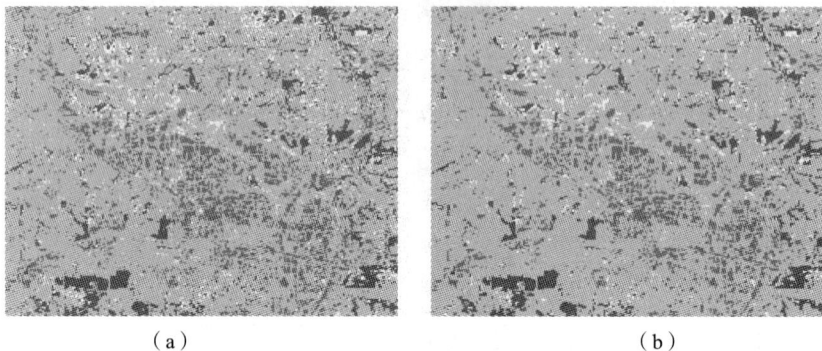

（a）　　　　　　　　　　　　　　（b）

图 2-8　滤波前后的影像

处理过程主要包含主滤波、边界平滑等方法。其中，主滤波过程可以从分类图像中删除噪点，边界平滑可以对分类图像中不规整的边缘进行平滑处理并按类合并区域，如图 2-9 所示。

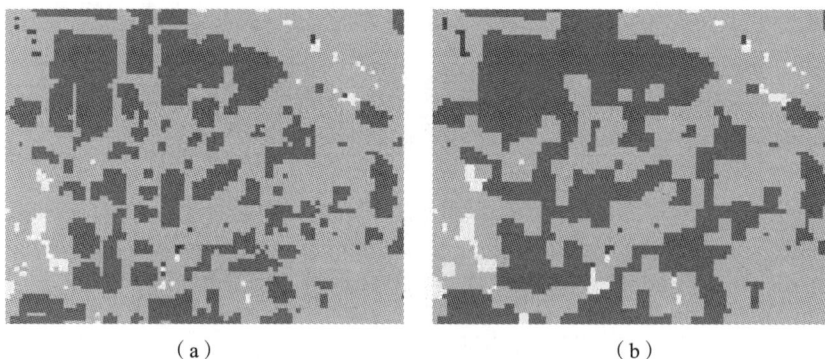

（a）　　　　　　　　　　　　　　（b）

图 2-9　边界清理后的影像

2.3.2　植被指数数据

本书要采用归一化植被指数（normalized difference vegetation index，NDVI），该数据主要用在植被覆盖变化、土地退化、净第一性生产力及土壤侵蚀量的计算，NDVI 由红波段和近红外波段的反射率计算得到，计算公式如下：

$$\text{NDVI} = \frac{P_{\text{nir}} - P_{\text{red}}}{P_{\text{nir}} + P_{\text{red}}} \qquad (2\text{-}1)$$

式中，P_{nir} 为近红外波段反射率；P_{red} 为红波段反射率。

　　本书的 NDVI 数据主要包括 Landsat 卫星数据波段计算、GIMMS-NDVI 3g、SPOT-NDVI。Landsat 卫星数据的最低空间分辨率为 80 米，但是时间上是间断的，不能形成一个序列；GIMMS-NDVI 3g 数据是 AVHRR 传感器获得的第 3 代 GIMMS NDVI 数据，时间分辨率为 15 天，空间分辨率为 8 000 米，数据从 1981 年 4 月开始获取，至 2011 年 12 月，本书选取了 1981~2010 年的数据，该数据时序长、时间连续性较好，但是空间分辨率低；SPOT-NDVI 由欧盟赞助的 VEGETATION 传感器获取，从 1998 年 4 月开始接收数据，时间分辨率为 10 天最大化合成数据，空间分辨率为 1 000 米，本书选取时段为 1999~2010 年，该数据与 GIMMS NDVI 相比，时序较短，但是时间分辨率和空间分辨率较高。

　　相比之下，SPOT-NDVI 的优点较多，所以以 SPOT-NDVI 为标准将这三种数据进行复合。首先，由于不同数据源得到的 NDVI 在时间变化上呈线性关系，所以先将 Landsat 卫星数据计算得到的 NDVI 与 GIMMS-NDVI 空间分辨率转换为 1 000 米，并将 GIMMS-NDVI 和 SPOT-NDVI 数据最大化合成为月数据。其次，依据每个栅格的 Landsat-NDVI 与每个时间点 GIMMS-NDVI 的差值，对每个栅格的 Landsat-NDVI 减去/加上这个差值，从而得到基于 Landsat 的 NDVI 时间序列。最后，检验 1999~2010 年 Landsat-NDVI 时间序列数据与 SPOT-NDVI 时间序列数据的线性相关，显著相关的栅格采用 Landsat-NDVI 数值，不相关则采用 SPOT-NDVI。

　　在这之前，需要对 GIMMS-NDVI 和 SPOT-NDVI 两种时间序列数据进行批量裁剪，然后粗粒化为月数据，处理均基于 MATLAB 编程。

2.3.3　其他数据搜集

1. 基础数据

　　地理基础数据是指通用性强，需求大，地理信息及其相关行业经常采用，主要用于空间定位和空间分析的基础地理单元，基础地理数据分为两类，一类是自然地理数据，包括地貌、水系、植被等数据；一类是社会地理数据，包括居民地、交通、境界、特殊地物、地名等要素，如 2.1 节研究区概况中图 2-1 所示。

2. 气象数据

由于本书生态系统服务功能中净第一性生产力的降水因子是采用日气候数据计算得到的，所以本书获得的气象数据均是月数据。气象数据主要包括陕北能源区及其周边 36 个站点 1980～2010 年的月降水量、月均温、月总太阳辐射，均来源于中国气象科学数据共享服务网（http://cdc.cma.gov.cn）的中国地面气候标准值月值数据集。

本书利用 ANUSPLIN 方法[112, 113]将气象站点数据插值到空间上，为了和植被指数数据保持一致，插值栅格空间分辨率设置为 1 000 米。ANUSPLIN 是基于多变量数据，采用普通薄盘样条函数和局部薄盘样条函数进行插值的方法。它不仅可以引入自变量，还可以引入多个协变量，如气温和海拔的关系，降水和海岸线的关系。其理论统计模型如下：

$$z_i = f(x_i) + \boldsymbol{b}^{\mathrm{T}} y_i + e_i, \quad i = 1, 2, \cdots, N \tag{2-2}$$

式中，z_i 为位于空间 i 点的因变量；$f(x_i)$ 为要估算关于 x_i 的未知光滑函数，x_i 为独立变量；y_i 为 p 维独立协变量；$\boldsymbol{b}$ 为 y_i 的 p 维系数；e_i 为随机误差。

函数 f 和系数 $\boldsymbol{b}$ 通过最小二乘估计来确定：

$$\sum_{i=1}^{N} \left[\frac{z_i - f(x_i) - \boldsymbol{b}^{\mathrm{T}} y_i}{w_i} \right]^2 + \rho J_m(f) \tag{2-3}$$

式中，$J_m(f)$ 为函数 $f(x_i)$ 的粗糙度测度函数，定义为函数 f 的 m 阶偏导（称为样条次数，也叫粗糙次数）；ρ 为正的光滑参数，在数据保真度与曲面的粗糙度之间起平衡作用，在 ANUSPLIN 中通常用广义交叉验证 GCV（generalized cross-validation）的最小化及最大似然法 GML（generalized maximum likelihood）的最小化来确定。

3. 生态功能区数据

为了维护陕北能源区生态安全，促进陕北能源区人类社会与自然和谐发展，本书采用生态功能区对结果栅格进行统计，以便分析陕北能源区生态特征及生态脆弱性，为后期相关保护措施的提出提供基础，为相关部门进行生态修复提供一定的依据。生态功能分区数据来源于中国生态系统评估与生态安全数据库（http://www.ecosystem.csdb.cn/index.jsp）。首先，按生态系统类型、地理特征等自然条件，陕北生态区包括汾渭盆地农业生态区、黄土高原与草原生态区和内蒙古高原中东部典型草原生态区；其次，按生态系统的结构特征，将生态区分为生态亚区，陕北生态亚区包括渭河盆地农业生态区、陕北-晋西中南部黄土丘陵沟壑水土流失极敏感生态亚区、陕中黄土塬梁沟壑旱作农业生态亚区和鄂尔多斯高原东部典型草原生态亚区；最后，根据生态系统的功能特征，将陕北四个生态亚区划分为 15 个生态功能区，如图 2-10 所示。

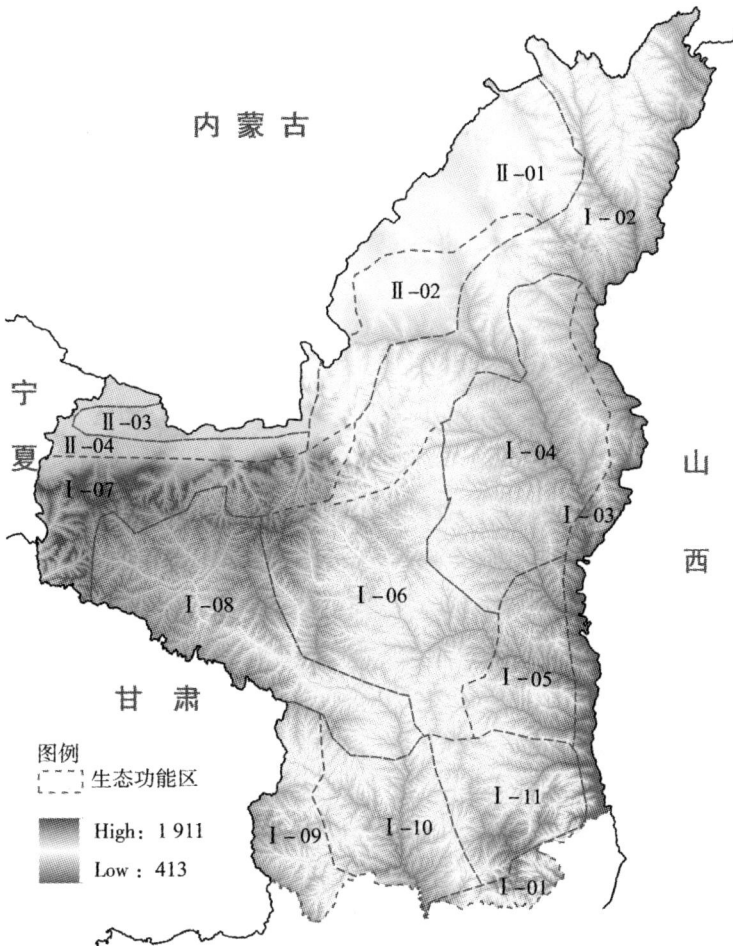

图 2-10　陕北能源区生态功能区划

4. 土壤类型数据

土壤类型数据来自寒区旱区科学数据中心（http://westdc.westgis.ac.cn），该数据是基于世界土壤数据库（Harmonized World Soil Database, HWSD）得到的 1∶100 万中国土壤数据集，数据经过南京土壤所分类完成（图 2-11）。本书主要用到了该数据的沙含量、淤泥含量、黏土含量、土壤容重和有机碳含量，用于计算土壤侵蚀量及土壤保持价值量。

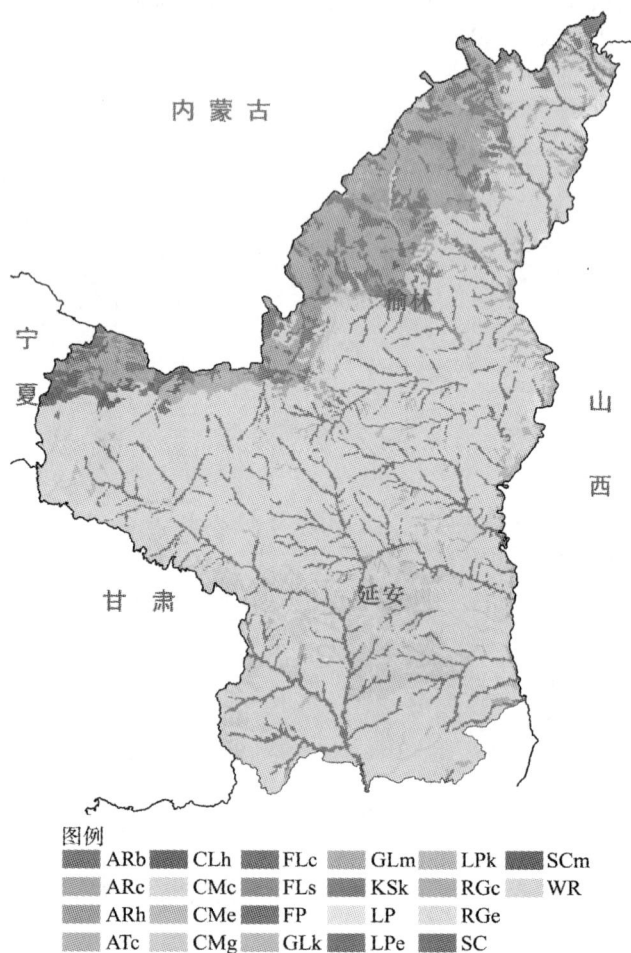

图例

ARb	CLh	FLc	GLm	LPk	SCm
ARc	CMc	FLs	KSk	RGc	WR
ARh	CMe	FP	LP	RGe	
ATc	CMg	GLk	LPe	SC	

图 2-11 陕北能源区土壤类型图

ARb, 过渡性红砂土; ARc, 石灰性红砂土; ARh, 普通红砂土; ATc, 人为土; CLh, 普通钙质土; CMc, 石灰性始成土; CMe, 饱和始成土; CMg, 潜育始成土; FLc, 石灰性冲积土; FLs, 盐积冲积土; FP, 鱼池土; GLk, 钙质潜育土; GLm, 松软潜育土; KSk, 石灰性栗钙土; LP, 薄层土; LPe, 饱和薄层土; LPk, 石灰性薄层土; RGc, 石灰性粗骨土; RGe, 饱和粗骨土; SC, 盐土; SCm, 松软盐土; WR, 内陆水

5. 土壤采样数据

土壤采样数据分为野外采样数据和土壤普查样点数据, 共 516 个采样点数据。其中, 野外采样数据遍布整个研究区, 共 304 个, 均采集 0~20 厘米土层的土壤

样本，样品用保鲜袋封装，并用全球定位系统（global positioning system，GPS）记录采样点的经纬度坐标，如图 2-12 所示。

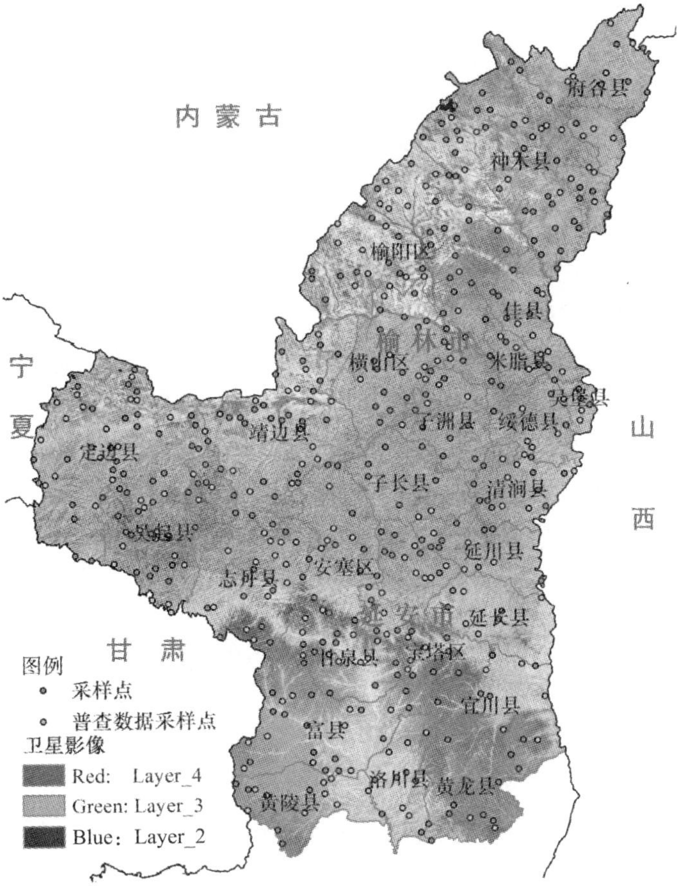

图 2-12　陕北能源区土壤采样点数据

样品带回实验室后，经过自然风干，磨碎，过 0.2 毫米孔径筛子，并利用 X 荧光检测 7 种重金属元素：汞（Hg）、铅（Pb）、铜（Cu）、锌（Zn）、铬（Cr）、镉（Cd）和镍（Ni）及类金属元素砷（As）。

另外，本书结合 212 个全国土壤普查样点数据，将 8 种重金属元素插值到空间上。本书对陕北地区 8 种重金属元素采样点数据采用普通克里格方法进行插值，插值结果栅格分辨率设置为 1 000 米。

6. 统计数据

统计数据主要来自各地方统计局的统计年鉴，包括榆林市和延安市及其 25 个辖区的统计年鉴。

2.4 研 究 方 法

本书针对陕北生态脆弱区能源开发生态效应测评，采用的地学分析、测试方法如下：①利用多期遥感数据结合历史资料和实地考察与测试数据（包括对水、土、植被、气候等生态环境相关数据、地质灾害分布与时空变化数据等），建立研究区综合要素基础数据库，利用 GIS 技术方法进行数据处理和分析。②以生态经济学理论与方法为基础，进行生态价值动态变化测评，包括生态系统生物量生产，植被的固碳释氧、涵养水源、保持水土、气候调节和净化空气。保持水土和水土资源的退化变化，并利用影子工程法、恢复费用法、市场替代法等方法和模型进行生态价值测评。评价能源开发区生态效应变化，计算产生的生态环境损失价值，分析自然和人文影响因素和驱动机制。③在研究区域内，采用 3S 技术布设土壤样品采集点，依据水体分布状况及人类活动布设水样采集点，测试土壤及水体样品中 Cu、Pb、Zn、Cd、Hg 等重金属含量，在此基础上，采用 GIS 空间分析方法研究人类活动影响下土壤中 Cu、Pb、Zn、Cd、Hg 等重金属的空间分布特征及变化趋势，并采用生态风险评价方法研究 Cu、Pb、Zn、Cd、Hg 等重金属潜在生态风险的空间差异。④利用响应分析法、综合指数法、生态足迹法等定量综合测评和分析研究区生态安全动态。对生态安全和生态与灾害风险进行分级与分区，并建立应对措施。

本书采用的数据多为时间序列数据，采用的统计学方法较多，主要包括标准差、偏相关、Theil-Sen 趋势、残差趋势法、Hurst 指数等方法。各种数学方法的处理均以 MATLAB 的编程语言为基础，从多角度考虑，提高数以万计的栅格的运算效率；并且经过 GUI 设计和开发，建立多种分析方法的可执行文件；最终实现时间序列地理栅格数据的智能化、拓展式、人机交互式处理。期望可以将地理信息系统与 MATLAB 的数据处理系统紧密联系起来，对其他地学问题的处理有重要的应用价值和启发意义。

本书针对时间序列地理栅格数据的处理思路如图 2-13 所示，整个过程中，

MATLAB 作为主体软件，ArcGIS 作为辅助工具。ArcGIS 具有较好的交互式界面，主要实现数据格式的转换及最终的成图，MATLAB 先将原始栅格进行批量裁剪，输入 MATLAB 中以三维矩阵的形式保存，同时从原始栅格中提取出栅格的投影信息和参考矩阵，最终将该栅格信息与三维矩阵生成的结果矩阵相结合，生产结果栅格，并表达在 ArcGIS 中。

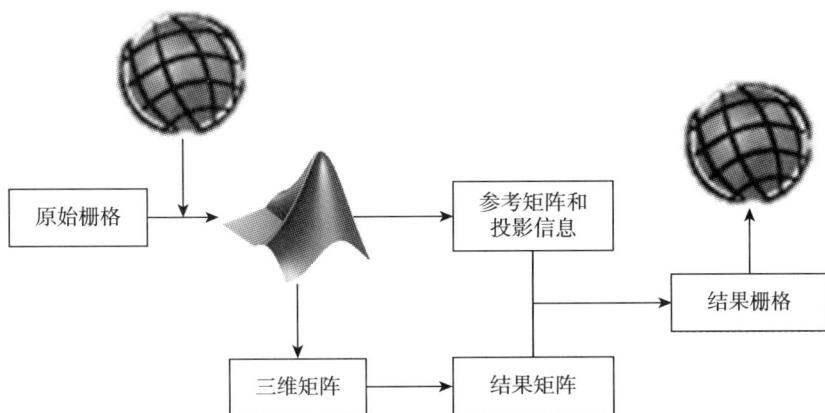

图 2-13　时间序列地理栅格数据的处理思路

由于栅格数据计算量很大，所以本书采用第 5 代分层数据结构（hierarchical data format 5，HDF5）存储数据。HDF 是一个数据模型库，1987 年由美国国家超级计算应用中心（National Center for Supercomputer Applications，NCSA）创建，为存储和管理数据的文件格式。它支持无限多种数据类型，和设计灵活、高效的 I/O 及高容量和复杂的数据。HDF5 克服了 HDF4 的局限性，如容量、兼容性、不支持并行口的 I/O。本书采用 HDF5，主要是方便数据的随意存取，降低了内存的负担，并优化了数据读和写的速度。

本书主要是先将若干个地理栅格图层经过批量裁剪后，以三维矩阵的形式（图 2-14）导入 HDF5 中，提取 HDF5 中每个栅格对应的多页数据，并将其转换为一行或一列数据，对这一行/列数据进行处理，计算得到需要的结果；再将每个栅格对应的结果分配到对应位置的矩阵中，且仍然保存到 HDF5 中，不过该 HDF5 只是暂时性存储；然后将结果矩阵根据参考矩阵和投影信息转换为 GeoTiff，并将暂时性 HDF5 删除，以节约存储空间，另外在每次循环中均清除缓存（clear cache），以及最后清除变量（clear all），如此可以缓解计算机的负担。

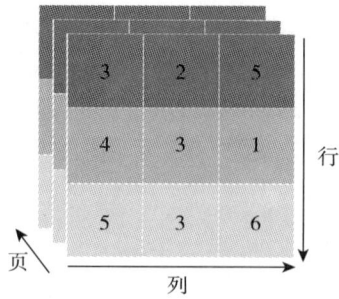

图 2-14　三维矩阵示意图

2.4.1　标准差

本书采用标准差来表示时间序列数据偏离平均数的距离（离均差）的平均数，它能反映一个数据集的离散程度。标准差界面如图 2-15 所示，标准差的计算公式如下[114]：

$$S = \sqrt{\frac{\sum_{i=1}^{n}(x_i - \overline{x})^2}{n-1}} \qquad (2\text{-}4)$$

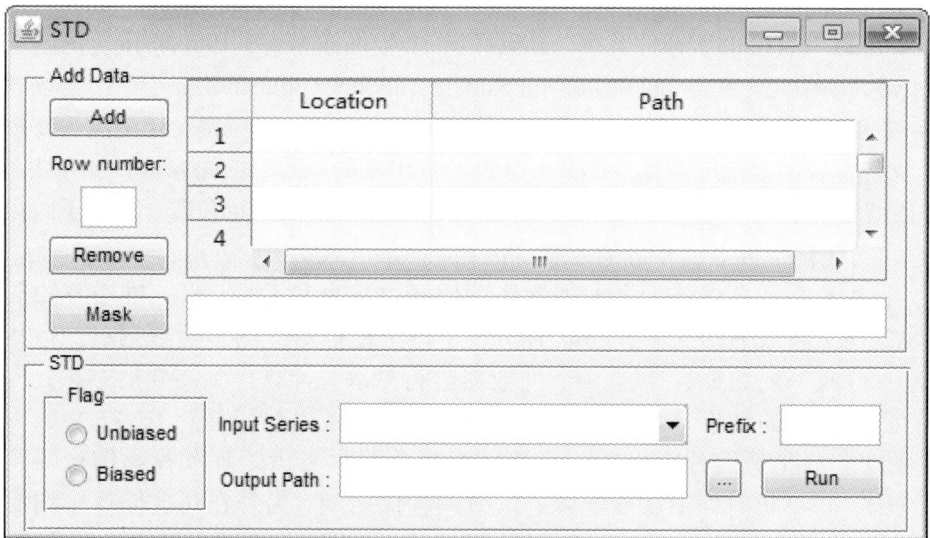

图 2-15　时间序列地理栅格数据的标准差界面（一）

2.4.2 Theil-Sen 趋势

Theil-Sen 趋势既不受异常值影响，也不用服从一定的分布，结果更为科学、可信[115]，所以本书选用这种方法进行趋势分析（图 2-16），并采用非参数检验法 Mann-Kendall（MK）[116]对其趋势进行检验。计算公式如下：

$$\text{TS Slope} = \text{Median}\left(\frac{x_j - x_i}{t_j - t_i}\right), \quad \forall j > i \tag{2-5}$$

$$S = \sum_{i=1}^{n-1}\sum_{j=i+1}^{n} \text{sign}(x_j - x_i) \tag{2-6}$$

$$\text{sign}(x_j - x_i) = \begin{cases} 1, & x_j - x_i > 0 \\ 0, & x_j - x_i = 0 \\ -1, & x_j - x_i < 0 \end{cases} \tag{2-7}$$

$$Z = \begin{cases} \dfrac{S-1}{\sqrt{\text{Var}(S)}}, & S > 0 \\ 0, & S = 0 \\ \dfrac{S+1}{\sqrt{\text{Var}(S)}}, & S < 0 \end{cases} \tag{2-8}$$

$$p = 2[1 - \phi(|Z|)] \tag{2-9}$$

$$\phi(|Z|) = \frac{2}{\sqrt{\pi}} \int_0^{|Z|} e^{-t^2} dt \tag{2-10}$$

式中，TS Slope 为 CO_2 治理成本 Theil-Sen 趋势；x_j，x_i 为 CO_2 治理成本时间序列数据；t_j，t_i 为时间序列对应的年份；n 为时间序列的时间长度；p 为显著性检验值。

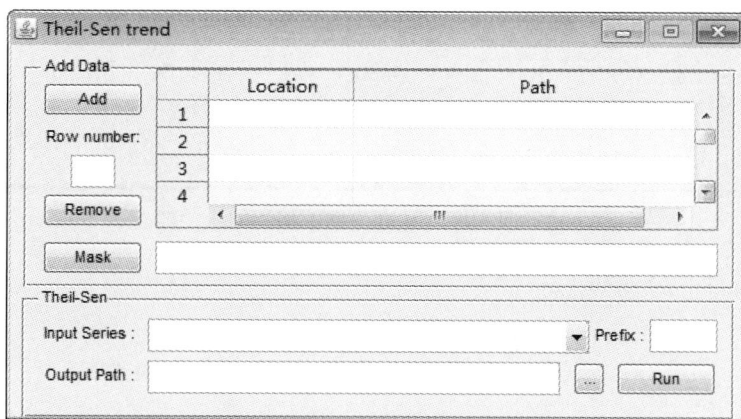

图 2-16　时间序列地理栅格数据的标准差界面（二）

本书选取的置信水平为 0.05，所以 Z 值的置信区间为 $(-1.96, 1.96)$。当 Z 值大于 -1.96 且小于 1.96 时，变化趋势不明显；当 Z 值大于 1.96，呈现出显著上升趋势；当 Z 值小于 -1.96 时，呈现出下降趋势。

2.4.3　残差趋势法

本书对一个因变量和若干个自变量时间序列进行偏相关分析[114]，如图 2-17 所示提取对因变量影响显著的变量，并对其进行线性拟合，进而计算因变量时间序列数据与拟合时间序列数据之差，即残差时间序列数据（图 2-18），残差数据可以反映出提出自然条件影响后的人类活动的影响，对残差数据再次应用 Sen 趋势拟合方法，得到残差趋势[117]，其可以反映出人类活动在研究时段对某因变量的影响程度及变化趋势。

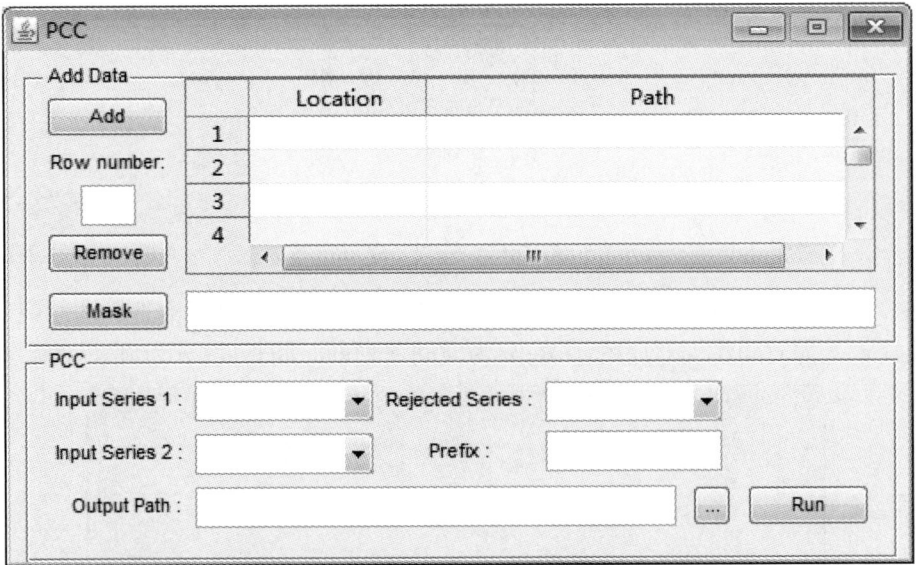

图 2-17　时间序列地理栅格数据的偏相关界面

偏相关系数计算公式如下：

$$R_{zx\_y} = \frac{R_{zx} - R_{zy}R_{xy}}{\sqrt{(1 - R_{zy}^2)(1 - R_{xy}^2)}} \tag{2-11}$$

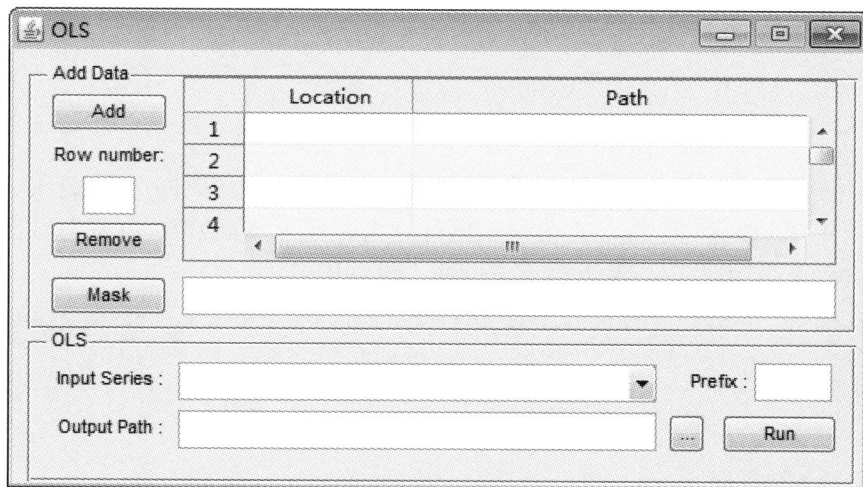

图 2-18　时间序列地理栅格数据的残差趋势界面

式中，R_{zx_y} 为剔除 y 影响的 z 与 x 的偏相关系数；R_{zx}、R_{zy} 与 R_{xy} 分别为 z 与 x、z 与 y、x 与 y 的简单相关系数。

$$t = \frac{r\sqrt{n-q-2}}{1-r^2} \qquad (2\text{-}12)$$

式中，t 为偏相关系数检验统计量；r 为偏相关系数；n 为样本数；q 为阶数。

2.4.4　Hurst 指数

Hurst 指数（H）由英国水文学家 Hurst 提出，其在水文学、经济学、气候学等领域有着广泛的应用[114]。其计算原理如下。

考虑一个时间序列 $\{\xi(t)\}$，$t=1$，2，$\cdots$，对于任意正整数 $\tau \geq 1$，定义均值序列：

$$\langle \xi \rangle_\tau = \frac{1}{\tau} \sum_{t=1}^{\tau} \xi(t), \quad \tau = 1, 2, \cdots \qquad (2\text{-}13)$$

累积离差：

$$X(t,\tau) = \sum_{u=1}^{t} (\xi(u) - \langle \xi \rangle_\tau), \quad 1 \leq t \leq \tau \qquad (2\text{-}14)$$

极差：

$$R(\tau) = \max_{1 \leq t \leq \tau} X(t,\tau) - \min_{1 \leq t \leq \tau} X(t,\tau), \quad \tau = 1, 2, \cdots \qquad (2\text{-}15)$$

标准差：

$$S(\tau) = \left[\frac{1}{\tau}\sum_{t=1}^{\tau}(\xi(t) - \langle\xi\rangle_\tau)^2\right]^{\frac{1}{2}}, \quad \tau = 1, 2, \cdots \tag{2-16}$$

考虑比值 $R(\tau)/S(\tau) \overset{\Delta}{=} R/S$，若存在 $R/S \propto \tau^H$，则说明时间序列 $\{\xi(t)\}$，t=1，2，$\cdots$，存在 Hurst 现象。H 值可根据计算出的 $(\tau, R/S)$ 的值，在双对数坐标系 $(\ln\tau, \ln R/S)$ 中用最小二乘法拟合式得到（图 2-19）。

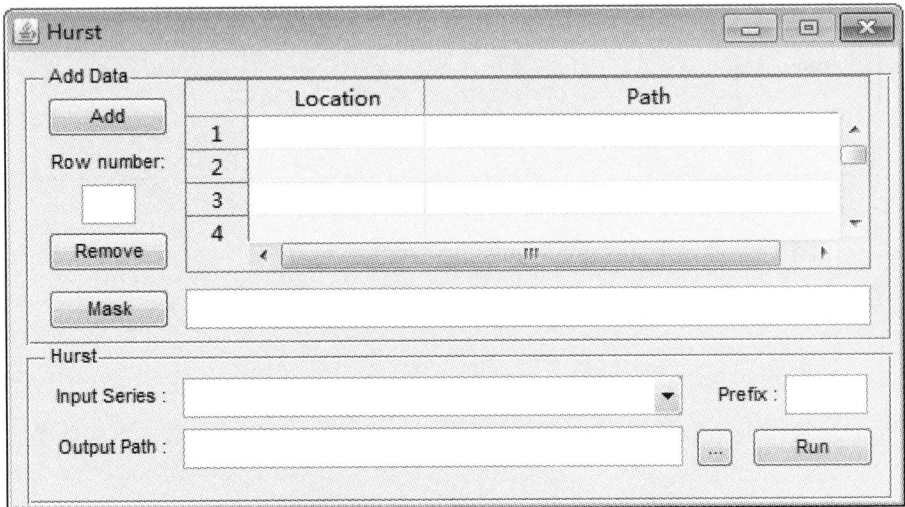

图 2-19 时间序列地理栅格数据的 Hurst 指数界面

如果 $0.5 < H < 1$，则时间序列是一个持续性序列；如果 H=0.5，则时间序列为随机序列；如果 $0 < H < 0.5$，则时间序列数据具有反持续性。

2.4.5 一元线性回归

如果自变量为 x，因变量为 y，一元线性回归[114]的基本形式为

$$y_i = \beta_0 + \beta_1 x_i + e_i \tag{2-17}$$

已知一组样本观测值（X_i，Y_i），i=1，2，$\cdots$，n，得到样本回归直线为

$$\hat{Y}_i = \hat{\beta}_0 + \hat{\beta}_1 X_i \tag{2-18}$$

利用最小二乘法计算得到自变量的回归系数 β_1：

$$\hat{\beta}_1 = \frac{\sum_{i=1}^{n}(Y_i - \overline{Y})(X_i - \overline{X})}{\sum_{i=1}^{n}(X_i - \overline{X})^2} \qquad (2\text{-}19)$$

Y 的第 i 个观测值与样本均值的离差 $y_i = (Y_i - \overline{Y})$，可分解为两部分之和：

$$y_i = Y_i - \overline{Y} = (Y_i - \hat{Y}_i) + (\hat{Y}_i - \overline{Y}) = e_i + \hat{y}_i \qquad (2\text{-}20)$$

式中，$\hat{y}_i = (\hat{Y}_i - \overline{Y})$ 为样本回归拟合值与观测值的平均值之差，可以认为是由回归线解释的部分；$e_i = (Y_i - \hat{Y}_i)$ 为实际观测值与回归拟合值之差，是回归线不能解释的部分。

如果 $Y_i = \hat{Y}_i$，即实际观测值落在样本回归线上，则拟合最好。可认为，离差全部来自回归线，而与残差无关。对于所有样本点，则需考虑这些点与样本均值离差的平方和，可以证明：

$$\sum y_i^2 = \sum \hat{y}_i^2 + \sum e_i^2 + 2\sum \hat{y}_i e_i = \sum \hat{y}_i^2 + \sum e_i^2 \qquad (2\text{-}21)$$

则，总体平方和（total sum of squares，TSS）：

$$\text{TSS} = \sum y_i^2 = \sum (Y_i - \overline{Y})^2 \qquad (2\text{-}22)$$

回归平方和（explained sum of squares，ESS）：

$$\text{ESS} = \sum \hat{y}_i^2 = \sum (\hat{Y}_i - \overline{Y})^2 \qquad (2\text{-}23)$$

残差平方和（residual sum of squares，RSS）：

$$\text{RSS} = \sum e_i^2 = \sum (Y_i - \hat{Y}_i)^2 \qquad (2\text{-}24)$$

$$\text{TSS} = \text{ESS} + \text{RSS} \qquad (2\text{-}25)$$

Y 的观测值围绕其均值的总离差（total variation）可分解为两部分：一部分来自回归线（ESS），另一部分则来自随机势力（RSS）。在给定样本中，TSS 不变，如果实际观测点离样本回归线越近，则 ESS 在 TSS 中占的比重越大，因此，拟合优度：

$$R^2 = \frac{\text{ESS}}{\text{TSS}} = 1 - \frac{\text{RSS}}{\text{TSS}} \qquad (2\text{-}26)$$

R^2 为（样本）可决系数/判定系数（coefficient of determination），可决系数的取值范围为[0，1]，R^2 越接近 1，说明实际观测点离样本线越近，拟合优度越高。

在计算可决系数时，当 $\hat{\beta}_1$ 已经估算出后，则可决系数为

$$R^2 = \hat{\beta}_1 \left(\frac{\sum x_i^2}{\sum y_i^2} \right) \qquad (2\text{-}27)$$

2.4.6 地理权重回归

地理加权回归模型[118]是一种相对简单的回归估计技术，它扩展了普通线性回归模型。在扩展的 GWR 模型中，特定区位的回归系数不再是利用全部信息获得的假定常数，而是利用邻近观测值的子样本数据信息进行局域（local）回归估计而得的，随着空间上局域地理位置变化而变化的变量，GWR 模型可以表示为

$$y_i = \beta_0(u_i, v_i) + \sum_{j=1}^{k} \beta_j(u_i, v_i) x_{ij} + \varepsilon_i \quad (2\text{-}28)$$

式中，β_j 系数的下标 j 表示与 $m \times 1$ 观测值联系的阶待估计参数向量，是关于地理位置 (u_i, v_i) 的 $k+1$ 元函数。GWR 可以对每个观测值估计出 k 个参数向量的估计值；ε 为第 i 个区域的随机误差，满足零均值、同方差、相互独立等球形扰动假定。

实际上，以上模型可以表示为在每个区域都有一个对应的估计函数，其对数似然函数可以表示为

$$\log L = L\left[\beta_0(u, v), \cdots, \beta_k(u, v) \,|\, M\right]$$
$$= -\frac{1}{2\sigma^2} \sum_{i=1}^{n} \left[y_i - \beta_0(u_i, v_i) - \sum_{j=1}^{k} \beta_k(u_i, v_i) x_i \right]^2 + \alpha \quad (2\text{-}29)$$

$$M = \left[y_i, x_{ij}, (u_i, v_i), i = 1, 2, \cdots, n, j = 1, 2, \cdots, k \right] \quad (2\text{-}30)$$

式中，α 为常数。由于极大似然法的解不是唯一的，可采用局域求解法，原理与方法如下。

对于第 s 个空间位置 $\left[(u_s, v_s), s = 1, 2, \cdots, n\right]$，任取一空间位置 (u_0, v_0) 与其位置邻近，构造一个简单的回归模型：

$$y_i = \gamma_0 + \sum_{j=1}^{k} \gamma_j x_{ij} + \varepsilon_i \quad (2\text{-}31)$$

式中，每个 γ_j 为常数且为 GWR 模型中 $\beta_j(u_s, v_s)$ 的近似值，通过考虑与点 (u_0, v_0) 相邻近的点来校正经典回归模型中的解。一个基本的方法就是采用加权最小二乘法，寻找合适的值使式（2-32）最小：

$$\sum_{i=1}^{n} W(d_{0i}) \left(y_i - \gamma_0 - \sum_{j=1}^{k} \gamma_j x_{ij} \right)^2 \quad (2\text{-}32)$$

式中，d_{0i} 为位置 (u_0, v_0) 和 (u_i, v_i) 之间的空间距离；$W(d_{0i})$ 为空间权值。令 $\hat{\gamma}_j$ 为 $\hat{\beta}_j(u_s, v_s)$ 的估计值，可得 GWR 模型在空间位置 (u_s, v_s) 上的估计值

$\left\{ \hat{\beta}_0\left(u_s, v_s\right), \hat{\beta}_1\left(u_s, v_s\right), \cdots, \hat{\beta}_k\left(u_s, v_s\right) \right\}$。对式（2-32）求 γ_j 的一阶偏导数，并令其等于 0，可得

$$\hat{\gamma}_j = \left(X'W_0^2 X\right)^{-1} \left(X'W_0^2 Y\right) \tag{2-33}$$

式中，W_0 为 $\left[W\left(d_{01}\right), W\left(d_{02}\right), \cdots, W\left(d_{0n}\right)\right]$ 的对角线矩阵。可以看出，$\hat{\beta}_j (j = 1, 2, \cdots, k)$ 的 GWR 估计值是随着空间权值矩阵 W_{ij} 的变化而变化的，因此 W_{ij} 的选择至关重要，一般由观测值的空间（经纬度）坐标决定。

实际研究中常用的空间距离权值计算公式有三种。

（1）高斯距离权值（Gaussian distance）：

$$W_{ij} = \Phi\left(d_{ij} / \sigma\theta\right) \tag{2-34}$$

（2）指数距离权值（exponential distance）：

$$W_{ij} = \sqrt{\exp\left(-d_{ij} / q\right)} \tag{2-35}$$

（3）三次方距离权值（tricube distance）：

$$W_{ij} = \left[1 - \left(\theta / d_{ij}\right)^3\right]^3 \tag{2-36}$$

式中，d_{ij} 为第 i 个区域与第 j 个区域间的地理距离；Φ 为标准正态分布密度函数；q 为观测值 i 到第 q 个最近邻居之间的距离；σ 为距离向量的标准差；θ 为衰减参数（窗宽）。

在空间权值矩阵中，d 和 θ 非常关键。如果 d 较大，则局域模型的解越趋向于全域模型的解；如果 d 等于所研究空间任意两点间的最大距离，则全域和局域两个模型将相等，反之则相反。

若 θ 趋于无穷大，任意两点的权重将趋于 1，则被估计的参数变成一致时，GWR 就等于以 OLS 估计的经典线性回归；反之，当带宽变得很小时，参数估计将更加依赖于邻近的观测值。计算适当的窗宽或衰减函数的原理方法很多，最小二乘法仍然是一般常用的方法，其原理是

$$D = \sum_{i=1}^{n} \left[y_i - \hat{y}_i(\theta)\right]^2 \to 0 \tag{2-37}$$

式中，$\hat{y}_i(\theta)$ 为用窗宽 θ 计算所得的 y_i 的拟合值。

第3章 陕北能源富集区生态环境变化特征分析

3.1 气候变化特征分析

3.1.1 气候要素时间变化特征

陕北能源区近30年来年降水量和年均温变化特征如图3-1所示。可见，近30年来陕北能源区气候呈暖化趋势，年均温倾向率为0.617摄氏度/10年，高于全国的0.26摄氏度/10年。30年间年降水量呈显著减少趋势，倾向率为−11.744毫米/10年。所以，陕北能源区气候呈现出明显的暖干化趋势。

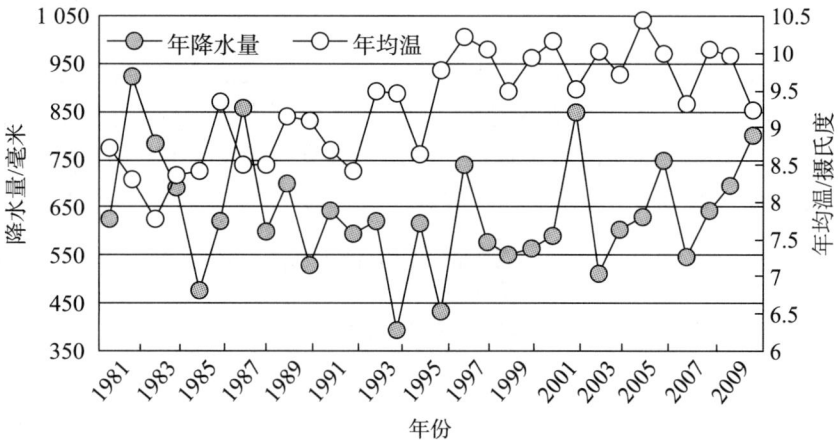

图 3-1　陕北能源区年降水量和年均温变化特征

3.1.2　气候要素空间分布特征

本书以栅格为单元，计算得到 30 年来年平均降水量和年均温空间分布，如图 3-2 所示。年降水量呈现出由东南部向西部、由西北部向西部逐渐递减的规律，西部的靖边县、定边县和吴起县降水分布相对最少，年降水量少于 560 毫米，北部的神木县和府谷县，以及南部的富县、黄陵县和洛川县年降水量较多，均大于 650 毫米。

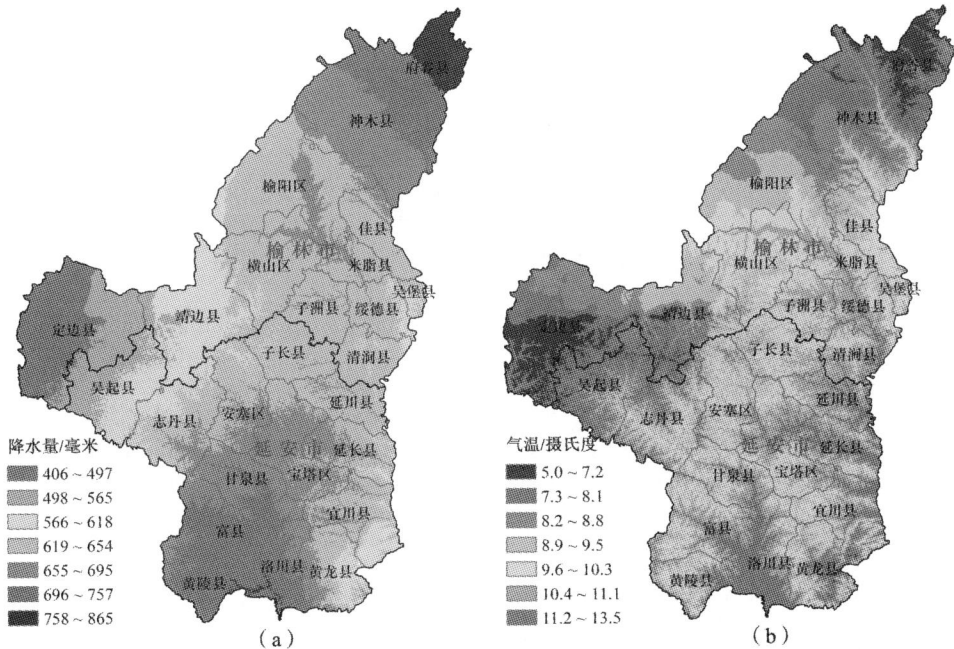

图 3-2　陕北能源区年降水量和年均温空间分布

年均温空间分布以 9.5 摄氏度为标准可以分为四个区域：①榆阳区—佳县以北；②横山区—子长县—安塞区—志丹县以西；③黄龙县；④其他地区。由南向北逐渐减小遵循纬度地带性规律，由东向西逐渐减小以及黄龙县年均温较低遵循逆温现象，即气温随高度的增加而减小。

3.1.3　气候要素空间变化特征

30 年来年降水量和年均温的 Sen 趋势，如图 3-3 所示。降水增加区主要分布在陕北北部及东西边缘，面积占 1.341 6×10⁶ 公顷，显著增加区域主要分布于神木县和府谷县，变化率为 10～38 毫米/10 年；降水减少区分布广泛，面积为 6.651 7×10⁶ 公顷，占研究区面积的 83.22%，陕北西南部为降水量减少的中心区，中心区减少率为 22.4～33.4 毫米/10 年，由中心区向东及东北方向，减少趋势逐渐递减。

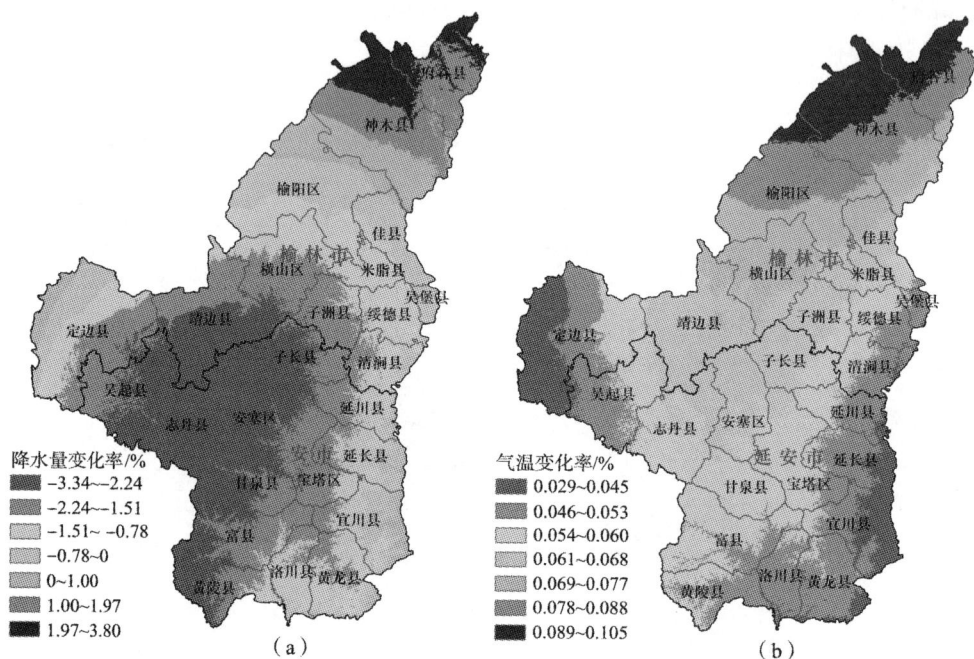

图 3-3　陕北能源区年降水量和年均温变化趋势空间分布

陕北能源区整个区域气温表现为上升趋势，上升趋势由南向北逐渐增加，即具有纬度地带性变化规律。显著上升区主要分布在陕北北部的榆阳区、神木县和府谷县，面积为 1.270 6×10⁶ 公顷，占总面积的 15.90%，变化率为 0.78～1.05 摄氏度/10 年；气温平稳变化区分布于陕北东南和西部边缘区，面积为 2.221 6×10⁶ 公顷，占研究区面积的 27.80%，变化率为 0.29～0.53 摄氏度/10 年。可见，陕北能源区气候呈现出暖干化趋势。

3.2　土地利用变化特征分析

3.2.1　研究方法

本书中土地利用程度采用土地利用程度综合指数来进行量化，土地利用程度综合指数表达式为

$$L_j = 100 \times \sum_{i=1}^{n} A_i \times C_i \tag{3-1}$$

式中，L_j 为第 j 个区域的土地利用程度综合指数；A_i 为第 j 个区域第 i 级土地利用程度分级指数，如表 3-1 所示；C_i 为第 j 个区域第 i 级土地利用面积比重；n 为土地利用类别数。

表 3-1　各个土地利用类型分级指数[119]

项目	耕地	林地	草地	水域	建设用地	未利用地
分级指数	3	2	2	2	4	1

土地利用程度变化率可以定量反映出土地利用综合水平的变化趋势[120, 121]，土地利用变化率表达式如下：

$$R = \frac{\sum_{i=1}^{n}(A_i \times C_{i_b}) - \sum_{i=1}^{n}(A_i \times C_{i_a})}{\sum_{i=1}^{n}(A_i \times C_{i_a})} \tag{3-2}$$

式中，i_b 为 b 时间土地利用程度综合指数；i_a 为 a 时间土地利用程度综合指数；A_i 为第 i 级土地利用程度分级指数；C_{i_b} 为 b 时间第 i 级土地利用程度面积比重；C_{i_a} 为 a 时间第 i 级土地利用程度面积比重；n 为土地利用类别数。$R>0$ 表示土地利用处于发展期，反之则处于调整期或衰退期。

3.2.2　土地利用时空变化

1980 年、1990 年、2000 年与 2010 年土地利用类型图，如图 3-4 所示。由各年土地利用类型图得到 1980～1990 年、1990～2000 年、2000～2010 年土地利用涨势图谱（图 3-5）和落势图谱（图 3-6）。

（a）1980年　　　　　　　　　　　　　（b）1990年

（c）2000年　　　　　　　　　　　　　（d）2010年

土地利用

耕地　　林地　　草地　　水域　　建设用地　　未利用地

图 3-4　陕北能源区 1980～2010 年土地利用类型

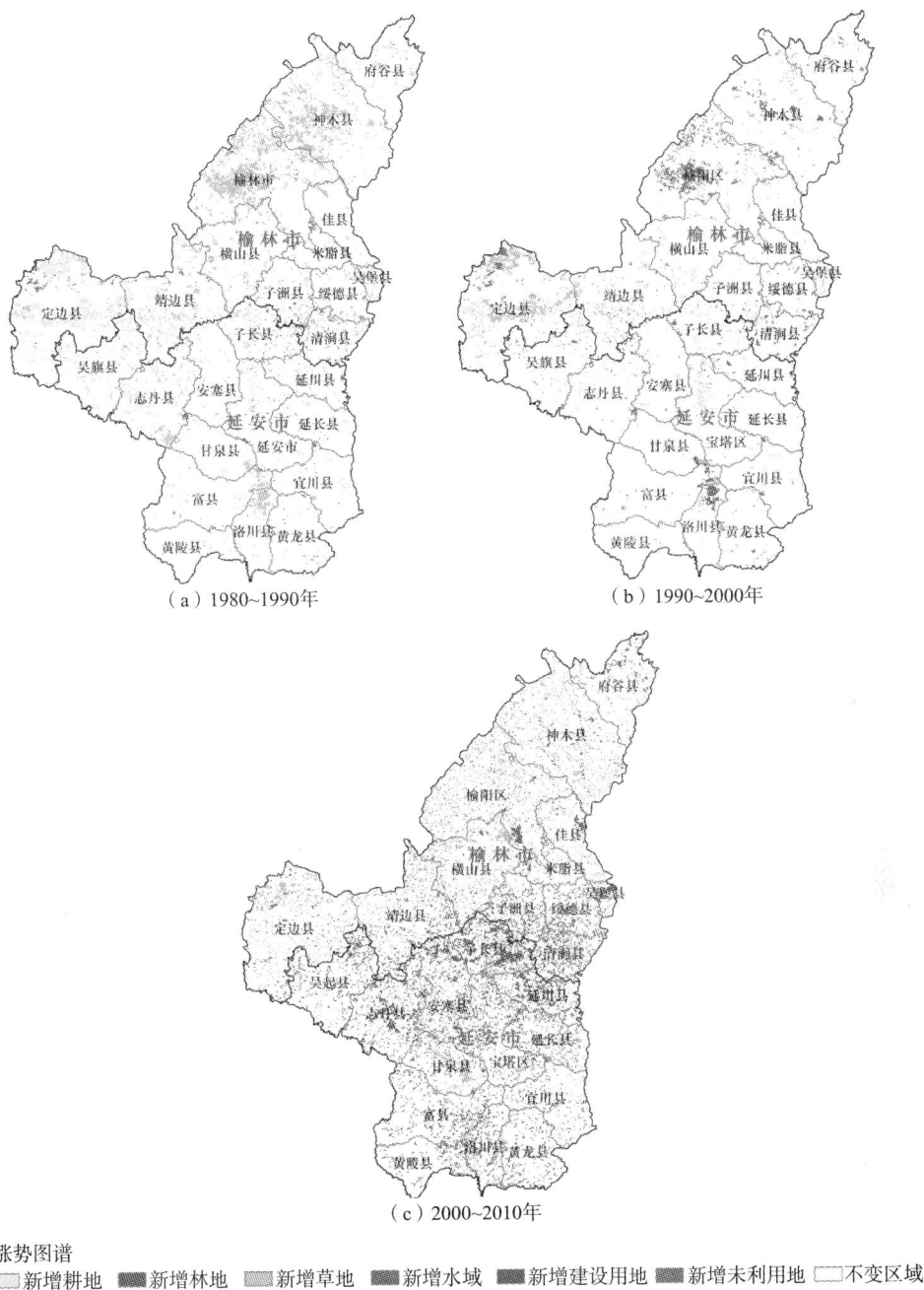

（a）1980~1990年

（b）1990~2000年

（c）2000~2010年

涨势图谱
新增耕地　新增林地　新增草地　新增水域　新增建设用地　新增未利用地　不变区域

图 3-5　陕北能源区土地利用变化涨势图谱

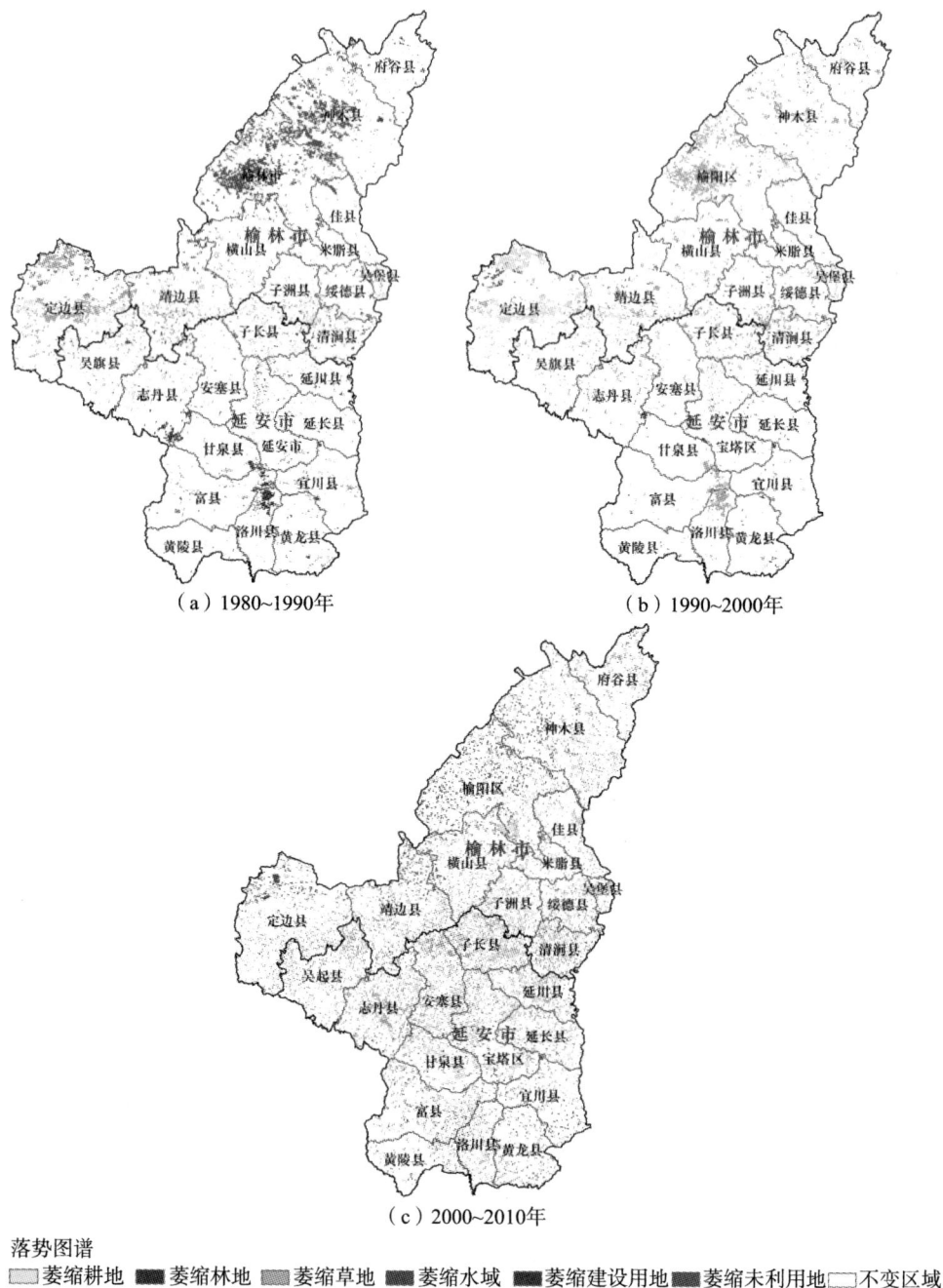

（a）1980~1990年

（b）1990~2000年

（c）2000~2010年

落势图谱

▨ 萎缩耕地 ■ 萎缩林地 ▨ 萎缩草地 ■ 萎缩水域 ▨ 萎缩建设用地 ▨ 萎缩未利用地 □ 不变区域

图3-6　陕北能源区土地利用变化落势图谱

（1）1980～1990 年，陕北耕地面积呈现出增加趋势，此时段增加了 42 107.93 公顷，年变化率为 1.48%，增加的耕地集中分布在定边县中北部，此外在靖边县、宝塔区、宜川县也有分布 [图 3-5（a）]，主要由草地转移而来（表 3-2）；1990～2000 年，陕北耕地面积减少了 21 318.64 公顷，年变化率为 0.74%，减少的耕地的空间分布与 1980～1990 年增加的区域分布一致 [图 3-5（b）]，主要是由耕地转为草地引起的（表 3-3）；通过退耕还林还草工程的实施，2000～2010 年，萎缩的耕地面积较大，共减少了 498 678.33 公顷，年变化率为 17.36%，减少的耕地主要分布在长城以南的大面积区域 [图 3-6（c）]，主要由耕地转为林地和草地造成（表 3-4）。

表 3-2　陕北能源区 1980～1990 年土地利用转移矩阵

项目	耕地	林地	草地	水域	建设用地	未利用地	1980 年合计
耕地/公顷	2 692 099.19	10 100.65	145 300.39	1 699.63	1 400.90	1 499.07	2 852 099.83
B/%	94.39	0.35	5.09	0.06	0.05	0.05	
C/%	92.98	1.08	3.92	4.39	17.08	0.37	
林地/公顷	10 199.88	904 899.76	70 400.53	600.59	1 799.37	1 899.98	989 800.11
B/%	1.03	91.42	7.11	0.06	0.18	0.19	
C/%	0.35	96.45	1.90	1.55	21.94	0.47	
草地/公顷	175 199.89	21 300.29	3 257 700.42	1 400.51	199.55	9 300.36	3 465 101.02
B/%	5.06	0.61	94.01	0.04	0.01	0.27	
C/%	6.05	2.27	87.98	3.62	2.43	2.31	
水域/公顷	1 500.31	99.33	1 299.24	33 800.00	100.92	599.68	37 399.48
B/%	4.01	0.27	3.47	90.37	0.27	1.60	
C/%	0.05	0.01	0.04	87.34	1.23	0.15	
建设用地/公顷	0.00	0.00	200.17	199.45	4 500.50	99.51	4 999.63
B/%	0.00	0.00	4.00	3.99	89.93	1.99	
C/%	0.00	0.00	0.01	0.52	54.88	0.02	
未利用地/公顷	16 200.01	1 800.40	228 000.78	1 000.92	200.09	388 599.28	635 801.48
B/%	2.55	0.28	35.86	0.16	0.03	61.12	
C/%	0.56	0.19	6.16	2.59	2.44	96.67	
1990 年合计	2 895 199.28	938 200.43	3 702 901.53	38 701.10	8 201.33	401 997.88	7 985 201.55

表 3-3　陕北能源区 1990～2000 年土地利用转移矩阵

项目	耕地	林地	草地	水域	建设用地	未利用地	1990 年合计
耕地/公顷	2 723 499.30	9 099.52	147 500.68	1 199.51	700.63	13 199.49	2 895 199.13
B/%	94.07	0.31	5.09	0.04	0.02	0.46	
C/%	94.77	0.91	4.12	3.36	9.73	2.69	
林地/公顷	8 600.86	917 799.70	10 599.39	99.50	0.00	1 100.23	938 199.68
B/%	0.92	97.83	1.13	0.01	0.00	0.12	
C/%	0.30	91.76	0.30	0.28	0.00	0.22	
草地/公顷	137 799.95	66 999.70	3 406 000.66	1 000.17	300.10	90 800.83	3 702 901.41
B/%	3.72	1.81	91.98	0.03	0.01	2.45	
C/%	4.79	6.70	95.22	2.80	4.17	18.49	
水域/公顷	2 299.57	500.51	1 800.51	33 099.76	200.14	799.15	38 699.64
B/%	5.94	1.29	4.65	85.52	0.52	2.06	
C/%	0.08	0.05	0.05	92.72	2.78	0.16	
建设用地/公顷	99.11	1 900.06	100.56	100.87	5 999.26	0.00	8 199.86
B/%	1.21	23.16	1.23	1.23	73.12	0.00	
C/%	0.00	0.19	0.00	0.28	83.32	0.00	
未利用地/公顷	1 600.14	3 899.94	11 099.02	199.67	0.00	385 199.32	401 988.09
B/%	0.40	0.97	2.76	0.05	0.00	95.82	
C/%	0.06	0.39	0.31	0.56	0.00	78.44	
2000 年合计	2 873 898.93	1 000 199.43	3 577 100.82	35 699.48	7 200.13	491 099.02	7 985 197.81

表 3-4　陕北能源区 2000～2010 年土地利用转移矩阵

项目	耕地	林地	草地	水域	建设用地	未利用地	2000 年合计
耕地/公顷	2 179 400.63	363 100.81	323 099.25	3 600.83	1 600.26	3 099.20	2 873 900.98
B/%	75.83	12.63	11.24	0.13	0.06	0.11	
C/%	91.75	21.99	9.21	12.00	16.84	0.76	
林地/公顷	9 899.56	959 400.09	29 300.92	0.00	100.93	1 499.32	1 000 202.82
B/%	0.99	95.92	2.93	0.00	0.01	0.15	
C/%	0.42	58.10	0.83	0.00	1.06	0.37	
草地/公顷	179 300.94	323 500.91	3 051 299.97	3 100.60	1 199.28	18 699.84	3 577 101.54
B/%	5.01	9.04	85.30	0.09	0.03	0.52	
C/%	7.55	19.59	86.94	10.33	12.62	4.57	
水域/公顷	2 100.83	2 000.58	12 300.92	19 100.31	0.00	199.07	35 701.71
B/%	5.88	5.60	34.45	53.49	0.00	0.56	
C/%	0.09	0.12	0.35	63.66	0.00	0.05	
建设用地/公顷	100.70	200.87	1 500.36	200.52	5 100.49	99.78	7 202.72
B/%	1.40	2.79	20.82	2.78	70.76	1.38	
C/%	0.00	0.01	0.04	0.67	53.69	0.02	
未利用地/公顷	4 500.31	2 999.34	92 100.41	3 999.06	1 499.55	385 999.09	491 097.76
B/%	0.92	0.61	18.75	0.81	0.31	78.60	
C/%	0.19	0.18	2.62	13.33	15.78	94.24	
2010 年合计	2 375 302.97	1 651 202.60	3 509 601.83	30 001.32	9 500.51	409 596.30	7 985 207.52

（2）1980～1990年，陕北林地面积呈现出减少趋势，此时段内减少了48 618.72公顷，年变化率为 4.92%，减少的林地主要分布于洛川县北部和志丹县东南部〔图3-6（a）〕，该地区林地主要转为草地，其次转为耕地（表3-2）；1990～2000年，陕北林地面积增加了62 072.88公顷，年变化率为6.61%，增加的林地主要分布在洛川县北部〔图3-5（b）〕，主要为草地转为林地（表3-3）；2000～2010年，陕北林地面积增加趋势明显，与耕地变化成相反特征，共增加了649 006.95公顷，年变化率为64.82%，增加的林地主要分布在研究区中部，集中分布在延安市北部，另外南部也有零散分布〔图3-5（c）〕，主要由耕地和草地转换而来（表3-4）。

（3）1980～1990年，陕北草地面积呈现出增加趋势，此时段内增加了235 799.66公顷，年变化率为6.80%，增加的草地主要分布在榆阳区和神木县长城以北地区，其次为洛川县北部〔图3-5（a）〕，主要防风固沙工程的实施由未利用地转化而来，其次是耕地和草地（表3-2）；1990～2000年，陕北草地面积减少了125 794.31公顷，年变化率为 3.40%，萎缩的草地主要分布在榆阳区西南部、洛川县北部及神木县少许〔图3-6（b）〕，主要由草地转为耕地，其次转为林地（表3-3）；2000～2010年，陕北草地面积减少趋势明显，共减少了65 082.29公顷，年变化率为1.82%，萎缩草地的分布与萎缩耕地的区域大致相同〔图3-6（c）〕，草地主要转为林地，其次转为耕地（表3-4）。

（4）1980～1990年，陕北水域面积呈现出增加趋势，此时段内增加了898.10公顷，年变化率为2.37%，主要由耕地转为水域，其次为草地转为水域（表3-2）；1990～2000年，陕北水域面积减少了2 986.65公顷，年变化率为7.71%，主要为水域转为耕地（表3-3）；2000～2010年，陕北水域面积减少趋势明显，共减少了5 209.21公顷，年变化率为14.58%，由水域转为草地造成（表3-4）。

（5）1980～1990年，陕北建设用地面积呈现出增加趋势，此时段内增加了2 588.05 公顷，年变化率为45.91%，由林地转移而来，其次为耕地转为建设用地（表3-2）；1990～2000年，陕北建设用地面积增加了983.47公顷，年变化率为11.96%，主要由耕地转化为建设用地（表3-3）；2000～2010年，陕北建设用地面积增加趋势明显，共增加了2 274.85公顷，年变化率为31.39%，仍然主要以耕地转为建设用地为主，其次是耕地和草地转移而来（表3-4）。

（6）1980～1990年，陕北未利用地面积呈现出增加趋势，此时段内减少了232 774.25公顷，年变化率为36.57%，减少的未利用地主要分布在榆阳区和神木县的长城以北〔图3-6（a）〕，主要为未利用地转为草地（表3-2）；1990～2000年，陕北未利用地面积增加了89 009.89公顷，年变化率为22.04%，增加的未利用地主要零散分布在榆阳区和神木县〔图3-6（b）〕，由草地转化为未利用地（表3-3）；2000～

2010 年，陕北未利用地面积减少趋势明显，共减少了 82 310.96 公顷，年变化率为 16.70%，减少的未利用地主要分布于毛乌素沙地区［图 3-6（c）］，主要转化为草地（表 3-4）。

3.2.3 土地利用程度时空变化

整体上陕北能源区 1980 年、1990 年、2000 年和 2010 年土地利用程度综合指数分别为 217.87、222.53、220.12 和 216.19，1980～1990 年、1990～2000 年和 2000～2010 年土地利用程度变化率分别为 2.14%、-1.08% 和 -1.78%，说明近 30 年间土地利用程度呈现出增加—减小—减小的变化特征。土地利用程度综合指数和土地利用程度变化率空间分布图如图 3-7 和图 3-8 所示。图 3-7 反映出陕北能源区土地利用程度呈现出中部高，南北低的分布，高值区集中分布在长城以南—延河以北的区域，另外南部的洛川县土地利用程度也较高；毛乌素沙地的土地利用程度非常低，研究区南部的子午岭和黄龙山也为低值区。

图 3-8 反映出，1980～1990 年土地利用程度增加的区域主要分布于陕北西北部和南部，变化率大于 20% 的区域集中在榆阳区和神木县，此外在定边县也有少许分布，土地利用程度减小区域分布于研究区中部和东北部，减小率不到 10%；1990～2000 年与 1980～1990 年空间上呈现出相反的变化特征，增加区集中分布于研究区中部和东北部，减小区分布于西北部，减小率大于 10% 的区域分布于榆阳区西南部和定边县中部和西北部；2000～2010 年研究区土地利用程度呈大部分面积减小趋势，减小率大于 10% 的区域分布于子长县、延川县和甘泉县，增加区域主要分布在陕北西北部。

表 3-5 为不同生态区的统计值，从土地利用程度均值来看，I-02、I-03、I-04、I-05、I-06、I-07、I-08、I-10 与 II-04 这 9 个生态功能区均大于 220，其中土地利用程度大于 250 的区域为黄土峁状丘陵沟壑水土流失敏感生态功能区（I-04），土地利用程度为 230～250 由大到小的生态功能区依次为白于山河源水土保持生态功能区（I-07）、黄河沿岸土壤侵蚀敏感生态功能区（I-03）、黄土墚峁沟壑水土流失控制生态功能区（I-06）和榆神府黄土墚水蚀风蚀控制生态功能区（I-02），土地利用程度为 220～230 由大到小的生态功能区依次为洛川黄土塬农业生态功能区（I-10）、宜延黄土墚土壤侵蚀敏感生态功能区（I-05）、定靖西南风蚀、盐渍化控制生态功能区（II-04）和白于山南侧水土保持控制生态功能区（I-08）。反映出土地利用程度较高的区域多集中于水土流失较为严重的区域，侧面可以反映出人类活动对水土流失影响的强弱。

（a）1980年

（b）1990年

图例
High：299.60
Low：41.62

图例
High：307.61
Low：40.31

（c）2000年

（d）2010年

图例
High：304.05
Low：37.92

图例
High：308.09
Low：41.97

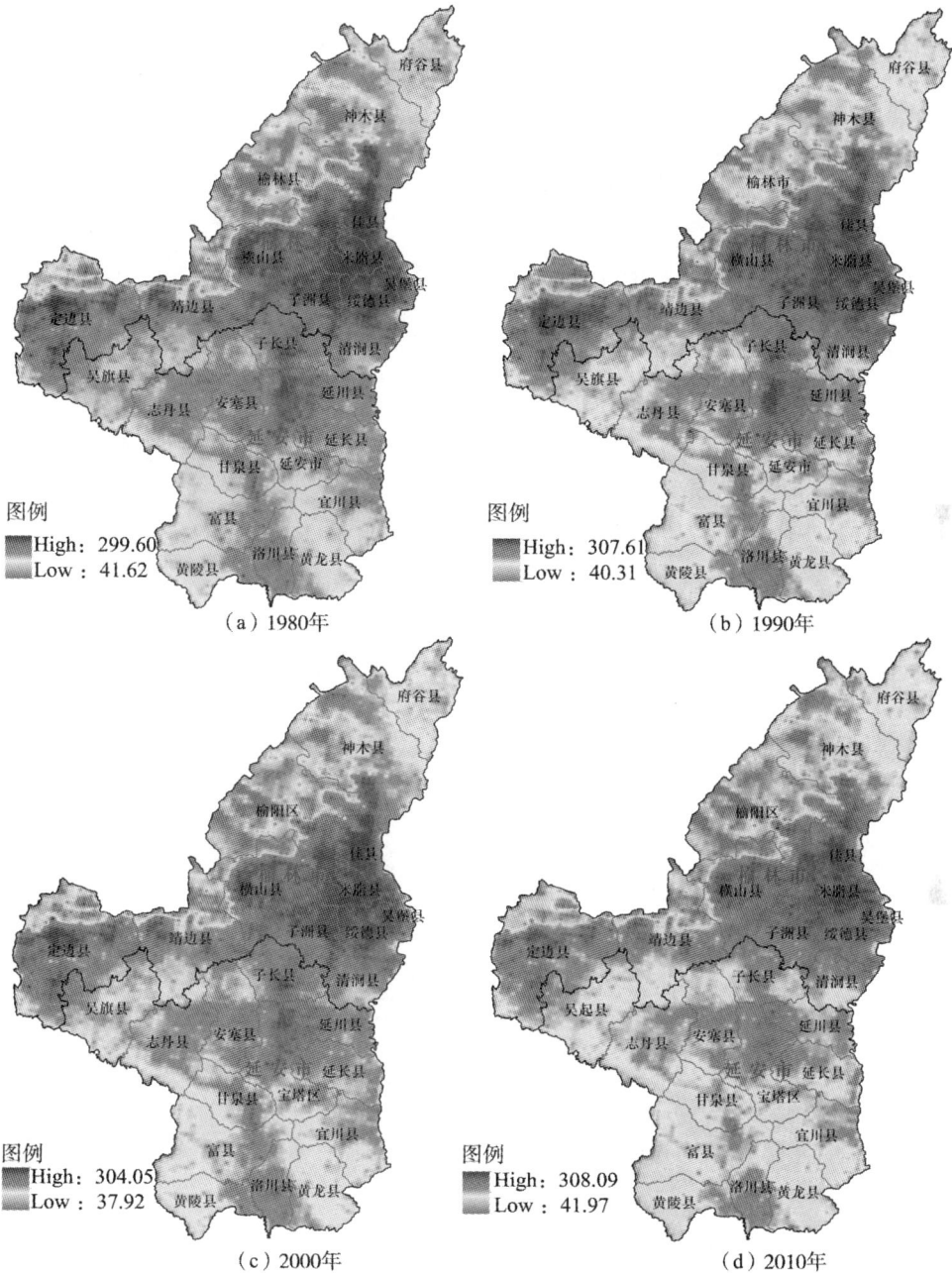

图 3-7 陕北能源区各年土地利用程度空间分布

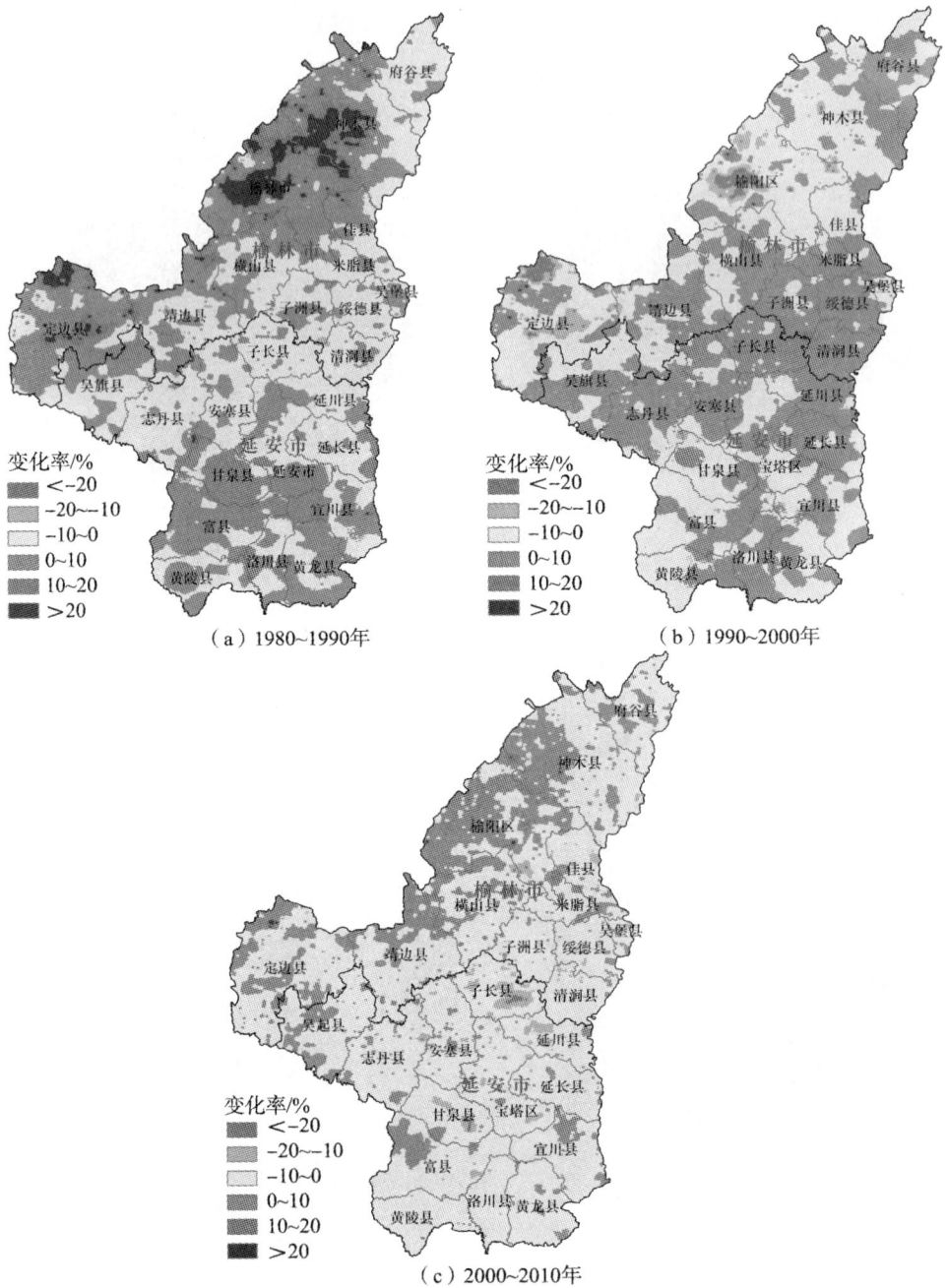

（a）1980~1990年

（b）1990~2000年

（c）2000~2010年

图 3-8　陕北能源区各年代土地利用程度变化率空间分布

表 3-5　不同生态功能区土地利用程度及其变化率

生态 功能区	土地利用程度					土地利用程度变化率/%		
	1980 年	1990 年	2000 年	2010 年	均值	1980~1990 年	1990~2000 年	2000~2010 年
I-01	207.14	208.14	207.89	204.10	206.82	0.49	−0.13	−1.74
I-02	231.79	234.46	233.23	228.98	232.11	1.45	−0.51	−1.71
I-03	247.15	247.39	247.98	240.29	245.70	0.12	0.27	−3.04
I-04	272.17	270.41	272.63	260.72	268.98	−0.66	0.90	−4.44
I-05	229.29	228.54	230.18	221.28	227.33	−0.30	0.71	−3.78
I-06	238.22	237.46	238.29	229.37	235.83	−0.28	0.36	−3.62
I-07	247.36	254.63	247.55	244.32	248.46	3.01	−2.46	−1.30
I-08	221.28	221.14	221.56	216.42	220.10	−0.05	0.21	−2.18
I-09	197.75	198.88	198.70	197.59	198.23	0.57	−0.09	−0.54
I-10	228.59	229.34	229.91	221.76	227.40	0.34	0.24	−3.44
I-11	208.30	209.28	209.38	206.91	208.47	0.46	0.05	−1.13
II-01	171.33	190.11	184.98	186.90	183.33	12.38	−2.75	1.39
II-02	161.82	181.60	171.79	174.79	172.50	14.24	−5.10	2.03
II-03	180.02	192.51	183.15	185.90	185.39	6.79	−3.62	2.02
II-04	225.91	234.07	224.56	223.59	227.03	4.16	−3.90	−0.19

注：I-01，渭河两侧黄土台塬农业生态功能区；I-02，榆神府黄土墚水蚀风蚀控制生态功能区；I-03，黄河沿岸土壤侵蚀敏感生态功能区；I-04，黄土峁状丘陵沟壑水土流失敏感生态功能区；I-05，宜延黄土墚土壤侵蚀敏感生态功能区；I-06，黄土墚峁沟壑水土流失控制生态功能区；I-07，白于山河源水土保持生态功能区；I-08，白于山南侧水土保持控制生态功能区；I-09，子午岭水源涵养生态功能区；I-10，洛川黄土塬农业生态功能区；I-11，黄龙山、崂山水源涵养生态功能区；II-01，榆神北部沙化控制生态功能区；II-02，横榆沙地防风固沙生态功能区；II-03，定靖东北部防风固沙生态功能区；II-04，定靖西南风蚀、盐渍化控制生态功能区。表中数据基于空间栅格求算

　　1980~1990 年土地利用程度呈增加趋势，从不同生态区的土地利用程度变化率来看，横榆沙地防风固沙生态功能区（II-02）的贡献最大，增加率为 14.24%，然后为榆神北部沙化控制生态功能区（II-01），其变化率为 12.38%，其他较高的区域变化率由大到小依次为定靖东北部防风固沙生态功能区（II-03）、定靖西南风蚀、盐渍化控制生态功能区（II-04）、白于山河源水土保持生态功能区（I-07）和榆神府黄土墚水蚀风蚀控制生态功能区（I-02）。说明 1980~1990 年人类对风沙区的土地的利用程度明显增加。

　　由于 1990~2000 年与 1980~1990 年的情况大致相反，所以该时段内土地利用程度的减小趋势主要是由风沙区土地利用程度的减小造成的，减小率由大到小依次为横榆沙地防风固沙生态功能区（II-02）、定靖西南风蚀、盐渍化控制生态功能区（II-04）、定靖东北部防风固沙生态功能区（II-03）和榆神北部沙化控制生态功能区（II-01），此外白于山河源水土保持生态功能区（I-07）也呈减小趋势，变化率为−2.46%。

2000～2010 年土地利用程度总体上也呈减小趋势，减小趋势贡献最大的区域为黄土峁状丘陵沟壑水土流失敏感生态功能区（Ⅰ-04），减小率为 4.44%，减小率大于 3% 的区域包括宜延黄土墚土壤侵蚀敏感生态功能区（Ⅰ-05）、黄土墚峁沟壑水土流失控制生态功能区（Ⅰ-06）、洛川黄土塬农业生态功能区（Ⅰ-10）和黄河沿岸土壤侵蚀敏感生态功能区（Ⅰ-03）。说明该时段由于退耕还林措施的影响，土壤侵蚀敏感区的土地级别在增加。

3.3　植被覆盖时空变化特征与人类活动对植被覆盖的影响

3.3.1　植被覆盖时空特征分析

近 30 年来，陕北能源区多年平均 NDVI 为 0.18～0.84，研究区平均值为 0.40。空间上，在陕北南部子午岭与黄龙山及其之间 NDVI 呈高—低—高的分布格局，由南向北、由东南向西北 NDVI 均在逐渐减小［图 3-9（a）］。不同土地生态系统存在较大差异，由大到小依次为林地＞草地＞耕地＞建设用地＞水域＞未利用地。

近 30 年来，陕北能源区植被覆盖呈改善趋势，平均变化率为 0.018/10 年。空间上，植被覆盖改善的区域分布在陕北中北部，明显改善区分布于长城以北、白于山东部以及延安市和榆林市东部交界处。退化区集中分布在陕北南部的子午岭和黄龙山地区，包括黄陵县、富县、甘泉县、宝塔区南部、宜川县西部与南部及黄龙县东部，甘泉县植被退化尤为严重［图 3-9（b）］。土地生态系统上，林地呈退化趋势，变化率为 -0.013/10 年。未利用地改善最为明显，变化率为 0.032/10 年；水域和建设用地次之，变化率分别为 0.027/10 年和 0.026/10 年；耕地变化率为 0.02/10 年；草地变化率为 0.017/10 年。

3.3.2　人类活动对植被覆盖的影响

图 3-10 所示为陕北能源区植被覆盖气候限制区和人类活动对植被覆盖的影响。近 30 年来，陕北能源区大部分区域的植被覆盖受气温影响，其中长城以北地区集中分布着 T+影响区，面积占研究区的 29.26%；陕北西南部，主要包括黄陵县、富县、甘泉县和宝塔区南部集中分布着 T-影响区，面积占 13.72%；P+影响

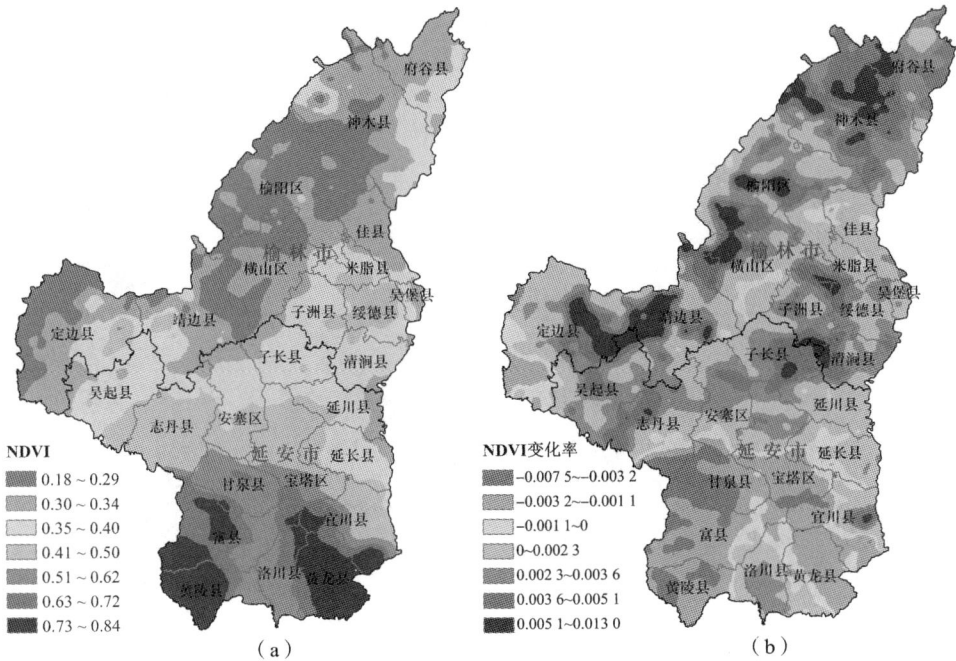

（a）　　　　　　　　　　　　　　（b）

图 3-9　陕北能源区植被覆盖及其变化趋势空间分布

区次之，分布较为零散，仅占 5.49%［图 3-10（a）］。

从不同土地生态系统来看，林地面积的 49.80% 的 NDVI 受 T-影响（图 3-11），其 NDVI 与年均温的偏相关系数为 -0.248 1，相关程度远远大于与年降水量的 -0.030 4；其他土地利用类型 NDVI 与年降水量和年均温的相关系数均为正相关，且与年均温的相关程度均大于与年降水的相关程度，但是仍然存在差异性，其中耕地和草地 25% 以上的面积的 NDVI 受 T+影响（图 3-11），但是其与年降水和年均温的相关系数相当，所以耕地和草地受水热共同影响；水域、建设用地和未利用地的 NDVI 与年均温的相关性大于与年降水的相关性，未利用地 NDVI 与年降水的相关系数为 0.080 5，与年均温的相关系数为 0.511 8，两者差异最大，该地类集中分布在陕北西北部，地处干旱-半干旱地区，加之近年来气候的暖干化趋势（图 3-2），植被覆盖不但没有退化，反而在呈现明显改善趋势，这主要是由退耕还林还草等措施的实施引起的，从而反映出未利用地受人类活动影响明显，建设用地和水域次之。

通过线性模型，用残差趋势剔除气候因子对植被覆盖的影响，从而反映出人类活动对植被覆盖的影响。近 30 年来，陕北能源区平均残差趋势为 0.010 6/10 年，表明人类活动对陕北能源区的植被覆盖主要表现为正作用影响。空间上，人类活

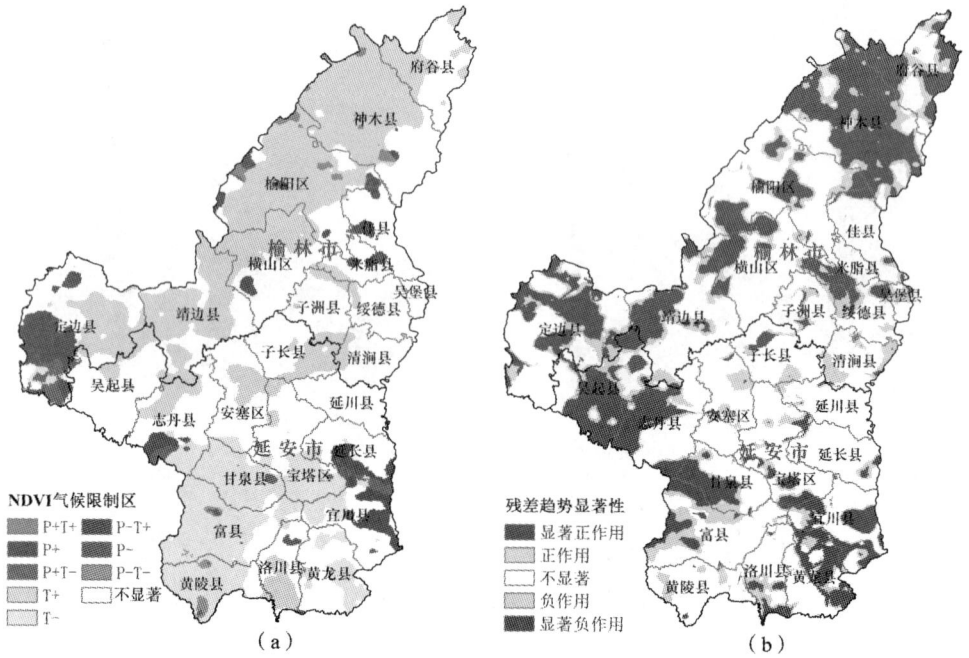

图 3-10　陕北能源区植被覆盖气候限制区和人类活动对植被覆盖的影响

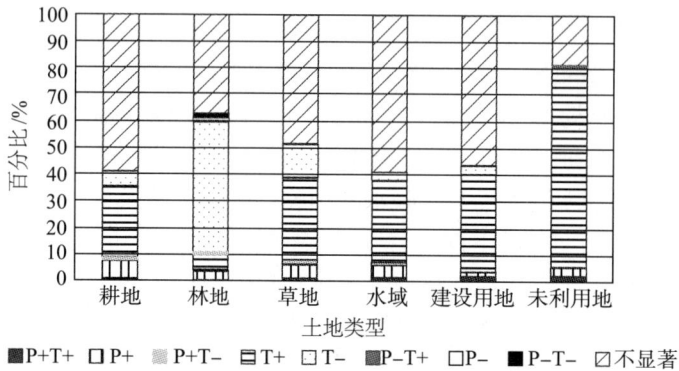

图 3-11　陕北能源区不同土地覆盖类型的气候限制区面积统计图

动的显著正影响区主要分布在长城以北和白于山南部；显著负影响区分布在黄龙山和子午岭—崂山之间［图 3-10（b）］。从土地生态系统来看，人类活动对未利用地和水域的正影响作用最强烈，正作用面积占 50% 以上，建设用地次之，面积占 49.28%，其他由大到小依次为草地与耕地，仅人类活动对林地呈现出负作用，负作用面积占 30.05%。

3.4　陕北不同类型能源开采区生态环境变化特征分析

利用陕北不同类型能源开采区对各个生态环境变化特征进行统计，统计结果如表 3-6 ~ 表 3-8 所示。

表 3-6　不同类型能源开发区气候因素及其变化特征

能源开采区	年降水量 /毫米	年均温 /摄氏度	降水量变化率 /（毫米/10 年）	气温变化率 /（摄氏度/10 年）
煤炭典型开采Ⅰ区	674.27	8.41	7.083 8	0.847
煤炭典型开采Ⅱ区	719.27	10.10	−22.149	0.531
石油典型开采区	653.81	10.54	−19.608	0.562
天然气典型开采区	609.68	9.28	−19.722	0.667

表 3-7　不同类型能源开发区土地利用程度变化率

能源开采区及其缓冲区	土地利用程度变化率			合计
	1980 ~ 1990 年	1990 ~ 2000 年	2000 ~ 2010 年	
煤炭典型开采Ⅰ区	11.14	−3.32	0.84	8.65
煤炭典型开采Ⅱ区	0.14	0.02	−1.27	−1.11
石油典型开采区	−0.37	0.46	−4.62	−4.53
天然气典型开采区	1.01	0.88	0.37	2.25

表 3-8　不同类型能源开发区植被覆盖与残差趋势特征

能源开采区	NDVI	NDVI 变化率/10 年	残差趋势/10 年	残差趋势 p 值
煤炭典型开采Ⅰ区	0.284 3	0.035 7	0.013 9	0.163 8
煤炭典型开采Ⅱ区	0.758 9	−0.030 0	−0.010 3	0.246 9
石油典型开采区	0.397 0	0.016 5	0.012 3	0.355 1
天然气典型开采区	0.302 7	0.033 9	0.015 6	0.158 5

3.4.1　陕北不同类型能源开采区气候变化特征分析

不同类型能源开采区气候特征（表 3-6）反映出，煤炭典型开采Ⅱ区降水量最高，其他地区的降水量由大到小依次为煤炭典型开采Ⅰ区>石油典型开采区>天然气典型开采区；石油典型开采区与煤炭典型开采Ⅱ区的年均温相当，分别为 10.54 摄氏度和 10.10 摄氏度，其他地区由高到低依次为天然气典型开采区、煤炭典型开采Ⅰ区；各个典型开采区的气温均呈上升趋势，气温增加率均在 0.5 摄氏度/10 年以上，煤炭典型开采Ⅰ区降水量呈增加趋势，其他开采区均呈下降趋势，即煤炭典型开采Ⅰ区气候呈现出暖湿化趋势，其他开采区呈现出暖干化趋势。

3.4.2　陕北不同类型能源开采区土地利用程度变化特征分析

不同类型能源开发区土地利用程度变化率（表 3-7）反映出，30 年间，煤炭典型开采Ⅰ区土地利用程度呈增加趋势，主要是 1980～1990 年增加的结果，20世纪 80 年代初期发现了榆神府煤田，1985 年后经大力投资建起了超大煤炭生产基地，使该地区大面积的草地和未利用地转换为建设用地，从而大幅度提高了土地利用程度；1990～2000 年与 2000～2010 年这两个时段的土地利用程度变化率分别为−3.32 和 0.84，分别成减小和增加趋势，1990～2000 年"三北"防护林第一和第二期工程的已建防护林逐渐成效，加之 2000～2010 年退耕还林还草措施的实施及经济快速发展的需求的提高，该时段土地利用程度变化不大。

1980～2010 年，煤炭典型开采Ⅱ区和石油典型开采区土地利用程度均呈减小趋势，均由 2000～2010 年的土地利用程度的减小引起，该时段主要是 1999 年实施的退耕还林还草工程的结果。而 1980～2000 年土地利用程度的增加主要是社会经济发展导致建设用地侵占其他土地利用类型及能源开采活动造成的。

天然气典型开采区土地利用程度在三个时段均呈增加趋势，随着时间的推移，增加率在逐渐减小，三个时间段的变化率分别为 1.01、0.88、0.37，30 年间的土地利用程度变化率为 2.25，说明该开采区土地利用类型逐渐向比其高的级别转换，但是在"三北"防护林和退耕还林还草工程的实施下这种转换速率在不断减小。

3.4.3　陕北不同类型能源开采区人类活动对植被覆盖的影响

不同类型能源开发区植被覆盖变化及其残差趋势（表 3-8）反映出，煤炭典型开采Ⅰ区植被覆盖最低，30 年间人类活动对该区域植被覆盖的影响呈正作用，相反人类活动对植被覆盖较高的煤炭典型开采Ⅱ区的植被覆盖的影响呈负作用；石油典型开采区与天然气典型开采区的植被覆盖差异性不大，天然气典型开采区植被覆盖相对较低，30 年间人类活动对两个区域植被覆盖的影响均呈正作用，但是人类活动对天然气典型开采区的正作用影响大于对石油典型开采区的影响。

总体来看，30 年间陕北能源区土地利用程度呈现出减小的变化特征，说明土地利用处于调整期或衰退期，1990～2010 年神府县、府谷县、定边县、靖边县及研究区中南部地区土地退化严重。由于退耕还林还草等措施的实施，人类活动对陕北能源区的植被覆盖主要表现为正作用影响。

　　从各个典型能源开采区来看，30 年间，煤炭典型开采 I 区气候呈现出暖湿化趋势，其他开采区呈现出暖干化趋势。30 年间，煤炭典型开采 I 区土地利用程度呈增加趋势，主要是 1985 年后建起了超大煤炭生产基地，大面积的草地和未利用地转换为建设用地的结果；1990～2000 年与 2000～2010 年这两个时段的减小和增加趋势，是"三北"防护林和退耕还林还草工程的实施与经济快速发展的需求之间博弈造成的，对于植被覆盖来说，植被覆盖呈增加趋势。煤炭典型开采 II 区和石油典型开采区土地利用程度均呈减小趋势，均由 1999 年实施的退耕还林还草工程的实施引起，但不同的是，煤炭典型开采 II 区的高植被覆盖度地区植被不断退化，石油典型开采区呈现出改善趋势。天然气典型开采区土地利用处于发展期，但是在"三北"防护林和退耕还林还草工程的实施下这种发展态势趋于平稳，植被覆盖也呈现出增加趋势。说明陕北能源区土地利用变化与植被覆盖变化不协调。

　　但是，近 30 年来陕北能源区年均温倾向率为 0.617 摄氏度/10 年，降水量倾向率为-11.744 毫米/10 年，陕北能源区气候呈现出明显的暖干化趋势。气候的暖干化会加剧地表水分蒸发，河流、湖泊水面严重萎缩，植被生长发育受到抑制，加之煤炭、石油、天然气等自然资源的开采带来一系列生态环境问题，生态环境将面临更严重的考验。

第4章　陕北能源富集区生态系统服务功能变化分析

本章主要针对陕北生态脆弱区生态系统第一性生产力、固碳释氧、土壤保持、涵养水源这四个生态服务功能进行评估，最终得到研究区综合服务功能，有助于人们正确认识陕北能源开发对脆弱的生态系统的演变过程，为研究区经济的良性发展及生态环境保护提供依据。

4.1　净第一性生产力测评

植被是人类赖以生存所需的物质的重要来源之一，包括食物、原料及燃料等。植物通过光合作用将太阳能固定并转换为植物有机质，净第一性生产力（net primary productivity，NPP）是指从绿色植物在单位时间和单位面积内，从光合作用产生的有机物中扣除自养呼吸后剩余的有机质。20 世纪 60 年来以来，NPP 受到很多学者的关注，并基于不同的计算模型对其进行估算。由于无法对其进行直接测量，所以 NPP 的模型估算已经成为一种重要的计算途径。不同学者采用的估算方法差异性很大，包括气候生产力模型、生理生态过程模型及光能利用模型估算等，其中光能利用模型进行 NPP 估算已经成为一种全新手段。

气候生产力模型根据 NPP 与气候要素之间的关系进行估算，主要以 Chikugo 模型、Miami 模型、Thornthwaite 纪念模型为代表，该模型所用到的气候数据容易获取，模型较为简单，但是误差较大，植物生理机制不清楚，适用于潜在 NPP 估算。生理生态过程模型根据植物生长和发育建立 NPP 估算模型，代表模型有 CENTURY、CARAIB、KGBM 和 SILVAN 等，该模型精度较高，有一定的生态生理基础，但是计算过程比较复杂，参数设计较多，适合于均质斑块或空间尺度较小的区域 NPP 的估算。光能利用模型主要基于遥感数据来模拟植被 NPP，代表模型主要有 CASA、GLO-PEM、SDBM 等，该模型所用到的数据可以通过遥感信息进行估算，数据获取简单，并且可以获得 NPP 的季节及年际动态变化规律，但是对植物生态生理机制表达得不是很清楚，光能传递与转换存在不确定性，适合于区域与全球尺度上 NPP 的估算。

4.1.1　测评模型

由于光能利用模型所需数据容易获得，且考虑到该模型适合于区域 NPP 估算及植被覆盖度等参数的差异，测算结果更为准确，所以本章选用光能利用模型对 NPP 进行估算[122]，具体模型如下：

$$\mathrm{NPP}(x,t) = \mathrm{APAR}(x,t) \times \varepsilon(x,t) \tag{4-1}$$

式中，APAR (x, t) 与 $\varepsilon(x, t)$ 分别为 x 像元 t 月的光合有效辐射（兆焦耳/米^2）和实际光能利用率。

$$\mathrm{APAR}(x,t) = \mathrm{SOL}(x,t) \times \mathrm{FRAR}(x,t) \times 0.5 \tag{4-2}$$

$$\mathrm{FRAR}(x,t) = (\mathrm{FRAR}(x,t)_{\mathrm{NDVI}} + \mathrm{FRAR}(x,t)_{\mathrm{SR}}) / 2 \tag{4-3}$$

$$\mathrm{FRAR}(x,t)_{\mathrm{NDVI}} = (\mathrm{NDVI}(x,t) - \mathrm{NDVI}_{i,\min}) \times (\mathrm{FRAR}_{\max} - \mathrm{FRAR}_{\min}) / \\ (\mathrm{NDVI}_{i,\max} - \mathrm{NDVI}_{i,\min}) + \mathrm{FRAR}_{\min} \tag{4-4}$$

$$\mathrm{FRAR}(x,t)_{\mathrm{SR}} = (\mathrm{SR}(x,t) - \mathrm{SR}_{i,\min}) \times (\mathrm{FRAR}_{\max} - \mathrm{FRAR}_{\min}) / \\ (\mathrm{SR}_{i,\max} - \mathrm{SR}_{i,\min}) + \mathrm{FRAR}_{\min} \tag{4-5}$$

$$\mathrm{SR}(x,t) = (1 + \mathrm{NDVI}(x,t)) / (1 - \mathrm{NDVI}(x,t)) \tag{4-6}$$

式中，SOL (x, t) 为 x 像元 t 月的太阳总辐射（兆焦耳/米^2）；FRAR (x, t) 为 x 像元 t 月的光合有效辐射的吸收百分比；FRAR $(x, t)_{\mathrm{NDVI}}$ 和 FRAR $(x, t)_{\mathrm{SR}}$ 分别为由归一化植被指数（NDVI）和比值植被指数（SR）计算得到的光合有效辐射吸收百分比；$\mathrm{FRAR}_{\max}$ 和 $\mathrm{FRAR}_{\min}$ 分别为 0.95 和 0.001；$\mathrm{NDVI}_{i,\max}$ 和 $\mathrm{NDVI}_{i,\min}$ 为第 i 种植被类型 NDVI 的最大值和最小值；$\mathrm{SR}_{i,\max}$ 和 $\mathrm{SR}_{i,\min}$ 为第 i 种植被类型 SR 的最大值和最小值；NDVI (x, t) 和 SR (x, t) 分别为 x 像元 t 月的 NDVI 和 SR。

$$\varepsilon(x,t) = f_1(x,t) \times f_2(x,t) \times w(x,t) \times \varepsilon_{\max} \tag{4-7}$$

$$f_1(x,t) = 0.8 + 0.02 \times T_{\mathrm{opt}}(x) - 0.000\,5 \times \left(T_{\mathrm{opt}}(x)\right)^2 \tag{4-8}$$

$$f_2(x,t) = 1.184 / \left\{1 + \exp\left[0.2 \times T_{opt}(x) - 10 + T(x,t)\right]\right\} \tag{4-9}$$
$$\times 1 / \left\{1 + \exp\left[0.3 \times (T_{opt}(x) - 10 + T(x,t))\right]\right\}$$

$$W_\varepsilon(x,t) = 0.5 + 0.5 \times E(x,t) / E_p(x,t) \tag{4-10}$$

式中，ε_{max} 为最大光能利用率；$f_1(x,t)$、$f_2(x,t)$ 和 $w(x,t)$ 分别为低温、高温和水分对最大光能利用率的胁迫系数；$T_{opt}(x)$ 为植物生长的最适温度（摄氏度）；$E(x,t)$ 和 $E_p(x,t)$ 分别为实际蒸散量（毫米）和潜在蒸散量（毫米）。

将 NPP 换算为价值量，具体计算模型如下：

$$V = \frac{AQ_1}{BQ_2} \times P \tag{4-11}$$

式中，V 为 NPP 价值量（元）；A 为植被有机质干重（吨）；B 为标煤系数，取 1；P 为标煤价格（元/吨），取 345.5 元/吨；Q_1 为干重折合热量（千焦耳/克），取 6.7 千焦耳/克；Q_2 为标煤折合热量，取 10 千焦耳/克。

4.1.2 结果分析

本书对陕北能源区 1980～2010 年各年的 NPP 物质量进行了估算，并选取了各年代初期，即选取 1980 年、1990 年、2000 年和 2010 年的各个土地利用类型 NPP 及固碳释氧物质量与价值量进行分析。表 4-1 中土地利用面积变化反映出，耕地、草地和水域在 1980～1990 年、1990～2000 年与 2000～2010 年这三个时段均呈增—减—减的变化特征，与林地的减—增—增特征正好相反，这主要是 20 世纪 90 年代中后期退耕还林政策实施的结果；草地和水域的增—减—减特征主要由全球变暖导致的地表蒸发量增加及不合理灌溉等因素引起；建设用地主要以侵占其他土地类型为主要方式而呈增长趋势。

表 4-1 陕北土地生态系统 NPP 变化

土地利用	土地利用面积/公顷			
	1980 年	1990 年	2000 年	2010 年
耕地	2 852 100	2 895 200	2 873 900	2 375 300
林地	989 800	938 200	1 000 200	1 651 200
草地	3 465 100	3 702 900	3 575 600	3 509 600
水域	37 400	38 700	35 700	30 000
建设用地	5 000	8 200	8 700	9 500
未利用地	635 800	402 000	491 100	409 600

续表

土地利用	NPP 均值/［吨/（公顷·年）］			
	1980 年	1990 年	2000 年	2010 年
耕地	2.71	↗3.03	↘2.98	↗4.35
林地	9.39	↘8.67	↘7.04	↗7.73
草地	3.56	↗3.68	↘3.56	↗4.76
水域	2.06	↗2.59	↗2.71	↗3.66
建设用地	2.35	↗2.67	↘2.29	↗2.82
未利用地	1.54	↗2.14	↗2.46	↗3.24

土地利用	NPP 总量/（吨/年）			
	1980 年	1990 年	2000 年	2010 年
耕地	7 733 130.0	8 754 620.0	8 563 560.0	10 317 800.0
林地	9 270 800.0	8 113 550.0	7 028 420.0	12 733 400.0
草地	12 292 800.0	13 590 400.0	12 718 800.0	16 645 000.0
水域	69 522.1	90 274.7	87 943.2	105 117.0
建设用地	17 860.9	33 445.2	26 055.1	42 248.5
未利用地	974 777.0	858 425.0	1 205 420.0	1 323 160.0
总量	30 358 890.0	31 440 714.9	29 630 198.3	41 166 725.5

注：箭头"↗"表示两个时期 NPP 均值呈增加趋势，"↘"为减小趋势

从 NPP 均值来看（表 4-1），不同土地利用差异性较大，1980 年和 1990 年 NPP 由大到小排序为林地>草地>耕地>建设用地>水域>未利用地；2000 年和 2010 年 NPP 由大到小排序为林地>草地>耕地>水域>未利用地>建设用地。从 NPP 总量来看（表 4-1），1980 年、1990 年、2000 年与 2010 年的 NPP 总量分别是 30 358 890.0 吨、31 440 714.9 吨、29 630 198.3 吨和 41 166 725.5 吨，1980～2010 年呈增—减—增的变化特征，30 年内 NPP 物质量上升了 35.60%，其中 1980～1990 年 NPP 物质量增加了 3.56%，除林地和未利用地 NPP 物质量减小外，其他土地利用类型 NPP 物质量均在增加；而 1990～2000 年 NPP 物质量减少了 5.76%，除未利用地 NPP 物质量增加外，其他土地利用类型 NPP 物质量均呈下降趋势；2000～2010 年 NPP 物质量增加了 38.93%，各土地利用类型的 NPP 物质量均呈明显增加趋势。1980 年与 2010 年 NPP 总量排序为草地>林地>耕地>未利用地>水域>建设用地，1990 年与 2000 年 NPP 排列顺序为草地>耕地>林地>未利用地>水域>建设用地，这是由各个土地利用类型的面积和 NPP 的高低决定的。

4.2　生态系统气候调节功能测评

全球变暖主要是由人类活动释放到大气中的温室气体浓度上升引起的，而二氧化碳排放量最多，对增强温室效应贡献最大[123, 124]。生态系统具有大气调节功能，其中绿色植物光合作用能吸收二氧化碳，同时释放氧气，使大气中二氧化碳与氧气达到平衡，特别是随着社会经济的发展，大气中二氧化碳浓度急剧升高，植被的固碳能力及其产生的价值显得尤为重要。因此，生态系统固碳价值量引起学术界的广泛关注，国内外学者做了大量研究[125~130]。一些学者对陕北能源区生态系统固碳价值量进行了测评[131~133]，即对植被吸收大气中的二氧化碳所产生的价值量进行估算，但是植被固定的这部分二氧化碳相对于工业生产、城市运转、交通等生产生活环节所产生的二氧化碳微不足道，致使大气中二氧化碳浓度直线上升，并冲破了 350 毫克/米^3 这条红线。研究表明，350 毫克/米^3 是能接受的大气中二氧化碳浓度的上限，是"减排"的目标水平[134~136]，所以为了降低大气中超出 350 毫克/米^3 的二氧化碳，需要投入一定的资金进行治理。

陕北能源区是黄土高原水土流失最为严重的区域之一，陕北地处干旱–半干旱地区，降水量少，水资源缺乏，水土流失、沙漠化严重，植被稀疏，生态环境十分脆弱，易破坏、难恢复。陕北也是我国能源资源主要产区之一，蕴藏着丰富的煤炭、石油、天然气，已探明储量巨大，分布集中，资源开发远景相当可观。在能源优势的支撑下，该区域正在成为我国西煤东运、西气东输的重要补给地与能源重化工基地。能源资源的开发对陕北能源区原本十分脆弱的生态环境造成了巨大的破坏，使局部地区生态环境更加恶化。此外，能源经济也促进了地区的快速发展，积聚了大量资金，为地区大力度生态建设提供了可能。

本章采用碳捕捉与封存（carbon capture and storage，CCS）成本对陕北各个县区的二氧化碳治理最低合计成本进行了估算。先以栅格为单元，测评得到陕北的 NPP，进而计算出每个栅格内生态系统固定二氧化碳的物质量，然后从超出 350 毫克/米^3 的大气二氧化碳中剥离出生态系统固定的二氧化碳，即需要治理的二氧化碳的物质量，最终根据二氧化碳捕捉与封存成本，得到陕北每个县区治理二氧化碳的合计成本，并分析其变化特征。

4.2.1　数据及其处理

本章所用的数据及资料包括陕北 2000～2012 年 MODIS-NDVI 数据、2000～

2012 年逐月气象数据（包括降水量、气温和太阳总辐射）、大气二氧化碳浓度月数据与野外实测二氧化碳浓度月数据。MODIS-NDVI 数据来源于 LP DAAC（Land Processes Distributed Active Archive Center）的 MODIS 中的 MYD13Q1，空间分辨率为 250 米，时间分辨率为 16 天。陕北及其周边共分布 38 个气象站点，气象数据来源于中国气象科学数据共享服务网。

　　大气二氧化碳浓度月数据来源于世界温室气体数据中心（World Data Centre for Greenhouse Gases，WDCGG）的瓦里关观测站数据，每月 1 日 00：00 时刻测定，由于其测站数少，测站远离人类聚集区，不能代表陕北大气二氧化碳浓度，所以选取陕北各个县区中部人类活动影响较小的乡镇作为野外观测点，从 2013 年 1 月 1 日开始，12 月 1 日结束，每月 1 日的 00：00 对二氧化碳浓度进行测定，得到 2013 年逐月二氧化碳浓度数据。先计算二氧化碳浓度野外实测数据逐月数值与瓦里关观测数据对应月份多年平均数值之差，根据两者的数值之差，给逐年逐月实测数据加上这个差值，从而生成大气二氧化碳浓度时间序列数据，然后采用经验贝叶斯克里金法插值成 250 米的栅格数据，作为陕北大气二氧化碳浓度时间序列栅格数据。

4.2.2　测评模型

　　生态系统中的绿色植物在光照条件下，利用光合色素吸收空气中的 CO_2 和水，将其转化为有机物并放出 O_2 的升华过程，其化学反应方程式为

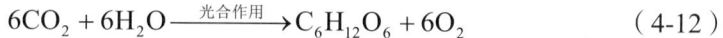

$$6CO_2 + 6H_2O \xrightarrow{\text{光合作用}} C_6H_{12}O_6 + 6O_2 \tag{4-12}$$

　　本章根据光合作用方程式，植被每生产 1 千克有机物，固定 1.63 千克 CO_2，所以根据计算得到的陕北 NPP 便可以计算出陕北生态系统固定的 CO_2 的物质量。然后从超出 350 毫克/米^3 的大气 CO_2 的物质量中减去生态系统固定的 CO_2，即得到需要治理的 CO_2 的物质量，最终根据 CO_2 捕捉与封存成本，得到陕北各个县区 CO_2 治理成本。本章采用卢志刚等[137]的发电厂优化配置方案中的 CO_2 捕捉与封存最低减排成本 219.4 元/吨。具体步骤如下：

$$COST_{CO_2} = MASS_{CO_2} \times 219.4 \tag{4-13}$$

$$MASS_{CO_2} = (C_{ATCO_2} - 350) \times 44 \times 10^{-5} \times H / 22.4 - MASS_{FIXCO_2} \tag{4-14}$$

$$MASS_{FIXCO_2} = NPP \times 1.63 \tag{4-15}$$

式中，$COST_{CO_2}$ 为 CO_2 治理成本［元/（公顷·年）］；$MASS_{CO_2}$ 为需要治理 CO_2 的物质量［吨/（公顷·年）］；C_{ATCO_2} 为大气 CO_2 浓度（毫克/米^3）；由于 CO_2 主要集中在 20 千米高度以下[138]，所以 H 取 2×10^4 米；$MASS_{FIXCO_2}$ 为植被固定的

CO_2 的物质量［吨/（公顷·年）］。CO_2 治理成本特征如表 4-2 所示。

表 4-2　CO_2 治理成本特征

$COST_{CO_2}$ & $MASS_{CO_2}$	特征
>0：消耗型	大气中超出 350 毫克/米^3 的 CO_2 被生态系统固定了一部分
=0：平稳性	大气中超出 350 毫克/米^3 的 CO_2 被生态系统完全固定
<0：生态型	大气中超出 350 毫克/米^3 的 CO_2 不仅被生态系统固定，而且使大气 CO_2 浓度低于 350 毫克/米^3

4.2.3　结果分析

1. 陕北土地生态系统固碳释氧物质量测评

由于固碳释氧物质量由 NPP 计算而来，所以各个土地利用类型固定的 CO_2 与释放的 O_2 物质量的差异及变化特征与 NPP 总量相同，如表 4-3 所示。1980 年、1990 年、2000 年和 2010 年陕北能源区生态系统固定的 CO_2 的物质量分别为 49 485 024.3 吨、51 248 293.7 吨、48 297 256.7 吨和 67 101 656.0 吨，释放 O_2 的物质量分别为 36 430 749.6 吨、37 728 824.3 吨、35 556 308.1 吨和 49 399 929.2 吨。1980～1990 年固碳释氧物质量均增加 3.56%，1990～2000 年固碳释氧物质量均减少 5.76%，2000～2010 年固碳释氧物质量均增加 38.93%。从整体来看，1980～2010 年固碳释氧物质量均增加 35.60%。1980 年和 2010 年不同土地利用类型固碳释氧物质量排序为草地>林地>耕地>未利用地>水域>建设用地；1990 年和 2000 年不同土地利用类型固碳释氧物质量排序为草地>耕地>林地>未利用地>水域>建设用地。

表 4-3　陕北土地生态系统固碳释氧物质量变化

土地利用	固定 CO_2 的物质量/（吨/年）			
	1980 年	1990 年	2000 年	2010 年
耕地	12 605 000.0	14 270 000.0	13 958 600.0	16 818 000.0
林地	15 111 400.0	13 225 100.0	11 456 300.0	20 755 400.0
草地	20 037 300.0	22 152 300.0	20 731 700.0	27 131 300.0
水域	113 321.0	147 148.0	143 347.0	171 341.0
建设用地	29 113.3	54 515.7	42 469.7	68 865.0
未利用地	1 588 890.0	1 399 230.0	1 964 840.0	2 156 750.0

土地利用	释放 O_2 的物质量/（吨/年）			
	1980 年	1990 年	2000 年	2010 年
耕地	9 279 760.0	10 505 500.0	10 276 300.0	12 381 300.0
林地	11 125 000.0	9 736 250.0	8 434 100.0	15 280 000.0
草地	14 751 400.0	16 308 500.0	15 262 600.0	19 974 000.0
水域	83 426.5	108 330.0	105 532.0	126 141.0
建设用地	21 433.1	40 134.3	31 266.1	50 698.2
未利用地	1 169 730.0	1 030 110.0	1 446 510.0	1 587 790.0

2. 陕北生态系统固碳释氧价值量变化的空间差异

1980 年、1990 年、2000 年和 2010 年陕北能源区固碳释氧价值总量分别为 267.208×10^8 元、276.725×10^8 元、260.796×10^8 元和 362.318×10^8 元。1980～1990 年固碳释氧总价值增加了 9.517×10^8 元，1990～2000 年固碳释氧总价值下降了 15.929×10^8 元，2000～2010 年上升了 101.522×10^8 元。1980～2010 年固碳释氧总价值增加了 95.110×10^8 元。

图 4-1（a）和图 4-1（b）分别为陕北能源区生态系统固碳释氧价值量的 30 年平均值和标准差空间分布。图 4-1（b）反映出陕北能源区 1980～2010 年固碳释氧价值量的标准差为 222.3～4 817.2，空间分布上，陕北能源区南部和北部府谷县和神木县的标准差较大，表明该区域固碳释氧价值量变化的波动性较强；陕北东部和较高波动性向较低波动性过渡的区域次之；而陕北西北部标准差较小，表明该区域固碳释氧价值量的年际变化较为平缓。从土地利用类型来看（表 4-4），标准差排序为林地>水域>草地>耕地>未利用地>建设用地。陕北南部子午岭和黄龙山在极锋北移的情况下，降水量高度集中在夏季，属半湿润气候，主要以落叶阔叶林为主，NPP 相对较高，因此固碳释氧价值量较高，而这种植被高覆盖度区的 NPP 很容易受气候等自然因素及人类活动的影响［图 4-1（a）］，所以波动性较强；位于陕北北部的府谷县和神木县境内的神府煤田是我国已探明的最大煤田，煤炭的开发造成的塌陷、污染与植被破坏的现实状况，与 1999 年以来退耕还林及 "十五" 期间加强污染防治水平等措施形成了矛盾冲突，加之区域本身的生态环境脆弱性，使生态系统固碳释氧价值量波动性较强。

表 4-4　不同土地利用固碳释氧价值量变化特征

土地利用	多年平均/$\times 10^4$ [元/（公顷·年）]	标准差/$\times 10^4$ [元/（公顷·年）]	变化率/$\times 10^2$ [元/（公顷·年^2）]	Hurst
耕地	0.28	0.078	0.23	0.69
林地	0.74	0.136	−0.30	0.83
草地	0.34	0.089	0.21	0.71
水域	0.25	0.109	0.64	0.71
建设用地	0.22	0.044	0.34	0.74
未利用地	0.20	0.057	0.38	0.69

图 4-1（c）和图 4-1（d）分别为陕北能源区生态系统固碳释氧价值量 30 年变化率的显著性和 Hurst 指数。近 30 年来，陕北能源区固碳释氧价值量平均变化率和 Hurst 指数分别为 25 元/（公顷·年^2）和 0.73，反映出陕北能源区固碳释氧价值量总体上呈持续增加趋势。从图 4-1（c）可以看出，陕北能源区固碳释氧价值量增加的区域主要分布在榆林市中北部地区，且大部分呈可持续增加趋势〔图 4-1（d）〕，增加区域占总面积的 41.10%；减小区主要分布在陕北西南部的甘泉县、富县、黄陵县、志丹县的南部及宝塔区南部—富县—宜川县的交界处，且呈强烈可持续减小趋势〔Hurst>0.8，图 4-1（d）〕，减小区域占总面积的 10.86%；其他区域价值量变化不显著。从土地利用类型来看（表 4-4），林地固碳释氧价值量的平均变化率为−3 025 元/（公顷·年^2），Hurst 指数为 0.83，呈现出强烈可持续减小趋势；固碳释氧价值量的平均变化率由大到小依次为水域>未利用地>建设用地>耕地>草地，Hurst 指数均大于 0.65，呈可持续增加趋势。

3. 陕北大气 CO_2 物质量变化特征

陕北 2000～2012 年大气中超出 350 毫克/米^3 的 CO_2 生态系统固碳与需要治理 CO_2 物质量月值数据变化如图 4-2 所示。13 年间大气中超出 350 毫克/米^3 的 CO_2 生态固碳与需要治理的 CO_2 的多年月均值分别为 12.58 吨/（公顷·月）、0.76 吨/（公顷·月）和 11.81 吨/（公顷·月），其中生态固碳仅占大气 CO_2 的 6.07%，需要治理的 CO_2 占大气 CO_2 的 93.93%。由于社会经济的发展，大气中超出 350 毫克/米^3 的 CO_2 显著升高（$p<0.000\,1$），月变化率为 0.066 0 吨/（公顷·月），加之生态系统固碳所占比例较小，且月变化率为 0.002 7 吨/（公顷·月），呈显著增加趋势（$p<0.05$），生态固碳远远不能降低大气 CO_2 浓度，所以致使大气 CO_2 的治理成本极显著增加。

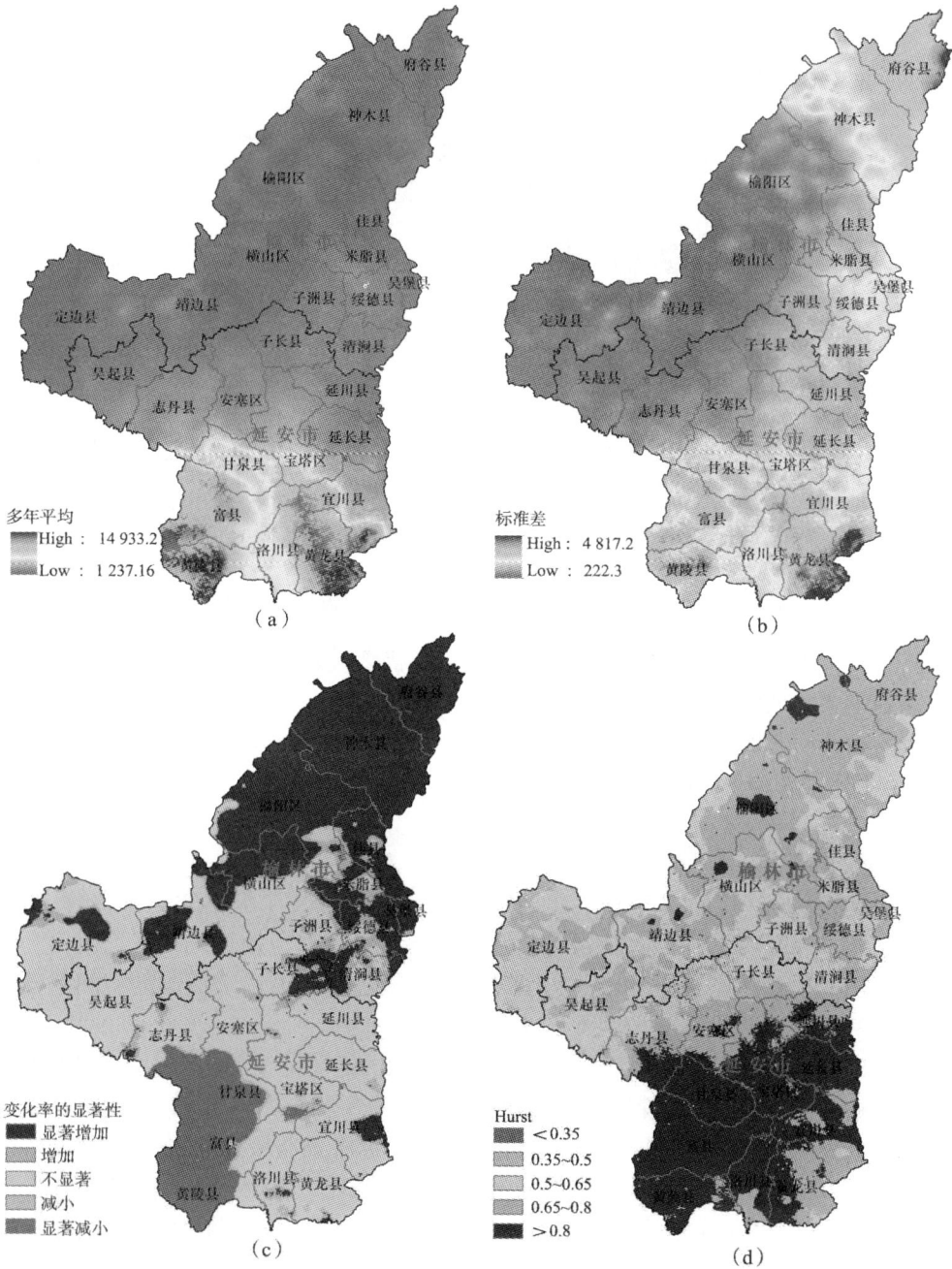

图 4-1　陕北固碳释氧价值量空间变化特征

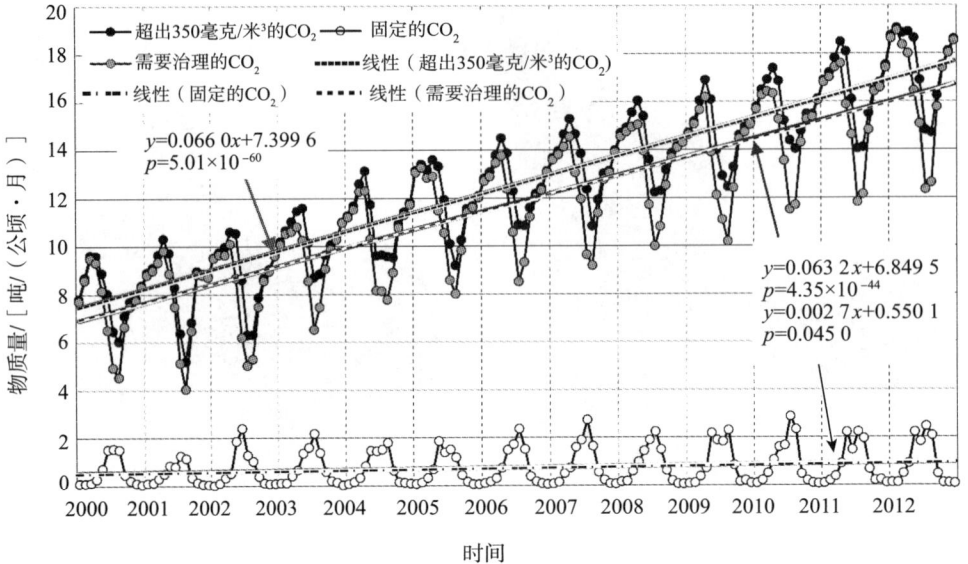

图 4-2　陕北大气 CO_2 生态系统固碳与需要治理 CO_2 的物质量

另外，大气中超出 350 毫克/米^3 的 CO_2 和需要治理 CO_2 的物质量高值主要集中在冬半年，低值分布在夏半年，这与生态固碳物质量正好相反，主要是由植被覆盖的高低引起的，夏半年植被覆盖较高，植被 NPP 及固定 CO_2 的物质量较多，冬半年则反之。

4. 陕北 CO_2 治理成本空间分布特征

根据式（4-12），计算得到陕北 2000 ~ 2012 年逐年逐个栅格的 CO_2 治理成本，并得到 13 年间的平均成本栅格数据，从而将各个县区对应栅格成本求均值作为该县区单位面积 CO_2 治理平均成本，以对比各县区之间 CO_2 治理成本的空间差异性（图 4-3）。

考虑到不同地表覆盖固碳的差异性，所以利用植被类型数据对 13 年间的平均成本栅格数据进行统计。森林 CO_2 治理单位面积的平均成本最低，且为负值，产生一定的经济效益，其中针叶林产生单位面积的经济效益最高，为 2 757.9 元/（公顷·年），南北的亚热带针叶林和温带针叶林差异较大，分别为 4 574.0 元/（公顷·年）和 2 698.1 元/（公顷·年）；阔叶林次之，单位面积经济效益为 2 752.7 元/（公顷·年）；另外，灌丛和草丛产生的经济效益分别为 1 066.6 元/（公顷·年）和 207.4 元/（公顷·年），集中分布在陕北南部。草甸及其他植被类型的固碳能

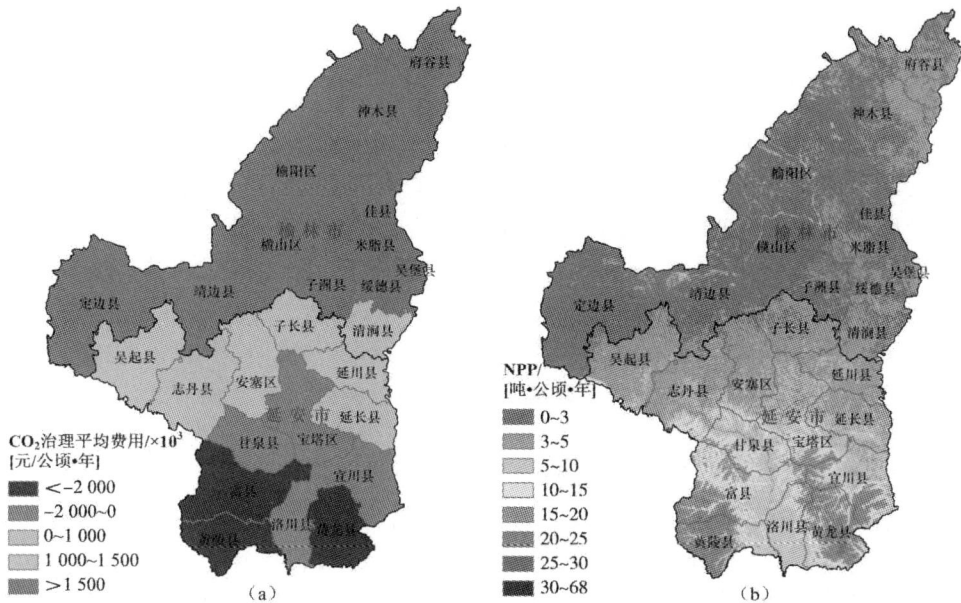

图 4-3　陕北 2000～2012 年各县区单位面积 CO_2 治理平均成本与年均 NPP 对比图

力较差，草甸主要分布在陕北西北部边缘区，对应的 CO_2 治理单位面积的投入资金为 1 237.3 元/（公顷·年），栽培植被为 1 258.3 元/（公顷·年）；固碳能力更差的草原和荒漠植被，单位面积投入资金分别为 1 568.0 元/（公顷·年）与 2 038.6 元/（公顷·年）。

图 4-3（a）中陕北单位面积 CO_2 治理平均成本由南向北逐渐增大，陕北南部的 CO_2 治理成本为负值，表示超出 350 毫克/米^3 的 CO_2 被植被完全固定，并且产生了一定的经济效益；宝塔区—甘泉县—宜川县以北的陕北中北部地区，CO_2 治理成本为正值，表示超出 350 毫克/米^3 的一部分 CO_2 被植被固定，仍需要投入资金对大气中多余的 CO_2 进行捕捉与封存。其中，黄陵县—富县—黄龙县产生的单位面积的经济效益高于 2 000 元/（公顷·年），甘泉县—宝塔区—宜川县及洛川县次之，单位面积经济效益小于 2 000 元/（公顷·年），该区域在极锋北移的情况下，降水量高度集中在夏季，属半湿润气候，子午岭和黄龙山主要以落叶阔叶林为主，NPP 及其固碳能力较强 ［（图 4-3（b）］，所以大气中 CO_2 浓度较低。而陕北中北部属半干旱地区，由东南向西北分布着森林草原与干草原，NPP 及其固碳能力逐渐降低 ［图 4-3（b）］，加之陕北北部能源开发及能源加工产业的发展，使大气中 CO_2 浓度居高不下，榆林市境内大部分

县区单位面积 CO_2 治理平均成本大于 1 500 元/（公顷·年），延安市境内北部稍低，小于 1 500 元/（公顷·年）。

5. 陕北 CO_2 治理成本时空变化特征

根据陕北 2000 年、2006 年和 2012 年这 3 年逐个栅格的 CO_2 治理成本，并将各个县区对应栅格成本求和作为该县区 CO_2 治理合计成本，以分析各县区 CO_2 治理总成本随时间的变化特征，如图 4-4 所示。2000 年、2006 年和 2012 年陕北 CO_2 治理合计成本分别为 3.40×10^8 元/年、9.42×10^8 元/年与 18.16×10^8 元/年。

本书以 2000 年各县区的 CO_2 治理合计成本为分析基础：①2000~2006 年，对于陕北生态经济效益较高的南部，富县与黄陵县的经济效益由 1.5×10^8 元/年以上降至 $0 \sim 1.5 \times 10^8$ 元/年，而宝塔区由生态型转变为消耗型；陕北中部的吴起县、志丹县、安塞县、子长县、子洲县、绥德县和佳县的 CO_2 治理合计成本由 $0 \sim 0.5 \times 10^8$ 元/年增至 $0.5 \times 10^8 \sim 1.0 \times 10^8$ 元/年；陕北西北部的靖边县和横山县由 $0.5 \times 10^8 \sim 1.0 \times 10^8$ 元/年增至 1.0×10^8 元/年以上。②2006~2012 年陕北南部各县区产生经济效益明显降低，黄龙县经济效益由 1.5×10^8 元/年以上降至 $0 \sim 1.2 \times 10^8$ 元/年，子午岭与黄龙山之间的洛川县由生态型转变为消耗型；陕北中部的清涧县、延川县和延长县在此期间也转变到 $0.5 \times 10^8 \sim 1.0 \times 10^8$ 元/年，而米脂县和吴堡县没有在数量级上变化；陕北最北端的全国生态文明先进县府谷县的 CO_2 治理合计成本上升到 1.0×10^8 元/年以上。

统计出陕北 2000~2012 年各个县区逐年 CO_2 治理合计成本，根据式（2-5）和式（2-9），计算得到各个县区 CO_2 治理合计成本 Sen 趋势及其显著性 p 值，如图 4-5 所示。可见，CO_2 治理合计成本变化率由东向西、由东南向西北逐渐递增。其中，宜川县表现出减小趋势，但是变化并不明显（$p > 0.05$），不明显变化区分布在陕北东部，东南部较为集中；陕北中北部 CO_2 治理合计成本极显著增加（$p < 0.01$），陕北西南部（$0.01 < p < 0.05$）次之。从而反映出，与陕北中北部相比，陕北南部的生态型县区，由于其生态环境基础较好，大气中 CO_2 的变化相对较小，治理合计成本变化也相对比较缓慢，而陕北中北部，尤其是陕北西北部地区，生态环境较为脆弱，加之能源开发及其相关加工产业的发展，大气中 CO_2 及其治理成本在极显著升高。

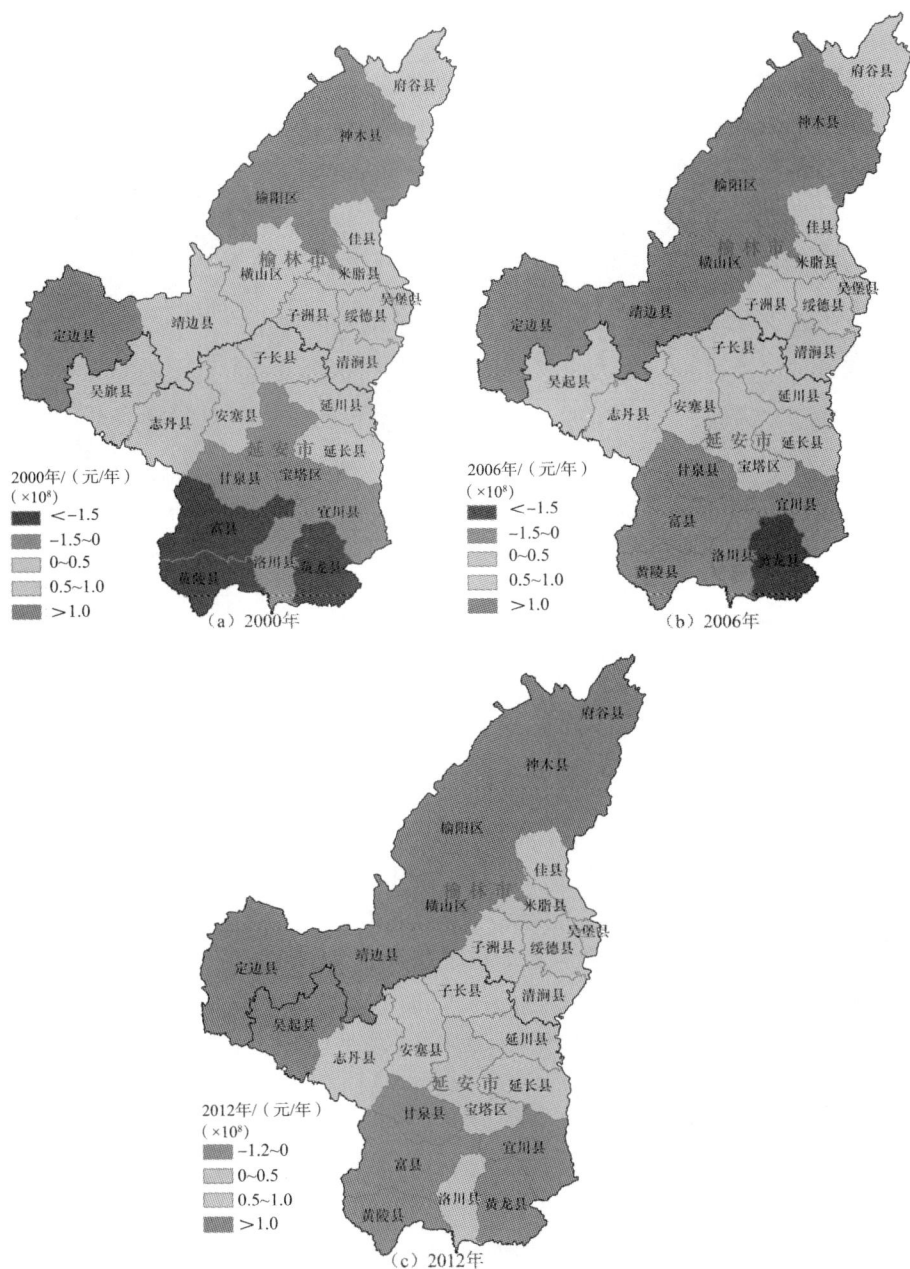

图 4-4　2000 年、2006 年和 2012 年陕北各县区 CO_2 治理合计成本空间分布

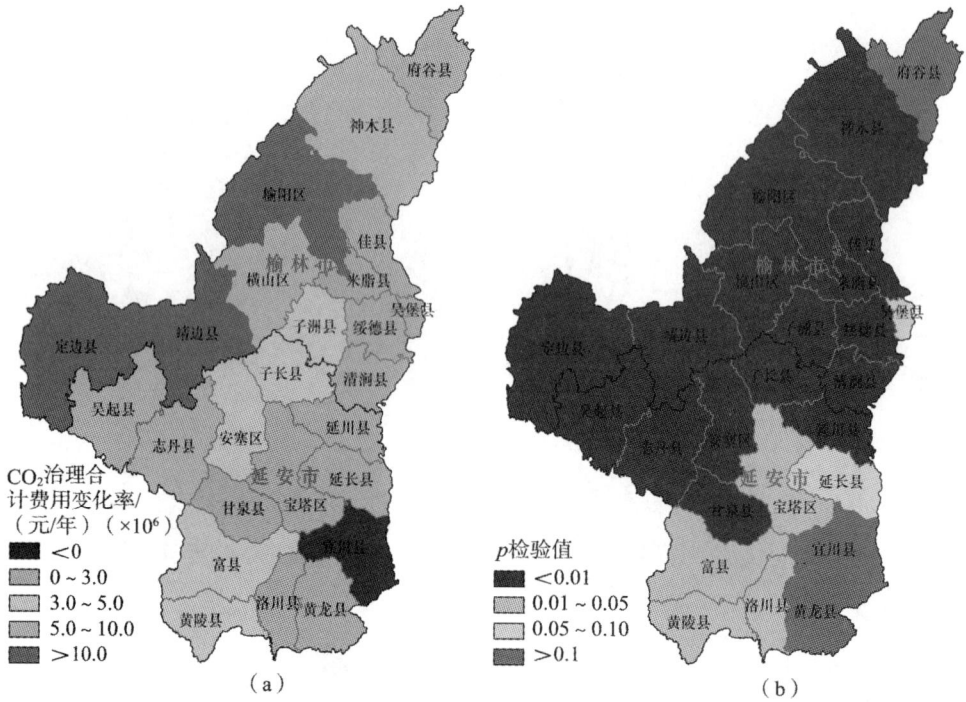

图 4-5　陕北各县区 CO_2 治理合计成本变化趋势

　　本章基于改进的 CASA 模型对陕北能源区大气二氧化碳治理成本进行了估算，空间分布上南北差异明显，主要是由地表覆盖的差异引起的，南部为半湿润区，植被覆盖较高，以落叶阔叶林为主，因此固定 CO_2 的物质量较高，该地区 CO_2 不仅不用治理，而且能产生一定的经济效益，这与李晶和任志远[139]的研究结果一致。值得注意的是，陕北北部 CO_2 浓度极显著增加，导致 CO_2 治理成本持续上升，究其原因，主要是陕北北部生态较为脆弱，加上能源开发及其加工产业的发展。

　　本章 CO_2 捕捉与封存减排成本采用发电厂处理 CO_2 的方案，而发电厂产生的 CO_2 较为集中，较已经排放到空气中的 CO_2 容易捕获并封存，另外，利用每个县区投入的总成本来治理大气 CO_2，还需要工业生产、城市运转、交通等各个生产生活环节的相互配合，只有各个环节中 CO_2 的治理、捕获与封存相结合才能使大气 CO_2 浓度降低至 350 毫克/米^3 这个最大限度以下，所以本章估算的成本是处理大气中超过 350 毫克/米^3 的 CO_2 的最低成本。另外，大气 CO_2 浓度还受地形、盛行风等因素的影响，本章在初步探索阶段并没有考虑到这些因素，在以后的研究中将做进一步考虑和分析。

4.3 土壤保持量测评

土壤侵蚀是土壤在外营力作用下被破坏、剥蚀、搬运和沉积的过程。土壤侵蚀范围广，发生在全球范围内，对人类的生存和发展造成了严重威胁，所以土壤侵蚀是危害生态环境的主要问题之一。长期以来，许多学者对土壤侵蚀进行了大量的野外调查及空间模拟，希望掌握土壤侵蚀机理及其空间分异特征。但是传统方法较为复杂，人力物力耗费较多，而且时效性差。随着地理信息科学不断发展，使遥感数据在土壤侵蚀的估算上成为可能，提高了土壤侵蚀测评效率，实现了土壤侵蚀的动态监测。

4.3.1 测评模型

本章采用 RUSLE 方程计算土壤侵蚀量，它可以反映出气候、土壤、地形与植被覆盖在降水及其地表径流作用下对土壤侵蚀的影响[140]。其基本形式如下：

$$Am = R \times K \times LS \times C \times P \tag{4-16}$$

$$Ap = R \times K \times LS \tag{4-17}$$

$$Ac = Ap - Am \tag{4-18}$$

式中，Am 为平均实际土壤流失量［吨/（公顷·年）］；Ap 为平均潜在土壤流失量［吨/（公顷·年）］；Ac 为平均土壤保持量［吨/（公顷·年）］；R 为降水侵蚀因子［兆焦耳·毫米/（公顷·小时·年）］；K 为土壤侵蚀因子［吨·小时/（兆焦耳·毫米）］；L 为坡长因子；S 为坡度因子；C 为植被覆盖因子；P 为土壤保持措施因子。

1. 各个因子具体模型

1）降水侵蚀因子

本章采用章文波和谢云[141]的日降水数据拟合公式，使用的侵蚀性降雨标准为12 毫米[142]，降水侵蚀因子（R）模型如下：

$$\overline{R} = \frac{1}{n} \sum_{i=1}^{n} R_{\text{年}} \tag{4-19}$$

$$R_{半月} = \alpha \sum_{k=1}^{m}(P_k) \tag{4-20}$$

$$R_{年} = \sum_{i=1}^{24} R_{半月i} \tag{4-21}$$

$$\beta = 0.836\,3 + (18.144 / P_{d12}) + (24.455 / P_{y12}) \tag{4-22}$$

$$\alpha = 21.586\beta - 7.189\,1 \tag{4-23}$$

式中，$k=1$，2，$\cdots$，m 为半月内达到侵蚀性降水的降水日数；P_k 为半月第 k 天日降水量；P_{d12} 为年内达到侵蚀性降水的日降水量的均值；P_{y12} 为达到侵蚀性降水的日降水量累加值的多年均值。分析结果如图 4-6 所示。

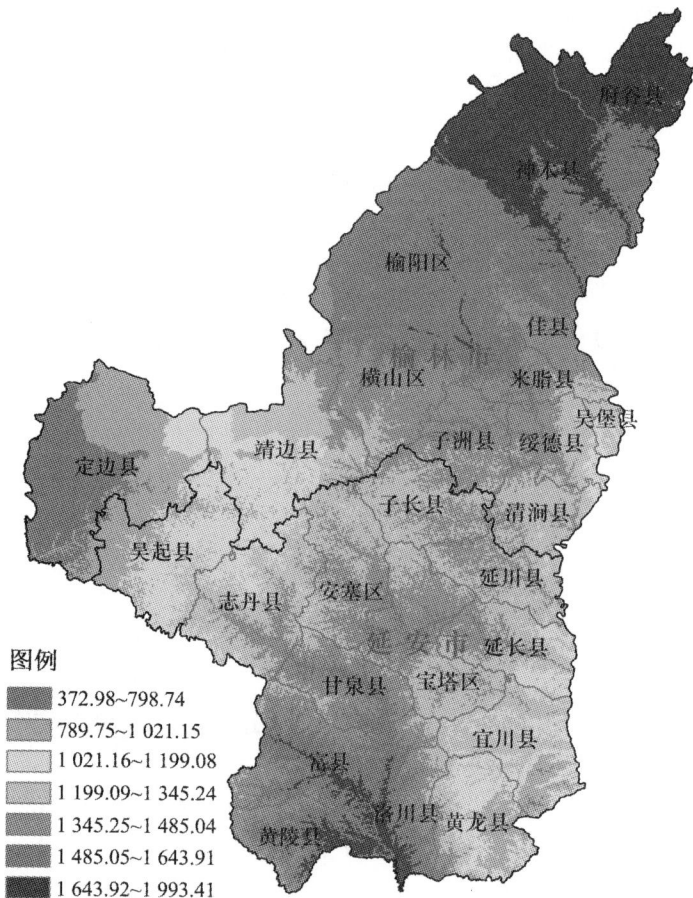

图 4-6　降水侵蚀因子 R 空间分布

2）土壤侵蚀因子

本章采用 EPIC（erosion-productivity impact calculator）模型[143]计算土壤侵蚀因子（K），公式为

$$K = \left\{0.2 + 0.3\exp\left[-0.025\,6\text{SAN}\frac{1-\text{SIL}}{100}\right]\right\}$$
$$\times\left(\frac{\text{SIL}}{\text{CLA}+\text{SIL}}\right)^{0.3}\times\left(1.0 - \frac{0.25C}{C+\exp(3.72-2.95C)}\right) \quad （4\text{-}24）$$
$$\times\left(1.0 - \frac{0.7\text{SNI}}{\text{SNI}+\exp(-5.51+22.9\text{SNI})}\right)\times 0.131\,7$$

$$\text{ANI} = 1 - \text{SAN}/100 \quad （4\text{-}25）$$

式中，SAN 为砂粒含量；SIL 为粉粒含量；CLA 为黏粒含量；C 为土壤有机碳含量（%）；SNI 为有机质含量。土壤侵袭因子 K 空间分布如图 4-7 所示。

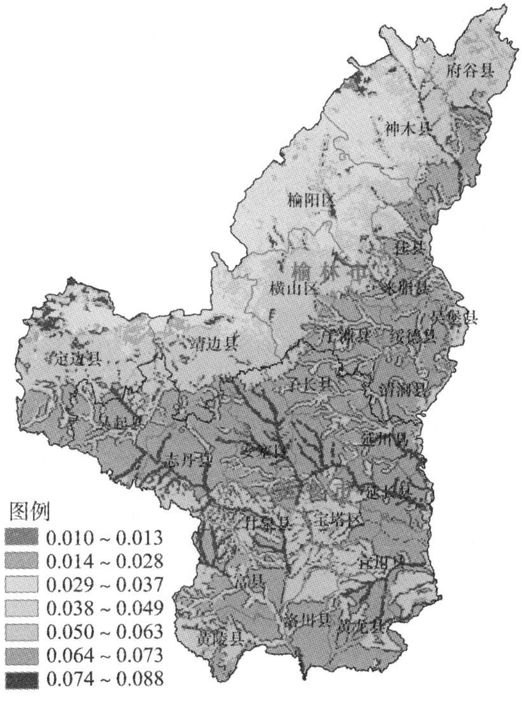

图 4-7　土壤侵蚀因子 K 空间分布

3）地形因子

地形因子包括坡度（S）与坡长（L），坡度可以利用 DEM 数据并基于 ArcGIS

软件直接计算出来（图 4-8）。坡长利用 DEM 数据并采用 Hickey[144]的方法计算得到，坡长计算过程具体如下。

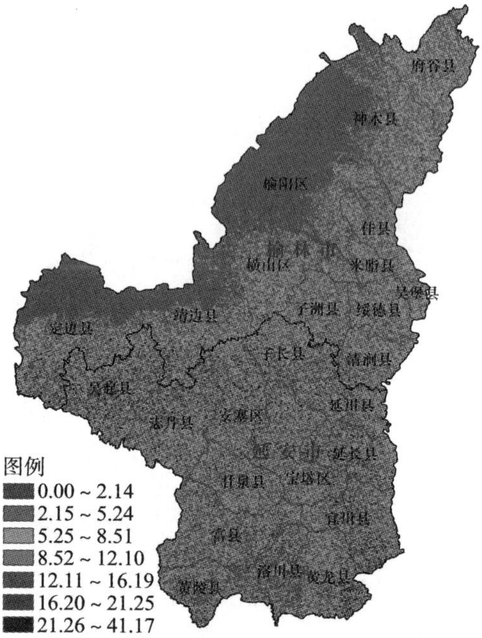

图 4-8　地形因子 LS 空间分布

（1）DEM 填洼，填洼生成的文件命名为 Fill_DEM。利用 ArcGIS 中的水文分析工具集中的 Fill 工具实现。

（2）对填洼 DEM（Fill_DEM）进行流向提取，命名为 FlowDir。利用 ArcGIS 中的水文分析工具集中的 Flow Direction 工具实现。

（3）对 FlowDir 进行重分类。2、8、32 与 128 赋值为 0，1、4、16 与 64 赋值为 1，生成图层命名为 Cardinal；1、4、16 与 64 赋值为 0，2、8、32 与 128 赋值为 1，生成图层命名为 Diagonal，FlowDirection。利用 ArcGIS 中的 Reclassify 工具实现。

（4）由 FlowDir 再生成流量数据，命名为 FlowAcc。利用 ArcGIS 中的水文分析工具集中的 Flow Accumulation 工具实现。

（5）提取零流量栅格。即将 FlowAcc 进行重分类，1 到最大值赋值为 0，0 则赋值为 1，生成栅格命名为 Peaks。利用 ArcGIS 中的 Reclassify 工具实现。

（6）基于 MATLAB，经过多层条件判断，生成坡长数据，命名为 slopeL。

4）植被覆盖因子

植被在影响土壤侵蚀上具有很高的敏感性，并且与土壤侵蚀呈负指数关系[139]，所以由植被覆盖度拟合得到土壤侵蚀的植被覆盖因子 C 值[145]，具体公式如下：

$$C = \begin{cases} 1, & f = 0 \\ 0.650\,8 - 0.343\,6 \lg f, & 0 < f < 78.3\% \\ 0, & f > 78.3\% \end{cases} \tag{4-26}$$

$$f = \frac{NDVI - NDVI_{soil}}{NDVI_{veg} - NDVI_{soil}} \tag{4-27}$$

式中，f 为 NDVI 计算得到的植被覆盖度；$NDVI_{soil}$ 和 $NDVI_{veg}$ 分别为纯裸土和纯植被像元 NDVI 值。分析结果如图 4-9 所示。

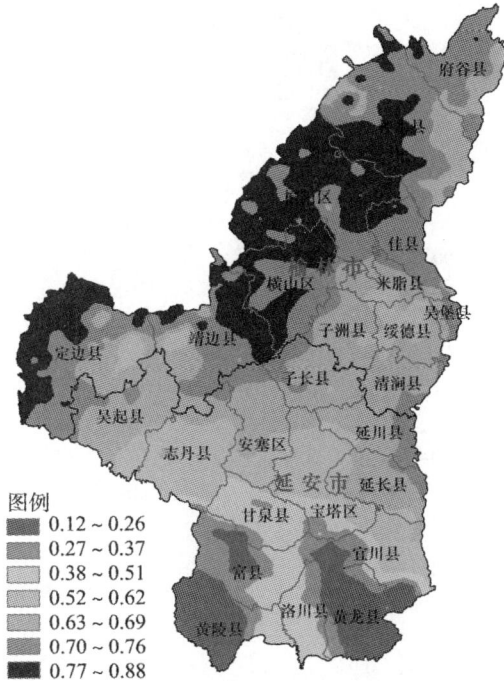

图 4-9　植被覆盖因子 C 空间分布

5）土壤保持措施因子

土壤保持措施因子是最难以确定的因子，本书参考大量文献，基于土地利用类型数据，得到土壤保持措施因子（P），见表 4-5 和图 4-10。

表 4-5　不同土地利用的 **P** 值[146]

土地利用	林地	草地	耕地				其他
			<6°	6°~15°	15°~25°	>25°	
P	1	1	0.20	0.35	0.65	0.80	1

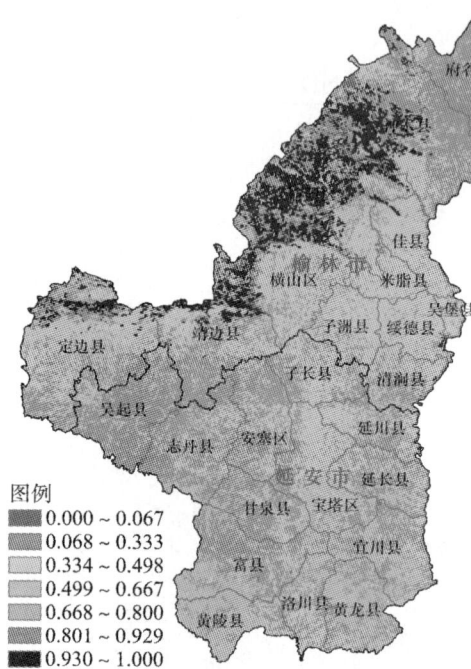

图 4-10　土壤保持措施因子 P 空间分布

2. 土壤保持价值量测评

本书根据许月卿等[147]估算土壤保持价值量的方法来计算陕北能源区的土壤保持价值量。

1）保持土壤肥力（市场价值法）

$$E_f = M_f \times S_i \times P_i \quad (4\text{-}28)$$

式中，E_f 为土壤保持的氮、磷、钾养分价值量（元/公顷）；M_f 为氮、磷、钾的保持量（吨/公顷）；S_i 为氮、磷、钾转换为化肥的系数（5.571、3.373、1.667）；P_i 为氮、磷、钾肥料的价格（元/吨）。

$$E_o = M_o \times S \times P \quad (4\text{-}29)$$

式中，E_o 为土壤保持的有机质价值量（元/公顷）；M_o 为土壤保持的有机质的物质量（吨/公顷）；P 为木材的机会成本（元/吨）；S 为木材转化为有机质系数，选用 Costanza 提出的 2：1。

2）减少土地废弃（机会成本法）

$$E = S \times B \tag{4-30}$$

$$S = Z \times 100 / (h \times \rho) \tag{4-31}$$

式中，E 为土壤保持减少土地废弃的价值量（元/公顷）；S 为减少土地废弃的面积（公顷）；B 为土地机会成本（元/公顷）；Z 为土壤保持量（吨/公顷）；h 为耕作层厚度（厘米），取 0.6 米；ρ 为土壤容重（克/厘米^3）。

3）土壤水分保持（影子工程法）

$$M = Z \times W / \rho \times P \tag{4-32}$$

式中，M 为土壤保持水分价值量（元/公顷）；W 为土壤中水分含量（%）；Z 为土壤保持量（吨/公顷）；P 为建设 1 米^3 的农用水库的费用（元/米^3）。

4）减少土壤滞留（影子工程法）

$$E_z = Z \times 33\% \times P_z \tag{4-33}$$

式中，E_z 为土壤保持减少土壤滞留的价值量（元/公顷）；P_z 为挖取 1 米^3 泥沙耗费的金额（元/米^3）。

5）减少土壤淤积（影子工程法）

$$E_y = Z \times 24\% \times P_y \tag{4-34}$$

式中，E_y 为土壤保持减少土壤淤积的价值量（元/公顷）；P_y 为投入建设 1 米^3 水库的费用（元/米^3）。

上述公式中涉及的价格或成本，除土地机会成本采用各年 NPP 价值量作为估算基础，其他价格或成本均利用某一年作为基准价格，考虑物价的变化，从而生成了各个价格或成本的时间序列，如表 4-6 所示。

表 4-6　考虑物价变化的各个价格或成本的时间序列

年份	氮肥价格	磷肥价格	钾肥价格	木材机会成本	建设农用水库金额	挖取泥沙费用	建设水库金额
	单位：元/吨				单位：元/米^3		
1981	135.39	110.77	344.62	13.28	0.44	1.65	0.51
1982	138.04	112.94	351.38	13.54	0.45	1.68	0.52
1983	140.82	115.22	358.45	13.81	0.45	1.72	0.53
1984	144.68	118.37	368.28	14.19	0.47	1.76	0.54
1985	158.19	129.43	402.68	15.51	0.51	1.93	0.59
1986	168.45	137.82	428.78	16.52	0.54	2.05	0.63
1987	180.76	147.89	460.11	17.73	0.58	2.20	0.68

续表

年份	氮肥价格	磷肥价格	钾肥价格	木材机会成本	建设农用水库金额	挖取泥沙费用	建设水库金额
	单位：元/吨				单位：元/米^3		
1988	214.67	175.64	546.42	21.05	0.69	2.62	0.81
1989	253.28	207.23	644.71	24.84	0.82	3.09	0.95
1990	261.12	213.65	664.68	25.61	0.84	3.18	0.98
1991	270.05	220.95	687.41	26.48	0.87	3.29	1.01
1992	287.31	235.07	731.33	28.18	0.93	3.50	1.08
1993	329.54	269.62	838.83	32.32	1.06	4.02	1.24
1994	409.06	334.69	1 041.25	40.12	1.32	4.99	1.53
1995	478.93	391.85	1 219.09	46.97	1.54	5.84	1.80
1996	518.75	424.43	1 320.45	50.87	1.67	6.32	1.95
1997	533.23	436.28	1 357.31	52.29	1.72	**6.50**	**2.00**
1998	529.00	432.82	1 346.56	51.88	1.71	6.45	1.98
1999	521.52	426.70	1 327.51	51.15	1.68	6.36	1.96
2000	523.69	428.48	1 333.04	51.36	1.69	6.38	1.96
2001	527.31	431.44	1 342.26	51.71	**1.70**	6.43	1.98
2002	523.09	427.98	1 331.51	**51.30**	1.69	6.38	1.96
2003	529.37	433.12	1 347.48	51.92	1.71	6.45	1.99
2004	**550.00**	**450.00**	**1 400.00**	53.94	1.77	6.70	2.06
2005	559.89	458.10	1 425.19	54.91	1.81	6.83	2.10
2006	568.34	465.01	1 446.69	55.74	1.83	6.93	2.13
2007	595.61	487.32	1 516.10	58.41	1.92	7.26	2.23
2008	630.73	516.05	1 605.48	61.86	2.03	7.69	2.37
2009	626.26	512.40	1 594.12	61.42	2.02	7.63	2.35
2010	646.90	529.28	1 646.64	63.44	2.09	7.89	2.43

注：加黑的数值为采用的基准价格

4.3.2　结果分析

1. 陕北能源区土壤侵蚀变化的时空特征

根据水利部土壤侵蚀分类分级标准 SL190—2007，水力侵蚀强度分为 6 个级别，即微度 [<10 吨/（公顷·年）]、轻度 [10~25 吨/（公顷·年）]、中度 [25~50 吨/（公顷·年）]、强烈 [50~80 吨/（公顷·年）]、极强度 [80~150 吨/（公顷·年）] 和剧烈 [>150 吨/（公顷·年）]。1981~2010 年陕北平均土壤侵蚀量为 26.5 吨/（公顷·年），大于 25 吨/（公顷·年），属于中度侵蚀［图 4-11（a）］。其中，侵蚀量小于 25 吨/（公顷·年）的区域主要分布在西北地区长城以外的毛乌素沙地，无定河两侧的峁墚沟壑丘陵区及南部植被茂密的黄龙山和子午岭次之，占研究区总面积的 55.68%；大于 25 吨/（公顷·年）的区域主要分布在延安市北部的峁墚沟壑丘陵区和榆林市的东北部水蚀-风蚀交错区，中部地形相对较为复杂，坡度较大，水力侵蚀较为严重。

　　30 年间陕北能源区土壤侵蚀年际变化率如图 4-11（b）所示。陕北土壤流失量整体上以 2.77 吨/（公顷·年）的速率减小，说明 30 年间该区域土壤侵蚀处于改善趋势。侵蚀量减小率在 –13 ～ –4 吨/（公顷·年）较大的区域土壤流失较为严重，主要分布在延安市北部及其与榆林市的交界处，减小率由大到小依次包括子长县→安塞区→吴起县→清涧县→志丹县，该地区人口压力大，植被覆盖率低，沟谷深切，地表破碎，加之石油开采的一系列人为活动更加破坏了地表植被及山体的稳定性（图 4-12），是陕北的重要的水土流失控制和生态保护区。该区域 30 年间降水量呈减小趋势，加之植被覆盖的增加趋势（图 3-9），均使土壤侵蚀呈减小趋势，所以该区域土壤侵蚀量的变化是由降水量和植被覆盖变化共同影响的，其中退耕还林还草工程使大面积的坡耕地转移为林草地对土壤侵蚀的改善尤为重要。陕北能源区未来的暖干化趋势也可能会导致植被覆盖的减小，所以该地区还可能面临再次严重的土壤流失，甚至逐渐沙漠化。

　　土壤侵蚀加重的区域主要分布在定边县西南部边缘区和甘泉县西部及其与志丹县—富县的交界处，该地区土地过度开荒，植被破坏严重，水土侵蚀度敏感，呈现出植被覆盖的减小与土壤侵蚀增加的一致性［图 4-11（b）］。

　　2. 陕北能源区土壤保持价值量的时空变化特征

　　陕北能源区 1980 ～ 2010 年土壤保持平均价值量呈增加趋势（图 4-13），平均价值量变化率为 14 472 元/10 年，与 1980 年相比，2010 年价值量增加了45.098 亿元。从年代来看，三个时段均呈增加趋势，1980 ～ 1990 年与 2000 ～2010 年这两个时段增加幅度较低，平均变化率分别为 4 650.2 元/10 年和 1 210.3元/10 年，而 1990 ～ 2000 年，平均变化率高达 26 440 元/10 年。最高土壤保持价值量出现在 1997 年，总价值为 65.70 亿元，最低价值量出现在 1985 年，总价值量为 8.21 亿元。

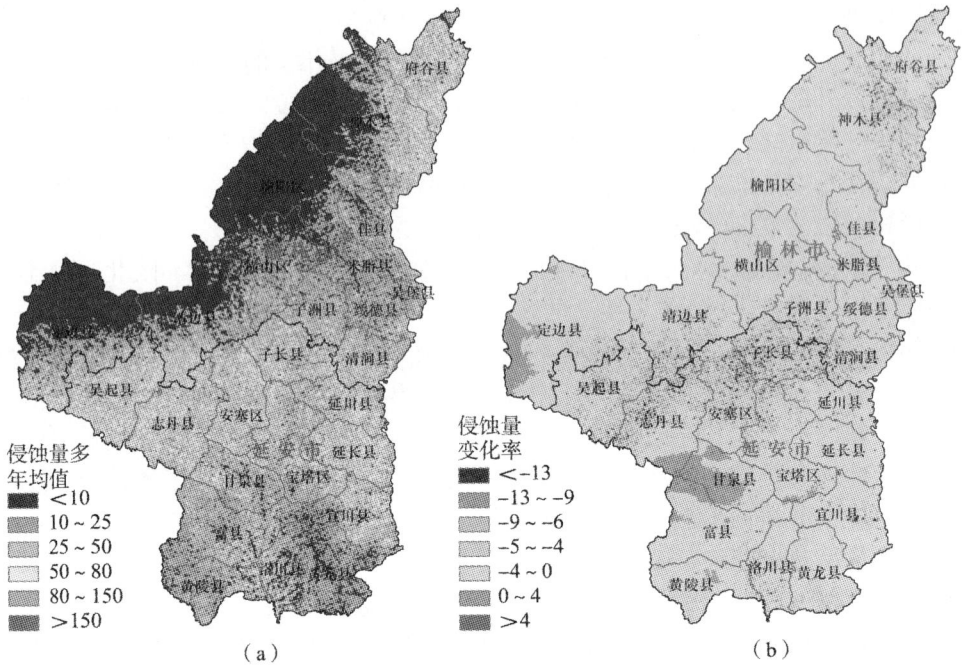

图 4-11　陕北能源区 1981～2010 年土壤侵蚀量多年均值与年际变化空间分布

从土壤保持价值量均值来看（表 4-7），1980～2010 年各种土地利用的价值量呈增加趋势。但是各土地利用土壤保持价值量变化与陕北能源区总体变化存在一定的差异，其中耕地、林地、草地变化较为复杂，其他类型的土地均呈增—减—增的变化特征。1980～1990 年耕地的土壤保持价值量呈增加态势，而林地和草地的价值量在减少；1990～2000 年耕地和林地与草地的变化特征也呈相反变化，耕地土壤保持价值量减少，而林草地价值量在增加；2000～2010 年，各土地利用的土壤保持价值量均呈增加趋势。从土壤保持价值量总量来看（表 4-7），1980 年、1990 年、2000 年与 2010 年的土壤保持价值量分别是 11.106 亿元、9.906 亿元、11.331 亿元和 56.116 亿元，1980～2010 年呈减—增—增的变化特征，30 年内土壤保持价值量上升了 405.27%，其中 1980～1990 年土壤保持价值量减少了 10.80%，除林地和草地土壤保持价值量减小外，其他土地利用类型土壤保持价值量均在增加；而 1990～2000 年土壤保持价值量增加了 14.39%，除林地和草地土壤保持价值量增加外，其他土地利用类型土壤保持价值量均呈下降趋势；2000～2010 年土壤保持价值量增加了 395.23%，各土地利用类型的土壤保持价值量均呈明显增加趋势。

图 4-12　石油开采新开辟的运输道路

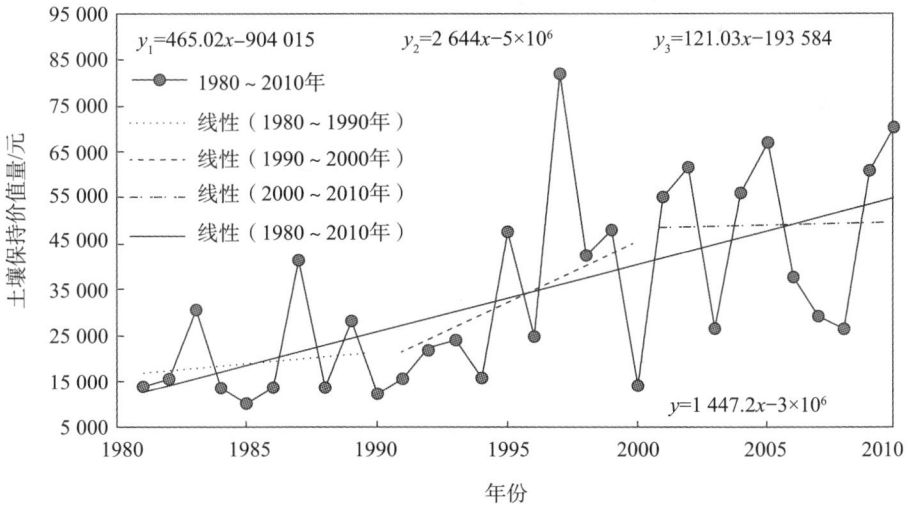

图 4-13　陕北能源区土壤保持价值量变化特征

表 4-7　不同土地利用的土壤保持价值量统计值

土地利用	土壤保持价值量均值/元			
	1980 年	1990 年	2000 年	2010 年
耕地	14 518.30	15 186.80	14 598.70	82 184.30
林地	32 471.50	21 698.80	22 878.10	115 498.00
草地	10 245.40	9 308.46	13 473.10	58 130.30
水域	5 658.22	7 850.26	5 420.28	30 508.00
建设用地	6 506.34	8 789.97	7 349.13	40 668.90
未利用地	219.13	396.52	345.95	1 876.85
土地利用	土壤保持价值量总量/亿元			
	1980 年	1990 年	2000 年	2010 年
耕地	4.160	4.351	4.183	23.546
林地	3.244	2.168	2.286	11.539
草地	3.661	3.326	4.815	20.773
水域	0.026	0.036	0.025	0.138
建设用地	0.004	0.006	0.005	0.028
未利用地	0.011	0.019	0.017	0.091
总量	11.106	9.906	11.331	56.115

空间分布上，多年平均、变化率和标准差的分布具有一定的相似性，即土壤保持价值量较高的区域，变化率和标准差也较大，反之则较小（图 4-14）。从陕北能源区土壤保持价值量的 30 年标准差空间分布来看，1980 ~ 2010 年陕北能源区土壤保持价值量的标准差为 0 ~ 48.52×10^3，空间上，陕北能源区南部子午岭与黄龙山的标准差较大，表明该区域土壤保持价值量变化的波动性较强；延安市北部次之；而陕北西北部标准差较小，表明该区域土壤保持价值量的年际变化较为平缓。从土地利用类型来看（表 4-8），标准差排序为林地>水域>草地>建设用地>耕地>未利用地。

表 4-8　不同土地利用土壤保持价值量的变化特征

土地利用	多年平均/×10^4（元/公顷）	标准差/×10^4（元/公顷）	变化率/×10^3[元/（公顷·年^2）]	Hurst
耕地	3.84	2.49	1.49	0.81
林地	5.90	4.14	2.05	0.83
草地	2.82	2.55	1.41	0.81
水域	2.20	2.85	1.40	0.74
建设用地	1.78	2.54	1.41	0.81
未利用地	0.11	0.13	0.07	0.79

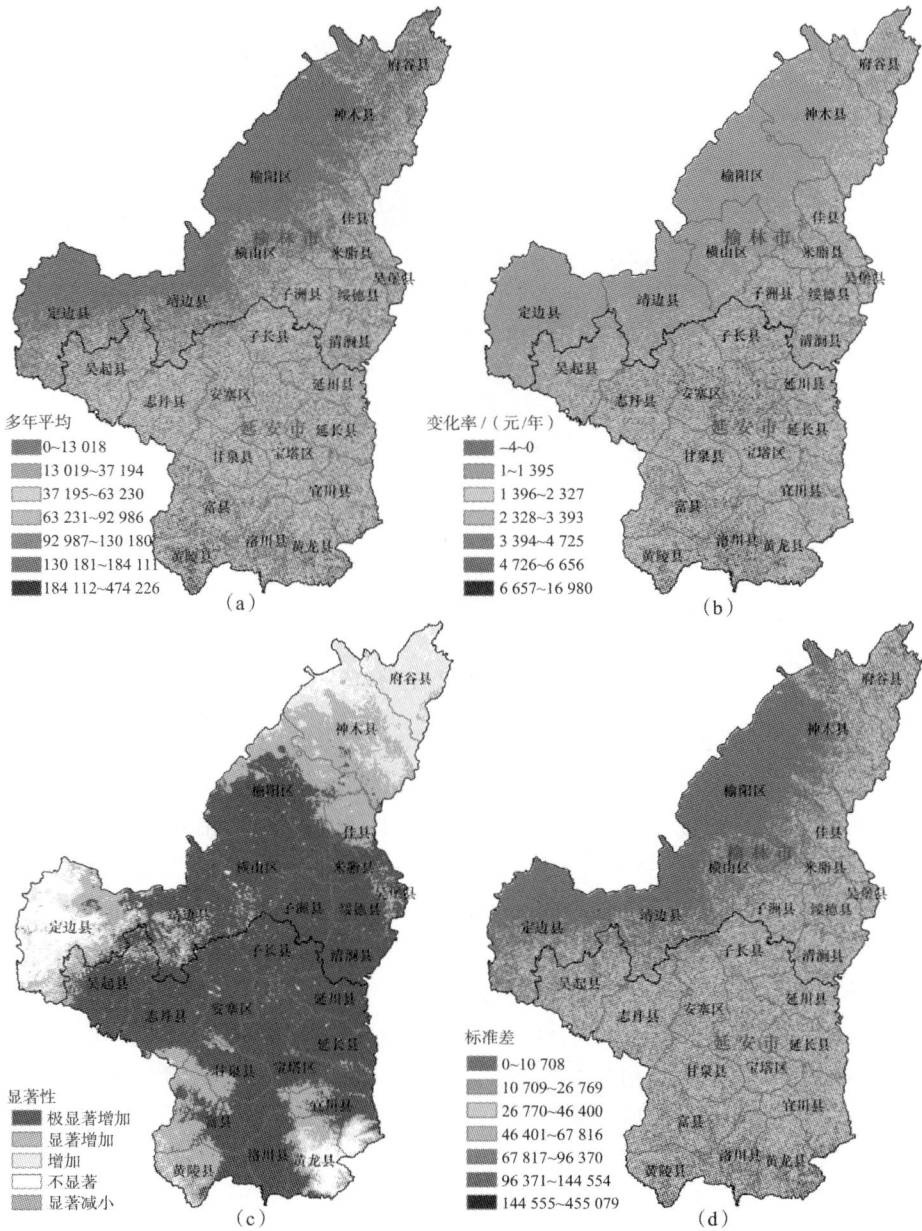

多年平均
- 0~13 018
- 13 019~37 194
- 37 195~63 230
- 63 231~92 986
- 92 987~130 180
- 130 181~184 111
- 184 112~474 226

(a)

变化率/(元/年)
- −4~0
- 1~1 395
- 1 396~2 327
- 2 328~3 393
- 3 394~4 725
- 4 726~6 656
- 6 657~16 980

(b)

显著性
- 极显著增加
- 显著增加
- 增加
- 不显著
- 显著减小

(c)

标准差
- 0~10 708
- 10 709~26 769
- 26 770~46 400
- 46 401~67 816
- 67 817~96 370
- 96 371~144 554
- 144 555~455 079

(d)

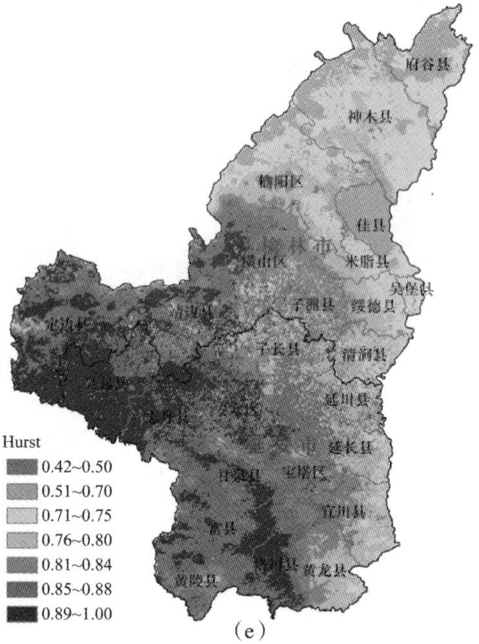

图 4-14　陕北能源区土壤保持价值量空间变化特征

　　近 30 年来,陕北能源区土壤保持价值量平均变化率和 Hurst 指数分别为 1 305 元/(公顷·年^2)和 0.80,反映出陕北能源区土壤保持价值量总体上呈持续增加趋势。从变化率空间分布可以看出, 陕北能源区土壤保持价值量大部分地区呈增加趋势,极显著增加的区域主要分布在榆林市中部和南部及延安市北部与洛川县,且呈可持续增加趋势, 可持续性由东北向西南逐渐增加, 极显著增加区域占总面积的 60.28%;显著增加和增加区次之, 主要分布在研究区东北部的神木县和府谷县、黄龙县—富县—黄陵县西部及定边县东部。从土地利用类型来看(表 4-8),林地土壤保持价值量的平均变化率相对较高,为 $2.05×10^3$ 元/(公顷·年^2),Hurst 指数为 0.83, 呈现出强烈可持续增加趋势;其他土地利用类型的土壤保持价值量的平均变化率由大到小依次为耕地>草地>建设用地>水域>未利用地,Hurst 指数均大于 0.7, 呈可持续增加趋势。

4.4　涵养水源功能测评

　　生态系统涵养水源功能的估算有两种方法：一种为区域水量平衡法，另一种为基于植被和土壤的蓄水能力及径流量的估算方法。本章采用第二种方法对陕北生态脆弱区生态系统涵养水源功能进行估算。该模型的计算涉及三个步骤，分别是林冠涵养水源量估算、枯枝落叶涵养水源量估算与土壤涵养水源量估算。其中，林冠截留阶段指的是降水被植被的枝、叶、干所吸附，或者蓄积在叶着生处等凹陷的水量；枯枝落叶吸附阶段是指降水经过林冠截留后，覆盖于地表的死地被植物吸收的水量，枯落物的涵养水源的物质量与枯落物的饱和吸水率成正比。土壤持水阶段是指降水经过林冠层和枯枝落叶层截留后，到达土壤表层再分配的过程。

4.4.1　测评模型

　　本章根据土壤的蓄水能力来对研究区生态系统涵养水源功能进行估算[148, 149]。
　　1）蓄水能力测评
　　蓄水能力测评，即涵养水源物质量模型如下：

$$Q = Q_1 + Q_2 + Q_3 \tag{4-35}$$

式中，Q 为蓄水能力；Q_1 为林冠截留量；Q_2 为枯枝落叶吸持水分量；Q_3 为土壤最大持水量。

$$Q_1(t) = 降水量(毫米) \times 林冠截留率(\%) \times 面积(公顷) \times 10 \tag{4-36}$$

$$Q_2(t) = 枯枝落叶层干重(吨/公顷) \times 饱和吸水率(\%) \times 面积(公顷) \tag{4-37}$$

$$Q_3(t) = \sum_{i=1}^{65} FMC \times 面积(公顷) \times h \times 10^4 \tag{4-38}$$

$$FMC = 0.003\,075 \times n_1 + 0.005\,886 \times n_2 + 0.008\,039 \times n_3 + 0.002\,208 \times OM - 0.143\,40 \times \rho \tag{4-39}$$

式中，FMC 为田间最大持水量；n_1 为土壤沙粒含量（%）；n_2 为土壤粉沙含量（%）；n_3 为土壤黏粒含量（%）；OM 为土壤有机质含量（%）；ρ 为土壤容重（克/厘米^3）；h 为土壤厚度。
　　2）涵养水源价值量测评
　　本章采用工程替代法估算涵养水源价值量：

$$V = L \times \frac{Q}{Q_g} \times V_g \qquad (4\text{-}40)$$

式中，Q 为涵养水源物质量（吨）；Q_g 为替代生态系统某工程的水容量；V_g 为替代工程的价值；L 为发展阶段系数。

4.4.2 结果分析

陕北能源区 1980～2010 年涵养水源平均价值量呈减小趋势（图 4-15），平均价值量减小率为 532.71 元/10 年。从年代来看，1980～1990 年与 1990～2000 年这两个时段均呈减少趋势，1980～1990 年减少趋势明显，平均变化率分别为-7 164.8元/10 年和-1 023.6 元/10 年，而 2000～2010 年涵养水源价值量呈增加趋势，平均变化率高达 3 843.6 元/10 年，所以 2010 年价值量比 1980 年增加了 4.878 亿元。最高涵养水源价值量出现在 1982 年，总价值为 52.39 亿元，最低价值量出现在 1994年，总价值为 35.46 亿元。

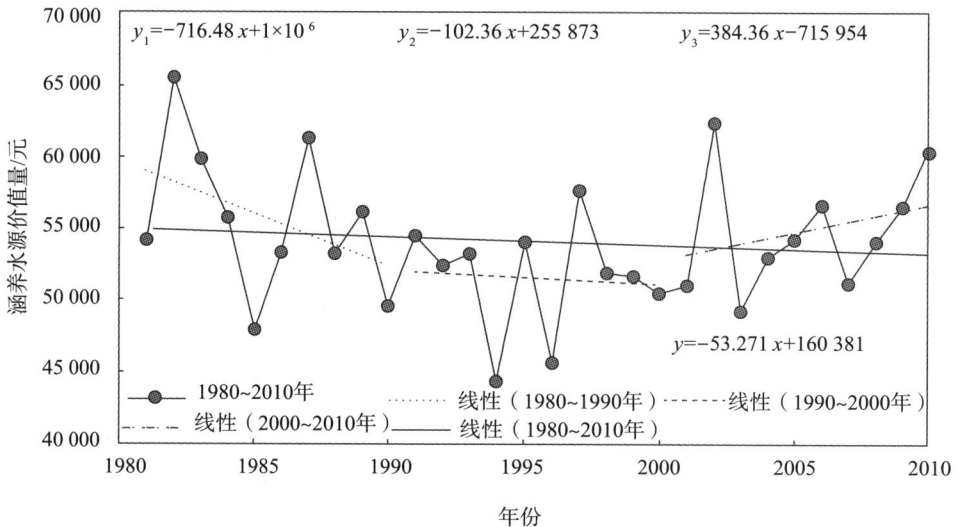

图 4-15　陕北能源区涵养水源价值量变化特征

从涵养水源价值量均值来看（表 4-9），1980～2010 年除水域外的其他土地利用类型的价值量均呈减少趋势。各土地利用类型之间，林地涵养水源平均价值量最高，其他类型土地由大到小依次为草地＞建设用地＞耕地＞未利用地＞水域。从时间变化上来看，耕地、草地、建设用地与未利用地均呈减—增—增的变化特征，林地呈减—减—增的变化特征，而水域呈增—减—增的变化特征。从涵养水源价值量总量来看（表 4-9），1980 年、1990 年、2000 年和 2010 年的涵养水源价值总量分别是 43.371 亿元、39.661 亿元、40.386 亿元和 48.245 亿元，1980~2010 年呈减—增—增的变化特征，30 年内涵养水源价值量上升了 4.87 亿元，增加百分比为 11.24%，其中 1980~1990 年涵养水源价值量减少了 8.55%；而 1990~2000 年涵养水源价值量增加了 1.83%；2000~2010 年涵养水源价值量增加了 19.46%。

表 4-9　不同土地利用的涵养水源价值量统计值

土地利用	涵养水源价值量均值/元			
	1980 年	1990 年	2000 年	2010 年
耕地	47 944.7	↘44 386.6	↗45 349.7	↗53 733.7
林地	94 582.8	↘82 249.6	↘82 188.6	↗102 887.0
草地	51 687.1	↘47 652.6	↗48 648.0	↗57 590.0
水域	43 001.0	↗43 263.9	↘42 777.6	↗52 598.2
建设用地	49 016.3	↘46 323.6	↗47 301.2	↗55 957.0
未利用地	47 944.7	↘44 386.6	↗45 349.7	↗53 733.7
耕地	13.754	12.734	13.010	15.415
林地	9.463	8.229	8.223	10.294
草地	18.514	17.069	17.426	20.629
水域	0.212	0.213	0.210	0.259
建设用地	0.034	0.032	0.033	0.039
未利用地	1.394	1.384	1.484	1.614
总量	43.371	39.661	40.386	48.245

注：箭头"↗"表示两个时期 NPP 均值呈增加趋势，"↘"为减小趋势

空间分布上（图 4-16），涵养水源价值量多年平均的高值区主要分布在子午岭和黄龙山，低值区分布于研究区西北的长城以北地区，其他地区为高低值过渡区。从陕北能源区涵养水源价值量的 30 年标准差空间分布来看，1980~2010 年陕北能源区涵养水源价值量的标准差为 $1.44 \times 10^3 \sim 37.91 \times 10^3$，空间上，陕北能源区南部子午岭与黄龙山及府谷县北部的标准差较大，表明该区域涵养水源价值量变化的波动性较强；长城以南和子午岭—黄龙山之间的区域次之；而长城以北的

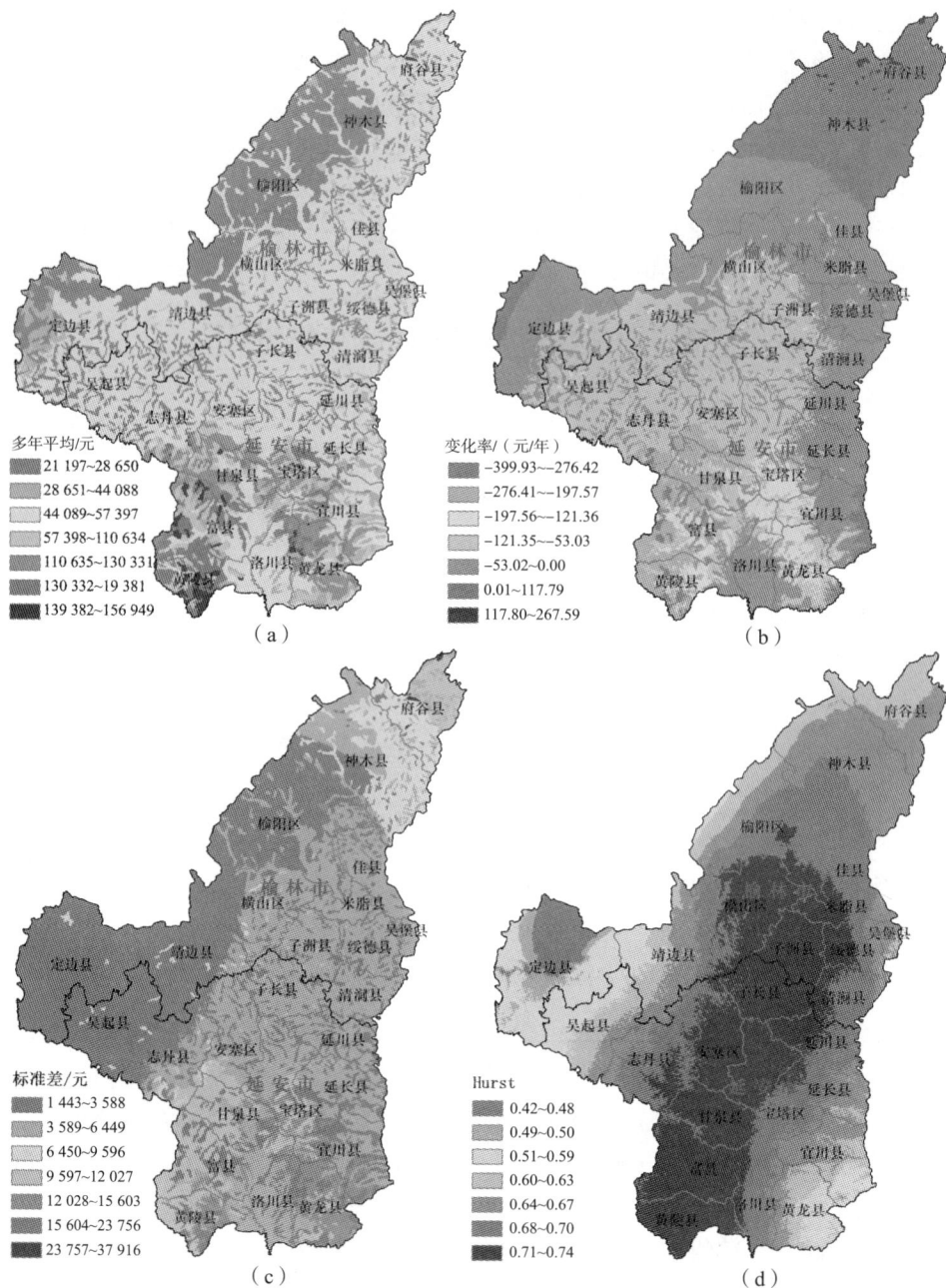

图 4-16　陕北能源区涵养水源价值量空间变化特征

地区标准差较小，表明该区域涵养水源价值量的年际变化较为平缓。从土地利用类型来看（表 4-10），标准差排序为林地>水域>草地>建设用地>耕地>未利用地，与土壤保持价值量保持一致。

表 4-10　不同土地利用涵养水源价值量的变化特征

土地利用	多年平均/×10⁴（元/公顷）	标准差/×10³（元/公顷）	变化率/［元/（公顷·年²）］	Hurst
耕地	4.81	4.62	−43.66	0.66
林地	9.18	9.37	−128.07	0.67
草地	5.17	5.27	−47.01	0.65
水域	4.51	5.65	11.69	0.64
建设用地	5.00	4.89	−29.53	0.67
未利用地	3.05	2.86	−8.93	0.64

近 30 年来，陕北能源区涵养水源价值量平均变化率和 Hurst 指数分别为 −40.92 元/（公顷·年²）和 0.66，反映出陕北能源区涵养水源价值量总体上呈持续减少趋势，但是持续性较弱。从变化率空间分布可以看出，陕北能源区涵养水源价值量大部分地区呈减小趋势，显著减小的区域主要分布在子午岭和黄龙山地区，且呈可持续减小趋势；减小趋势由南向北、由西向东逐渐减小；减小区主要分布在神木县和府谷县。从土地利用类型来看（表 4-10），各个土地利用类型的平均 Hurst 指数相当，林地涵养水源价值量呈减小趋势，平均变化率相对较高，为 128.07 元/（公顷·年²），呈现出可持续减少趋势；其他地区减小率由大到小依次为草地>耕地>建设用地>未利用地；仅水域呈增加趋势，平均变化率为 11.69 元/（公顷·年），呈可持续增加趋势。

4.5　综合服务功能测评

4.5.1　测评模型

综合服务功能总价值指的是 NPP 价值量、固碳释氧价值量、水土保持价值量与涵养水源价值量的总和，总价值量模型如下：

$$V = \sum_{i=1}^{n} v_i \qquad (4\text{-}41)$$

式中，V 为生态系统综合服务功能总价值量；i 是生态系统第 i 项生态服务功能价值量；n 为生态系统服务功能类别数。

4.5.2 结果分析

陕北能源区 1980～2010 年生态系统综合服务功能平均价值量呈增加趋势（图 4-17），平均价值量变化率为 14 151 元/10 年，与 1980 年相比，2010 年价值量增加了 51.078 亿元。从年代来看，1990～2000 年和 2000～2010 年这两个时段均呈增加趋势，平均变化率分别为 24 825 元/10 年和 6 973.9 元/10 年；1980～1990 年呈减少趋势，变化率为−2 107.3 元/10 年，所以生态系统综合服务功能价值量的增加主要是 1990～2000 年这个时段价值量的增大引起的。最高生态系统综合服务功能价值量出现在 1997 年，总价值为 115.97 亿元，最低价值量出现在 1985 年，总价值为 49.80 亿元。

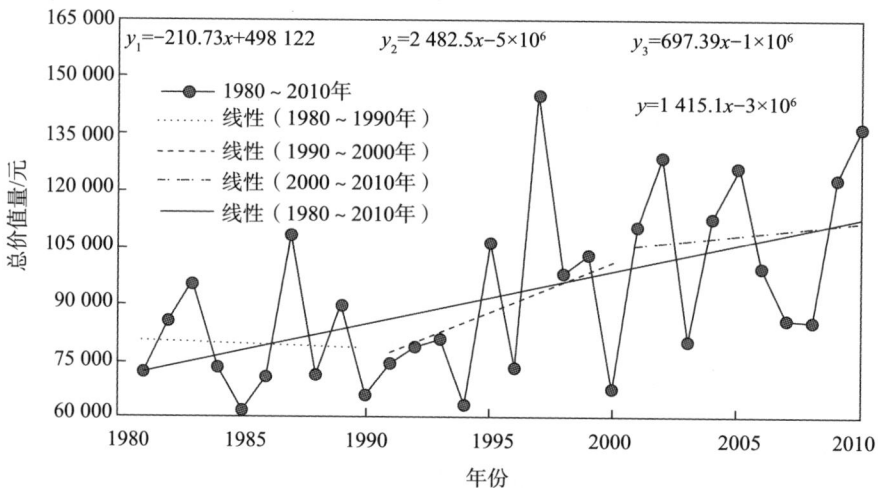

图 4-17 陕北能源区生态系统综合服务功能价值量变化特征

从综合服务功能价值量均值来看（表 4-11），1980～2010 年各种土地利用的价值量呈增加趋势。但是不同时段表现出的变化特征差异较大，其中耕地、林地表现为减—减—增的变化特征，草地呈减—增—增的变化特征，水域和建设用地表现出增—减—增的特征，未利用地在持续增加。1980～1990 年耕地、林地和草地的综合服务功能平均价值量呈减小态势，而水域、建设用地和未利用地的价值量在增加；1990～2000 年耕地、林地、水域和建设用地价值量呈减小特征，草地和未利用地价值量却在增加；2000~2010 年，各土地利用的综合服务功能价值量均呈增加趋势。从综合服务功能价值量总量来看（表 4-11），1980 年、1990 年、2000 年和 2010 年的综合服务功能价值量分别是 57.781 亿元、52.975 亿元、54.379 亿元和 108.860 亿元，1980~2010 年呈减—增—增的变化特征，30 年内综合服务功能价值量上升了 88.4%，其中 1980~1990 年综合服务功能价值量减少了 8.32%，除水域、建设用地和未利用地价值量增加或保持不变外，耕地、林地和草地的综合服务功能价值量均在减小；而 1990~2000 年综合服务功能价值量仅增加了 2.65%，草地的综合服务功能价值量呈增加趋势；2000~2010 年综合服务功能价值量增加了 100.19%，各土地利用类型的综合服务功能价值量均呈明显增加趋势。

表 4-11　不同土地利用的生态系统综合服务功能价值量统计值

土地利用	价值量均值/元			
	1980 年	1990 年	2000 年	2010 年
耕地	65 513.4	↘62 857.9	↘62 518.4	↗140 861.0
林地	137 675.0	↘114 229.0	↘112 269.0	↗229 073.0
草地	65 759.0	↘60 918.4	↗65 368.1	↗121 087.0
水域	50 783.3	↗53 398.4	↘50 496.7	↗87 633.7
建设用地	59 134.1	↗59 211.9	↘57 926.0	↗102 399.0
未利用地	30 597.7	↗30 913.8	↗33 385.3	↗38 656.8

土地利用	价值量总量/亿元			
	1980 年	1990 年	2000 年	2010 年
耕地	18.770	18.009	17.912	40.357
林地	13.755	11.413	11.217	22.887
草地	23.499	21.769	23.359	43.270
水域	0.230	0.242	0.229	0.397
建设用地	0.041	0.041	0.040	0.071
未利用地	1.486	1.501	1.622	1.878
总量	57.781	52.975	54.379	108.860

　　空间分布上，综合服务功能价值量多年平均与标准差由南向北逐渐减小，但是标准差的空间差异性较不明显（图 4-18）。1980~2010 年陕北能源区综合服务

功能价值量的标准差为 $0.17 \times 10^3 \sim 45.93 \times 10^3$，多年平均综合服务功能价值量为 $2.30 \times 10^4 \sim 60.15 \times 10^4$ 元。从土地利用类型来看（表 4-12），综合服务功能价值量标准差排序为林地>水域>建设用地>草地>耕地>未利用地，多年平均排序为林地>耕地>草地>建设用地>水域>未利用地。

表 4-12　不同土地利用生态系统综合服务功能价值量的变化特征

土地利用	多年平均/$\times 10^4$（元/公顷）	标准差/$\times 10^4$（元/公顷）	变化率/$\times 10^3$［元/（公顷·年^2）］	Hurst
耕地	9.00	2.78	1.47	0.703
林地	16.04	4.71	1.87	0.695
草地	8.42	2.89	1.38	0.709
水域	7.02	3.30	1.41	0.652
建设用地	7.21	2.92	1.40	0.671
未利用地	3.42	0.43	0.11	0.619

近 30 年来，陕北能源区综合服务功能价值量平均变化率和 Hurst 指数分别为 1 270 元/（公顷·年^2）和 0.68，反映出陕北能源区综合服务功能价值量总体上呈持续增加趋势。从变化率空间分布可以看出，陕北能源区综合服务功能价值量主要以极显著增加区域为主，主要分布在白于山—横山—无定河以南及仕望河—崂山北部以北的区域，且呈可持续增加趋势，可持续性由西向东逐渐减小，另外洛河及其支流两侧区域也有分布，且可持续性较强，极显著增加区域占总面积的 31.65%；显著增加和增加区次之，主要分布在极显著增加区的边缘处，是显著变化区与不显著变化区的过渡地带，此外分布在研究区东北部的神木县和府谷县。从土地利用类型来看（表 4-12），林地综合服务功能价值量的平均变化率相对较高，为 1.87×10^3 元/（公顷·年^2），Hurst 指数为 0.695，呈现出可持续增加趋势；其他土地利用类型的综合服务功能价值量的平均变化率由大到小依次为耕地>水域>建设用地>草地>未利用地，Hurst 指数均大于 0.6，呈可持续增加趋势。

从不同类型能源开发区及其缓冲区生态系统综合服务功能价值量的变化率和 Hurst 来看，各个类型能源开发区生态系统服务功能均呈可持续增加趋势，其中石油典型开采区和煤炭典型开采 II 区的可持续增加趋势显著，煤炭典型开采 I 区和天然气典型开采区次之。不同类型能源开发区生态系统综合服务功能平均价值量由大到小依次为煤炭典型开采 II 区>石油典型开采区>天然气典型开采区>煤炭典型开采 I 区（表 4-13）。

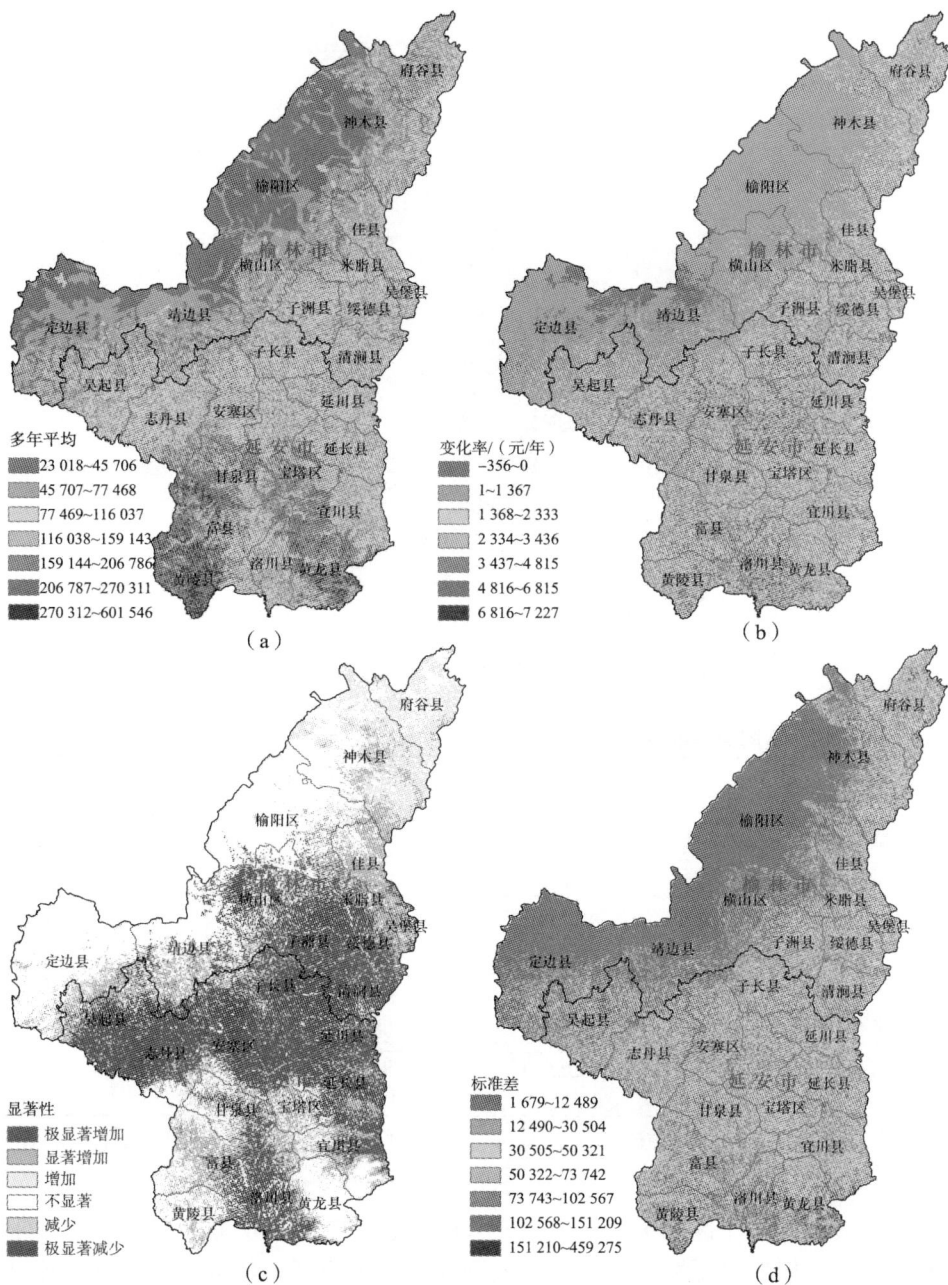

（a）

多年平均
- 23 018~45 706
- 45 707~77 468
- 77 469~116 037
- 116 038~159 143
- 159 144~206 786
- 206 787~270 311
- 270 312~601 546

（b）

变化率/（元/年）
- −356~0
- 1~1 367
- 1 368~2 333
- 2 334~3 436
- 3 437~4 815
- 4 816~6 815
- 6 816~7 227

（c）

显著性
- 极显著增加
- 显著增加
- 增加
- 不显著
- 减少
- 极显著减少

（d）

标准差
- 1 679~12 489
- 12 490~30 504
- 30 505~50 321
- 50 322~73 742
- 73 743~102 567
- 102 568~151 209
- 151 210~459 275

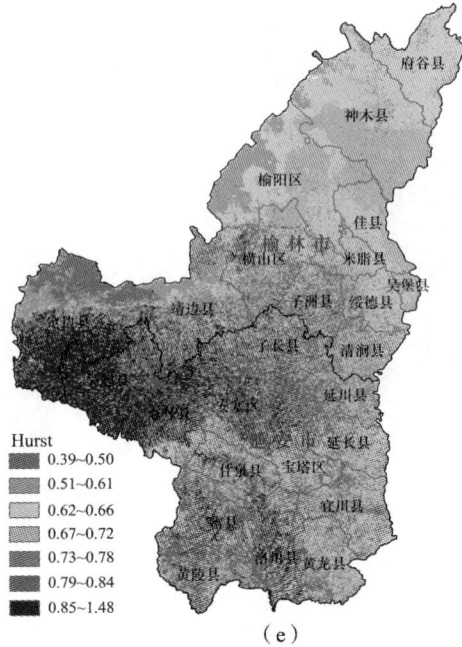

（e）

图 4-18　陕北能源区生态系统综合服务功能价值量空间变化特征

表 4-13　不同类型能源开发区及其缓冲区生态系统综合服务功能价值量的变化特征

能源开采区及其缓冲区	多年平均/×10⁴ （元/公顷）	标准差/×10⁴ （元/公顷）	变化率/×10³ 元/（公顷·年²）	Hurst
煤炭典型开采Ⅰ区	4.40	1.33	0.45	0.64
煤炭典型开采Ⅰ区缓冲区	6.82	2.59	0.94	0.66
煤炭典型开采Ⅱ区	22.64	5.82	2.17	0.72
煤炭典型开采Ⅱ区缓冲区	18.05	4.97	2.03	0.73
石油典型开采区	10.37	4.07	2.51	0.74
石油典型开采区缓冲区	10.23	3.87	2.31	0.75
天然气典型开采区	4.82	0.76	0.35	0.63
天然气典型开采区缓冲区	7.17	1.72	0.95	0.68

注：□表示典型开采区的均值低于缓冲区均值；＿＿表示典型开采区的均值高于缓冲区均值；加黑表示典型开采区的均值与缓冲区均值相当

　　煤炭典型开采Ⅰ区与天然气典型开采区生态系统服务功能的多年平均、标准差和变化率均低于其缓冲区，而煤炭典型开采Ⅱ区均高于其缓冲区，石油典型开采区与其缓冲区相当。煤炭典型开采Ⅰ区与天然气典型开采区均处于毛乌素沙地，自身的生态环境较为恶劣，生态系统脆弱，生态系统服务功能低于其缓冲区；煤炭典型开采Ⅱ区较其周边生态环境优越，其周边人类活动相对较强，所以开采区内生态系统服务功能高于其周边的服务功能；石油典型开采区生态环境与其缓冲区生态系统服务功能差异不大。

综上所述，陕北能源区除水源涵养价值量呈现出降低趋势外，其他生态系统服务功能价值量均呈增加趋势，生态系统服务功能价值总量极显著上升的区域主要分布在陕北中部，集中在榆林市的南部和延安市的北部及洛河两侧，其次分布于神木县和府谷县及极显著增加的周边，其中陕北中部石油典型开采区和西南部煤炭典型开采Ⅱ区的生态系统服务功能可持续增加趋势显著，这主要是 1999 年退耕还林还草措施实施以来生态环境改善的重要体现。另外，需要注意的是，神府煤炭典型开采Ⅰ区和定靖天然气典型开采区生态环境改善趋势相对较为缓慢，尤其是能源开发较为集中的区域，生态环境变化不明显，甚至出现退化，该区域位于陕北的风沙区，生态环境本身就十分脆弱，能源资源的开发对植被、土壤、水体等自然要素的影响严重，且具有不可逆性，生态修复难度大。

本章将生态系统固碳对碳捕捉与封存成本的影响做了深入探讨，对陕北各个县区的二氧化碳治理最低合计成本进行了估算，从而基于相关部门的立法和约束，为各个县区的不同产业二氧化碳治理成本投资提供依据，并从全球变暖的主要根源上出发，实现低能耗、低污染、低排放为基础的低碳模式。

第5章 陕北能源富集区生态安全评价

5.1 评价模型构建

5.1.1 指标体系的构建

本章基于经济合作与发展组织（简称经合组织）和联合国环境规划署提出的"压力–状态–响应"模型（pressure-state-response，PSR）[150]，在遵循科学性、代表性、综合性、简明性和可操作性五项原则，并咨询专家意见的情况下，针对性地为生态压力、生态状态和生态响应三大类选取对应指标，建立陕北能源区生态安全评价指标体系。

1. 生态压力

生态压力指标描述了人类活动对生态系统的压力，其中包括自然资源的质量和数量（如固体废物、废水和废气的排放，原材料开采，化肥使用量等）。本章中生态压力指标包含原煤产量、原油产量、固体废弃物排放量、废水排放量、废气排放量、人口自然增长率、人均生产总值、土地利用程度、居民地距离图、交通线距离图和采煤塌陷区距离图。

2. 生态状态

生态状态指标是用来描述生态环境和资源的现状，以及它们随时间的变化的质量和数量（如森林面积、保护区）。生态状态指标包括地形条件、气候条件、水文条件、土壤条件、植被条件、景观结构和生态服务功能，其中地形条件包括海拔和坡度，气候条件包括年降水量和年均温，水文条件为水网密度，土壤条件为土壤有机质含量，植被条件为植被覆盖度，景观结构包括景观多样性、景观破碎度和景观形状指数，生态服务功能包括 NPP 价值量、土壤保持价值量、涵养水源价值量和总价值量。

3. 生态响应

生态响应指标是用来描述社会应对环境变化采取措施的程度。响应范围既包括公共部门（如立法、税收、促销），也包括私营部门所采取的措施（如减少消耗、回收利用）。生态响应指标包括三废治理率、环保投资 GDP 和绿化覆盖率，均来源于统计数据，其中三废治理率包含固体废弃物治理量、废水治理量和废气治理量。

4. 指标标准化

由于各个指标的量纲不一致，因此在权重确定之前，先将各个指标进行标准化处理，标准化处理采用上限测度效果标准化和下限测度效果标准化方法，将原始值转换为 0~1。具体公式如下。

上限测度效果标准化：

$$x_i' = \frac{x_i - x_{i\min}}{x_{i\max} - x_{i\min}} \qquad (5\text{-}1)$$

下限测度效果标准化：

$$x_i' = \frac{x_{i\max} - x_i}{x_{i\max} - x_{i\min}} \qquad (5\text{-}2)$$

式中，x_i' 为第 i 个指标的标准化值；x_i 为第 i 个指标的原始数值；$x_{i\max}$ 为第 i 个指标的最大值；$x_{i\min}$ 为第 i 个指标的最小值。

生态安全指标体系如表 5-1 所示。

表 5-1　生态安全指标体系

目标层	综合层	指标层	指标来源
生态安全 综合评价	生态压力	原煤产量	统计数据
		原油产量	统计数据
		固体废弃物排放量	统计数据
		废水排放量	统计数据
		废气排放量	统计数据
		人口自然增长率	统计数据
		人均生产总值	统计数据
		土地利用程度	遥感数据
		居民地距离图	基础数据
		交通线距离图	基础数据
		采煤塌陷区距离图	遥感数据

目标层	综合层	指标层	指标来源
生态安全 综合评价	生态状态	海拔	DEM
		坡度	DEM
		年降水量	监测数据
		年均温	监测数据
		水网密度	DEM
		土壤有机质含量	专题数据
		土壤侵蚀量	遥感调查
		植被覆盖度	遥感数据
		景观多样性	遥感数据
		景观破碎度	遥感数据
		景观形状指数	遥感数据
		生态服务功能	遥感调查
	生态响应	三废治理率	统计数据
		环保投资 GDP	统计数据
		绿化覆盖率	统计数据

5.1.2　指标权重确定及评价模型构建

本章采用模糊综合评价法[151]对陕北能源区生态安全进行评价。综合评价的权重的确定需要专家的知识和经验，具有一定的缺陷，为此，本章采用熵权法来确定各指标的权系数。使其更有合理性，更符合客观实际并易于定量表示，从而提高模糊综合评判结果的准确性。具体步骤如下。

步骤 1，确定评价对象的因素论域：p 个评价指标，$u = \{u_1, u_2, \cdots, u_p\}$。

步骤 2，确定评语等级论域：$v = \{v_1, v_2, \cdots, v_p\}$。

步骤 3，建立模糊关系矩阵 $\boldsymbol{R}$：

$$\boldsymbol{R} = \begin{bmatrix} \boldsymbol{R} \mid u_1 \\ \boldsymbol{R} \mid u_2 \\ \vdots \\ \boldsymbol{R} \mid u_p \end{bmatrix} = \begin{bmatrix} r_{11} & r_{12} & \cdots & r_{1m} \\ r_{21} & r_{22} & \cdots & r_{2m} \\ \vdots & \vdots & & \vdots \\ r_{p1} & r_{p2} & \cdots & r_{pm} \end{bmatrix}_{p \cdot m} \quad (5\text{-}3)$$

式中，矩阵 $\boldsymbol{R}$ 中第 i 行第 j 列元素 r_{ij}，表示某个被评事物从因素 u_i 来看对 v_j 等级模糊子集的隶属度。

步骤 4，确定评价因素的权向量：在模糊综合评价中，确定评价因素的权向量 $\boldsymbol{A} = (a_1, a_2, \cdots, a_p)$。权向量 $\boldsymbol{A}$ 中的元素 a_i 本质上是因素 u_i 对模糊子（对被评事物重要的因素）的隶属度。本章使用熵权法来确定评价指标间的相对重要性次序及权系数。熵权法原理是把评价中各个待评价单元的信息进行量化与综合后的方法，具体过程如下。

（1）计算第 i 样本第 j 项指标值的比重：

$$Y_{ij} = \frac{X_{ij}}{\sum\limits_{i=1}^{m} X_{ij}} \tag{5-4}$$

（2）计算指标信息熵：

$$e_j = -k \sum\limits_{i=1}^{m} (Y_{ij} \times \ln Y_{ij}) \tag{5-5}$$

（3）计算信息熵冗余度：

$$d_j = 1 - e_j \tag{5-6}$$

（4）计算指标权重：

$$W_i = d_j \bigg/ \sum\limits_{j=1}^{n} d_j \tag{5-7}$$

式中，X_{ij} 表示第 i 个样本第 j 项评价指标的数值；$k=1/\ln m$，其中 m 为评价年数，n 为指标数。

步骤 5，合成模糊综合评价结果向量：利用合适的算子将 A 与各被评事物的 R 进行合成，得到各被评事物的模糊综合评价结果向量 B。即

$$A \circ R = (a_1, a_2, \cdots, a_p) \begin{bmatrix} r_{11} & r_{12} & \cdots & r_{1m} \\ r_{21} & r_{22} & \cdots & r_{2m} \\ \vdots & \vdots & & \vdots \\ r_{p1} & r_{p2} & \cdots & r_{pm} \end{bmatrix} = (b_1, b_2, \cdots, b_m) = B \tag{5-8}$$

式中，b_j 为由 A 与 R 的第 j 列运算得到的，它表示被评事物从整体上看对 v_j 等级模糊子集的隶属程度。

步骤 6，对模糊综合评价结果向量进行分析：本章根据空间聚类并结合陕北能源区生态环境实际情况，将生态安全分为 5 个等级，如表 5-2 所示。

表 5-2　生态安全综合指数等级划分

安全等级	很不安全	不安全	比较安全	中度安全	安全
生态安全综合指数	< 0.2	0.2 ~ 0.3	0.3 ~ 0.4	0.4 ~ 0.5	> 0.5

5.2 结果分析

5.2.1 陕北能源区生态安全状况

基于模糊综合评价法所得的生态安全综合指数，根据表 5-2 并结合陕北能源区实际情况对生态安全综合指数进行等级划分，并对其进行统计，结果如图 5-1 和图 5-2 所示。

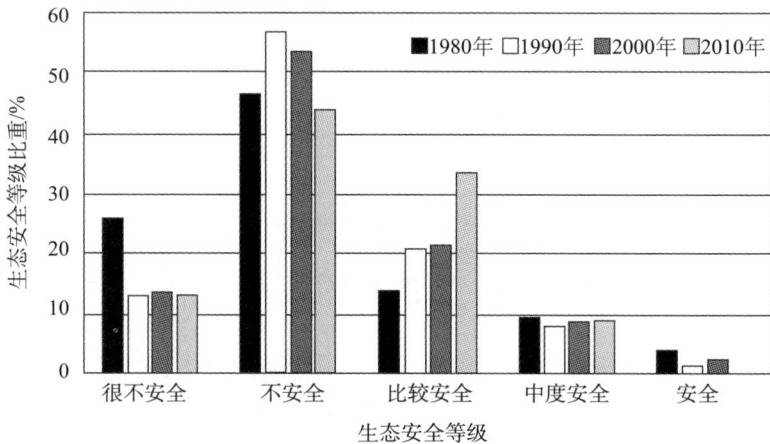

图 5-1 陕北能源区生态安全等级分布

图 5-1 和图 5-2 反映出，1980～2010 年，生态安全以不安全级别为主，各年该级别面积比重均达到 40%以上。其中，不安全等级比重呈先上升后下降的趋势，与中度安全和安全比重呈相反的变化趋势，即呈现出先下降后上升的趋势；很不安全等级比重呈现出持续下降趋势，与比较安全等级比重变化趋势相反，即表现出持续上升趋势。这说明了 1980～2010 年陕北能源区在生态安全整体上呈现出不安全态势，而安全区域的扩展及不安全区域的萎缩，使生态安全状况呈现出改善的趋势。

5.2.2 陕北能源区生态安全时空动态变化规律

为了从空间上定量地反映陕北能源区生态安全的时空动态演变规律，将 1980 年、1990 年、2000 年和 2010 年生态安全等级图像进行空间叠加，得到 1980～1990 年、1990～2000 年、2000～2010 年三个时段的生态安全等级转移图（图 5-3），

（a）1980年　　　　　　　　　　　　（b）1990年

（c）2000年　　　　　　　　　　　　（d）2010年

■ 很不安全　　■ 不安全　　■ 比较安全　　■ 中度安全　　■ 安全

图 5-2　陕北能源区生态安全空间分布图

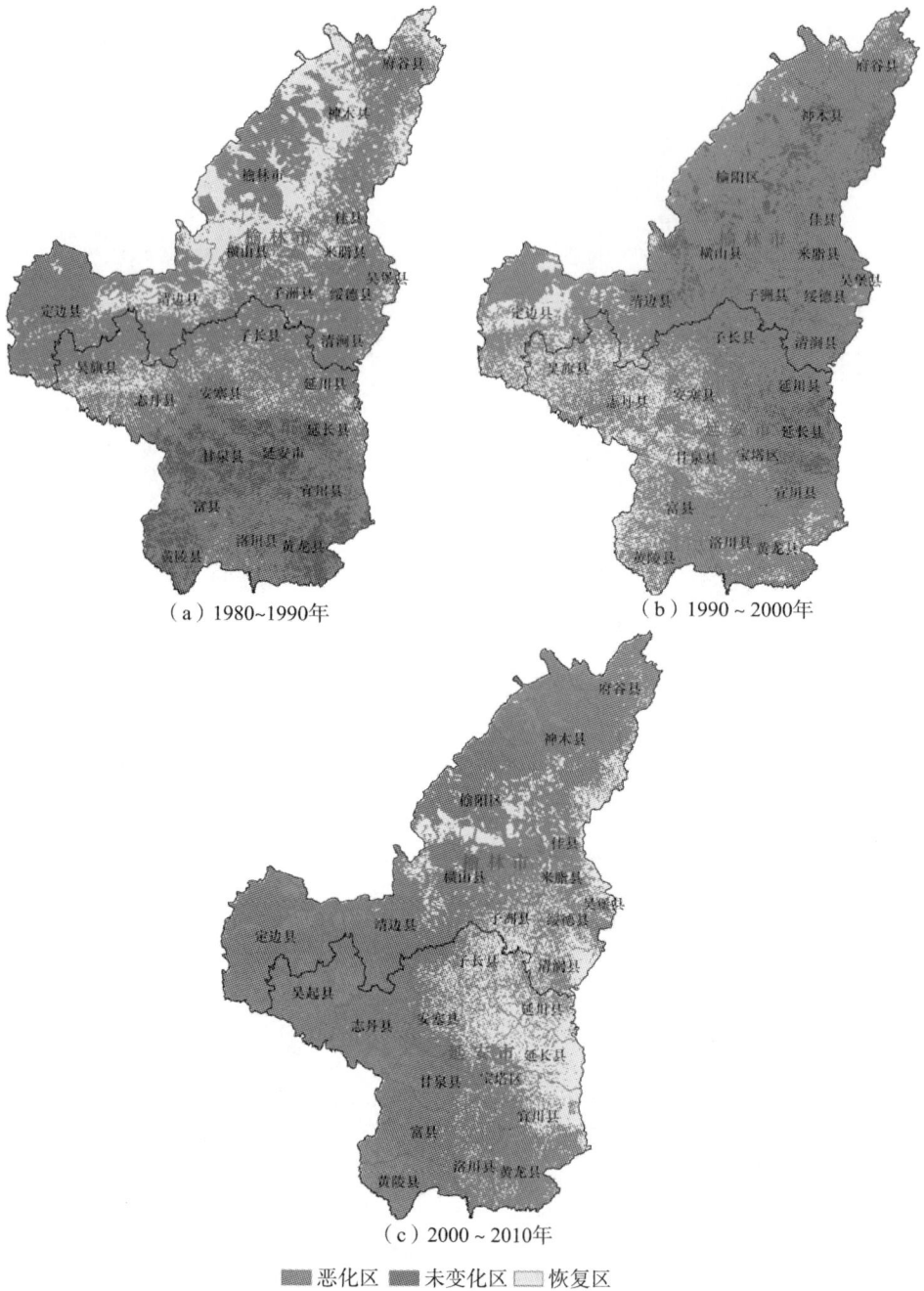

（a）1980~1990年

（b）1990~2000年

（c）2000~2010年

▨ 恶化区　▨ 未变化区　▢ 恢复区

图 5-3　陕北能源区生态安全变化图

并对转移图进行统计得到 1980～2010 年生态安全等级转移矩阵（表 5-3）。转移原理如表 5-4 所示，将生态安全变化转移类型分为三类，即恶化区、恢复区和不变区域。其中，恶化区指的是在前一期到后一期的时段内生态安全等级下降的区域，如前期为安全等级，后期为比较安全等级，该区域为恶化区；恢复区是指在前一期到后一期的时段内生态安全等级上升的区域，如前期为很不安全等级，后期为不安全等级，该区域为恢复区；不变区域指的是在前一期到后一期的时段内生态安全等级不变的区域，如前期为中度安全等级，后期也为中度安全等级，该区域为不变区域。

表 5-3　陕北能源区生态安全等级转移矩阵（单位：%）

安全等级	年份	安全等级比重	很不安全	不安全	比较安全	中度安全	安全
			1990 年				
很不安全		B	50.45	49.55	0.00	0.00	0.00
		C	99.83	22.60	0.00	0.00	0.00
不安全		B	0.05	88.68	11.27	0.00	0.00
		C	0.17	73.04	25.39	0.00	0.00
比较安全	1980 年	B	0.00	17.93	81.70	0.37	0.00
		C	0.00	4.36	54.35	0.63	0.00
中度安全		B	0.00	0.00	44.39	55.47	0.15
		C	0.00	0.00	20.18	65.68	1.03
安全		B	0.00	0.00	0.41	66.68	32.92
		C	0.00	0.00	0.08	33.69	98.87
			2000 年				
很不安全		B	83.61	16.39	0.00	0.00	0.00
		C	80.25	4.00	0.00	0.00	0.00
不安全		B	4.74	85.52	9.74	0.00	0.00
		C	19.75	90.49	25.66	0.00	0.00
比较安全	1990 年	B	0.00	14.24	76.10	9.67	0.00
		C	0.00	5.51	73.32	23.06	0.00
中度安全		B	0.00	0.00	2.77	83.19	14.04
		C	0.00	0.00	1.02	76.23	46.69
安全		B	0.00	0.00	0.00	4.61	95.39
		C	0.00	0.00	0.00	0.71	53.31
			2010 年				
很不安全		B	79.52	20.48	0.00	0.00	0.00
		C	82.30	6.35	0.00	0.00	0.00
不安全	2000 年	B	4.35	69.33	26.31	0.01	0.00
		C	17.70	84.53	42.11	0.09	0.00

续表

安全等级	年份	安全等级比重	很不安全	不安全	比较安全	中度安全	安全
比较安全		B	0.00	18.62	77.91	3.46	0.00
		C	0.00	9.12	50.09	8.40	0.00
中度安全	2000 年	B	0.00	0.00	30.04	69.40	0.55
		C	0.00	0.00	7.80	67.95	13.62
安全		B	0.00	0.00	0.00	87.34	12.66
		C	0.00	0.00	0.00	23.57	86.38

注：B、C 分别为生态安全等级转出、转入的比重

表 5-4　生态安全等级转移原理

项目	很不安全	不安全	比较安全	中度安全	安全
			后期		
很不安全		不变化区	恢复区	恢复区	恢复区
不安全		恶化区	不变化区	恢复区	恢复区
比较安全	前期	恶化区	恶化区	不变化区	恢复区	恢复区
中度安全		恶化区	恶化区	恶化区	不变化区	恢复区
安全		恶化区	恶化区	恶化区	恶化区	不变化区

图 5-3 反映出，1980～1990 年生态安全恢复区占总面积的 18.18%，主要分布于榆林市的西北部的长城以北地区；恶化区面积占 9.4%，主要分布在延安市以南的黄龙山与子午岭的山地区。1990～2000 年生态安全恢复区占总面积的 10.81%，分布的区域集中在陕北西南部的白于山和子午岭；恶化区面积占 5.93%，分布较为零散，分布在长城沿线以及清涧河与沿河之间的区域。2000～2010 年生态安全恢复区占总面积的 17.72%，分布的区域集中在延安市的东北部清涧河与沿河两侧及其之间的区域；恶化区面积占 11.06%，分布在延安市的西部边缘区。

由图 5-4 可知，在 1980～1990 年、1990～2000 年、2000～2010 年生态环境恢复速度均超过了恶化速度，1980～1990 年，恢复速度与恶化速度的差距最大，2000～2010 年次之，1990～2000 年差距最小。说明 1980～2010 年，生态环境的治理速度先减后增，生态环境治理速度大于恶化速度。

从表 5-3 来看，1980～1990 年，生态安全恢复区主要是由很不安全转为不安全造成的，面积占很不安全等级的 49.55%；恶化区主要由于安全等级转为中度安全等级，面积占安全等级的 66.68%，中度安全转为比较安全次之，面积占中度安全等级的 44.39%。1990～2000 年，生态安全恢复区仍然是由很不安全转为不安全造成的，

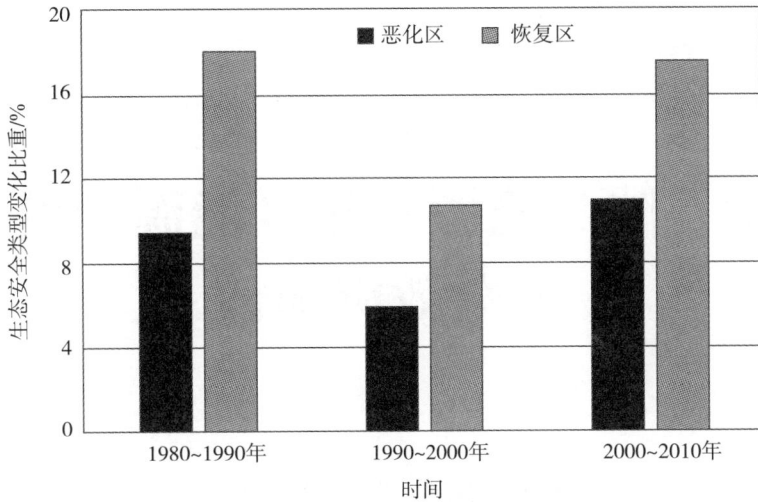

图 5-4　陕北能源区生态安全变化比重

面积占很不安全等级的 16.39%，中度安全等级转为安全等级次之，面积占中度安全的 14.04%；恶化区主要由于比较安全等级转为不安全等级，面积占比较安全等级的 14.24%。2000~2010 年，生态安全恢复区主要是由不安全转为比较安全造成的，面积占不安全等级的 26.31%，很不安全等级转为不安全等级次之，面积占很不安全等级面积的 20.48%；恶化区主要由于安全等级转为中度安全等级，面积占安全等级的 87.34%，中度安全转为比较安全次之，面积占中度安全等级的 30.04%。

　　分析结果表明，1980~2010 年，生态安全以不安全级别为主，说明陕北能源区在生态安全整体上呈现出不安全态势，而安全区域的扩展及不安全区域的萎缩，使生态安全状况呈现出改善的趋势。生态环境的治理速度先减后增，生态环境治理速度大于恶化速度。

　　本章利用熵权法确定生态安全中各个评价指标的权重，熵权法是利用原始数据进行计算从而确定权重，尽可能避免了人为赋权的主观性。本章对每年各个指标进行权重的确定，计算得到每年的生态安全综合指标，这样更能体现出各个年份之间及不同空间上生态安全特征的差异性，结果更为可靠。

第6章　陕北能源富集区能源开发生态安全效应测评

6.1　研究数据及处理

本章旨在分析能源开发对陕北生态脆弱区生态安全的影响，能源开发数据主要包括每个县区 1980～2010 年年际原煤和原油产量时间序列数据，生态安全数据来源于第 5 章基于模糊综合评价获取的 1980～2010 年年际生态安全指数以及生态压力指数、生态状态指数、生态响应指数时间序列数据。为了避免空间地域上的差异性，本章以栅格为单元进行计算。首先，采用 MK 法，分析生态安全指数以及生态压力指数、生态状态指数、生态响应指数变化特征；其次，以生态安全指数 MK 检验值为因变量，分别以生态压力指数、生态状态指数、生态响应指数为自变量进行 GWR 分析，利用其拟合系数与 R^2 讨论生态安全对生态压力、生态状态和生态响应的响应机制。

6.2　陕北能源区生态安全评价

6.2.1　生态安全、生态压力、生态状态与生态响应指数的时空变化规律

由于生态安全各个指数经过了数据标准化，指数值越高，生态系统越安全，

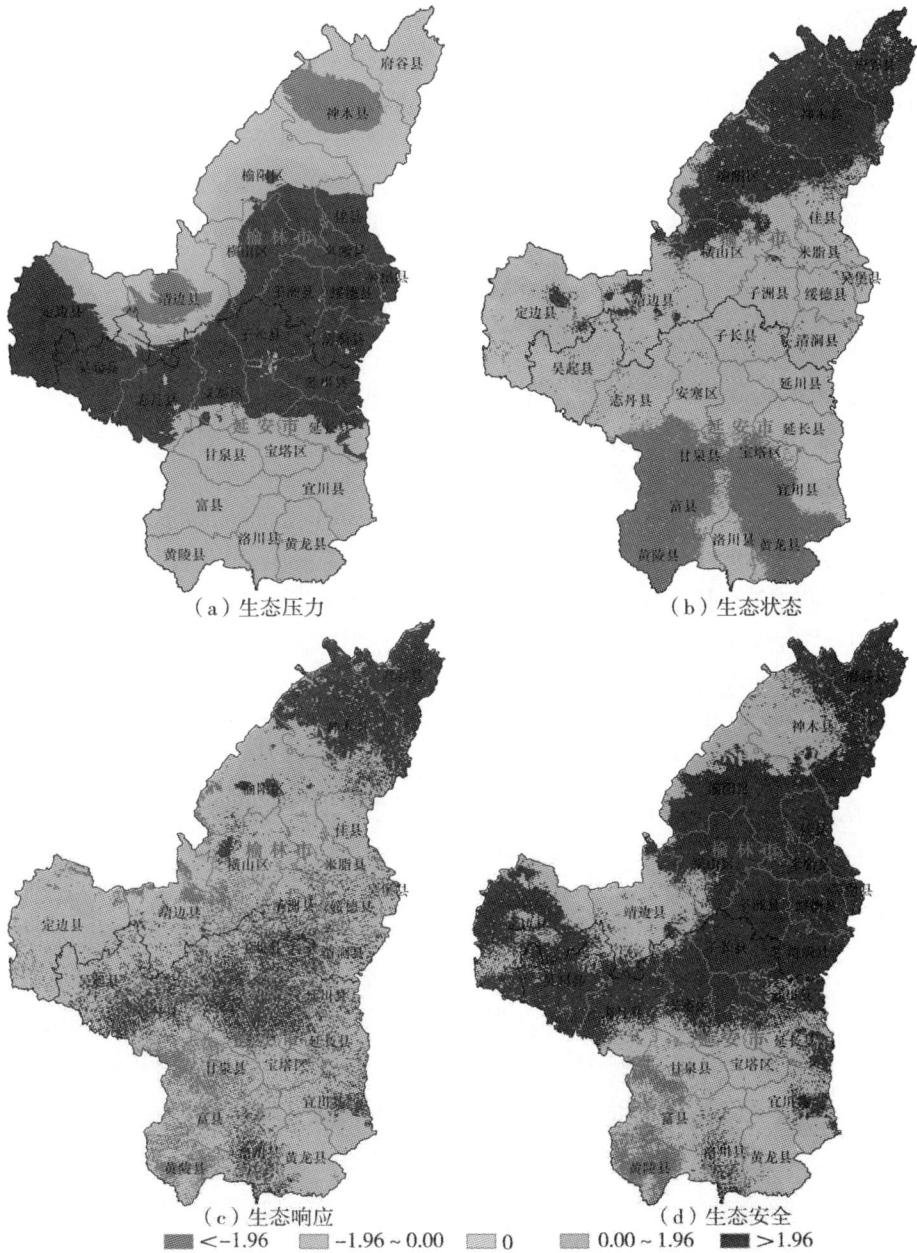

（a）生态压力　　　　　　　　　　　　（b）生态状态

（c）生态响应　　　　　　　　　　　　（d）生态安全

■ <-1.96　■ -1.96 ~ 0.00　■ 0　■ 0.00 ~ 1.96　■ >1.96

图 6-1　基于 MK 检验的生态安全各个指数变化趋势

反之则不安全。整个陕北能源区，生态压力指数、生态状态指数、生态响应指数、生态安全指数的 MK 检验值的平均值分别为 1.50、1.32、−0.03、0.33，表明人类对生态系统的压力在不断减小，生态环境状态在不断改善，生态安全总体上呈恢复趋势，但社会应对环境变化响应措施的程度却呈弱减小趋势。

　　从生态安全各个指数的 MK 检验（图 6-1）空间分布来看：①由图 6-1（a）可知，陕北西北部长城以北地区生态压力指数呈现出下降趋势，尤其是神木县和靖边县呈显著下降趋势，说明陕北西北部人类活动对生态系统的压力在不断升高，长城以南—延河以北的中部区域，生态压力指数呈显著升高趋势，并且向南北两个方向趋势不断减弱，说明陕北中部和南部人类活动对生态系统的压力在减小，尤其是中部地区。②由图 6-1（b）可知，陕北南部黄龙山与子午岭，其生态状态指数呈下降趋势，生态环境状态在不断恶化，中北部地区生态环境状态呈改善趋势，尤其是榆阳区、神木县和府谷县。③由图 6-1（c）可知，生态响应指数下降的区域分布于子午岭和黄龙山，以及榆林市的横山区、靖边县和定边县，上升区域分布于延安市北部和榆林市东南部与北部，显著上升区分布在神木县和府谷县。④对于生态安全指数［图 6-1（d）］，下降区分布在南部的子午岭和黄龙山，与生态状态指数和生态响应指数的下降区较为吻合，所以该下降区主要是由生态环境状态及社会应对环境变化响应措施的程度的下降引起的；另外，生态安全指数下降区还分布在神木县和靖边县，与生态压力指数的显著下降区吻合，所以该下降区由人类活动对生态系统的压力造成。生态安全指数的上升区主要分布在研究区中北部，该区域是生态压力、生态状态、生态响应共同作用的结果，中部上升区主要由生态压力的减小及生态环境状态的改善引起，北部上升区主要由生态状态的显著改善与生态响应措施程度的加大造成。

　　从不同生态功能区的生态安全各个指数的统计值（表 6-1）来看，子午岭水源涵养生态功能区（I-09）生态安全指数 MK 检验值为−2.23，生态安全表现出显著恶化趋势，主要由生态状态指数的下降引起，生态安全指数的下降次之。

表 6-1　不同生态功能区的生态安全各个指数 MK 检验值

生态功能区	MK 检验			
	生态安全	生态压力	生态状态	生态响应
I-01	0.32	1.14	−2.73	0.29
I-02	3.00	0.04	2.58	1.47
I-03	3.21	3.87	0.74	1.27
I-04	3.63	4.54	0.99	1.25
I-05	1.53	2.12	−0.73	0.90
I-06	2.20	2.70	−0.03	1.18

续表

生态功能区	MK 检验			
	生态安全	生态压力	生态状态	生态响应
I-07	1.70	1.68	0.36	−0.30
I-08	1.83	2.56	−0.64	0.40
I-09	−2.23	0.75	−3.64	−1.87
I-10	0.01	0.52	−2.13	−0.04
I-11	0.16	0.84	−2.67	−0.06
II-01	1.21	−1.58	3.07	1.48
II-02	2.99	0.47	2.98	0.47
II-03	1.22	−0.14	0.46	−1.13
II-04	1.75	0.36	0.96	−0.42

注：I-01，渭河两侧黄土台塬农业生态功能区；I-02，榆神府黄土墚水蚀风蚀控制生态功能区；I-03，黄河沿岸土壤侵蚀敏感生态功能区；I-04，黄土峁状丘陵沟壑水土流失敏感生态功能区；I-05，宜延黄土墚土壤侵蚀敏感生态功能区；I-06，黄土墚峁沟壑水土流失控制生态功能区；I-07，白于山河源水土保持生态功能区；I-08，白于山南侧水土保持控制生态功能区；I-09，子午岭水源涵养生态功能区；I-10，洛川黄土塬农业生态功能区；I-11，黄龙山、崂山水源涵养生态功能区；II-01，榆神北部沙化控制生态功能区；II-02，横榆沙地防风固沙生态功能区；II-03，定靖东北部防风固沙生态功能区；II-04，定靖西南风蚀、盐渍化控制生态功能区

　　黄河沿岸土壤侵蚀敏感生态功能区（I-03）、黄土峁状丘陵沟壑水土流失敏感生态功能区（I-04）、黄土墚峁沟壑水土流失控制生态功能区（I-06）生态安全指数 MK 检验值分别为 3.21、3.63、2.20，这三个区域生态安全均由生态压力指数的上升引起，即由人类活动对生态环境的压力在不断减小造成的；榆神府黄土墚水蚀风蚀控制生态功能区（I-02）和横榆沙地防风固沙生态功能区（II-02）也为生态安全改善区，MK 检验值分别为 3.00 和 2.99，这两个区域均由生态状态指数的上升引起，即由该地区生态环境状态的改善趋势造成。

　　另外，生态压力减小引起的生态安全弱改善区包括宜延黄土墚土壤侵蚀敏感生态功能区（I-05）、白于山河源水土保持生态功能区（I-07）和白于山南侧水土保持控制生态功能区（I-08），其生态安全指数 MK 检验值分别为 1.53、1.70和 1.83；生态环境状态引起的生态安全弱改善区包括榆神北部沙化控制生态功能区（II-01）、定靖东北部防风固沙生态功能区（II-03）和定靖西南风蚀、盐渍化控制生态功能区（II-04），其生态安全指数 MK 检验值分别为 1.21、1.22 和 1.75。

　　从不同类型能源开发区的生态安全各个指数的统计值（表 6-2）来看，煤炭典型开采 I 区及其缓冲区在生态压力增加、生态状态改善及社会对环境投资力度增加的情况下，生态安全指数 MK 检验值分别为 2.312 5 和 3.223 5，生态安全表现出改善趋势，主要由生态状态指数的上升引起，生态响应指数的上升的影响次之。煤炭典型开采 I 区生态响应指数 MK 检验值与其缓冲区相当，表明煤炭开采区与

其周边生态环境保护的投资和管理力度差异不大，今后应该加大煤炭开采Ⅰ区应对环境保护措施的力度，尽量减小其生态环境与其周边区域的差异。

表 6-2　不同类型能源开发区及其缓冲区生态安全各个指数 MK 检验值

能源开发区及其缓冲区	生态安全	生态压力	生态状态	生态响应
煤炭典型开采Ⅰ区	2.312 5	−0.780 8	2.877 3	1.638 4
煤炭典型开采Ⅰ区缓冲区	3.223 5	−0.001 5	3.366 0	1.626 6
煤炭典型开采Ⅱ区	−2.344 1	0.656 8	−3.607 4	−1.937 1
煤炭典型开采Ⅱ区缓冲区	−1.517 0	0.603 9	−3.156 5	−1.394 2
石油典型开采区	2.478 6	3.184 8	0.297 1	1.812 5
石油典型开采区缓冲区	2.835 5	3.670 6	0.557 7	1.889 4
天然气典型开采区	1.274 1	−0.991 8	1.386 5	−0.452 1
天然气典型开采区缓冲区	2.588 5	1.455 3	1.120 1	0.264 3

注：□表示典型开采区的均值低于缓冲区均值；___表示典型开采区的均值高于缓冲区均值；加黑表示典型开采区的均值与缓冲区均值相当

由于天然气典型开采区分布环境与煤炭典型开采Ⅰ区相似，所以天然气典型开采区生态安全的改善趋势在生态压力增加、生态响应程度降低的情况下，主要由其生态环境状态的改善引起；不同的是，其缓冲区生态安全的改善由生态压力减小和生态状态的改善引起，所以天然气开采区应该减小人类对生态的压力、增加保护措施力度，以维持现有生态环境为宗旨。

煤炭典型开采Ⅱ区及其缓冲区的生态安全指数 MK 检验值分别为−2.344 1和−1.517 0，该区域生态环境呈现出退化趋势，而该区域生态压力、生态状态和生态响应指数分别呈增加、减小和减小趋势，说明煤炭典型开采Ⅱ区的生态环境的退化主要由生态环境状态的退化引起，环境保护措施力度的减小次之。所以煤炭典型开采Ⅱ区除加大环境保护措施的力度外，更应加强生态环境的保护和修复。

石油典型开采区及其缓冲区的生态安全指数 MK 检验值分别为 2.478 6 和2.835 5，生态环境呈改善趋势，由生态压力、生态状态、生态响应这三个分指数的增加共同造成，主要由生态压力的减小引起，生态响应、生态状态指数的增大的影响次之。但是石油开采区 MK 检验值明显低于其缓冲区，说明开采区石油开采对其生态环境存在不可小觑的破坏，从而导致开采区与其缓冲区生态安全及其分指数的明显差异。

6.2.2　生态安全对生态压力、生态状态和生态响应的响应机制

以生态安全指数为因变量，分别以 1980～1990 年生态压力、生态状态和生态响应指数的 MK 检验值为自变量进行 GWR 分析，回归系数和 R^2 如图 6-2 所示，不同生态区回归系数和 R^2 的平均统计值如表 6-3 所示。

表 6-3　生态安全分别与生态压力、生态状态和生态响应 GWR 的回归系数及 R^2

生态功能区	对生态压力响应		对生态状态响应		对生态响应响应	
	β	R^2	β	R^2	β	R^2
I-01	−1.169 9	0.235 8	0.188 6	0.143 8	0.612 4	0.489 2
I-02	0.282 8	0.236 1	0.242 8	0.108 4	0.377 3	0.206 0
I-03	0.492 4	0.149 2	0.446 3	0.190 9	0.397 5	0.216 6
I-04	0.087 5	0.059 0	0.201 4	0.125 9	0.240 2	0.136 4
I-05	0.523 8	0.255 8	0.374 9	0.222 1	0.410 6	0.456 1
I-06	0.460 5	0.256 9	0.567 6	0.244 7	0.417 6	0.400 4
I-07	0.128 7	0.174 0	0.423 7	0.203 0	0.446 9	0.227 0
I-08	0.281 6	0.098 6	0.519 1	0.173 8	0.455 7	0.314 2
I-09	−1.666 0	0.203 3	0.257 6	0.195 1	0.346 7	0.277 7
I-10	−2.317 3	0.093 3	0.612 8	0.302 2	0.576 7	0.578 9
I-11	1.155 9	0.205 8	0.391 6	0.291 0	0.674 0	0.598 8
II-01	0.710 6	0.344 3	0.277 2	0.219 3	0.406 2	0.288 5
II-02	0.664 4	0.403 2	0.447 9	0.301 0	0.459 9	0.376 0
II-03	0.520 9	0.307 9	0.680 7	0.303 0	0.384 4	0.265 7
II-04	0.358 9	0.245 4	0.889 8	0.331 7	0.360 0	0.367 4

注：I-01，渭河两侧黄土台塬农业生态功能区；I-02，榆神府黄土塄水蚀风蚀控制生态功能区；I-03，黄河沿岸土壤侵蚀敏感生态功能区；I-04，黄土峁状丘陵沟壑水土流失敏感生态功能区；I-05，宜延黄土塄土壤侵蚀敏感生态功能区；I-06，黄土塄峁沟壑水土流失控制生态功能区；I-07，白于山河源水土保持生态功能区；I-08，白于山南侧水土保持控制生态功能区；I-09，子午岭水源涵养生态功能区；I-10，洛川黄土塬农业生态功能区；I-11，黄龙山、崂山水源涵养生态功能区；II-01，榆神北部沙化控制生态功能区；II-02，横榆沙地防风固沙生态功能区；II-03，定靖东北部防风固沙生态功能区；II-04，定靖西南风蚀、盐渍化控制生态功能区

从拟合系数来看（图 6-2），生态压力与生态安全拟合系数空间差异性较小，大部分区域的拟合系数大于 0，系数大于 2.0 的区域分布在宜川县，向西扩展到宝塔区南部以及甘泉县与安塞区和志丹县的交界处，另外神府地区和榆阳区西北部系数也较高，说明研究区中北部生态压力指数对生态安全指数的影响是正面的，即人类活动对生态系统的压力对生态安全的影响是负面的，而陕北南部的富县、

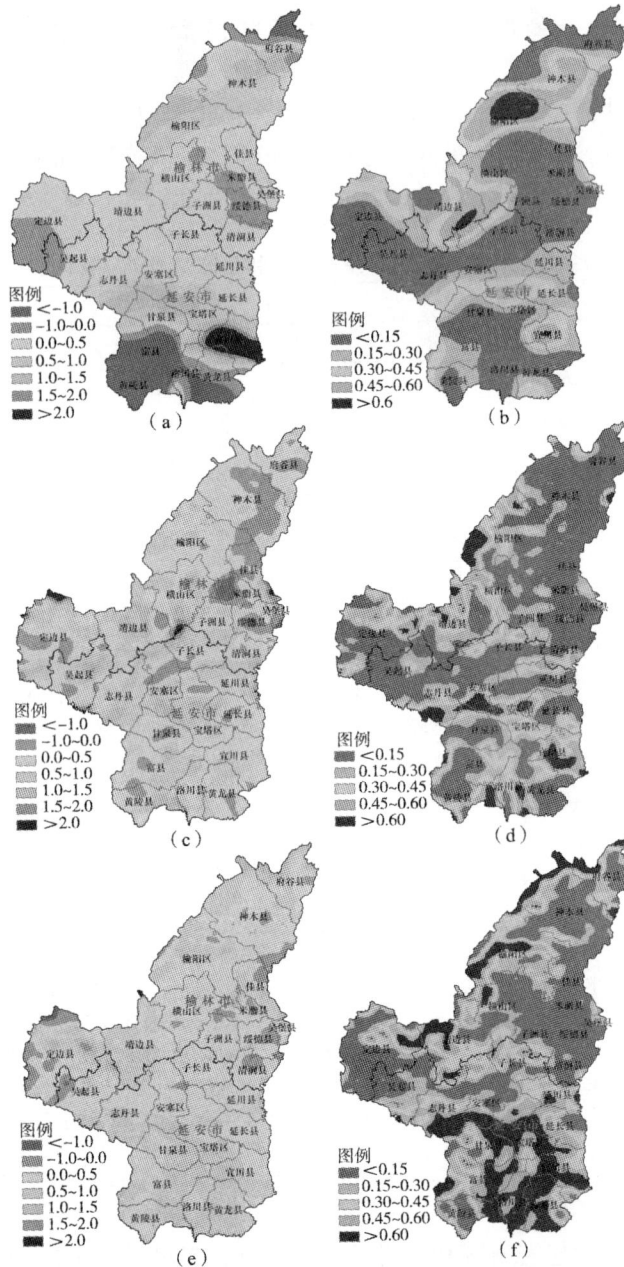

图 6-2　生态安全与生态压力、生态状态和生态响应的 GWR 分析回归系数与 R^2

（a）、（b）分别为与生态压力拟合的回归系数和 R^2；（c）、（d）分别为与生态状态拟合的回归系数和 R^2；（e）、（f）分别为与生态响应拟合的回归系数和 R^2

黄陵县、洛川县和黄龙县则相反。生态状态与生态安全拟合系数小于 0 的区域由北向南主要分布在榆林市弧山川、窟野河、秃尾河、佳芦河与无定河下游及其两侧，该区域生态状态对生态安全的影响是负面的，大于 0.5 的区域空间异质性较大，主要分布在研究区中南部。生态响应与生态安全拟合系数几乎在整个区域都大于 0，大于 0.5 的区域集中分布在研究区南部，北部主要分布在榆阳区、神木县、府谷县、定边县和靖边县。

对于整个研究区来说，生态安全与生态压力、生态状态和生态响应 GWR 的 R^2 分别为 0.217 9、0.223 7 和 0.346 6，即生态响应引起生态安全的变化是最显著的，解释了生态安全变化的 34.66%，生态状态次之，解释了生态安全的 22.37%，生态压力仅解释了生态安全的 21.79%，但是空间分布上差异性较大。

从图 6-2（b）、图 6-2（d）和图 6-2（f）可以反映出，生态安全与生态压力的 R^2 大于 0.45 的区域主要分布在榆阳区和神木县及靖边县的东南部，此外在定边县北部宝塔区南部和宜川县西部也有分布，说明该区域生态压力对生态安全的影响较大；生态安全与生态状态的 R^2 大于 0.45 的区域主要分布在榆阳区—横山区—靖边县西北部边缘区，另外分布在宜川县大部分地区、志丹县南部—安塞区南部—宝塔区中部一带，分布较为零散，该地区生态安全对生态状态的响应较强；生态安全与生态响应的 R^2 大于 0.45 的区域主要分布在子午岭以东—沿河以南的大面积区域，此外在长城以北的西北部边缘区也有分布，该地区生态响应对生态安全的影响较大。

从不同生态功能区 GWR 分析的回归系数及 R^2 来看，生态安全与生态压力、生态状态和生态响应 GWR 的 R^2 较高的生态功能区的回归系数均大于 0。生态安全与生态压力的 R^2 大于 0.3 的生态功能区主要包括榆神北部沙化控制生态功能区（Ⅱ-01）、横榆沙地防风固沙生态功能区（Ⅱ-02）和定靖东北部防风固沙生态功能区（Ⅱ-03），宜延黄土墚土壤侵蚀敏感生态功能区（Ⅰ-05）和黄土墚峁沟壑水土流失控制生态功能区（Ⅰ-06），即研究区西北部风沙区和中部水土流失区生态安全对生态压力响应较为敏感（表 6-3）。

生态安全与生态状态的 R^2 大于 0.3 的生态功能区主要包括横榆沙地防风固沙生态功能区（Ⅱ-02）、定靖东北部防风固沙生态功能区（Ⅱ-03）、定靖西南风蚀、盐渍化控制生态功能区（Ⅱ-04）和洛川黄土塬农业生态功能区（Ⅰ-10），即该区域生态安全对生态状态响应较为敏感。

生态安全与生态响应的 R^2 大于 0.5 的生态功能区主要包括洛川黄土塬农业生态功能区（Ⅰ-10）和黄龙山、崂山水源涵养生态功能区（Ⅰ-11），R^2 为 0.45～0.5 的生态功能区为渭河两侧黄土台塬农业生态功能区（Ⅰ-01）和宜延黄土墚土壤侵蚀敏感生态功能区（Ⅰ-05），R^2 为 0.35～0.40 的生态功能区为横榆沙地防风固沙生态功能区（Ⅱ-02）和定靖西南风蚀、盐渍化控制生态功能区（Ⅱ-04）。

从不同类型能源开发区及其缓冲区 GWR 分析的回归系数及 R^2 来看，煤炭典型开采Ⅰ区生态安全与生态响应指数 GWR 的 R^2 较高，为 0.296 7，即生态响应指数变化解释了生态安全变化的 29.67%，生态压力指数次之，解释了 20.50%；由于当地自身环境十分脆弱，所以生态状态对生态安全的解释力度最小；其缓冲区生态安全对生态压力与生态状态的响应较为敏感，对生态响应的响应较弱（表 6-4）。

表 6-4　不同类型能源开发区及其缓冲区生态安全分别与生态压力、生态状态和生态响应 GWR 的回归系数及 R^2

能源开采区及其缓冲区	对生态压力响应		对生态状态响应		对生态响应响应	
	β	R^2	β	R^2	β	R^2
煤炭典型开采Ⅰ区	0.608 2	0.205 0	0.254 8	0.079 4	0.442 6	0.296 7
煤炭典型开采Ⅰ区缓冲区	0.261 0	0.336 1	0.183 1	0.187 2	0.397 7	0.188 2
煤炭典型开采Ⅱ区	−2.695 8	0.175 0	0.339 9	0.160 4	0.329 2	0.228 2
煤炭典型开采Ⅱ区缓冲区	−3.204 4	0.211 0	0.487 2	0.267 1	0.549 9	0.481 7
石油典型开采区	0.261 6	0.239 9	**0.410 8**	**0.189 5**	**0.349 1**	0.392 0
石油典型开采区缓冲区	0.185 1	0.164 4	**0.397 7**	**0.163 1**	**0.327 2**	0.326 4
天然气典型开采区	0.483 2	0.295 9	0.597 1	0.329 4	0.515 3	0.302 5
天然气典型开采区缓冲区	0.223 2	0.192 8	0.187 3	0.194 6	0.353 0	0.237 4

注：□ 表示典型开采区的均值低于缓冲区均值；＿＿ 表示典型开采区的均值高于缓冲区均值；加黑表示典型开采区的均值与缓冲区均值相当

煤炭典型开采Ⅱ区内生态安全对生态压力、生态状态、生态响应的响应程度差异不大，响应程度由大到小依次为生态响应>生态压力>生态状态；其缓冲区的响应程度均大于开采区。

石油典型开采区生态安全受生态响应指数的影响较强，生态响应变化解释了生态安全变化的 39.20% 的信息，生态压力指数和生态状态指数次之，解释百分比分别为 23.99% 和 18.95%；缓冲区的 R^2 与开采区差异较小。

天然气典型开采区生态安全对三个分指数的响应程度均较高，解释百分比均大于 29%，且缓冲区的回归系数及 R^2 均大于开采区。

综上所述，水土流失和沙漠化分别对陕北中部和西北部的生态安全变化影响较为严重，而在陕北南部的农业区和山地区，社会应对环境变化响应措施的程度对生态安全的影响较为重要。另外，在陕北西北部的沙漠化区域的生态响应指数对生态安全的解释程度相对较高，生态压力的解释程度次之，结合生态安全指标体系的建立，该区域生态安全受到能源开发的影响也不容忽视，所以为了避免生态脆弱区生态环境的恶化，该区域的沙漠化防治和减小能源开发造成的生态环境恶化并重。

陕北南部子午岭和黄龙山的生态环境状态在逐渐退化，该区域应该加强生态环境保护管理和投资力度，保证现有生态环境的稳定性，遏制其生态环境继续退化；神木县和靖边县的生态环境退化主要是由人类活动对生态系统的压力，尤其是能源资源的开发造成的。陕北中部生态环境改善主要由人类活动压力的减小及生态环境状态的改善引起，北部生态环境改善主要由于退耕还林还草措施的实施，生态保护投资力度加大使生态环境状态显著改善。

煤炭典型开采Ⅰ区生态安全表现出改善趋势。煤炭开采区与其周边生态环境保护的投资和管理力度差异不大，今后应该加大煤炭开采Ⅰ区应对环境的保护措施力度，尽量减小其生态环境与其周边区域的差异。天然气典型开采区生态安全的改善趋势由其生态环境状态的改善引起，天然气开采区应该减小人类对生态的压力、增加保护措施力度，以维持现有生态环境为宗旨。煤炭典型开采Ⅱ区生态环境呈现出退化趋势，主要由生态环境状态的退化引起，环境保护措施力度的减小对其的影响次之。该区域除加大环境保护措施的力度外，更应加强生态环境的保护和修复。石油典型开采区生态环境呈改善趋势，与其缓冲区相比，开采区石油开采对其生态环境存在不可小觑的破坏，从而导致开采区与其缓冲区生态安全及其分指数的明显差异。

第7章 榆林市能源开发的生态环境影响评价

　　榆林市是 21 世纪国家重要的能源基地之一，随着大量的地下能源资源被开采开发，榆林市的经济得到快速发展，城市化进程不断加快。然而榆林市生态环境十分脆弱，伴随着能源基地建设规模的不断扩大，能源资源开采开发速度的不断加快，榆林市生态环境压力逐渐变大，生态环境建设已成为制约榆林市可持续发展的重要因素。因此，榆林市要实现可持续发展，从生态环境建设和经济的协调发展考虑，应当先对榆林市的生态环境做出客观的评价和分析，从而深入地了解该地区生态环境的现状。

　　本章以 2000 年和 2010 年榆林市的土壤侵蚀、土地利用和环境等数据为基础，参考《生态环境状况评价技术规范（试行）》（HJ/T192—2006）中的生态环境评价指标体系，通过层次分析法来优化评价指标建立更符合榆林市实际情况的评价指标体系，采用矢量面状评价单元和栅格点状评价单元相结合的评价单元方法，运用 3S 技术对榆林市的生态环境进行评价研究。通过 2000 年和 2010 年榆林市的生态环境状况指数，总结出 2000～2010 年榆林市生态环境的变化趋势特征和存在的问题。从自然和人为因素的角度来分析导致榆林市生态环境变化的原因，此外对榆林市未来的生态环境规划、管理和建设提出针对性的建议和措施，为有关部门提供参考和借鉴。

7.1 研究区数据与处理

　　榆林市位于陕西省的最北部，地处干旱半干旱地区，生态环境脆弱，是生态环境变化的敏感区。榆林市是典型的能源资源富集区,能源资源质量高且储量丰富,是 21 世纪国家重要的能源基地。能源资源的开发利用带来了巨大的物质财富,促进了榆林市经济的发展和城市化建设。但是不合理、无节制的能源开采开发导致大气污染、水污染、草地林地退化及严重的水土流失等一系列的环境问题,同时生态环境的恶化又反过来影响能源资源的可持续开发利用。对榆林市能源基地进行生态环境评价,掌握榆林市生态环境现状及其影响机制,为榆林市的生态环境保护和建设提供理论参考依据。

7.1.1　榆林市概况

1. 地理位置

榆林市在陕西省北部的干旱半干旱地区,地理坐标在 107°28′E ~ 111°15′E 和 36°57′N ~ 39°34′N 之间,与宁、甘、蒙、晋四省接壤。地域南北宽约为 263 千米,东西长为 385 千米,地域总面积为 43 578 平方千米,占陕西省总土地面积的 21.17%,总人口为 360.55 万,辖 1 区 11 县 222 个乡镇(图 7-1)。

2. 地质地貌

榆林市地貌大体以长城为界,北部为风沙草滩区,占总面积的 32.9%,南部为黄土丘陵沟壑区,占总面积的 67.1%。北部风沙草滩区位于毛乌素沙地南缘,海拔为 1 000 ~ 1 350 米,地形的起伏度较小。南部黄土丘陵沟壑区位于陕北黄土高原的北部,海拔为 900 ~ 1 900 米,深厚而结构疏松的黄土是水土流失的主要物质,其水土流失现象相当严峻。

3. 气候

榆林市的气候特点表现为日照充足,气候干燥,多大风天气,冷热变化剧烈,霜期长,其大陆性气候特征明显。

(1)气温。温度南暖北凉,东高西低,年平均气温为 7.5 ~ 8.6 摄氏度。黄河、无定河河谷地形向内凹陷导致热量易聚不易散,从而形成一个相对高温的气候条件,西北部比东南部温度变化的年较差和日较差都大。

(2)降水。年平均降水量为 316 ~ 513 毫米,降水东多西少,南多北少,东西差异强于南北差异。降水由东南向西北递减,七、八、九 3 个月的降水量约占全年总降水量的 60% ~ 70%,降水的地域分布不均,榆林市降水量少且远小于蒸发量。

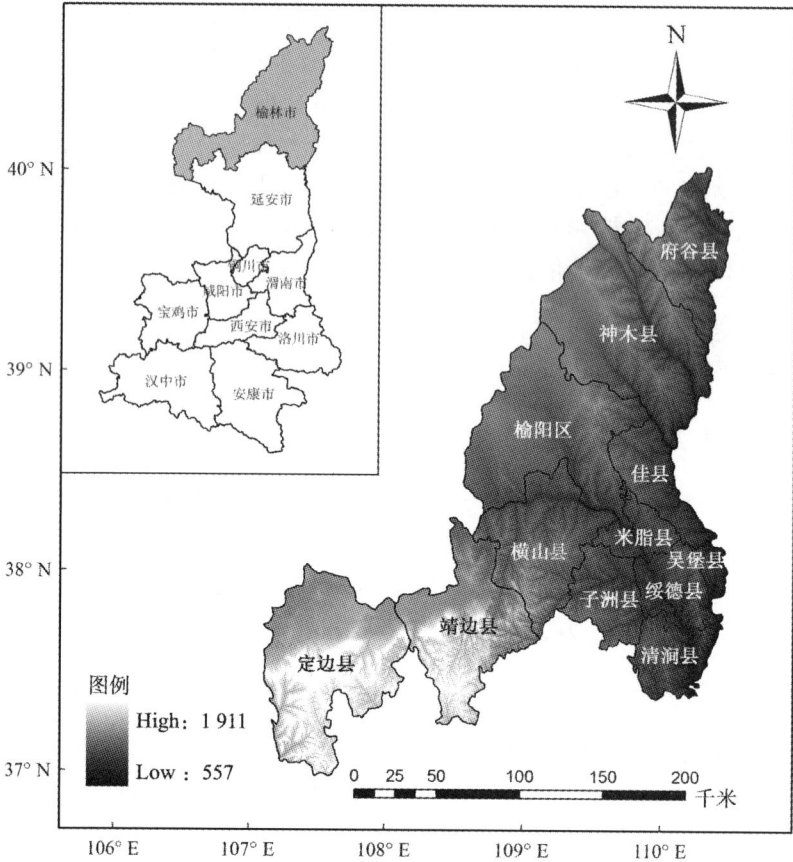

图 7-1 榆林市地理位置及行政区划图

本章研究为 2000~2010 年榆林市情况，故本章中"横山区"仍沿用旧制"横山县"

4. 土壤资源

榆林市的土壤类型主要有黑垆土、黄绵土、风沙土和新积土等（图 7-2）。黑垆土主要分布在黄土丘陵区及沟台地，疏松和良好的透气透水性使其具有较强的蓄水能力；黄绵土主要分布于风沙区的土质墚岗和黄土丘陵的墚峁沟坡上，土层深厚，透水性好，有较好的持水能力，并且土质疏松而易于耕种；风积沙母质形成的风沙土分布在风沙滩区，土质疏松且肥力差，透水性强、持水能力较差，此外还有易风蚀等特点。

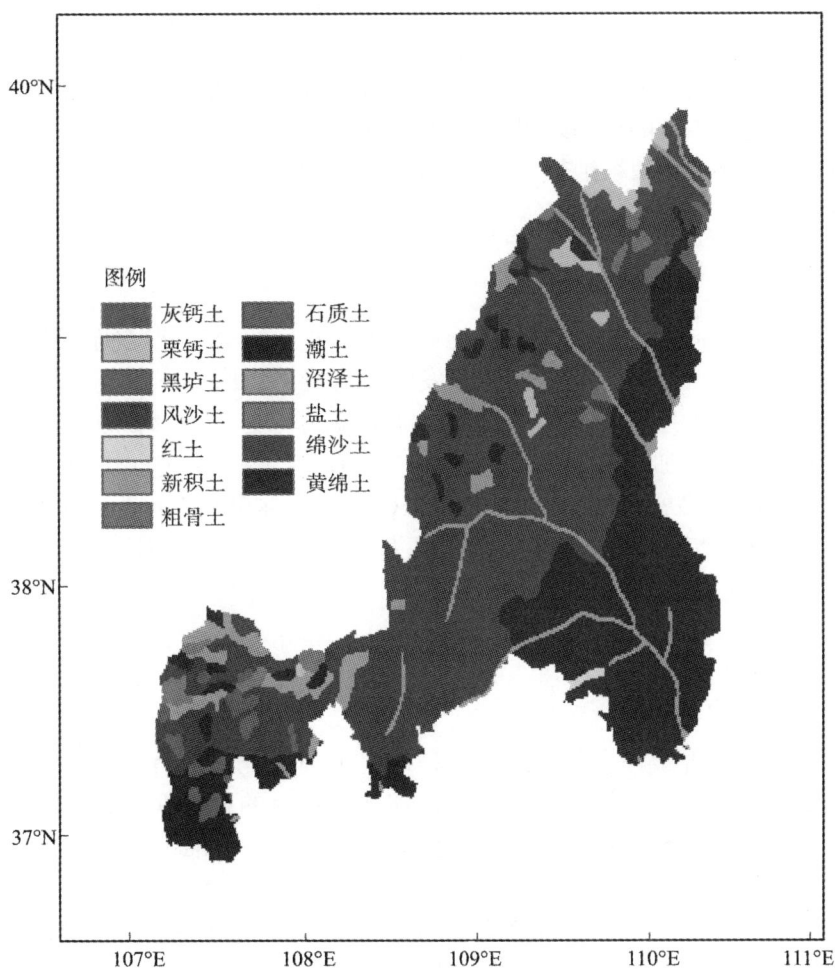

图 7-2　榆林市土壤类型图

5. 自然矿产资源

　　榆林市具有丰富的矿产资源,能源化工产业的发展主要依靠丰富的矿产资源。目前,榆林市已发现矿产资源有 8 大类 48 种,蕴藏丰富的煤炭、石油、天然气和岩盐等能源矿产资源,其分别占全省总量的 86.2%、43.4%、99.9%和 100%。榆林市境内的能源资源组合配置好,被誉为"中国的科威特"。

6. 植被资源

榆林市自然植被为草原，风沙干草原区位于长城以北，而南部地区为森林草原区。北部风沙滩区的植物以耐旱的沙生和耐盐碱的盐生为主。南部黄土高原丘陵沟壑区属森林草原植被地带，不断恶化的自然条件使地带性森林草原植被向草原方向演变。

7. 社会经济概况

榆林市位于陕甘宁蒙晋五省区交界之处，便利的交通状况使其具有明显的区位优势。随着改革开放和西部大开发的发展机遇，榆林市的经济依托资源优势，从单一的农业型经济模式向综合型经济模式转变，其中煤炭、机械、化工、纺织、电力、食品加工等产业发展较快，近年来，榆林市进入快速工业化发展阶段，经济社会发展速度明显加快。2010 年，榆林市总人口为 360.55 万，其中农业人口为 290.68 万。地区生产总值为 1 756.67 亿元，同比增长 18.3%，增速位居全省第一。

7.1.2　研究内容

生态环境评价中一个重要的环节是确定生态环境评价指标体系，生态环境评价结果的不同是由于评价目的的不同和评价指标的差异性。生态环境评价指标繁多，指标选取的准确与否将会严重影响评价结果的准确性。本章的研究内容如下。

（1）本章以国家环保总局 2006 年颁布实施的《生态环境状况评价技术规范（试行）》[36]为生态环境评价的理论基础，以榆林市为研究区，结合榆林市生态环境的实际情况，利用层次分析法优化其中的环境质量指标并重新计算权重，从而建立更加适合榆林市生态环境特点的指标体系。

（2）对榆林市 2000 ~ 2010 年的生态环境进行评价，在纵向评价代表年上选取 2000 年和 2010 年并搜集有关年份的遥感数据、基础地理数据、统计年鉴、公报和专题资料等相关数据，在实地调查过程中重点考察榆林市经济发展和城市建设过程中所产生的生态环境问题，为研究生态环境建设对策和措施奠定基础。

（3）将 3S 技术与评价模型相结合，以县级行政区为单元计算其生态环境状况指数，从宏观整体上评价榆林市生态环境质量。在此基础上，利用地理信息系统软件 ArcGIS 将评价区域划分为 1 千米×1 千米的栅格单元，重新计算归一化系数，以栅格单位对榆林市生态环境状况的空间分布及变化趋势进行研究分析，根据评价结果从自然和人为因素分析 2000～2010 年榆林市生态环境变化的原因。

（4）结合榆林市生态环境评价的分析结果，对榆林市生态环境可持续发展的模式及对策展开研究，有针对性地提出有关榆林市生态环境规划、建设和管理的措施和建议，为相关部门提供参考与借鉴。

7.1.3　研究方法

本章结合榆林市生态环境实际情况，依据《生态环境状况评价技术规范》建立榆林市生态环境评价指标体系，以地理信息系统技术为核心，以实地调查和统计数据为准，开展对榆林市生态环境现状评价和动态变化趋势的研究。

1）文献调查法和文献分析法

本章在本书研究前期采用文献检索方法查阅国内外有关生态环境评价的基础资料、研究动态资料，并对榆林市生态环境现状进行了客观的阐述和分析。

2）实地调查法

实地考察榆林市社会经济、资源和生态环境的具体情况，对研究区的生态环境进行深入的了解。通过本书的前期准备，对榆林市国土局、环保局、水务局和气象局等有关部门进行相关资料的搜集、整理与分析，掌握本书写作的一手资料，为榆林市能源基地进行生态环境评价做好数据准备。

3）定性与定量相结合的方法

本章利用层次分析法，结合榆林市城市建设、经济发展和生态环境的实际情况，依据《生态环境状况评价技术规范》建立优化后的榆林市生态环境评价指标体系来进行生态环境状况评价，通过评价结果支撑定性判断，从而提高评价的准确性。同时通过定性分析来进行榆林市生态环境的定量描述。通过定性和定量分析相结合，掌握榆林市生态环境的实质，提高研究和分析的科学性。

7.1.4　技术路线

本章以地理信息系统技术为核心，结合榆林市生态环境多年的监测数据和 3S 技术，开展榆林市生态环境质量评价及动态变化趋势研究。具体技术路线见图 7-3。

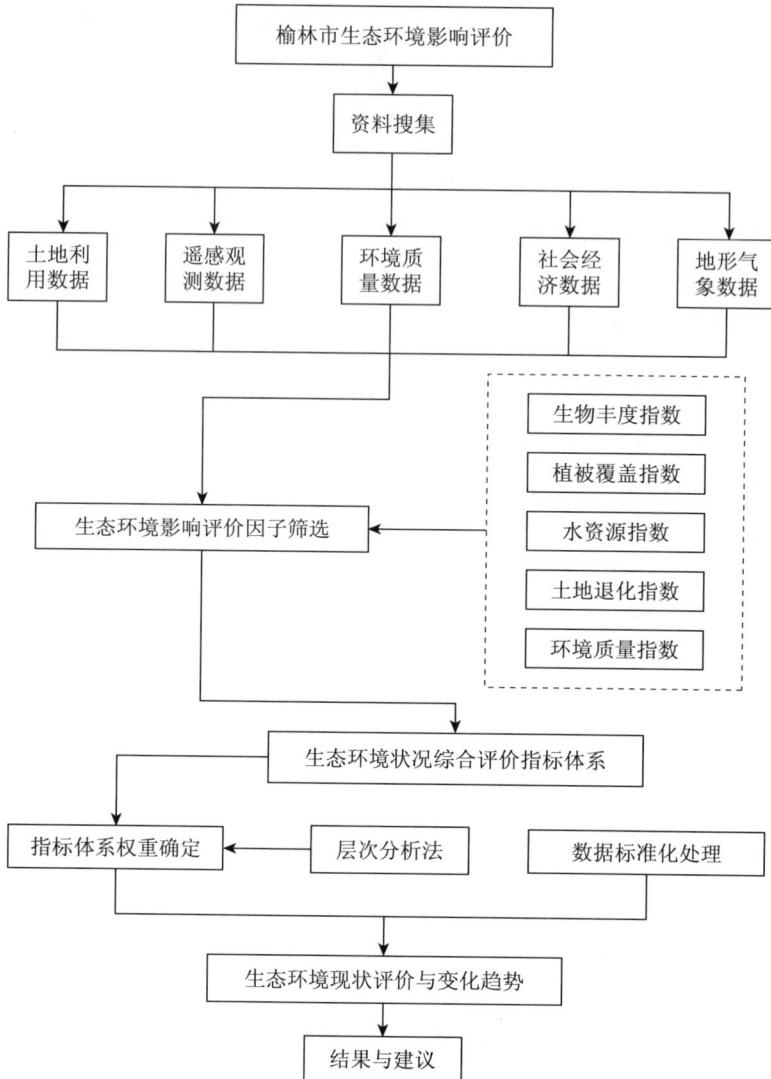

图 7-3　具体技术路线图

7.1.5　数据来源及预处理

1. 数据来源

本章所使用的数据如下：①土地利用数据。2000 年榆林市土地利用数据，

2010 年榆林市土地利用数据。②统计数据。2000 年和 2010 年榆林市统计年鉴，2000 年和 2010 年榆林市环境质量报告书，2000 年和 2010 年榆林市各区县水资源量。③其他数据。国家 1：400 万基础地理数据，1：100 万土壤数据集，2000 年和 2010 年榆林市及周边 9 个气象站点气象数据，SRTM30 米分辨率的 DEM 数据，2000 年和 2010 年榆林市 SPOT VEGETAION 数据集的 NDVI 旬值数据。

本章所使用的空间数据均选用以下地理基础：①坐标系统。Krasovsky_1940_Albers。②地图投影。Albers。

2. 数据预处理

1）土地利用数据

本章采用的土地利用数据分别是 2000 年和 2010 年榆林市土地利用数据，将土地利用的种类分为六大类，分别为耕地、林地、草地、水域、建设用地和未利用地，见图 7-4。

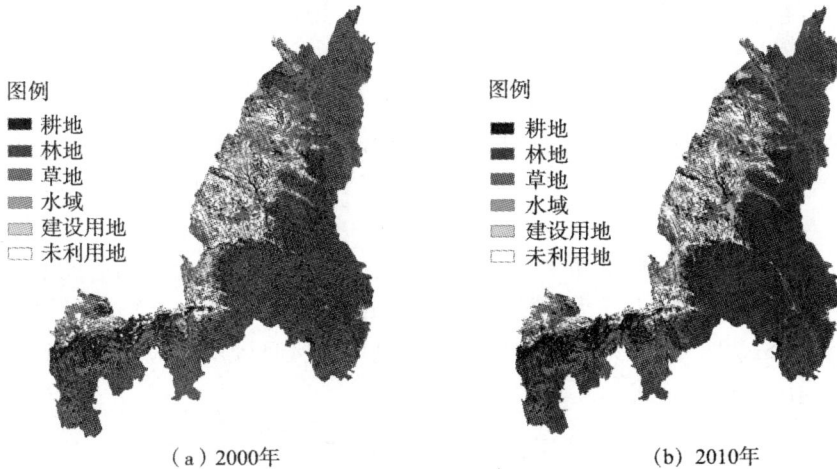

（a）2000 年　　　　　　　（b）2010 年

图 7-4　2000 年和 2010 年榆林市土地利用图

在 ArcGIS 中将 2000 年和 2010 年榆林市土地利用图和相应的各行政区县图进行叠加，用 intersect 命令和 Field Calculator 命令计算出各个区县内各土地利用类型的面积，单位为千米^2，其统计见表 7-1。

表 7-1　　2000 年和 2010 年榆林市各区县各土地利用类型面积

项目	耕地		林地		草地		水域		建设用地		未利用地	
	2000 年	2010 年	2000 年	2010 年	2000 年	2010 年	2000 年	2010 年	2000 年	2010 年	2000 年	2010 年
府谷县	1 094.8	1 006.2	95.5	118.1	1 808.3	1 835.9	65.9	70.3	26.2	63.3	21.6	18.9
神木县	2 137.3	1 925.7	264.0	251.6	4 122.8	4 270.1	167.9	208.5	27.8	103.9	862.1	820.9
佳县	1 197.7	1 166.0	67.6	69.6	779.0	798.0	22.7	28.3	17.6	28.1	19.5	13.3
吴堡县	207.0	183.5	20.4	28.5	146.7	159.0	17.8	19.3	10.4	18.3	17.8	12.4
绥德县	1 032.2	1 001.6	256.1	270.0	508.2	520.8	15.5	21.6	27.4	32.4	18.9	14.2
清涧县	800.4	778.3	303.6	309.5	707.6	713.5	18.6	23.2	31.9	38.1	11.6	9.7
榆阳区	1 684.7	1 498.3	273.4	297.3	2 852.8	2 950.6	47.7	25.3	56.6	154.4	2 123.8	2 109.7
横山县	2 033.8	1 891.8	119.2	164.2	1 564.9	1 633.9	38.9	36.4	21.6	58.8	286.6	275.8
靖边县	1 841.0	1 584.6	346.5	451.2	2 132.3	2 260.6	59.1	46.8	25.5	74.9	637.9	623.9
定边县	3 042.5	2 814.5	268.8	349.9	2 980.6	3 172.0	50.1	41.2	52.6	70.7	513.6	461.6
子洲县	1 110.9	1 068.2	185.8	203.0	698.5	716.3	11.0	8.9	11.3	27.5	13.8	7.9
米脂县	707.7	689.7	17.6	27.1	423.7	433.0	10.2	7.5	13.8	18.2	13.8	8.8

2）土壤侵蚀数据

土地退化数据主要是指研究区内的土壤侵蚀数据，该部分数据来源于改进 USLE 方程的计算，该模型基于土壤侵蚀理论和大量实地观测数据的统计分析，其计算公式为[52~55]

$$A = f \cdot R \cdot K \cdot LS \cdot C \cdot P \tag{7-1}$$

式中，A 为单位时间单位面积上平均的土壤侵蚀量；f 的值为 224.2；R 为降雨及径流因子；K 为土壤侵蚀性因子；L 为坡长因子；S 为坡度因子；C 为地表植被覆盖因子；P 为土壤保持措施因子。

（1）降雨及径流因子（R）：降雨及径流因子 R 是指由降水引起的潜在侵蚀能力，它是导致土壤流失最为重要的因子，国内外众多研究学者提出了关于 R 值的简易计算公式[56]。本章采用比较适合黄土高原地区且较广泛应用的 Wischmeier 和 Smith 提出的经验公式[57]：

$$R = \sum_{i=1}^{12} \left(1.735 \times 10^{1.5 \times \lg \frac{p_i^2}{p} - 0.808\,8} \right) \tag{7-2}$$

式中，p_i 为第 i 个月的降水量（毫米）；p 为年降水量（毫米）。根据 2000 年和 2010 年榆林市及周边完整且均匀分布的 9 个气象站点的气象数据，站点的月降水量采用反距离权重插值的方法来进行空间插值，然后投影转换生成月降水量栅格图，运用上面的公式计算出 2000 年和 2010 年榆林市年降雨侵蚀力因子的栅格图。

（2）土壤侵蚀性因子（K）。土壤侵蚀的主要对象指的是土壤本身及其母质，它们是土壤侵蚀发生的主体。针对不同的研究区域，许多学者对土壤可侵蚀性因子的计算做了大量的研究，得到了许多有关 K 值的计算方法。这里采用 Willams 和

Arnold 建立的侵蚀/生产力影响模型 EPIC 公式来计算土壤可蚀性[58]。该方法的土壤理化性质测定方法具有成熟方便、成本低、土壤可蚀性稳定的特点。EPIC 公式为

$$K = \left(0.2 + 0.3 \exp\left(-0.025\,6\,\mathrm{SAN}\left(1 - \frac{\mathrm{SIL}}{100}\right)\right)\right) \times \left(\frac{\mathrm{SIL}}{\mathrm{CLA} + \mathrm{SIL}}\right)^{0.3}$$
$$\times \left(1.0 - \frac{2.25C}{C + \exp(3.72 - 2.95C)}\right) \times \left(1.0 - \frac{0.7\mathrm{SNI}}{\mathrm{SNI} + \exp(-5.51 + 2.95\mathrm{SNI})}\right) \quad (7\text{-}3)$$

式中，K 为土壤可侵蚀性因子［吨·公顷·小时/（兆焦耳·公顷·毫米）］；SAN、SIL、CLA 和 C 分别为砂粒、粉粒、粘粒和有机碳含量（％）；SNI=1−SAN/100。

（3）坡度坡长因子（LS）坡度和坡长因子 LS 也称地形因子，在 RUSLE 模型中 LS 因子的获得相对比较复杂，虽然 wischmeier 和 Smith[59]，McGurie 等[60] 结合 GIS 分别提出了计算 LS 因子的方法，但是都并不太适用于地形支离破碎、沟壑纵横的黄土高原地区，江忠善等[61]通过选取坡长为 20 米，宽为 5 米，坡度为 10° 的坡面作为标准样区进行实验，通过实验对美式的算法做了一定的修改，从而得出适合计算黄土高原 LS 因子的简单算式：

$$LS = 1.07\left(\frac{\lambda}{20}\right)^{0.28}\left(\frac{\alpha}{10°}\right)^{1.45} \quad (7\text{-}4)$$

式中，λ 为坡长；α 为 DEM 提取的坡度值。

（4）地表植被覆盖因子（C）。植被具有截留降雨、减缓地表径流、保持水土等重要的生态功能，同时植物的根系对抑制土壤的侵蚀起到相当重要的作用。地表植被覆盖因子反映了植被或作物对土壤流失量的影响，其值为 0～1[62]。C 值通过蔡崇法等[63]建立的计算公式得出：

$$f = \frac{(\mathrm{NDVI} - \mathrm{NDVI}_{\min})}{(\mathrm{NDVI}_{\max} - \mathrm{NDVI}_{\min})}$$
$$C = \begin{cases} 1, & 0 \leqslant f_c \leqslant 0.1\% \\ 0.650\,8 - 0.343\,6\lg(f_g), & 0.1\% \leqslant f_c \leqslant 78.3\% \\ 0, & f_c \geqslant 78.3\% \end{cases} \quad (7\text{-}5)$$

式中，f_c 为植被覆盖度；C 为地表植被覆盖因子；NDVI 为归一化植被指数；$\mathrm{NDVI}_{\min}$ 和 $\mathrm{NDVI}_{\max}$ 分别是指研究区内 NDVI 的最小值和最大值。根据公式，使用 ArcGIS 9.3 空间分析模块里的栅格计算器，编写上述公式计算出 C 值，从而得到 2000 年和 2010 年 1 千米×1 千米的 C 因子的栅格图层。

（5）土壤保持措施因子（P）。土壤保持措施因子 P 是指采用专门措施后，土壤流失量与采用顺坡种植时土壤流失量的比值。国内学者根据区域特点对土地的不同利用方式赋 P 值。本章参考前人的研究成果[62~64]，针对不同土地利用类型的 P 值

进行赋值（表 7-2），结合土地利用图得到 2000 年和 2010 年的 P 值栅格图。

表 7-2 不同土地利用类型 P 值

土地利用类型	林地	草地	水浇地	旱地	水域	城镇用地	未利用地
P 值	1	1	0.15	0.35	0	0	1

根据《土壤侵蚀分类分级标准》将土壤侵蚀的类型分为轻度侵蚀、中度侵蚀和重度侵蚀三类，在 ArcGIS 9.3 中对 2000 年和 2010 年两期的土壤侵蚀模数进行分级，从而得到榆林市两个时期的土壤侵蚀强度分布图（图 7-5）和土壤侵蚀类型分布统计表（表 7-3）。

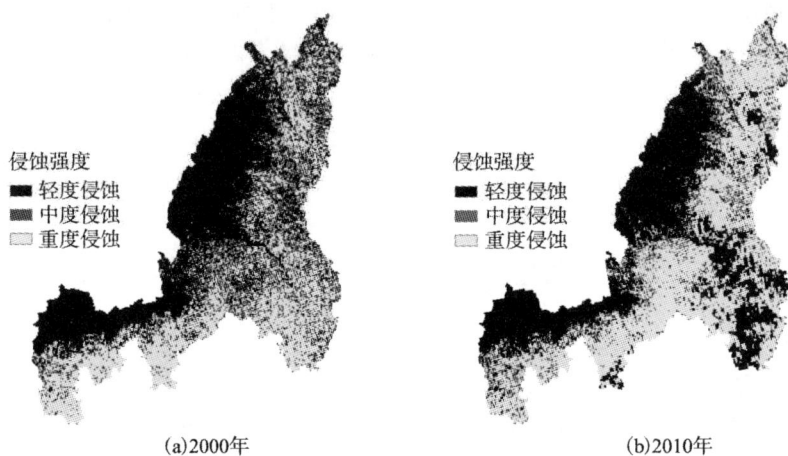

(a)2000年　　　　　　　(b)2010年

图 7-5　2000 年和 2010 年榆林市土壤侵蚀强度图

表 7-3　榆林市各区县土壤侵蚀类型分布情况统计表（单位：千米²）

名称	年份	轻度侵蚀面积	中度侵蚀面积	重度侵蚀面积	名称	年份	轻度侵蚀面积	中度侵蚀面积	重度侵蚀面积
府谷县	2001	1 526	1 285.2	417	佳县	2001	611.4	989.5	366.5
	2010	1 422.4	853.2	1 004.6		2010	416.6	884.9	733.4
神木县	2001	5 025.6	1 412.5	492.6	米脂县	2001	242.6	454.8	460.6
	2010	3 437	1 437.1	1 944.9		2010	562.3	243	352.5
榆阳区	2001	6 478.6	1 091.4	382.6	吴堡县	2001	105.7	159.4	173.9
	2010	5 800.4	807.2	542.5		2010	313.1	71.4	134.4
横山县	2001	2 135.7	1 257	564	绥德县	2001	219.1	959.8	593
	2010	1 525.4	1 015.2	1 445.8		2010	934.4	432	492.4
靖边县	2001	2 867.3	910.9	876	子洲县	2001	251.9	1 035.9	615.2
	2010	2 543.6	955.2	1 405.5		2010	406.5	518.8	1 038.6
定边县	2001	4 435.4	929.7	1 323.4	清涧县	2001	175.1	813.5	780
	2010	4 724.5	1 259.8	934.1		2010	885.5	310.2	573

3）水系图和水资源量数据

本部分数据包括河流湖泊水系图和各区县水资源量的统计数据。水系图来源于全国 1：400 万基础地理数据，水资源量的统计数据由榆林市水务局提供（图 7-6）。由于榆林市地处干旱半干旱地区，境内分布的湖泊面积较小，在水系图数据的比例尺较小，因此在水体图中没有湖泊水系图，而只有河流水系图（图 7-7）。

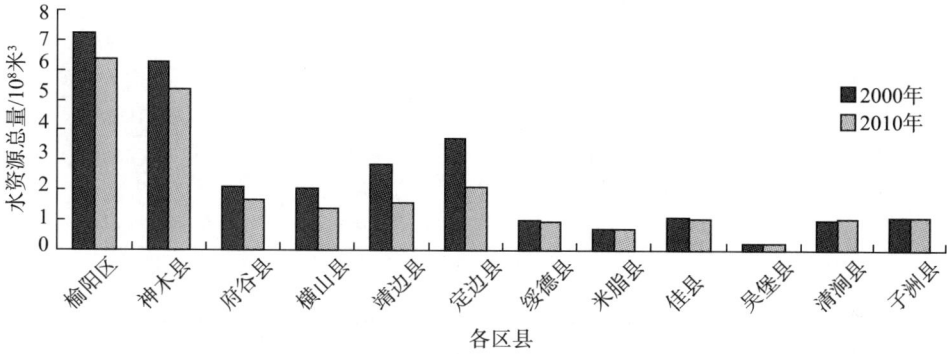

图 7-6　榆林市各区县水资源量图

图 7-7　榆林市河流水系图

在 ArcGIS 中将榆林市水系图和相应的各行政区县图进行叠加，用 intersect 命令和 Field Calculator 命令计算出各个区县内河流的长度，单位千米，其统计见表 7-4。

表 7-4　榆林市各区县河流长度统计表（单位：千米）

名称	河流长度	名称	河流长度
府谷县	203.31	佳县	135
神木县	277.46	吴堡县	23.59
榆阳区	177.72	绥德县	116.88
横山县	208.82	子洲县	75.09
靖边县	208.82	清涧县	101.32
定边县	83.96	米脂县	66.48

4）环境质量数据

环境质量数据由榆林市环保局和环境保护监测中心提供，数据包括榆林市各区县的降水量、SO$_2$、化学需氧量（COD）、固体废弃物和烟尘的年排放统计数据。将环境质量数据按照《生态环境状况评价技术规范（试行）》中的数据单位要求处理成标准单位吨和毫米，整理后见表 7-5。

表 7-5　2000 年和 2010 年榆林市污染物排放量和降水量

项目	SO$_2$/吨		COD/吨		固体废弃物/吨		烟尘/吨		降水量/毫米	
	2000 年	2010 年	2000 年	2010 年	2000 年	2010 年	2000 年	2010 年	2000 年	2010 年
榆阳区	4 614	7 421	130	238	430 000	671 430	742	1 572	569	308
神木县	4 097	10 566	314	298	548 700	2 511 800	9 696	13 000	414	296
府谷县	2 880	6 349	35	63	352 800	1 298 800	4 687	7 438	344	208
横山县	1 035	3 765	47	109	291 000	129 200	1 713	1 262	426	264
靖边县	276	5 718	37	209	80 000	222 000	1 173	758	474	221
定边县	555	967	29	145	140 000	268 400	643	967	505	273
绥德县	46	206	9	53	10 000	30 000	161	201	458	445
米脂县	114	378	31	158	5 760	23 410	181	282	516	543
佳县	145	220	9	44	30 000	45 680	357	1 119	451	419
吴堡县	6	337	9	53	2 000	6 400	62	212	409	481
清涧县	103	251	9	51	20 000	52 380	240	731	496	513
子洲县	24	304	10	112	28 710	47 990	585	529	545	523

7.2　生态环境状况评价指标体系

生态环境状况评价指标是用来描述生态环质量状况，评价自然和人为因素影响生态环境质量变化趋势的一组可度量的参数集合[65]。恰当的指标体系是正确评价生态环境和有效管理生态环境的基础，建立生态环境评价指标体系是为了考核生态环境的标准或选择方案的尺度，最终为战略目标服务。

7.2.1　指标体系建立的原则

榆林市生态环境评价是一项涉及多学科的体系，其中每一个指标都具有不同的特征，各个指标之间既相互联系，又可以从不同的角度说明问题。榆林市生态环境评价是一个多属性的模糊综合评价，所建立的评价指标体系是进行合理评价的关键，指标体系构建的合理性直接关系到榆林市生态环境评价结果的科学性。为了使建立的评价指标体系能够合理完整地反映榆林市生态环境质量，构建指标体系时应当遵循以下原则。

（1）科学性原则：指标体系的科学合理性与评价的质量息息相关，为了使指标体系能够合理地反映出评价区域的生态环境质量及其变化规律。选取的指标应具有可比性、代表性、系统性和完整性，在选取指标时应当基于实地调查和考证，综合得出科学合理和真实客观的评价考核结果。

（2）系统性原则：区域生态环境作为一个复合的生态系统，在结构上具有复杂的层次关系。因此，在进行生态环境质量评价时应当以完整的评价指标体系为出发点，以能够系统地反映出生态评价为目标，根据各个指标对生态环境质量评价目标实现的重要性和关联性，按照系统论的观点来综合考虑各个评价指标，合理地选取和设置指标。

（3）代表性原则：由于构成生态环境的因子很多，在实际评价区域生态环境质量时，既无必要也无可能做出全部的选择，指标数量选取得多并不能够说明指标体系合理，相反应尽量以最少的指标来体现更多的信息。因此，在确定评价指标时，应当选取具有一定代表性的典型指标，能够真实客观地反映出评价区域内生态环境质量的状况及其变化特征。

（4）综合性原则：区域生态环境是一个复合的生态系统，既相互联系又相互制约。因此，评价指标的选取需要统筹考虑，能够综合全面地反映区域资源环境的主要属性及其相互关系。选取对区域生态环境质量影响较大且便于监测获取的评价因子，这些因子既能反映当前的、局部的和单项的特征，又能够反映长远的、全面的和综合的特征。

（5）客观性原则：指标体系的构建必须遵循客观的规律，应当根据客观的实地调查和数据资料等来确定评价的标准和程序。

（6）适用性原则：不同研究区域的生态环境特征存在空间差异性，因此选取的评价指标应当具有广泛的空间适用性，针对不同区域的生态环境特点，选取的指标能够客观地评价该区域的生态环境质量。

（7）动态和稳定性原则：生态环境系统总是处在不断变化的过程当中，其特点和规律也具有相对性，指标体系必须不断的修改和补充。评价指标因子的选取和配置应随着时间和地域的变化而具有动态性，确保该指标体系既能满足当前评价的需要，又要满足随着评价对象随时空变化后的评价需要。

7.2.2　指标体系的选取和权重确立

确定生态环境评价的指标体系是生态环境评价中一个十分重要的环节。评价指标的选取涉及众多学科和领域，指标选取的不当不但会造成人力、物力和时间等的浪费，同时也会影响评价结果的准确性。因此，生态环境评价指标的选取应尽可能地使数据获取简便，概念清晰明了，同时选用尽可能少的指标数量来达到评价的要求，且选取的指标具有可操作性强的特点[66]。《生态环境状况评价技术规范（试行）》（HJ/192—2006）的实施为生态环境状况的定量评价提供了规范可靠的模式，指标具有统一性且获取指标的数据比较容易，同时具有较强的可操作性。参照该规范中的生态环境评价指标体系，在参考全国县级标准的基础上对归一化系数进行重新调整和计算[67~73]，针对环境质量指数在实际运用中存在的问题，结合榆林市环境状况的实际情况，建立和完善榆林市生态环境评价指标体系，如图7-8所示。

1. 指标选取

在《生态环境状况评价技术规范（试行）》中，采用《生态环境状况评价技术规范（试行）》提供的 SO_2、COD 和固体废弃物三个环境因子来反映榆林市的生态环境状况，结合榆林市经济社会发展、生态建设和环境现状，SO_2、COD 和固体废弃物并不能完全反映榆林市水环境、大气环境和固体废物的污染情况。作为国家重要的能源基地，榆林市经济发展中一个重要的支柱产业是煤炭等能源的

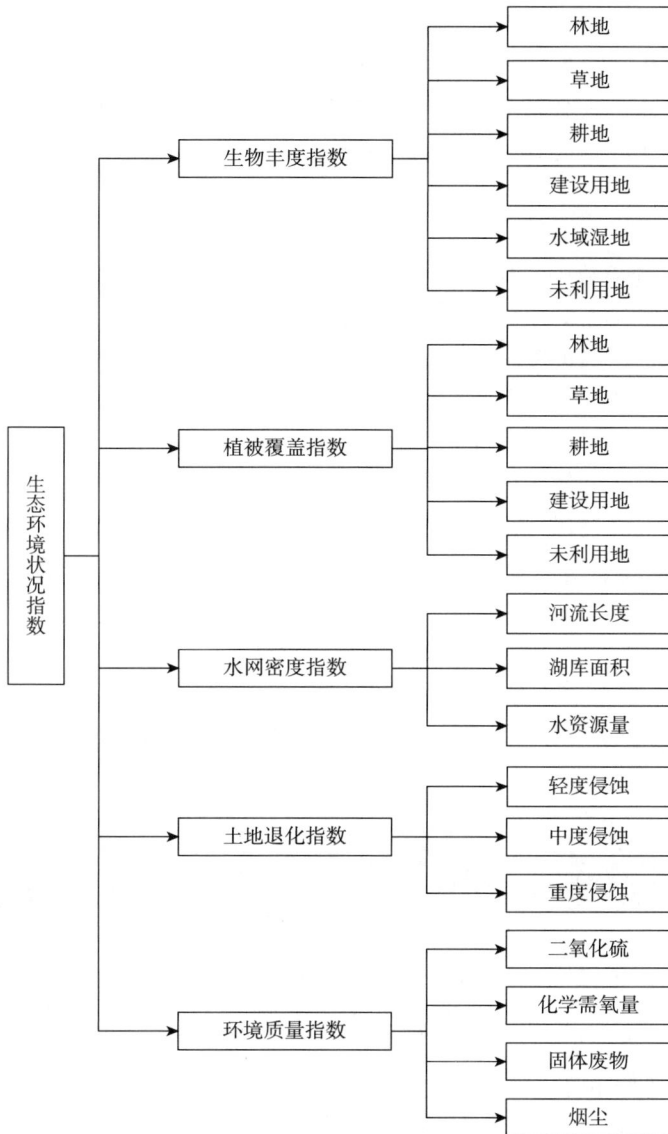

图 7-8　榆林市生态环境评价指标体系

发掘开采和开发，同时煤炭也是冬季大规模集中供暖的能源供应的主要来源，这些都会对榆林市环境造成巨大且不容忽视的影响。如果按照《生态环境状况评价技术规范（试行）》中提供的环境指标来计算榆林市的环境质量指数，其计算结果不能有效地反映实际情况，因此在能源生产开发过程中必须充分考虑烟尘这个指标因素，同时该指标也与当地环境的实际情况存在极强的相关性。因此，本次评价在参考《生态环境状况评价急速规范（试行）》中环境质量指标的基础上，选取 SO_2、COD、固体废弃物和烟尘作为榆林市生态环境评价中环境质量的评价指标，并结合实际情况对环境的各个指标重新赋予权重值。

2. 层次分析法确定权重

在环境质量指数中采用层次分析法确定各个指标的权重，其方法比较简便快捷[74~78]。

1）建立层次结构模型

先将问题所包含的要素进行分组，按照目标层、准则层和措施层的形式排列好，图 7-9 中注明了上下层元素之间的关系。层次之间可以建立起子层次，子层次从属于主层次中的某一个元素，它的元素与下一层的元素存在联系，但不形成独立的层次，图 7-9 是在 yaahp 层次分析法软件中榆林市生态环境状况指数的层次结构模型。

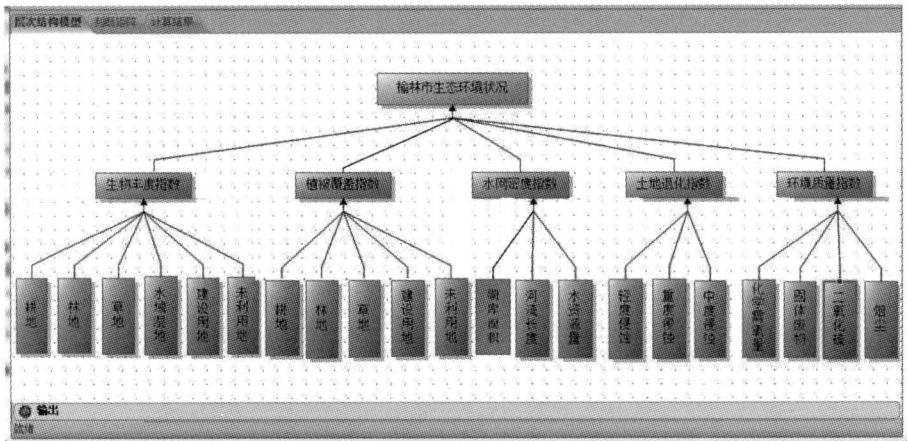

图 7-9　层次分析法层次结构示意图

2）构造判断矩阵

判断矩阵是指评定该层次中相关元素相对重要性的状况，假设 A 层中的元素 A 与下一层次中的元素 B_1，B_2，…，B_n 存在关系，则判断矩阵见表 7-6。

表 7-6　层次分析法判断矩阵

A	B_1	B_2	…	B_n
B_1	b_{11}	b_{12}	…	b_{1n}
B_2	b_{21}	b_{22}		b_{2n}
⋮	⋮	⋮		⋮
B_n	b_{n1}	b_{n2}	…	b_{nn}

其中，b_{ij} 取 1，2，3，⋯，9 及它们的倒数。对于任何判断矩阵都应该满足：

$$\begin{cases} b_{ij} = 1 \\ b_{ij} = \dfrac{1}{b_{ij}}, \quad i,j = 1,2,\cdots,n \end{cases} \tag{7-6}$$

一般而言，通过查阅相关的数据资料，结合分析者的认识和专家的咨询意见，平衡后计算出判断矩阵的赋值。这里通过引用 1~9 及其倒数标度对各个评价因子的重要性判断结果进行量化（表 7-7）。

表 7-7　层次分析法判断矩阵中不同标度的含义

标度	定义
1	i 因素与 j 因素相比，重要性相同
3	i 因素与 j 因素相比，前者比后者稍重要
5	i 因素与 j 因素相比，前者比后者明显重要
7	i 因素与 j 因素相比，前者比后者强烈重要
9	i 因素与 j 因素相比，前者比后者极端重要
2，4，6，8	上述相邻判断的中间值
倒数	若 i 因素与 j 因素的重要性相比为 a_{ij}，那么 j 因素与 i 因素重要性之比为 $1/a_{ij}$

假如判断矩阵存在以下关系：

$$b_{ij} = \frac{b_{ik}}{b_{jk}}, \quad i,j,k = 1,2,3,\cdots,n \tag{7-7}$$

通过对判断矩阵进行一致性检验来考察层次分析决策分析法的结果是否合理。

3）层次单排序

层次单排序是为了计算判断矩阵的特征向量和特征根，其计算公式：

$$BW = \lambda_{\max} W \tag{7-8}$$

式中，$\lambda_{\max}$ 为 B 的最大特征根，对应于 W 的正规化特征向量。其计算步骤如下。

（1）计算矩阵各行中各元素的乘积：

$$M_i = \prod_{j=1}^{n} b_{ij}, \quad i = 1,2,\cdots,n \tag{7-9}$$

（2）计算 M_i 的 n 次方根 $\overline{W}_i$：

$$\overline{W}_i = \sqrt[n]{M_i} \tag{7-10}$$

（3）对方根向量 $\overline{W}_i$ 进行归一化：

$$W_i = \overline{W}_i \Big/ \sum_{i=1}^{n} \overline{W}_i, \quad W = \left(W_1, W_2, \cdots, W_n\right)^{\mathrm{T}} \tag{7-11}$$

（4）计算矩阵的最大特征根 $\lambda_{\max}$：

$$\lambda_{\max} = \sum_{i=1}^{n} \frac{(AW)_i}{nW_i} \quad （7\text{-}12）$$

式中，W_i 为对应元素单排序的权重值；$(AW)_i$ 为向量 AW 的第 i 个元素。

当判断矩阵 $\boldsymbol{B}$ 具有完全一致性时，$\lambda_{\max} = n$。通过计算它的一致性指标来检验判断矩阵的一致性，其计算公式为

$$CI = \frac{\lambda_{\max} - n}{n-1} \quad （7\text{-}13）$$

将 CI 与平均随机一致性指标 RI（表 7-8）进行比较来检验判断矩阵是否具有令人满意的一致性。当阶数小于 2 时，判断矩阵总是具有完全一致性；当阶数大于 2 时，CR=CI/RI 称为矩阵的随机一致性比例。若 CR<0.1，则具有令人满意的一致性；否则将判断矩阵调整到满意为止。

表 7-8 平均随机一致性指标

阶数	1	2	3	4	5	6	7	8	9	10	11	12	13	14	15
RI	0	0	0.58	0.9	1.12	1.24	1.32	1.41	1.45	1.49	1.52	1.54	1.56	1.58	1.59

3. 环境质量指数各指标分权重计算

本章选取的环境质量指数的评价指标因子共有四个，即 SO_2、COD、固体废弃物和烟尘，分别记为 A_1、A_2、A_3、A_4，它们的权重分别记为 W_1、W_2、W_3、W_4。根据上文提出的 1~9 及其倒数作为尺度衡量的标度方法，将各个承载指数两两比较来构建判断矩阵，见表 7-9。

表 7-9 环境质量指数的判断矩阵和一致性检验

项目	A_1	A_2	A_3	A_4	W
A_1	1	1	3	4	0.38
A_2	1	1	3	4	0.38
A_3	1/3	1/3	1	4	0.17
A_4	1/4	1/4	1/4	1	0.07
一致性检验	$\lambda_{\max}$ =4.154 9	CI=0.051 6		CR=0.057 4<0.1	

通过计算，上述环境质量指数的判断矩阵具有满意的一致性，符合要求。计算出榆林市环境质量指数各指标的分权重，见表 7-10。

表 7-10 环境质量指数各指标分权重

类型	SO₂	COD	固体废弃物	烟尘
权重	0.38	0.38	0.17	0.07

7.2.3　生态环境状况评价体系

　　《生态环境状况评价技术规范（试行）》的实施使生态环境的定量评价更趋于规范化。本章依据《生态环境状况评价技术规范（试行）》，将生物丰度指数、土地退化指数、水网密度指数、植被覆盖指数和环境质量指数作为榆林市生态环境评价的指标，同时利用层次分析法对环境质量指数的指标进行优化并计算分权重，使其评价结果能够真实准确地反映榆林市生态环境状况。

　　1. 生态环境状况评价各分项及计算

　　1）生物丰度指数权重及其计算方法

　　生物丰度指数是指生物物种数量在不同类型的生态系统中的差异性，间接地反映评价区生物的丰贫程度，其权重见表 7-11。

表 7-11　生物丰度指数分权重表

类型	林地	草地	水域湿地	耕地	建设用地	未利用地
权重	0.35	0.21	0.28	0.11	0.04	0.01

　　生物丰度指数计算公式为

$$生物丰度指数 = A_{bio} \times (0.35 \times 林地 + 0.21 \times 草地 + 0.28 \\ \times 水域湿地 + 0.11 \times 耕地 + 0.04 \times 建设 \\ 用地 + 0.01 \times 未利用地)/区域面积 \qquad (7\text{-}14)$$

式中，A_{bio} 为生物丰度指数的归一化系数。

　　2）植被覆盖指数权重及其计算方法

　　植被覆盖指数是指评价区内林地、草地、农田、未利用地和建设用地的面积与评价范围面积的比值，反映植被覆盖的程度，其权重见表 7-12。

表 7-12　植被覆盖指数的分权重表

类型	林地	草地	耕地	建设用地	未利用地
权重	0.38	0.34	0.19	0.07	0.02

　　植被覆盖指数计算公式为

$$植被覆盖指数 = A_{veg} \times (0.38 \times 林地面积 + 0.34 \times 草地面积 \\ + 0.19 \times 耕地面积 + 0.07 \times 建设用地面积 \\ + 0.02 \times 未利用地面积)/区域面积 \qquad (7\text{-}15)$$

式中，A_{veg} 为植被覆盖指数的归一化系数。

3）水网密度指数计算方法

水网密度指数是指评价范围内，河流的总长度、水资源量和水域的总面积同被评价区面积的比值，反映被评价区内水的丰富程度。其计算公式为

$$
\begin{aligned}
水网密度指数 = &A_{riv} \times 河流长度 / 区域面积 + A_{lak} \\
&\times 湖库（近海）面积 / 区域面积 \quad\quad （7\text{-}16） \\
&+ A_{res} \times 水资源量 / 区域面积
\end{aligned}
$$

式中，A_{riv} 为河流长度的归一化系数；A_{lak} 为湖库面积的归一化系数；A_{res} 为水资源量的归一化系数。

4）土地退化指数权重及其计算方法

土地退化指数是指被评价范围内，水蚀、冻融侵蚀、风蚀、工程侵蚀和重力侵蚀五种侵蚀类型的面积和被评价区面积的比值，反映土地的退化程度，其权重见表 7-13。

表 7-13 土地退化指数分权重和特征描述

土地退化类型	权重	特征描述
轻度侵蚀	0.05	土壤侵蚀模数≤2 500 吨/（千米^2·年），平均流失厚度≤1.9 毫米/年的区域
中度侵蚀	0.25	土壤侵蚀模数为 2 500～5 000 吨/（千米^2·年），平均流失厚度为 1.9～3.7 毫米/年的区域
重度侵蚀	0.7	土壤侵蚀模数>5 000 吨/（千米^2·年），平均流失厚度>3.7 毫米/年的区域

土地退化指数计算方法：

$$
\begin{aligned}
土地退化指数 = &A_{ero} \times (0.05 \times 轻度侵蚀面积 + 0.25 \times 中度侵蚀面积 \\
&+ 0.7 \times 重度侵蚀面积) / 区域面积
\end{aligned} \quad （7\text{-}17）
$$

式中，A_{ero} 为土地退化指数的归一化系数。

5）环境质量指数权重及其计算方法

环境质量指数是指反映评价范围内污染物的负荷，用于反映评价范围内所能够承受的环境污染压力，其权重见表 7-14。

表 7-14 环境质量指数分权重及特征描述表

类型	权重	特征描述
SO_2	0.38	工业生产、居民生活和交通工具等产生并排放的 SO_2 总量
COD	0.38	工业生产、居民生活等产生并排放的 COD 总量
固体废弃物	0.17	工业生产产生并排放的固体废弃物总量
烟尘	0.07	工业生产、居民生活等产生的悬浮于气体中的固体微粒

环境质量指数计算方法：

环境质量指数=0.38×（100–A_{SO_2}×SO₂排放量/区域面积）

+0.38×（100–A_{COD}×COD排放量/区域面积）

+0.17×（100–A_{sol}×固体废弃物排放量/区域面积）

+0.07×（100–A_{smo}×烟尘排放量/区域面积）　　　（7-18）

式中，A_{SO_2}为SO₂的归一化系数；A_{COD}为COD的归一化系数；A_{sol}为固体废弃物的归一化系数；A_{smo}为烟尘的归一化系数。

2. 生态环境状况评价指数

生态环境状况评价指数是指反映被评价范围的生态环境质量状况，其数值为0~100，通过生物丰度指数、植被覆盖指数、水网密度指数、土地退化指数和环境质量指数对生态环境质量影响的权重计算而来，以上五项指标的权重见表7-15。

表7-15　各项评价指标权重

指标	生物丰度指数	植被覆盖指数	水网密度指数	土地退化指数	环境质量指数
权重	0.25	0.2	0.2	0.2	0.15

生态环境状况指数的计算公式：

$$EI = \sum_{i=1}^{n} W_i \times I_i \qquad (7-19)$$

式中，n为指标个数；W_i为各指标权重值；I_i为各指标的数值。

3. 生态环境状况评价标准及分级

根据《生态环境状况评价技术规范（试行）》和榆林市的实际情况，将生态环境分为五个等级，分别是优、良、一般、较差和差，见表7-16。

表7-16　生态环境状况分级

级别	优	良	一般	较差	差
指数	EI≥75	55≤EI<75	35≤EI<55	20≤EI<35	EI<20
状态	植被覆盖度高，生物多样性丰富，生态系统稳定，最适合人类生存	植被覆盖度较高，生物多样性较丰富，基本适合人类生存	植被覆盖度中等，生物多样性一般，较适合人类生存，但有不适合人类生存的制约性因子出现	植被覆盖较差，严重干旱少雨，物种较少，存在着明显限制人类生存的因素	条件较恶劣，人类生存环境恶劣

4. 生态环境状况变化幅度分级

依据规定将生态环境状况的变化幅度分为无明显变化、略有变化（变好或变差）、明显变化（变好或变差）和显著变化（变好或变差）四个等级，见表 7-17。

表 7-17　生态环境状况变化幅度分级

级别	无明显变化	略有变化	明显变化	显著变化
变化值	|ΔEI|≤2	2<|ΔEI|≤5	5<|ΔEI|≤10	|ΔEI|>10
描述	生态环境状况无明显变化	如果 2<ΔEI≤5，则生态环境状况略微变好；如果−2>ΔEI≥−5，则生态环境状况略微变差	如果 5<ΔEI≤10，则生态环境状况明显变好；如果−5>ΔEI≥−10，则生态环境状况明显变差	如果 ΔEI>10，则生态环境状况显著变好；如果 ΔEI<−10，则生态环境状况显著变差

5. 归一化系数的确定

归一化系数是指某一个指数在进行归一化处理前的最大值，与生态系统的结构、空间格局和过程多尺度相一致，各个归一化系数由于评价区域尺度的不同而存在差异，生态过程具有时间和空间尺度，其等级在自然尺度和行政区划尺度上存在差异。在对资源开发和建设项目进行生态环境影响评价时，不同的评价区域具有地域差异性，并且不同区域的生态环境质量也不尽相同。归一化系数的选取应该充分考虑评价尺度的选择，假如全部采用《生态环境质量评价方法及分级标准》里国家尺度的归一化系数对县级行政单元进行生态环境评价，则可能会导致个别评价指数的结果不准确，降低了评价的精度从而不能有效地反映当地的生态环境现状，进而失去了生态环境评价的意义。因此，应当对归一化系数进行充分的研究和分析，以确保评价指数计算结果的真实性和准确性。

在《生态环境状况评价技术规范（试行）》中，归一化系数根据尺度的差异性来反映被评价区域的生态环境质量状况，采用国家尺度的归一化系数则能反映被评价区域在国家尺度范围内的生态环境质量状况，若采用市级尺度的归一化系数则能反映被评价区域在市级尺度的生态环境质量情况[80]。依据《生态环境状况评价技术规范（试行）》中所规定的计算公式：归一化系数=$100/A_{max}$。在进行归一化处理前，先计算中间值 A。在做榆林市生态环境影响评价时，由于各评价区县的整体生态环境质量存在明显的地域差异性，所以将评价区域的范围根据更小一级的行政区域划分成若干区域，对每一个小的行政区域进行各指数中间值的计算，然后选取其中最大的中间值来计算该指数的评价区归一化系数。例如，进行府谷县的生态环境评价，将府谷县划分到下一级的行政区域，然后分别计算各个行政区域生物丰度指数归一化处理前的中间值：A=（0.11×耕地+0.35×林地+0.01×

未利用地+0.04×建设用地+0.21×草地+0.28×水域湿地）/区域面积，然后选择中间值的最大值来计算生物丰度指数的归一化系数。

结合《生态环境质量评价方法及分级标准》及相关参考文献[71~73, 79~81]对各指标归一化系数的定义和计算，参考中国环境监测总站数据计算的全国县级归一化系数得出各指标的归一化系数，见表 7-18。

表 7-18　各分项指标归一化系数

归一化系数	数值	归一化系数	数值
生物丰度指数	400.62	土地退化指数	146.33
植被覆盖指数	355.34	SO_2	27.26
河流长度	46.63	COD	47.13
湖库面积	178.8	固体废弃物	0.09
水源量	61.64	烟尘	19.32

7.3　基于县级单元的榆林市生态环境状况评价

7.3.1　县级单元的生态环境评价

2006 年 5 月起实施的生态环境评价规范适用于县级以上区域生态环境现状及动态趋势的年度综合评价。因此评价单元以县级行政区域为基本评价单元，其划分单元为府谷县、神木县、榆阳区、横山县、靖边县、定边县、佳县、米脂县、绥德县、吴堡县、子洲县和清涧县，共计 12 个评价单元。

1. 生物丰度指数计算及分析

生物丰度指数的计算结果如图 7-10 所示。

由图 7-10 可以看出，2000~2010 年，生物丰度指数在数值上存在着显著的变化，但生物丰度指数空间分布的变化不大。生物丰度指数的最高值和最低值变化幅度较小，只有轻微幅度的上升，2000 年清涧县的生物丰度指数 74.72 为最高值，而榆阳区的指数最低为 52.19；2010 年清涧县的 75.30 为最高值，榆阳区的 52.55 为最低值，2000~2010 年，在空间上生物丰度指数最低值和最高值的分布区县未发生变化，清涧县和榆阳区仍然分别是生物丰度指数最高值和最低值的区县级行政单元。在空间分布上，2000 年地处榆林市中部和西部的榆阳区、横山县、靖边

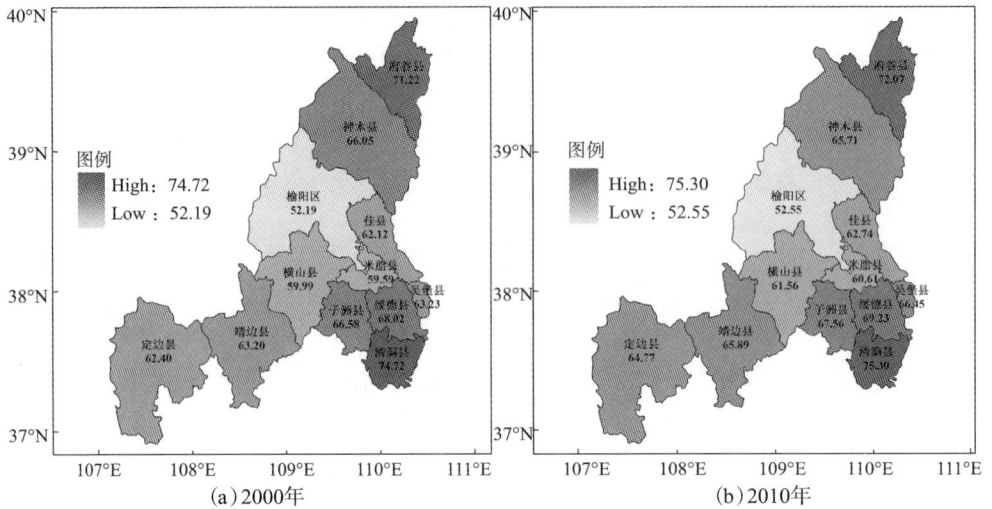

图 7-10　生物丰度指数图

县、定边县、佳县、吴堡县和米脂县的生物丰度指数较低，均不超过 65；至 2010 年，榆阳区、定边县、佳县和米脂县的生物丰度指数仍然较低且均低于 65，而靖边县和吴堡县的生物丰度指数超过了 65，上升到 65.89，生物丰度指数在空间上呈现出南北两端高、中间低，东部县区指数要高于中西部区县指数的分布特征。

2000 ~ 2010 年，除神木县的生物丰度指数下降之外，其他区县的生物丰度指数均呈现出不同程度的上升趋势，这说明榆林市的整体生态环境质量有所好转，其中横山县、靖边县、定边县、米脂县、吴堡县和绥德县的生物丰度指数上升幅度都超过了 1，特别是吴堡县的生物丰度指数上升幅度最大，由 2000 年的 63.23 上升到 2010 年的 66.45，生物丰度指数上升幅度达到 3.22，见表 7-19。在空间分布上，生物丰度指数的变化幅度表现为以定边县—靖边县—吴堡县一带的区县为轴的生物丰度指数上升幅度高，向南北两端降低的分布特征。

表 7-19　2000 年和 2010 年榆林市生物丰度指数及其变化情况

区县	生物丰度指数		变化幅度	区县	生物丰度指数		变化幅度
	2000 年	2010 年			2000 年	2010 年	
府谷县	71.22	72.07	0.85	佳县	62.12	62.74	0.62
神木县	66.05	65.71	−0.34	米脂县	59.59	60.61	1.02
榆阳区	52.19	52.55	0.36	吴堡县	63.23	66.45	3.22
横山县	59.99	61.56	1.57	绥德县	68.02	69.23	1.21
靖边县	63.20	65.89	2.69	子洲县	66.58	67.56	0.98
定边县	62.40	64.77	2.37	清涧县	74.72	75.30	0.58

2. 植被覆盖指数计算及分析

植被覆盖指数计算结果如图 7-11 所示。

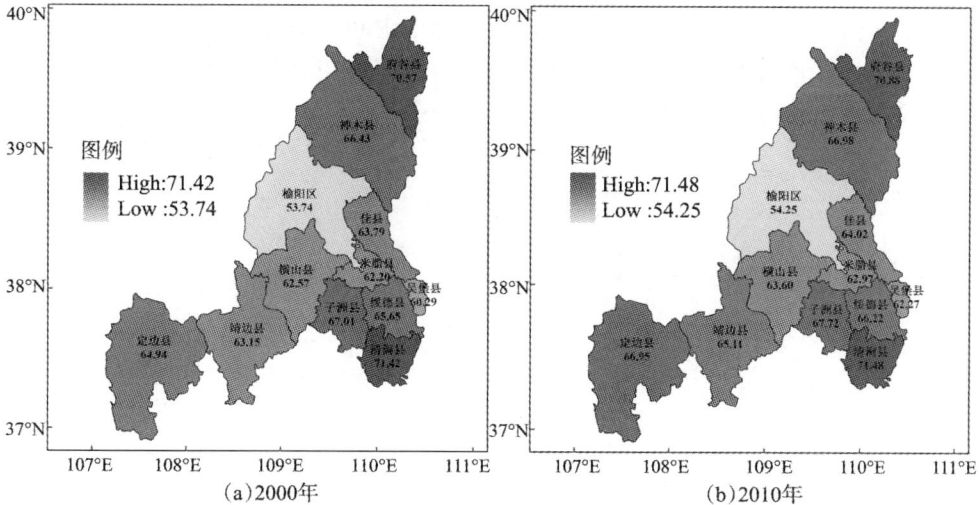

图 7-11 植被覆盖指数图

由图 7-11 可知，2010 年植被覆盖指数的空间分布特征与 2000 年分布特征十分相似，其植被覆盖指数在空间分布上没有变化。但是 2000~2010 年，植被覆盖指数的变化状况在不同的区域存在明显的空间差异。在数值上，植被覆盖指数的最高值变化幅度较小，2000~2010 年最高值仅增加了 0.06，其增长幅度微乎其微；而植被覆盖指数的最低值增长幅度要明显高于最高值的增长幅度，2000~2010 年最低值增加了 0.51，整体的植被覆盖情况有所好转。在空间分布上，最高值和最低值的分布区县均未发生变化，2000 年和 2010 年植被覆盖指数最高值和最低值的区县仍然是清涧县和榆阳区；在空间上，榆林市植被覆盖指数也呈现出明显的分布特征，以榆阳区为中心，其周围区县的植被覆盖指数要普遍高于榆阳区，且大致上呈现出以榆阳区为中心的同心圆结构，即植被覆盖指数呈现出由中心向四周增加的分布趋势，与此同时东部区县的植被覆盖指数要高于中部和西部地区的植被覆盖指数。而 2000 年和 2010 年，除榆阳区的植被覆盖指数低于 60，其他县的植被覆盖指数都高于 60，这说明榆阳区的植被覆盖情况与其他县存在明显的差距。

由图 7-12 可以看出，2000~2010 年榆林市各区县的植被覆盖指数均有不同程度的增长，且各区县增长变化的幅度的差异性明显，其中定边县的增长幅度最大为 2.01，吴堡县为 1.98，增长幅度最低为清涧县的 0.06，其增长幅度微乎其微，各区县植被覆盖指数的增长幅度表现为定边县>吴堡县>靖边县>横山县>米脂县>子洲县>绥德县>神木县>榆阳区>府谷县>佳县>清涧县。增长幅度在空间分布上，大致以定边县—吴堡县为界线，增长幅度呈现出中间向南北两端逐渐减小的分布趋势，其分布趋势和生物丰度指数增长幅度的空间分布有着惊人的相似，当然这也与两个指数的指标因子高度相似有一定的关系。

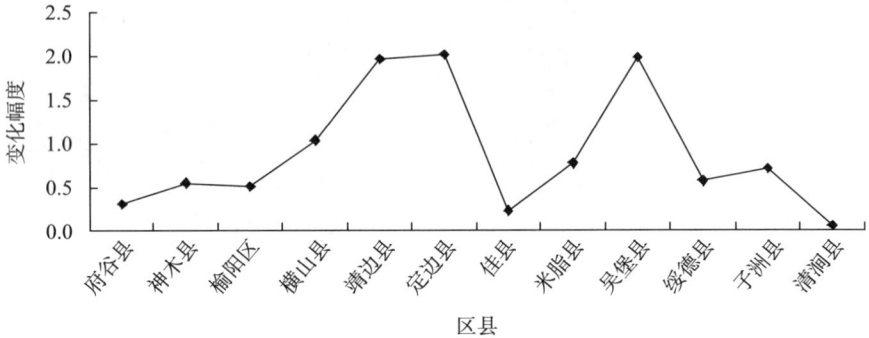

图 7-12　2000～2010 年榆林市植被覆盖指数变化幅度

3. 水网密度指数计算及分析

水网密度指数计算结果如图 7-13 所示。

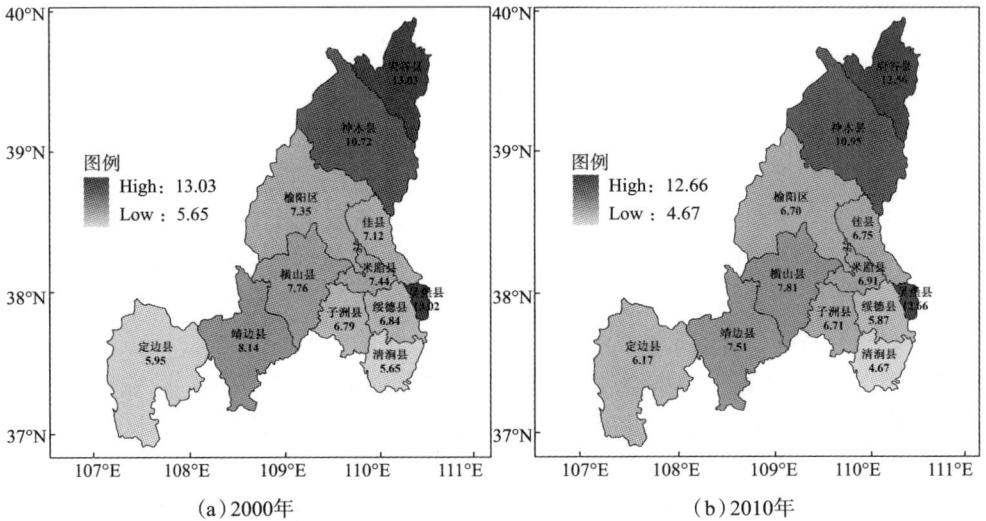

(a) 2000年　　　　　　　　　　(b) 2010年

图 7-13　水网密度指数图

由图 7-13 可以看出，2000 年和 2010 年的水网密度指数在空间和数值上的变化都不大。在数值上，水网密度指数的最高值从 2000 年的 13.03 下降到 2010 年的 12.56，最低值也从 5.65 下降到 4.67，水网密度指数的最高值和最低值都有所下降。2000 年府谷县的水网密度指数最高，清涧县的指数最低为 5.65；而到 2010 年，水网密度指数的最高值变为吴堡县的 12.66，最低值仍然为清涧县的 4.67。在空间分布上，2000 年和 2010 年的水网密度指数，榆林市东部地区要高于西部地区，北部地区要高于南部地区（吴堡县除外），沿黄地区区县的水网密度指数要高于非沿黄地区的区县（佳县除外）。2000 年和 2010 年，府谷县、神木县和吴堡县三县的水网密度指数均超过了 10，而其他区县的水网密度指数都在 8 以下（除 2000 年靖边县的 8.14），且与上述三县在数值上的差距较大，这说明榆林市水资源的分布存在巨大的空间差异，水资源分布不均匀。

由图 7-14 可知，2000～2010 年，榆林市各区县的水网密度指数在不同区县存在不同的变化趋势。其各区县变化的趋势存在显著的差异性，其中水网密度指数呈上升趋势的是神木县>定边县>横山县，而其他区县的水网密度指数呈现下降的趋势，其下降幅度为：清涧县>绥德县>榆阳区>靖边县>米脂县>府谷县>佳县>吴堡县>子洲县，水网密度指数下降的区县数量要高于上升的区县数量，下降区县占总区县数的 75%，这反映出榆林市水资源形势不容乐观，开展节约用地，合理规划用水的工作对于水资源匮乏的榆林市来说已刻不容缓。

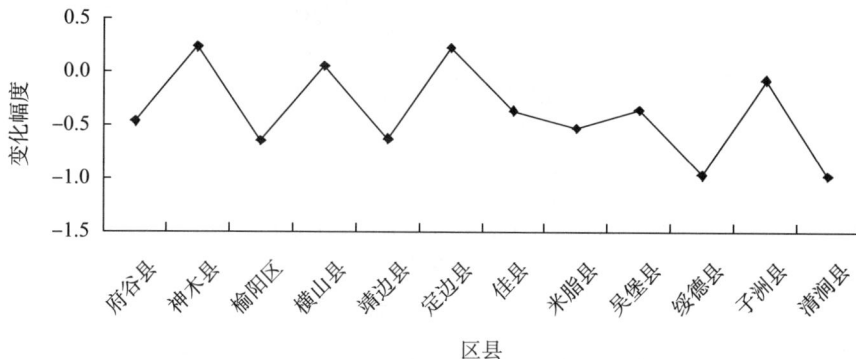

图 7-14　2000～2010 年榆林市水网密度指数变化差异

4. 土地退化指数计算及分析

土地退化指数计算结果如图 7-15 所示。

（a）2000 年

（b）2010 年

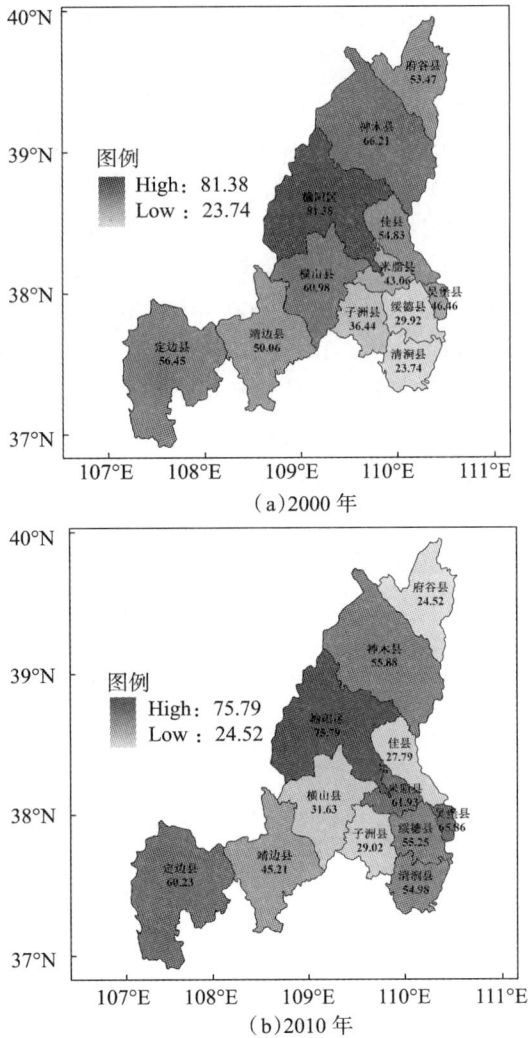

图 7-15　土地退化指数图

　　由图 7-15 可以看出，土地退化指数从 2000～2010 年在数值上和空间上都发生了明显的变化。最高值从 2000 年的 81.83 下降到 2010 年的 75.79，相反最低值从 2000 年的 23.74 上升到 2010 年的 24.52，这说明在最低值上土地退化情况有所好转。而榆阳区仍是 2000 年和 2010 年土地退化指数最高的区县，而 2000～2010 年，最低值的分布区县发生了明显的变化，2000 年的最低值为清涧县的 23.74，而到 2010 年则变为了府谷县的 24.52，最低值从地理空间的南部区县变为北部区县。在空间分布上，2000 年榆林市北六县的土地退化指数要普遍高于南六县的土地退化指数，土地退化指数呈现出由西北向东南逐渐递减的分布趋势。而到了 2010 年，榆林市各区县土地退化指数的空间分布出现了明显的变化，不再是北六县普遍高于南六县，相反南六县个别区县的土地退化指数超过了北六县当中的个别区县，2010 年榆林市各区县的土地退化指数大致呈现出以榆阳区—米脂县—绥德县为轴，向西南和东北两端减小的空间分布特征。

　　通过图 7-16 可知，2000~2010 年，榆林市不同区县的土地退化指数存在不同的变化趋势。各区县指数的变化趋势存在巨大的空间差异，其中土地退化指数上升的区县有清涧县、绥德县、米脂县、吴堡县和定边县，其中清涧县的土地退化指数上升幅度最大达到了 31.24，绥德县的 25.33 次之，最低为定边县的 3.78，土地退化指数的上升反映出这五县的土壤侵蚀状况有明显的好转，土壤侵蚀强度由高强度向低强度转变；而其他七县的土地退化指数存在不同程度的下降，其中横山县、府谷县和佳县的土地退化指数下降十分显著，分别为 29.35、28.95 和 27.04，其下降幅度都在 25 以上，这说明这三县的土壤侵蚀严重恶化，高强度的土壤侵蚀面积比例上升，水土保持形势不容乐观，而其余四县土地退化指数的下降幅度为0~11，土壤侵蚀状况也同样相当严峻。

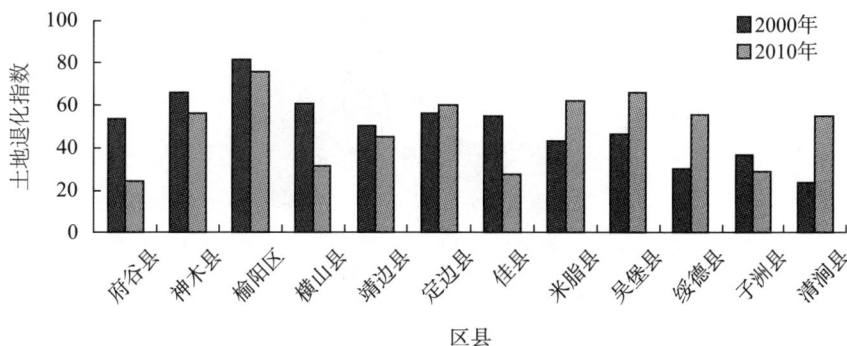

图 7-16　2000 年和 2010 年榆林市土地退化指数

5. 环境质量指数计算及分析

环境质量指数计算结果如图 7-17 所示。

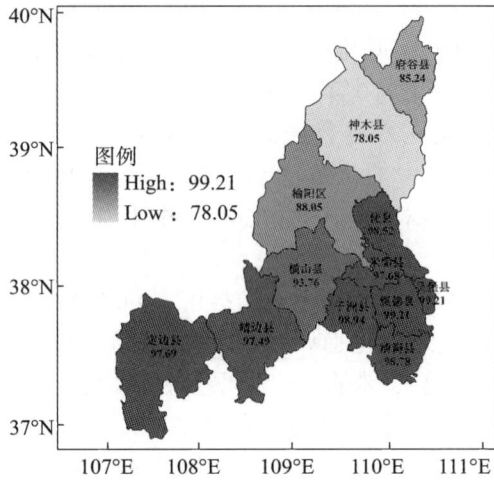

（a）2000年

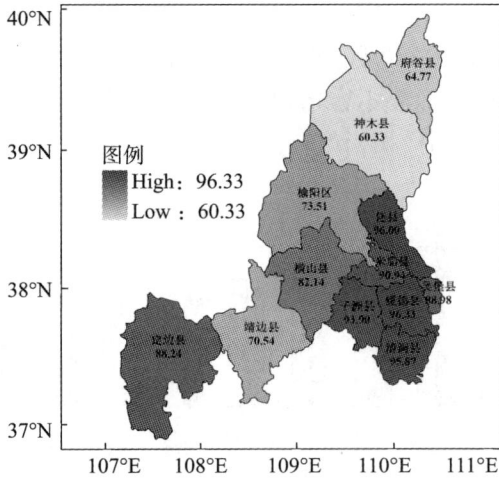

（b）2010年

图 7-17　环境质量指数图

通过图 7-17 可以看出，榆林市各区县环境质量指数的空间分布在 2000 年和 2010 年未发生变化，而数值存在显著的变化状况。从 2000~2010 年，各区县的环境质量指数普遍下降，由此可知，2010 年榆林市整体的环境质量相比于 2000 年有着明显的恶化趋势。2010 年的最高值和最低值相较于 2000 年都有所降低，2000 年的最高值为 99.21，最低值为 78.05，而 2010 年的最高值和最低值分别下降到 96.33 和 60.33，特别是最低值的下降幅度达到了 17.72，环境状况不容乐观。

2000 年和 2010 年环境质量指数的最低值区县未发生变化仍然是神木县，而最高值从 2000 的绥德县和吴堡县二县变为 2010 年的绥德县。在空间上，由图可知 2000 年和 2010 年榆林市北六县的环境质量指数要普遍低于南六县；在地理空间位置上，榆林市的环境质量指数也存在规律的空间分布特征，指数由南向北逐渐降低，这种分布特征与榆林市地区之间的经济发展、城市建设和能源开采开发有着十分密切的关系。

由图 7-18 可知，2000~2010 年，榆林市各区县的环境质量指数呈现普遍的下降趋势，同时环境质量指数的下降趋势存在显著的空间差异。各区县的下降幅度表现为靖边县>府谷县>神木县>榆阳区>横山县>吴堡县>定边县>米脂县>子洲县>清涧县>绥德县>佳县，其中榆林市北六县的下降幅度要普遍高于南部六县的下降幅度。北六县是榆林市能源资源的主要聚集区，这些区县的经济发展速度普遍强于南六县，能源的开采开发是其经济快速发展的主要产业之一，因此在城市发展的过程中，环境污染的压力要普遍高于南六县，因此其环境质量指数要低于南六县，指数下降的幅度也要明显高于南六县。

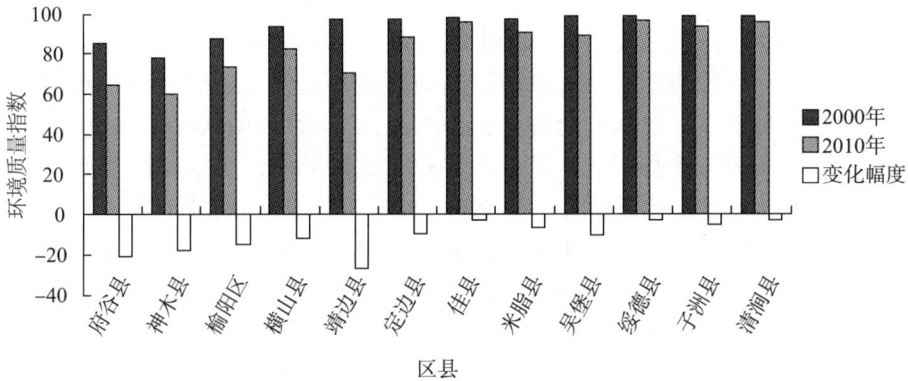

图 7-18　2000 年和 2010 年榆林市环境质量指数及变化情况

6. 生态环境状况指数（EI）

根据生物丰度指数、土地退化指数、水网密度指数、植被覆盖指数和环境质量指数的重要性分别赋予不同的权重，然后进行加权计算得出 2000 年和 2010 年榆林市各区县的生态环境状况指数，见表 7-20。

表 7-20　2000 年和 2010 年榆林市各区县生态环境状况指数

区县	生物丰度指数		植被覆盖指数		水网密度指数		土地退化指数		环境质量指数		EI	
	2000 年	2010 年	2000 年	2010 年	2000 年	2010 年	2000 年	2010 年	2000 年	2010 年	2000 年	2010 年
府谷县	71.22	72.07	70.57	70.88	13.03	12.56	53.47	24.52	85.24	64.77	58.12	49.32
神木县	66.05	65.71	66.43	66.98	10.72	10.95	66.21	55.88	78.05	60.33	56.72	52.24
榆阳区	52.19	52.55	53.74	54.25	7.35	6.7	81.38	75.79	88.05	73.51	55.10	51.51
横山县	59.99	61.56	62.57	63.6	7.76	7.81	60.98	31.63	93.76	82.14	55.56	48.32
靖边县	63.2	65.89	63.15	65.11	8.14	7.51	50.06	45.21	97.49	70.53	54.86	50.62
定边县	62.4	64.77	64.94	66.95	5.95	6.17	56.45	60.23	97.69	88.24	55.90	56.10
佳县	62.12	62.74	63.79	64.02	7.12	6.75	54.83	27.79	98.52	96.00	55.55	49.80
米脂县	59.59	60.61	62.2	62.97	7.44	6.91	43.06	61.93	97.68	90.94	52.35	55.15
吴堡县	63.23	66.45	60.29	62.27	13.02	12.66	46.46	65.86	99.21	88.98	53.66	58.12
绥德县	68.02	69.23	65.65	66.22	6.84	5.87	29.92	55.25	99.21	96.33	52.58	57.23
子洲县	66.58	67.56	67.01	67.72	6.79	6.71	36.44	29.02	98.94	93.9	53.90	51.67
清涧县	74.72	75.3	71.42	71.48	5.65	4.67	23.74	54.98	98.78	95.87	53.66	59.43

由表 7-20 可知，2000 年榆林市各区县的生态环境状况指数为 52.35～58.12，
12 个区县按照生态环境状况指数从高到低排序依次是府谷县、神木县、定边县、
横山县、佳县、榆阳区、靖边县、子洲县、吴堡县、清涧县、绥德县、米脂县。
从分布特征来看，生态环境状况指数较高的区县主要分布在榆林市的北部六县，
特别是处于黄河中上游地区的府谷县和神木县，其生态环境状况指数位于 12 区县
的前两名。这是因为榆林市北六县的地势相对比较平坦，土壤侵蚀强度较低，高
强度的土壤侵蚀面积所占比例小，区域内生物丰度较高，植被覆盖较好，区域内
水系较发达，特别是地处黄河中上游的府谷县和神木县，水资源量较丰富。通过
图 7-19 可以看出，2000 年榆林市各区县的生态环境状况指数有着明显的空间分布
特征，生态环境状况指数由北向南、由西北向东南方向呈逐渐减小的分布趋势，
此分布特征与榆林市的自然地理特征基本吻合。

2010 年榆林市各区县的生态环境状况指数为 48.32～59.43，最高值和最低值
相比 2000 年有了明显的变化，最高值由 58.12 上升到 59.43，上涨幅度为 2.25%，
而最低值由 2000 年的 52.35 下降到 2010 年的 48.32，下降幅度达到 7.70%，这说
明 2010 年最低值区县的生态环境相比 2000 年最低值区县的生态环境更差。12 区
县按照生态环境状况从高到低排序依次为清涧县>吴堡县>绥德县>定边县>米脂
县>神木县>子洲县>榆阳区>靖边县>佳县>府谷县>横山县。从分布特征来看，生
态环境状况指数较高的区县主要分布在榆林市的南六县，这与 2000 年的分布特征
相比发生了截然相反的变化，2000 年生态环境状况指数排名靠后的区县如米脂
县、绥德县、吴堡县、清涧县，到 2010 年时，生态环境状况指数大幅度提高，排

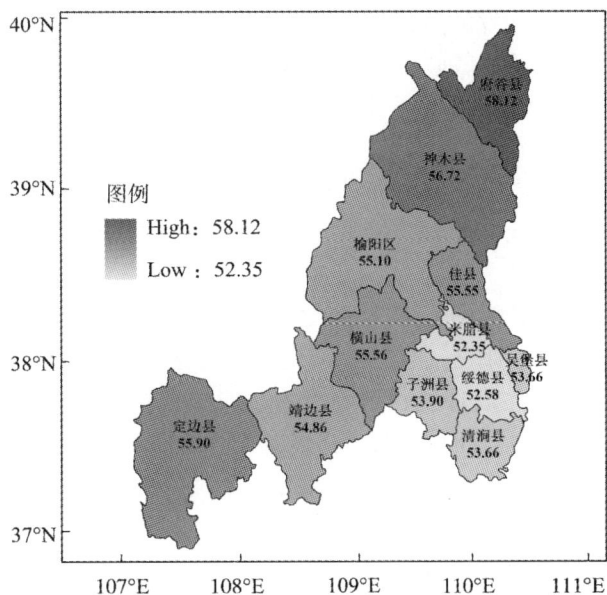

（a）2000年

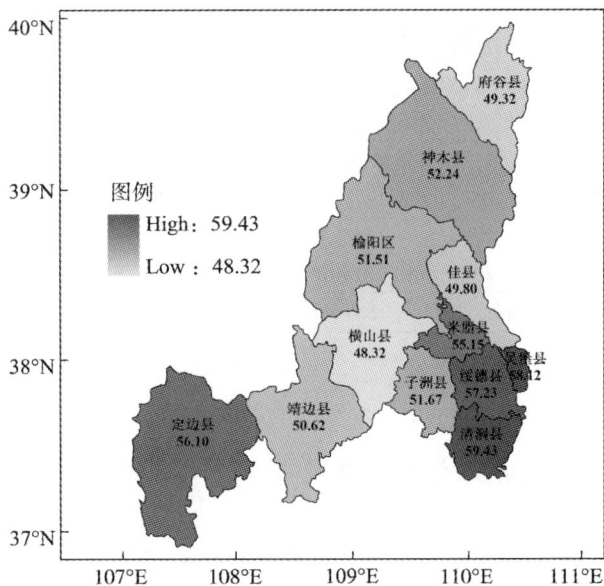

（b）2010年

图 7-19　生态环境状况评价图

名也变成了前几名。原因是近年来榆林市经济发展迅速，北六县能源资源丰富，在经济发展和能源开采开发的过程中，不可避免地造成了环境的污染和破坏，而南六县的资源相对北六县比较匮乏，因此环境的污染较小。同时自 1999 年来，榆林市在全市范围内大力开展退耕还林还草工程，显著地改善了土壤侵蚀和植被覆盖情况，使南六县的生态环境有了明显的提高。由图 7-19 可知，2010 年榆林市各区县的生态环境状况指数的空间分布特征表现为西南部和东南部区县的指数高，中部和北部区县的指数低，此分布特征与榆林市的经济发展和资源分布特征基本吻合。

通过生态环境状况分级图（图 7-20）可知，2000 年生态环境状况等级为良好的有府谷县、神木县、榆阳区、佳县、横山县和定边县六县，而其余六县的等级为一般；2010 年榆林市生态环境状况等级为一般的有府谷县、神木县、榆阳区、佳县、横山县、靖边县和子洲县七县，占区县总数的 58.33%，这些区县的植被覆盖度中等，生物多样性处于一般水平，比较适合人类生存；而定边县、绥德县、米脂县、清涧县和吴堡县五县的生态环境状况等级为良好，占榆林市区县总数的 41.67%，这些区县植被覆盖度较高，生物多样性较丰富，基本适合人类生存。

由表 7-21 可知，2000 年和 2010 年榆林市总体生态环境状况指数分别为 54.83 和 53.29，生态环境状况指数总体上呈现下降的趋势，其中 2000～2010 年，生物丰度指数和植被覆盖指数都有所上升，反映出榆林市境内的植被覆盖和生物多样性均有所好转，而土地退化指数、水网密度指数和环境质量指数都有所下降，特别是环境质量指数的下降幅度较大，下降幅度达 11.58%，反映出榆林市在经济快速发展的同时，污染问题十分严重，环境质量在不断恶化，水土保持工作仍然相当的严峻。

表 7-21　2000 年和 2010 年榆林市生态环境状况指数

年份	生物丰度指数	植被覆盖指数	水网密度指数	土地退化指数	环境质量指数	EI
2000	64.11	64.31	8.32	50.25	94.39	54.83
2010	65.37	65.21	7.94	49.01	83.46	53.29

7.3.2　生态环境状况变化幅度及分析

将 2000 年和 2010 年榆林市各个区县的生态环境状况指数在 ArcGIS 平台下，采用空间分析模块中的空间计算器进行叠加分析，计算得到 2000～2010 年的生态环境状况的变化值 ΔEI，然后运用重分类工具将 ΔEI 进行分级，得到榆林市各区县的生态环境状况分级情况，见图 7-21。

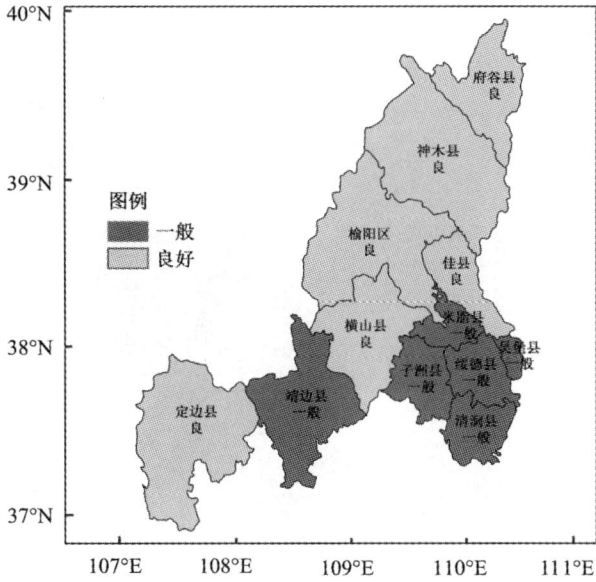

（a）2000 年

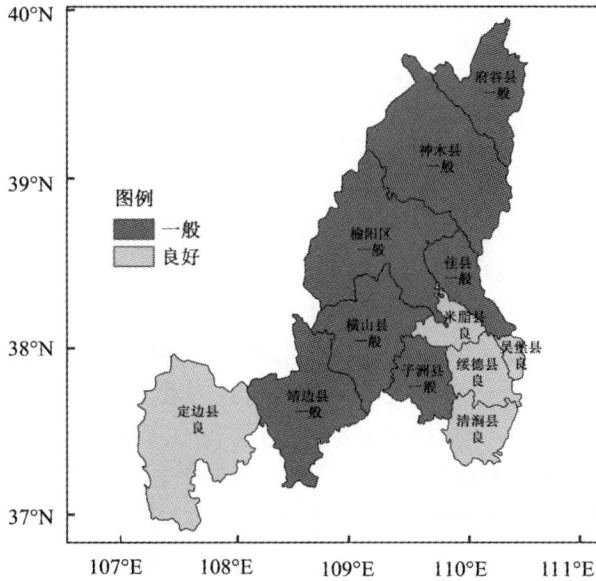

（b）2010 年

图 7-20 生态环境状况分级图

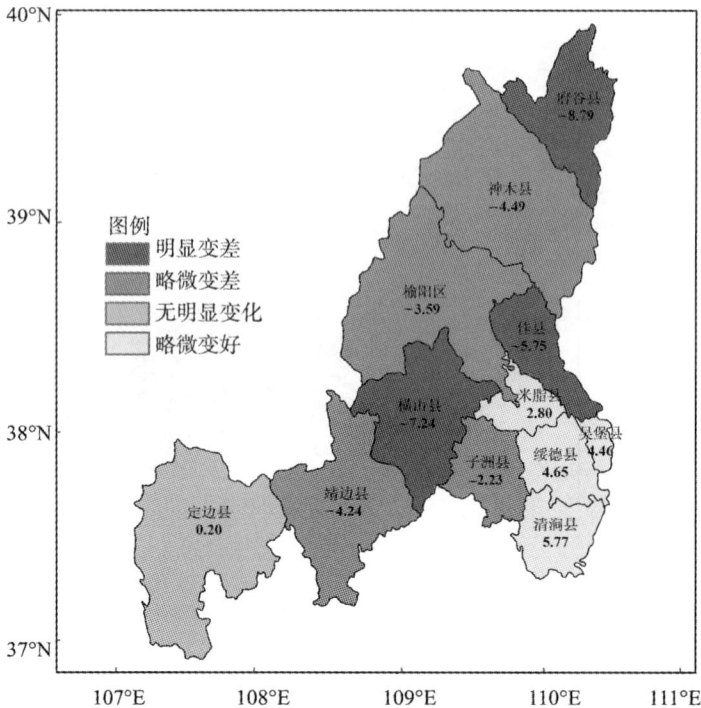

图 7-21　生态环境状况变化分级图

2000～2010 年，可将榆林市 12 区县的生态环境状况的动态变化分成三个等级，即"无明显变化"、"略有变化"和"明显变化"三级。在 12 个区县中，只有定边县的变化值|ΔEI|≤2，为"无明显变化"一级，占全市总数的 8.33%，神木县、榆阳区、靖边县、子洲县、米脂县、绥德县、吴堡县和清涧县 8 个区县的变化值为 2<|ΔEI|<6，为"略有变化"一级，占全市总数的 66.67%，而府谷县、横山县和佳县三个县的变化值为 6<|ΔEI|≤10，为"明显变化"一级。

在 8 个"略有变化"一级的区县中，米脂县、绥德县、吴堡县和清涧县的生态环境状况略微变好，神木县、榆阳区、靖边县和子洲县的生态环境状况略微变差；而"明显变化"一级的府谷县、横山县和佳县三个县的生态环境状况为明显变差。略微变好的区县主要集中在南六县，这些区县的生态环境较好，植被覆盖程度较高，生物多样性比较丰富，生态系统较为稳定；而略微变差和明显变差的区县主要集中在北六县，这些区县经济快速发展，建设用地大量增加，加之这些地区的能源资源富集，经济发展和能源开发开采过程中造成了当地生态环境的破坏，因此这些区县的生态环境不断变差。

7.4　基于栅格单元的生态环境变化及分析

　　遥感技术具有数据获取速度快、大范围监测、成本低等特点，适用于长期的实时动态监测。基于实地调查统计数据和遥感数据，结合 GIS 和 RS 技术来评价分析当前榆林市生态环境现状和空间的内部差异。通过研究区的生态环境评价结果，揭示同为能源开发区和生态脆弱区的榆林市的生态环境现状，探讨影响榆林市生态环境变化的驱动力因素，为能源开发区和生态脆弱区的经济发展和生态环境建设的可持续发展提供科学依据。

7.4.1　评价指标的标准化处理

　　指标的量化是正确进行生态环境定量评价的关键技术，由于所选取指标的原始数据之间存在单位和数值上的差异，量纲不统一，缺乏可比性，因此无法进行综合计算来进行生态评价。同时指标与生态环境存在正逆关系，因此需要量化处理所选取的指标。

　　《生态环境状况评价技术规范（试行）》规定：归一化系数=$100/A_{max}$，其中与生态环境质量存在正相关的是植被覆盖指数、生物丰度指数和水网密度指数，运用式（7-20）对其做归一化的标准处理；而与生态环境质量存在负相关的环境质量指数和土地退化指数采用式（7-21），对《生态环境状况评价技术规范（试行）》中各个指数的计算公式进行变形，具体如下。

　　（1）与生态环境正相关的因子：

生物丰度指数$(A_{bio})=100\times$(生物丰度指数实际值/生物丰度指数最大值)

植被覆盖指数$(A_{veg})=100\times$(植被覆盖指数实际值/植被覆盖指数最大值)　（7-20）

水网密度指数$(A_{wat})=100\times$(水网密度指数实际值/水网密度指数最大值)

　　（2）与生态环境负相关的因子：

土地退化指数$(A_{ero})=100-100\times$(土地退化指数实际值/土地退化指数最大值)

环境质量指数$(A_{env})=100-100\times$(环境质量指数实际值/环境质量指数最大值)

$$（7-21）$$

7.4.2　各项指标空间数据的生成

参考《生态环境状况评价技术规范（试行）》的生态环境评价指标并在其基础上做出相应的调整与修改，应用 GIS 技术以 1 千米×1 千米的栅格点数据作为基本评价单元对榆林市的生态环境状况进行评价（图 7-22）。运用 ArcGIS 强大的空间分析和统计功能，在 ArcGIS 平台中栅格化各二级地类的面积、湖库面积、河流长度、烟尘排放量、SO_2 排放量、固体废弃物排放量、COD 排放量和年均降水量，通过《生态环境状况评价技术规范（试行）》中的基本计算公式，生成榆林市各区县生物丰度指数、土地退化指数、水网密度指数、被覆盖指数和环境质量指数的 1 千米×1 千米分辨率栅格点的空间数据，最终根据生态环境状况指数的计算公式，运用 GIS 技术计算出榆林市各区县的生态环境状况指数。

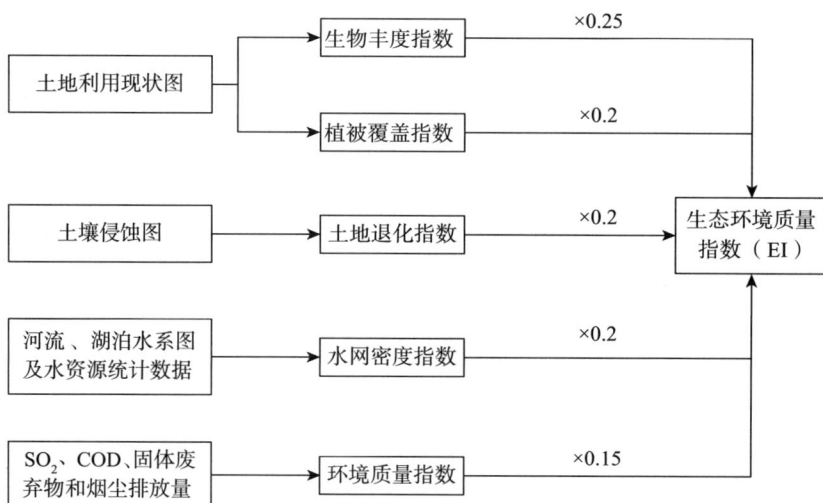

图 7-22　生态环境评价技术路线图

1. 生物丰度指数的空间变化

在《生态环境状况评价技术规范（试行）》中生物丰度指数的大小与权重存在倍数的关系。因此，生物丰度指数大小的空间分布能够通过权重值的空间分布来反映。参照《生态环境状况评价技术规范（试行）》中对各级用地类型所规定的权重值，对 2000 年和 2010 年榆林市各区县用地类型赋权重，根据生物丰度指数的计算公式在 ArcGIS 的栅格计算器中生成生物丰度指数的空间数据。

以下是该指标空间数据的生成过程。

（1）具体赋值情况见表 7-22。

表 7-22　各土地类型权重表

一级地类	权重	结构类型	分权重	占一级地类权重
林地	0.35	有林地	0.6	0.21
		灌木林地	0.25	0.087 5
		疏林地及其他林地	0.15	0.052 5
草地	0.21	高覆盖度草地	0.6	0.126
		中覆盖度草地	0.3	0.063
		低覆盖度草地	0.1	0.021
水域湿地	0.28	河流	0.1	0.028
		湖泊（库）	0.3	0.074
		滩涂湿地	0.6	0.168
耕地	0.11	水田	0.6	0.066
		旱地	0.4	0.044
建筑用地	0.04	城镇建设用地	0.3	0.012
		农村居民点	0.4	0.016
		其他建筑用地	0.3	0.012
未利用地	0.01	沙地	0.2	0.002
		盐碱地	0.3	0.003
		裸土地	0.3	0.003
		裸岩石砾	0.2	0.002

（2）在 ArcGIS 平台中编辑二级地类矢量图层的属性表，新建一个 "value" 字段，将每一种二级地类按表 7-22 中二级地类占一级地类权重来赋予相应的权重值，接着利用数据格式转换工具，以权重字段 "value" 的值为指定属性，将其转换成分辨率为 1 千米×1 千米的 GRID 栅格数据图层，然后将 2000 年和 2010 年的栅格数据代入栅格计算器中乘以生物丰度指数的归一化系数，从而计算得到两年期榆林市市域范围内生物丰度指数的空间分布，见图 7-23。

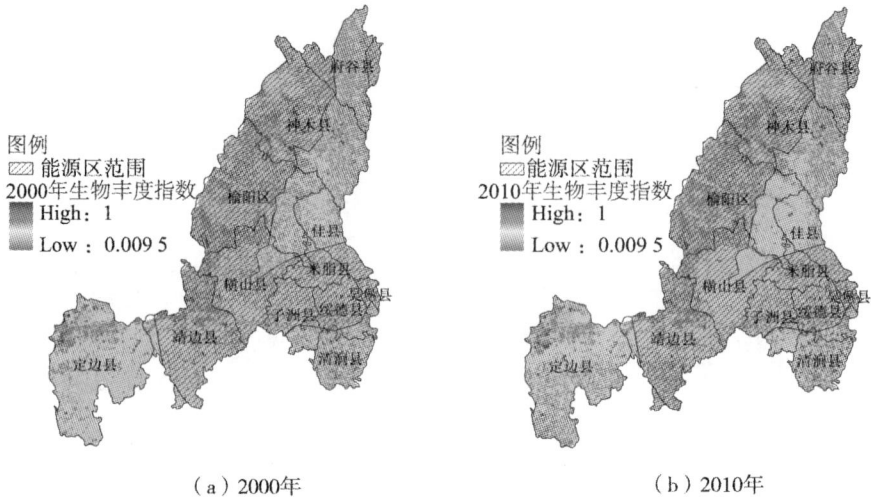

（a）2000年　　　　　　　　（b）2010年

图7-23　2000年和2010年榆林市生物丰度指数图

　　由图7-23可以看出，2000年榆林市大部分地区的生物丰度指数处于较高的水平，生物丰度指数最高区域分布极少且零星分布，主要分布在沿河区域的范围内及定边西北角地区，这些区域水资源相对比较丰富，有利于植被的生长发育，从实际情况来看，这些区域的植被分布主要为林地，生物的种类比较丰富；生物丰度指数处于中上水平的区域主要分布在榆林市的南部六县、横山县中部、东部地区和沿黄区域，定边县也有零星分布，这些地区的植被类型以高覆盖度的草地和灌木林地为主，生物的多样性相对较高；中等水平的区域主要分布在定边县和靖边县南部地区，这些地区主要分布有低覆盖度的草地，生物丰度指数较低，生物种类分布较少；而生物丰度最低的区域主要分布在神木县西北部、榆阳区西部、横山县西北角、靖边县和定边县北部地区，大致分布区域在长城沿线以北的风沙草滩区，这些地区主要是沙地、裸土地等，生物种类少。同时生物丰度指数较低的区域主要分布在能源区范围之内。从空间分布来看，2000年榆林市生物丰度指数呈现出东部地区比西部地区的高，并且榆林市南六县的生物丰度指数要普遍高于北六县。

　　相比于2000年榆林市的生物丰度指数，2010年榆林市的生物丰度指数在空间上发生了较大的变化，生物丰度指数呈现出南部和东南部高于北部，生物丰度指数较高的区域为南六县、定边县和靖边县南部、神木县和府谷县东部的沿黄区域，而其他区域的生物丰度指数相对较低。2000～2010年，生物丰度指数大致呈现出中部变低、南部变高的趋势，指数明显变低的区域为榆阳区东部、佳县西北部、横山县大部分地区以及子洲县和清涧县接壤的区域，同时指数变低的区域主要分布在能源区及周边范围内，该区域内生物多样性下降。指数明显变高的区域为定边县和靖边县南部，这些地区生物多样性增加，生态环境有所改善。

由图 7-23 可知，2000 年和 2010 年，榆林市南六县的生物丰富指数要普遍高于北六县，森林覆盖率高的地区生物丰度指数高。自 1999 年国家开始实施的黄土高原退耕还林还草工程，榆林市境内大部分地区的森林覆盖有所提高，但是在城市的快速发展，特别是能源的开采开发过程中，地表植被覆盖遭到不同程度的破坏。2000～2010 年，榆林市生物丰度指数下降和上升的区域并重。

2. 植被覆盖指数的空间变化

在《生态环境状况评价技术规范（试行）》中植被覆盖指数与权重值的大小息息相关，因此植被覆盖指数大小的空间分布可以通过权重值的空间分布来反映。根据《生态环境状况评价技术规范（试行）》中各用地类型所确定的权重值，对 2000 年和 2010 年榆林市各区县的土地利用现状图中的各个土地利用类型赋予相应的权重值，其中将水域类型的权重值赋为 0，不参与计算。然后根据公式计算植被覆盖指数，通过栅格计算器生成植被覆盖指数的空间数据。

以下是该指标空间数据的生成过程。

（1）水域类型的权重值为 0，然后根据表 7-23 给出其余的土地利用类型并赋予相应的权重值。

表 7-23　植被覆盖类型权重表

一级地类	权重	结构类型	分权重	占一级地类权重
林地	0.38	有林地	0.6	0.228
		灌木林地	0.25	0.095
		疏林地及其他林地	0.15	0.057
草地	0.34	高覆盖度草地	0.6	0.204
		中覆盖度草地	0.3	0.102
		低覆盖度草地	0.1	0.034
耕地	0.19	水田	0.7	0.133
		旱地	0.3	0.057
建筑用地	0.07	城镇建设用地	0.3	0.021
		农村居民点	0.4	0.028
		其他建筑用地	0.3	0.021
未利用地	0.02	沙地	0.2	0.004
		盐碱地	0.3	0.006
		裸土地	0.3	0.006
		裸岩石砾	0.2	0.004

（2）在 ArcGIS 平台中编辑二级地类矢量图层的属性表，新建一个"value"字段，将每一种二级地类按表 7-22 中二级地类占一级地类权重来赋予相应的权重值，接着利用数据格式转换工具，以权重字段"value"的值为指定属性，将其转换成分辨率为 1 千米×1 千米的 GRID 栅格数据图层，然后将 2000 年和 2010 年的栅格数据代入栅格计算器中乘以植被覆盖指数的归一化系数，从而计算得到两年期榆林市市域范围内植被覆盖指数的空间分布，见图 7-24。

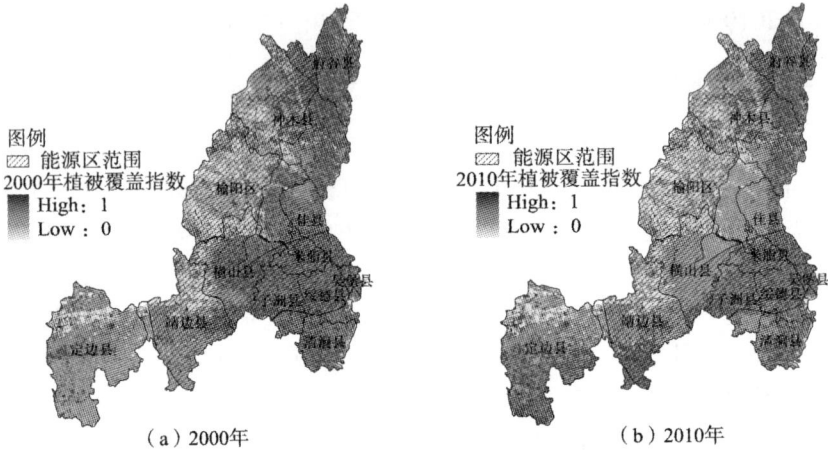

图 7-24 2000 年和 2010 年榆林市植被覆盖指数图

由图 7-24 可知，2000 年榆林市大部分地区的植被覆盖指数处于较高的水平，图中植被覆盖度最高的区域，主要分布在定边县西北部的零星区域、沿河沿黄流域；植被覆盖度指数处于中上水平的区域主要分布在榆林市东部地区，如府谷县、神木县东部、榆阳区东部、横山县大部分地区、靖边县东部和横山县交界地区，以及榆林市整个南六县，这些地区主要分布着高覆盖度草地和灌木林地，植被覆盖度较高，图中植被覆盖指数处于中下水平的区域主要分布于神木县东部、榆阳区大部分地区、靖边县和定边县，这些地区的植被主要为低覆盖度的草地，植被覆盖指数较低；图中植被覆盖指数最低且所占面积比例较小的区域主要分布于定边县和靖边县北部、榆阳区大部分地区、神木县与榆阳区交界的地区，其分布范围主要为与榆林市北部的区县，这些地区主要是沙地和裸地等，植被类型单一且覆盖度较小。由图可知，绝大多数植被覆盖指数低的区域位于能源区内，从空间分布来说，2000 年榆林市植被覆盖指数具有明显的地带性，长城沿线以北地区的风沙草滩区植被覆盖指数低，而长城沿线以南的地区植被覆盖指数高。

　　2010 年植被覆盖指数发生了明显的空间变化，定边县和靖边县南部地区的植被覆盖指数变为中上水平，植被指数有所上升，而横山县、榆阳区与佳县交界地区、子洲县和清涧县交界地区及神木县中部地区的植被覆盖指数由中上水平变为中下水平，植被覆盖指数降低。从各区县的植被覆盖指数来看，府谷县、米脂县、子洲县、绥德县、吴堡县、清涧县六个县境内的植被覆盖指数在榆林市各区县中处于较高水平；而定边县、靖边县和神木县三县的植被覆盖指数处于中等水平；榆阳区和横山县的植被覆盖指数在各区县中较差。从空间分布上可以看出，2010 年榆林市南部和东南部地区的植被覆盖指数要高于北部地区，沿黄沿河地区的植被覆盖指数要高于非沿河流域地区。

　　从以上总结可知，2000 年和 2010 年榆林市南六县的植被覆盖指数要普遍高于北六县，植被覆盖度高的地区主要为有林地、灌木林地、疏林地和高覆盖度草地，而植被覆盖度较高的定边县和靖边县中、低覆盖度草地分布面积大，植被覆盖指数低的榆阳区横山县，境内沙地和裸土地等土地类型的分布面积较大。

　　3. 水网密度指数的空间变化

　　《生态环境状况评价技术规范（试行）》中水网密度指数是指水资源量、湖泊面积和河流长度与研究区面积的比值。由于河流水系的比例尺较小，并且榆林市位于干旱半干旱区，境内湖泊分布很少且面积较小，因此本章中水网密度指数只包括河流总长度和水资源量两部分数据。通过计算水网密度指数的计算公式得到水网密度指数的空间数据。

　　1）基于格网的河流密度的计算

　　首先，计算单个格网内河流的长度，而河流密度为单个格网内河流长度和格网面积的比值，进而计算得到水网密度指数。其具体步骤如图 7-25 所示。

　　其次，将格网转换成 1 千米×1 千米的栅格数据，其每个栅格的属性值为河流密度，如图 7-26 所示。

　　最后，归一化处理河网密度指数，其计算公式为

　　　　河网密度指数（A_{riv}）=河网密度指数实际值/河网密度指数最大值

　　2）水资源量密度计算

　　先计算出各区县的水资源密度，其计算公式如下：

　　　　　　各区县的水资源密度=各县的水资源量/各县的行政区面积

　　将计算出的各县的水资源密度赋给各乡镇所在行政点并进行数字化处理，利用反距离权重插值对各县行政点的水资源量进行空间插值，从而得到各县水资源量的空间化数据，如图 7-27 所示。

```
┌─────────────────┐              ┌─────────────┐
│ 榆林市行政区划图 │              │  全国水系图  │
└────────┬────────┘              └──────┬──────┘
         │ 用fishnet命令裁切             │ 用clip命令裁切
         ▼                               ▼
┌─────────────────┐              ┌─────────────┐
│  榆林市格网图    │              │ 榆林市水系图 │
└────────┬────────┘              └──────┬──────┘
         │                               │
         └───────────────┬───────────────┘
                         ▼
              ┌─────────────────┐
              │   榆林市水系图   │
              └────────┬────────┘
                       │ 计算
                       ▼
              ┌─────────────────┐
              │   榆林市水系图   │
              └─────────────────┘
```

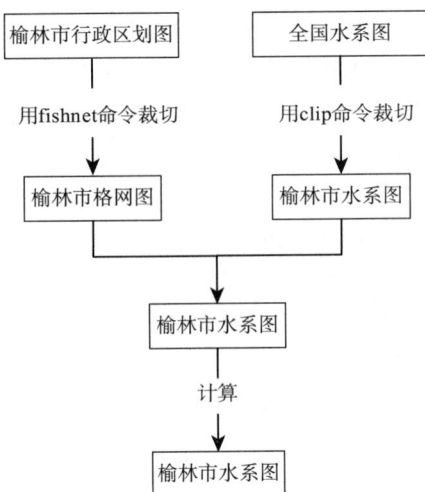

图 7-25　河网密度计算流程图

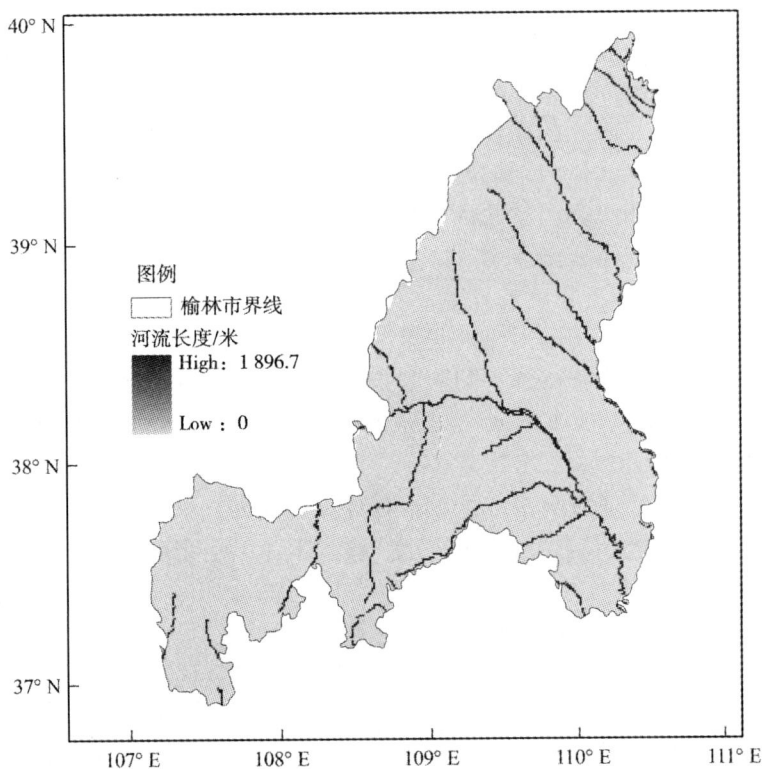

图 7-26　榆林市河网密度图

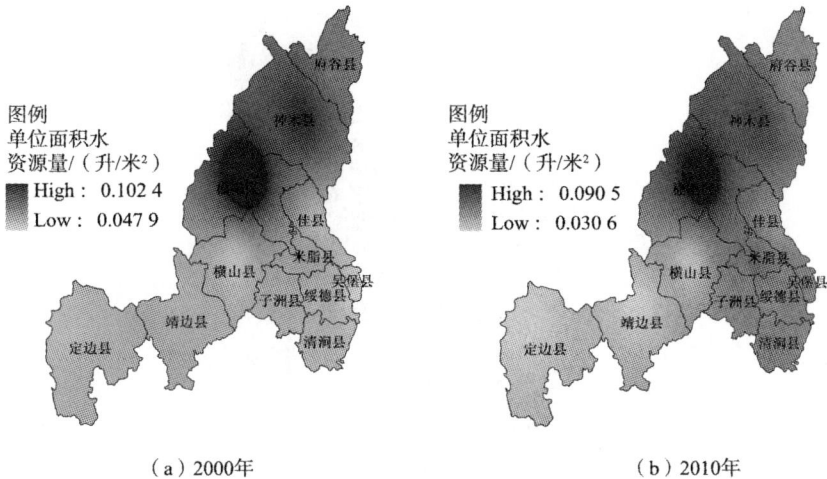

（a）2000年　　　　　　　　　　　　　　　（b）2010年

图 7-27　榆林市各区县水资源量分布图

水资源量密度指数的归一化处理计算公式为

水资源量密度指数（A_{res}）=水资源量密度指数实际值/水资源量密度指数最大值

水网密度指数由河网密度指数、湖泊密度指数和水资源量密度指数加权得出，由于本章所计算的数据不包括湖泊密度指数，因此水网密度指数的计算公式改为

$$水网密度指数=（河网密度指数+水资源量密度指数）/2 \qquad （7-22）$$

运用 ArcGIS 软件中 Spatial Analyst 工具的栅格计算器对河网密度指数和水资源量密度指数图层进行叠加计算分别得出 2000 年和 2010 年榆林市的水网密度指数，如图 7-28 所示。

如图 7-28 所示，2000 年榆林市大部分地区的水网密度指数处于中下水平，图中水网密度指数最高的区域主要集中在榆阳区大部分地区及其各个水系上，这是由于在各区县中，榆阳区的降水量最大，单位面积上的水资源量大，因此水网密度指数的高值区在榆阳区；神木县和府谷县次之，其境内河网密度程度较高，同时这两个区县的降水量也相对比较丰富，水网密度指数处于榆林市的中上等水平；定边县和横山县的河网密度分布程度不高导致水网密度指数处于中下等水平，同时这两个区县的降水量处于全市的较低水平，地表水资源较少，单位面积的水资源量较小。从水网密度指数的空间分布来看，榆林市北部区县的水网密度指数要高于南部的区县，东部沿黄地区的水网密度指数要高于西部干旱半干旱地区，水网密度指数大致表现为由北向南、由东向西逐渐降低的分布趋势。

2010 年榆林市大部分地区的水网密度指数处于中下水平，水网密度指数的高

（a）2000年

（b）2010年

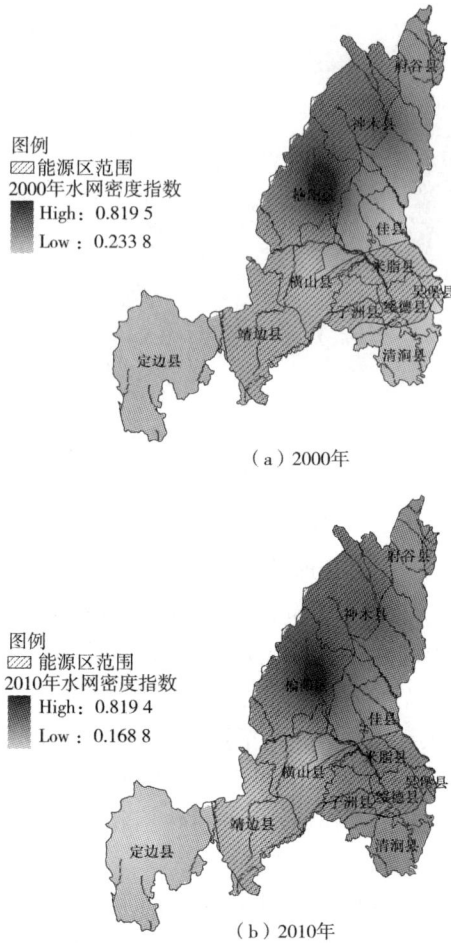

图 7-28　榆林市水网密度指数图

值分布区域主要集中在榆阳区大部分地区及其各个水系上，其中榆阳区的水网密度指数仍是高值分布的主要区域，而定边县和靖边县的水网密度指数处于榆林市的中下游水平，这两个县的降水量较低，地表水资源来源较少致使水网密度指数处在较低的水平。从水网密度指数的空间分布来看，榆林市水网密度指数的空间分布表现为东部地区要普遍高于西部地区，从东向西呈现递减的趋势，各区县的水网密度指数因地理位置、地表水系和区域气候条件的不同而存在明显的空间差异。2000～2010 年，榆林市各区县的水网密度指数空间变化趋势明显，南部六县的水网密度指数呈现上升的趋势，而北部六县的水网密度指数逐步下降。

4. 土地退化指数的空间变化

根据《土壤侵蚀分类分级标准》将土壤侵蚀分成重度、中度、轻度侵蚀三类。因为土壤侵蚀负向影响生态环境质量评价的结果，而各侵蚀强度的负向权重分别为 0.7、0.25、0.05。相应的各正向权重为 0.3、0.75、0.95，由于正向权重之和等于 2，因此将正向权重分别除以 2 得出其权重为 0.15、0.375、0.475。

根据《生态环境状况评价技术规范（试行）》的要求，土壤侵蚀的强度分级和相应权重的赋值情况见表 7-24。

表 7-24　土壤侵蚀强度分级和权重值表

项目	轻度侵蚀	中度侵蚀	重度侵蚀
权重值	0.475	0.375	0.15

在 ArcGIS 平台中编辑土壤侵蚀强度矢量图层的属性表，新建一个 "value" 字段，将各土壤侵蚀强度按表 7-24 中土壤侵蚀强度分级来赋予相应的权重值，接着利用数据格式转换工具，以权重字段 "value" 值为指定属性，将其转换成分辨率为 1 千米×1 千米的 GRID 栅格数据图层，然后将 2000 年和 2010 年的栅格数据导入栅格计算器中乘以土地退化指数的归一化系数，从而计算得到两年期榆林市市域范围内土地退化指数的空间分布，见图 7-29。

从榆林市 2000 年和 2010 土地退化指数图（图 7-29）可知，该地区土地退化指数的空间分布特征较为明显，主要表现为北部和西北部的土地退化指数较高，属于中上水平，南部和东南部总体土地退化指数较低，基本上处于中下水平。这种地区的空间差异主要来源于地形的差异，西北部和北部地区属于风沙草滩区，地形相对比较平坦，土壤的潜在侵蚀量较小，而南部和东南部地区基本属于黄土高原丘陵沟壑区，地形崎岖，土壤的潜在侵蚀量相对较大，因此表现为西北部和北部地区的土地退化指数要高于南部和东南部地区。

对比 2000 年的土地退化指数图，可以看出该时期榆林市的土地退化指数的空间分布在总体上呈现出一定的规律性。其中，土地退化指数较高的区域主要集中分布在榆林市坡度较小、地势相对平缓的地段，榆林市北部和西北部地区的分布最为显著，该地区属于风沙草滩区，地形相对比较平坦，土壤的潜在侵蚀量较小，土壤侵蚀类型主要以轻度侵蚀为主，因此土地退化指数较高；而中度和重度的土壤侵蚀主要集中分布在坡度较大、地形起伏大和植被覆盖度较低的区域，尤以南部和东南部地区最为显著，该地区属于黄土高原丘陵沟壑区和墚状低山丘陵区，地形崎岖，土壤的潜在侵蚀量相对较大，因此土地退化指数相对西北部和北部平坦地区较低。从 2010 年的土地退化指数图可以看出，该时期的土地退化指数的空

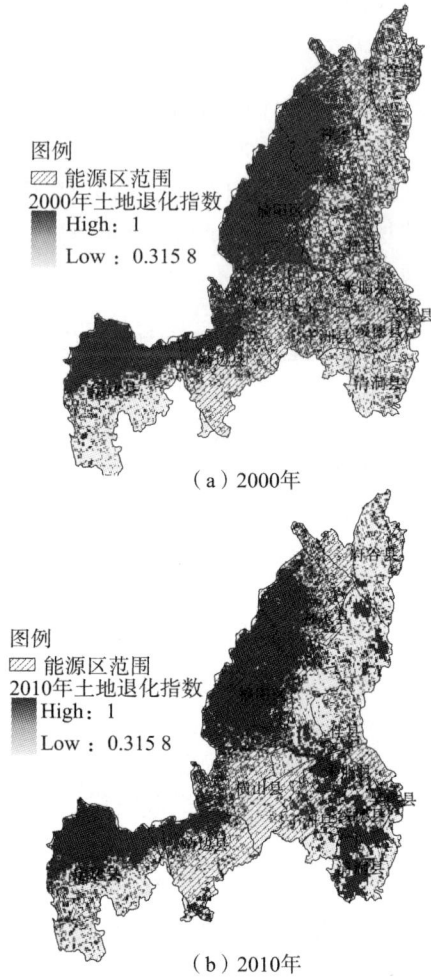

（a）2000年

（b）2010年

图 7-29　榆林市土地退化指数图

间分布相比 2000 年有了明显的变化，主要表现在榆林市的长城沿线及以南地区土地退化指数降低，该地区大部分区域的土壤侵蚀向中度和重度侵蚀类型转变，特别是榆林市中南部的横山县、靖边县和佳县地区及北部府谷县的土壤侵蚀恶化情况十分明显，因此这些地区的土地退化指数显著下降；而东南部的大部分地区如绥德县、米脂县和清涧县等，土壤侵蚀情况得到了十分明显的改善，土壤重度侵蚀区大面积减少，土壤侵蚀类型发生了相反的转变，由重度和中度侵蚀向轻度侵蚀类型转变，土地退化指数有了明显的好转。

究其原因,主要是榆林市全市范围内开始实施退耕还林还草工程之后,这些地区土地利用的方式发生了巨大的变化,坡耕地大幅度退耕,林地、草地面积增加,植被覆盖度有了明显的提高,这使原有的中度和重度的土壤侵蚀开始慢慢地向轻度土壤侵蚀类型转变,致使土地退化指数有了明显的上升,但是那些土地退化指数降低的地区,人为活动影响剧烈,在城市发展建设和能源开采开发过程中,水土保持的措施不尽完善,管理措施也未到位,致使该地区土地退化指数发生了由高向低的转变。

5. 环境质量指数的空间变化

SO_2、COD 和固体废弃物为《生态环境状况评价技术规范(试行)》中定义的环境质量指数的三项指标,结合榆林市经济发展、生态建设和环境状况的实际状况,SO_2、COD 和固体废弃物并不能完全反映榆林市大气环境、水环境和固体废物的污染情况。榆林市作为国家重要的能源基地,煤炭等能源的发掘开采和开发是榆林市经济发展中一个重要的产业支柱,同时冬季大规模的集中供暖,煤炭也是能源供应的主要来源,这些都会对榆林市环境造成巨大且不容忽视的影响。在能源生产开发过程中产生的烟尘也是必须充分考虑的一个指标因素,同时该指标也与当地环境的实际情况有着极强的相关性。因此,本次评价在参考《生态环境状况评价技术规范(试行)》中环境质量指标的基础上,选取 SO_2、COD、固体废弃物和烟尘作为榆林市生态环境评价中环境质量的评价指标,并结合实际情况对环境的各个指标重新赋予权重值。

由于获得的 SO_2、COD、固体废弃物和烟尘的排放量是统计数据,因而先对统计数据做预处理,以便于在空间平台上以栅格为基本评价单元做空间分析。计算 SO_2、COD、固体废弃物和烟尘的各县单位面积排放量,其计算公式如下:

$$各县\ SO_2\ 单位面积排放量=各县\ SO_2\ 排放量/各县行政区面积$$
$$各县\ COD\ 单位面积排放量=各县\ COD\ 排放量/各县行政区面积$$
$$各县固体废弃物单位面积排放量=各县固体废弃物排放量/各县行政区面积$$
$$各县烟尘单位面积排放量=各县烟尘排放量/各县行政区面积$$

然后将 SO_2、COD、固体废弃物和烟尘排放量密度数据赋予各县所在行政点进行数字化处理,利用反距离权重插值对各县行政点的污染物排放量密度数据进行空间插值,从而得到各县污染物排放量密度数据的空间化数据,如图 7-30 所示。

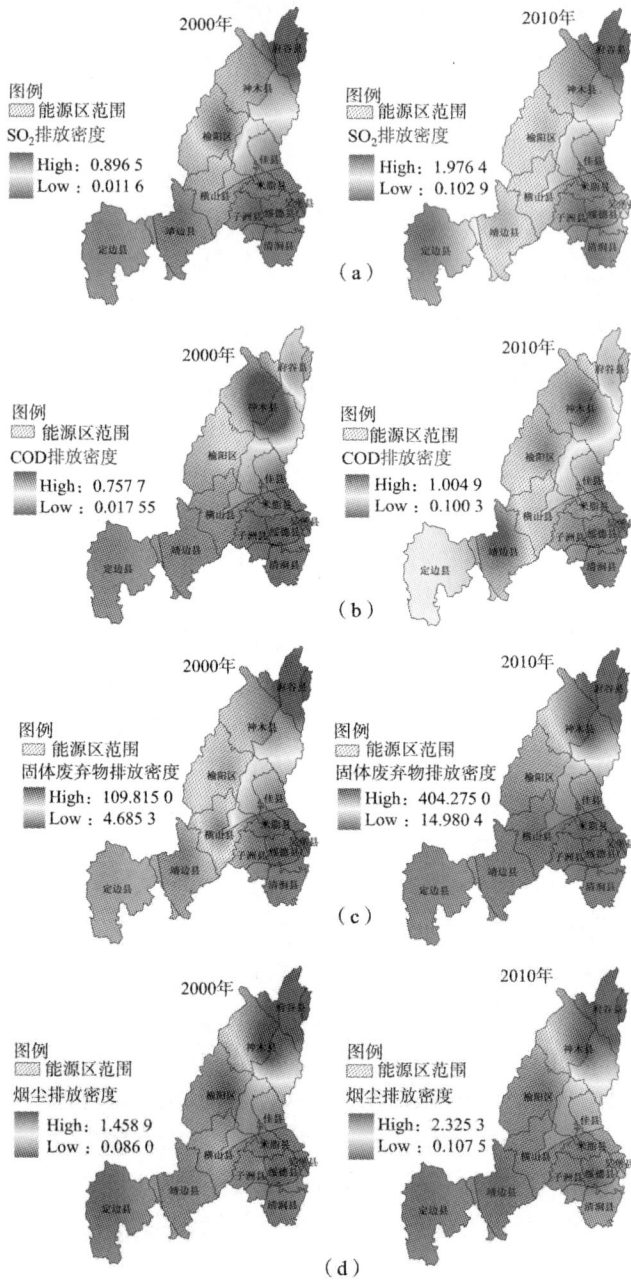

图 7-30　榆林市污染物排放密度图

　　为了使各县污染物排放量密度数据统一量纲从而参与环境质量指数的计算，对得出的 SO_2、COD、固体废弃物和烟尘排放量密度数据进行归一化处理，其计算公式为

$$SO_2 \text{归一化系数} = SO_2 \text{实际值} / SO_2 \text{最大值} \qquad (7\text{-}23)$$

$$COD \text{归一化系数} = COD \text{实际值} / COD \text{最大值} \qquad (7\text{-}24)$$

$$\text{固体废弃物归一化系数} = \text{固体废弃物实际值} / \text{固体废弃物最大值} \quad (7\text{-}25)$$

$$\text{烟尘归一化系数} = \text{烟尘实际值} / \text{烟尘最大值} \qquad (7\text{-}26)$$

　　依据《生态环境状况评价技术规范（试行）》，环境质量指数由 SO_2、COD、固体废弃物和烟尘排放量归一化指数乘以相应的权重求和得出，结合榆林市实际情况对环境的各个指标重新赋予权重值，其环境质量指数计算公式为

$$
\begin{aligned}
\text{环境质量指数} = {}& 0.38 \times (1 - SO_2 \text{归一化指数}) + 0.38 \\
& \times (1 - COD \text{归一化指数}) + 0.17 \\
& \times (1 - \text{固体废弃物归一化指数}) \\
& + 0.07 \times (1 - \text{烟尘归一化指数})
\end{aligned}
\qquad (7\text{-}27)
$$

　　运用 ArcGIS 软件中 Spatial Analyst 工具的栅格计算器，将各污染物指标的归一化指数 GRID 图层运用上述公式计算出环境质量指数，如图 7-31 所示。

　　由图 7-31 可知，2000 年榆林市的环境污染主要集中分布在府谷县、神木县、榆阳区和横山县，该四县的环境质量指数相对较低，而其他区县的环境质量指数较高，特别是榆林市南六县的环境质量指数普遍较高，处于榆林市的中上水平，定边县和靖边县次之。从 2000 年榆林市环境质量指数图可以看出，该市环境质量指数的空间分布存在一定的规律性，其中环境质量指数较高的区域主要集中分布在榆林市的南六县，这些地区污染物排放较小，受污染的程度较低，空间变化趋势表现为由北向南环境质量指数逐渐降低。2010 年榆林市环境污染发生了较大的变化，环境污染主要分布在北部的府谷县、榆阳区、神木县、靖边县、横山县和定边县，北部六县的环境质量指数较低，而南部六县的环境质量指数相对较高，呈现出显著的空间分布特征，空间变化趋势表现为由北向南、由西向东环境质量指数逐渐降低。

　　2000～2010 年，榆林市环境质量指数的最高值和最低值均降低，说明榆林市环境污染持续恶化。通过图 7-31 可以看出，榆林市各区县的环境质量指数普遍降低，其中榆阳区、靖边县和定边县的环境质量指数下降幅度最大，横山县和吴堡县次之，由此可知环境质量指数下降幅度高值区主要分布在榆林市的北六县，榆林市作为国家能源基地，自 2000 年以来，煤炭及其他能源资源价格的不断走高，带来了丰富的经济效益，政府和企业片面地追求经济的高速增长，以粗放型作为

（a）2000年

（b）2010年

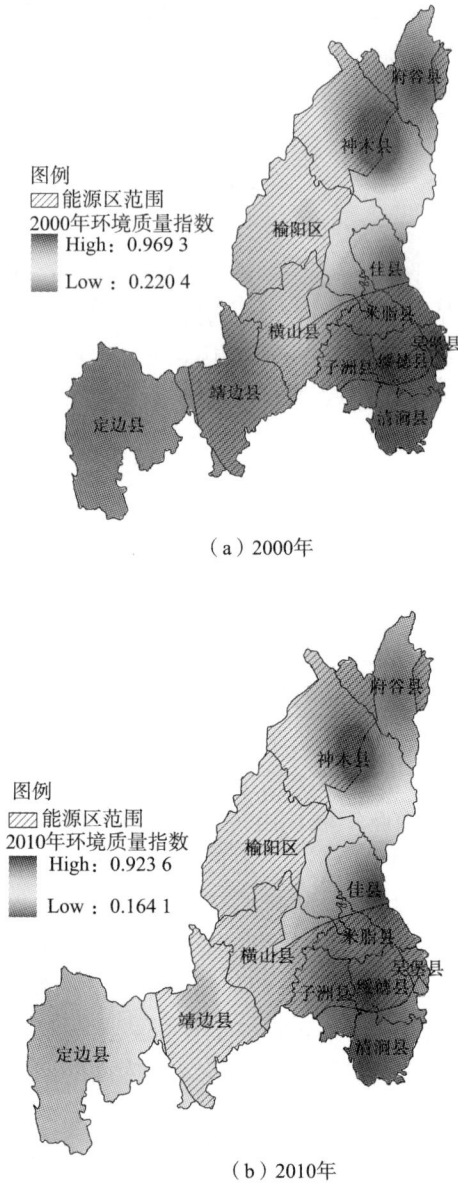

图 7-31　榆林市环境质量指数图

生产方式，忽视了对环境的保护，环保投资力度很小，工业的快速增长导致大量工业污染物的产生，工业"三废"的处理量很低，工业"三废"得不到完全的处

理，部分且增长的民用污染源，如民用小锅炉烟气、民用生活污水等未能得到有
效地收集和处置造成榆林市环境质量指数的持续下降。

6. 生态环境状况指数的空间分布及变化分析

通过生态环境状况指数（EI）的计算公式，结合评价区域内各年的分项指数
结果以及指标体系中规定的各分项指数的权重，计算出评价研究区域各年度基于
1 千米×1 千米分辨率栅格的生态环境状况指数，见图 7-32。

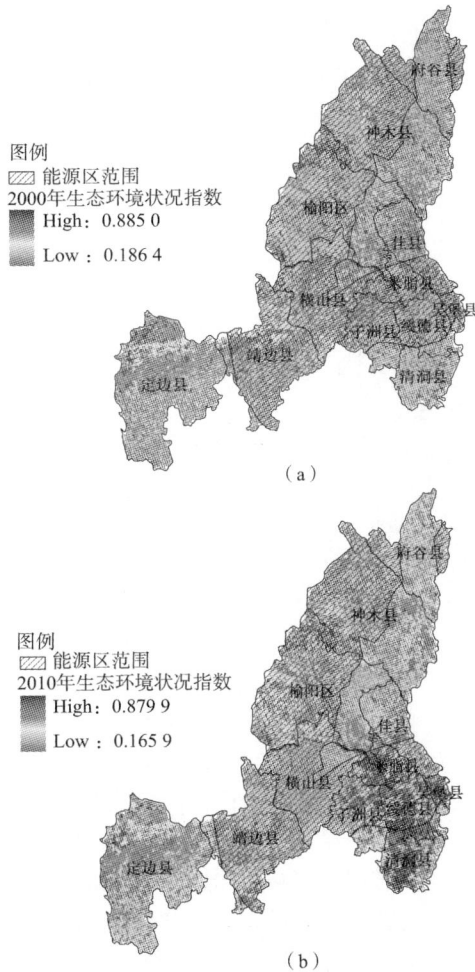

（a）

（b）

图 7-32　榆林市生态环境状况指数图

由图 7-32 可以看出，2000 年榆林市的生态环境状况指数为 18.64～88.5，其中生态环境质量指数较高的区域主要分布在定边县北部、定边县和靖边县交界地区、榆阳区与神木县交界地区及榆林市中部，这些地区的生态环境质量指数较高，生态环境质量较好，而神木县、府谷县以及定边县和靖边县南部地区的生态环境质量指数较低，生态环境相比于其他地区较差。而到了 2010 年，各地区生态环境质量指数的空间分布发生了明显的变化，其中生态环境质量指数较高的地区主要分布在定边县北部、定边县和靖边县交界地区、靖边县南部及榆林市南六县的部分地区，这些地区生态环境质量指数高。特别是榆林市南六县地区，这些地区的生态环境质量指数明显增高，生态环境质量改善趋势十分显著，此外，定边县南部、榆阳区和神木县交界地区的生态环境也得到了明显的改善。而靖边县、横山县、榆阳区和佳县交界地区，以及神木县和府谷县大部分地区生态环境质量指数偏低，相比于 2000 年生态环境质量明显恶化，其中靖边县和横山县恶化情况尤为显著。

根据《生态环境状况评价技术规范（试行）》将生态环境状况指数分为优、良、一般、较差和差五个等级，如图 7-33 所示。

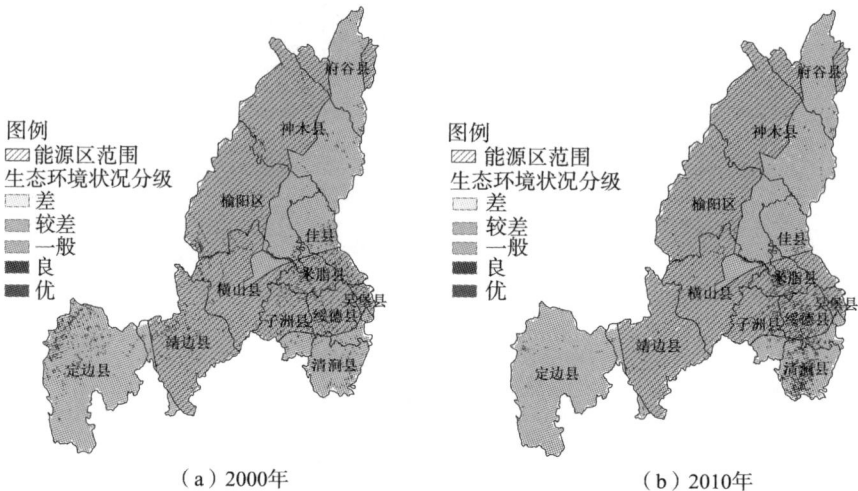

（a）2000年   （b）2010年

图 7-33   榆林市生态环境状况指数分级图

由图 7-33 和表 7-25 可以看出，2000 年榆林市大部分地区的生态环境状况处于一般（35＜EI≤55）水平，占到总面积的 83.16%，即生物多样性处于一般水平，植被覆盖中等，比较适合人类生存，但存在不适合人类生存的制约性因子。较差等级所占比例为 13.09%，良等级所占比例为 3.58%，处于差等级（20＜EI≤35）和优等级（EI＞75）的比例很小，不超过 1%。2010 年榆林市的生态环境状况仍主

要处于一般（35 < EI≤55）水平，占到总面积的 65.79%，较差等级的比例上升到
31.07%，良等级所占比例为 2.77%，而差等级（20 < EI≤35）和优等级（EI>75）
的比例同样很小，不超过 1%。

表 7-25　2000 年和 2010 年榆林市各等级所占比例

项目	差	较差	一般	良	优
2000 年	0.01	13.09	83.16	3.58	0.16
2010 年	0.23	31.07	65.79	2.77	0.13
变化率	0.22	17.98	−17.37	−0.81	−0.03

2000～2010 年，榆林市生态环境状况指数等级发生了显著的变化，一般等级
的比例大幅度降低，从 2000 年的 83.16%下降到 2010 年的 65.79%，下降幅度达
17.37%；较差等级的比例上升了 17.98%，从 2000 年的 13.09%上升到 2010 年的
31.07%；而差等级、良等级和优等级均有不同程度变化，其变化幅度分别为 0.22%、
−0.81%和−0.03%，2000～2010 年榆林市生态环境不断恶化。为了进一步分析，对
各区县等级的分布进行统计，见表 7-26。

表 7-26　2000 年和 2010 年榆林市各区县等级所占比例统计（单位：%）

项目	差 2000 年	差 2010 年	较差 2000 年	较差 2010 年	一般 2000 年	一般 2010 年	良 2000 年	良 2010 年	优 2000 年	优 2010 年
榆阳区	0.00	0.00	4.87	16.58	92.82	82.33	2.28	1.07	0.03	0.03
神木县	0.05	0.58	14.65	33.11	84.00	65.89	1.25	0.37	0.04	0.05
府谷县	0.00	0.03	24.19	63.36	75.04	35.94	0.77	0.67	0.00	0.00
横山县	0.00	0.12	14.80	58.51	81.91	39.34	3.25	1.97	0.05	0.07
靖边县	0.00	1.06	25.51	50.45	70.65	47.66	3.46	0.66	0.38	0.17
定边县	0.00	0.00	19.55	15.92	73.89	83.40	5.97	0.20	0.60	0.47
绥德县	0.00	0.00	0.56	8.12	95.05	78.29	4.40	13.48	0.00	0.11
米脂县	0.00	0.00	0.17	11.36	89.85	74.24	9.97	14.31	0.00	0.09
佳县	0.00	0.00	6.78	36.88	87.10	61.40	6.12	1.72	0.00	0.00
吴堡县	0.00	0.00	0.53	14.87	89.18	80.26	10.29	4.87	0.00	0.00
清涧县	0.00	0.00	0.96	5.78	94.49	72.97	4.56	20.91	0.00	0.34
子洲县	0.00	0.00	2.99	23.63	92.22	72.28	4.79	4.10	0.00	0.00

统计结果表明，2000 年榆林市生态环境具有显著的空间分布特征，其中一般
等级所占比例南六县高于北六县，2000 年一般等级所占比例表现为绥德县>清涧
县>榆阳区>子洲县>米脂县>吴堡县>佳县>神木县>横山县>府谷县>定边县>靖边
县，良等级所占比例同样表现为南六县高于北六县，最高为吴堡县的 10.29%，米
脂县的 9.97%次之，最低为府谷县的 0.77%；而较差等级所占比例相反，北六县
要高于南六县，北六县中除榆阳区外，其他五县的比例均超过 10%，而府谷县和

靖边县的比例超过 20%，分别为 24.19%和 25.51%，差等级和优等级所占比例几乎没有，由此可以说明榆林市南六县的生态环境要普遍好于北六县。2010 年榆林市生态环境发生了明显的变化，北六县与南六县的生态环境差距进一步扩大，2010年一般等级所占比例表现为定边县>榆阳区>吴堡县>绥德县>米脂县>清涧县>子洲县>神木县>佳县>靖边县>横山县>府谷县，由表 7-26 可知，良等级的区域主要分布在南六县中，其中所占比例最高为清涧县的 20.91%，米脂县的 14.31%和绥德县的 13.48%次之，所占比例超过 1%的区县还有吴堡县、子洲县、横山县、佳县和榆阳区，分别为 4.87%、4.1%、1.97%、1.72%和 1.07%，其他区县良等级所占比例较小；较差等级中，超过 50%的有府谷县、横山县和靖边县，分别为 63.36%、58.51%和 50.45%，而绥德县和清涧县的比例低于 10%，分别为 8.12%和 5.78%。

2000～2010 年，榆林市除定边县之外其他各区县较差等级的比例普遍上升，其中横山县、府谷县和佳县的上升幅度超过 30%，分别为 43.71%、39.17%和 30.1%，其他区县的上升幅度为靖边县的 24.94%、子洲县的 20.64%、神木县的 18.46%、吴堡县的 14.34%和榆阳区的 11.71%，绥德县、米脂县和清涧县的上升幅度均低于 10%，分别为 7.56%和 4.82%，而定边县呈现相反的下降趋势，下降幅度为 3.63%。一般等级中除定边县之外其他各区县的比例普遍下降，其中横山县和府谷县的下降幅度超过 30%，分别为 42.57%和 39.1%，其他区县的下降幅度为佳县的 25.7%、靖边县的 22.99%、清涧县的 21.51%、子洲县的 19.94%、神木县的 18.11%、绥德县的 16.76%、米脂县的 15.61%和榆阳区的 10.49%，吴堡县的 8.92%（下降幅度低于 10%），而定边县呈现相反的上升趋势，上升幅度为 9.51%。良等级比例上升的区域主要集中在南六县的清涧县、绥德县和米脂县，分别为 16.35%、9.08%和 4.34%，其他区县良等级的比例均呈现下降的趋势。

从榆林市 2000～2010 年 EI 值变化幅度统计（表 7-27）得出：无明显变化所占比例最高为 28.94%，显著变差的次之为 22.57%，明显变差和略微变差分别为 15.01%和 13.9%，而略微变好、明显变好和显著变好均未超过 10%，分别为 5.67%、6.46%和 7.45%。其中，变差的比例高达 51.48%，而变好的比例仅为 13.91%，说明 2000～2010 年，榆林市生态环境恶化严重，生态环境质量不容乐观。

表 7-27　2000～2010 年榆林市 EI 值变化幅度统计表（单位：%）

显著变差	明显变差	略微变差	无明显变化	略微变好	明显变好	显著变好
22.57	15.01	13.90	28.94	5.67	6.46	7.45

由图 7-34 可以看出，显著变差主要分布在靖边县北部，横山县和府谷县绝大部分地区，榆阳区与佳县交界地带和神木县东部地区；明显变差的区域主要集中

分布在靖边县北部和定边县与靖边交界的地区；显著变差和略微变差的区域主要分布在长城沿线和能源区内，这说明生态的破坏是由于能源被大量开采开发；而略微变差主要分布在定边县北部、靖边县和横山县交界沿线及榆阳区西南角地区；各区县都有无明显变化的地区，而无明显变化主要分布在榆阳区中部、北部地区和神木县西部地区；略微变好、明显变好和显著变好主要分布在靖边县和定边县的南部地区以及南六县的清涧县、米脂县、吴堡县、绥德县和子洲县，神木县和府谷县交界地区也有零星分布，特别是定边县和靖边县南部地区，该区域内各种变化幅度相互交织在一起，表明该地区生态环境变化比较复杂，这可能与当地的地形、水文、气候及黄土高原内部的空间差异等有一定的联系。而南六县的清涧县、米脂县、吴堡县、绥德县和子洲县的大部分地区生态环境有着十分显著的改善，这与黄土高原大范围退耕还林还草工程的实施致使地表植被覆盖情况显著改善有关，表 7-28 所示为各区县生态环境状况指数变化幅度。

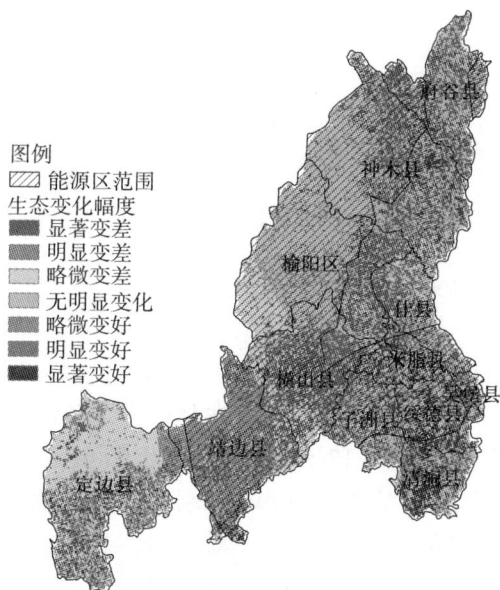

图 7-34　榆林市生态环境状况指数变化幅度图

表 7-28　2000~2010 年榆林市各区县生态环境状况指数变化幅度（单位：%）

项目	显著变差	明显变差	略微变差	无明显变化	略微变好	明显变好	显著变好
榆阳区	15.22	13.65	13.50	49.99	3.89	1.74	2.01
神木县	22.50	11.60	1.44	49.07	5.32	4.05	6.03
府谷县	41.02	9.08	1.73	33.81	5.52	4.44	4.40

项目	显著变差	明显变差	略微变差	无明显变化	略微变好	明显变好	显著变好
横山县	45.91	13.54	17.15	17.60	2.09	2.26	1.45
靖边县	24.24	44.04	8.77	5.24	5.91	7.82	3.98
定边县	8.46	11.28	48.80	6.01	3.16	16.41	5.87
绥德县	9.74	6.68	2.45	30.27	13.24	8.57	29.05
米脂县	12.66	8.67	3.64	29.23	14.92	6.07	24.80
佳县	35.41	13.54	10.53	27.29	4.80	5.31	3.12
吴堡县	14.75	6.97	1.34	26.01	20.91	8.31	21.72
清涧县	10.14	7.79	2.18	24.41	13.52	7.74	34.21
子洲县	30.10	8.74	2.86	34.72	7.44	5.88	10.25

从评价结果可以总结而知，黄土高原植被覆盖度的增加归结于国家出台的一系列的退耕还林还草及土地荒漠化防治等政策和法规，特别是南六县、定边县和靖边县的南部地区，这些地区生态环境得到明显的改善；而那些变差的区域，特别是能源开发区及周边区域，这些地区的城市化和工业化进程加速，同时区域内分布着大量的能源开发区，能源的开采造成生态的破坏，脆弱的生态环境和落后的自然环境条件使这些地区生态环境质量逐渐恶化。因此，榆林市的生态环境在保持现有水平的基础上，应不断提高各区县的植被覆盖，加强水土流失治理工作，同时采取相应措施，控制污染物的排放，尤其是能源开发区内的横山县、靖边县、榆阳区、神木县和府谷县，其环境污染治理尤为重要。

7.4.3 行政单元和栅格单元比较分析

基于行政单元的榆林市生态环境评价，2000 年和 2010 年的生态环境状况指数分别为 54.83 和 53.29；而基于栅格单元的榆林市生态环境评价，2000 年和 2010 年的生态环境状况指数分别为 49.17 和 46.62，两者之间存在一定的误差，分别为 5.66 和 6.67；但两种方法所对应的榆林市生态环境状况等级均为一般，即生物多样性处于一般水平，植被覆盖度中等，比较适合人类生存，但存在不适合人类生存的制约性因子。这说明二者在评价的精度上差距不大，均能较为准确地反映出榆林市生态环境状况的现状和等级。

行政评价单元的优点是数据的获取相对比较方便，尤其是社会经济数据和统计数据，其评价的结果便于应用在环境的管理当中。对于采用行政评价单元，用点数据来反映区域的整体特性，平均化地看待各个评价单元内的各指标数据，各评价单元仍然存在内部的指标差异性[82]，且不能被现有的统计数据和研究方法准确的反映，单元内部统计数据的具体位置同样不能确定。栅格评价单元是用一个栅格网点作为环境的评价单元和信息载体,用一个规则的格网来描述栅格数据与每一个格网单元位置相对应空间现象特征的位置和取值[83],能够反映出每一个评价单元的空间内部差异,同时栅格数据具有精确的空间位置,能在 GIS 平台上清楚的显示,其评价的结果具有真正意义上的空间特性。对于采用栅格评价单元,运用插值的方法将数据可视化,但是插值方法选择的合适与否和插值精度的误差范围,这些均是数据可视化过程中需进一步完善的。

以上两种方法各有优缺点,因此在进行全面综合的评价时,可以采用行政评价单元,从整体上掌握研究区的生态环境状况,把握宏观的生态环境治理方向;在进行局部细微的评价时,可以采用栅格评价单元,从局部上掌握研究区生态环境状况的内部空间差异,对生态环境进行因地制宜的治理。因此,对所要评价的研究区域,可以结合两者评价单元,全面细致地评价研究区的生态环境质量。

7.5　生态环境问题分析及保护措施研究

通过对榆林市生态环境状况进行评价分析,可以使政府和管理人员及时了解区域生态环境现状和未来变化趋势,从而为榆林市生态环境在整体和局部上综合治理以及恢复实施重点突破、积极防御提供科学可靠的依据。

7.5.1　榆林市生态环境存在的问题

1. 水资源匮乏,水环境质量下降

榆林市水资源时空分布不均匀。全市人均占有水资源量 892 米^3,仅为全省人均占有量 1 300 米^3 的 68.6%,为全国人均占有量 2 300 米^3 的 38.8%。全市可利用的水资源总量为 12.75 亿米^3,主要流域水系可利用的地表水量为 7.29 亿米^3;地下水与地表水重复可利用量为 5.46 亿米^3。北部沙滩区水源地河流年径流量的年际年内变化相对较小,水资源开发利用条件相对较为优越。南部丘陵区地形破碎,且河流含沙量大,地下水埋藏深,可开采量小,开发利用难度较大,水资源量比较贫乏。榆林市地处干旱半干旱区,降水是该地区地表水资源主要的补给来源,由于近年来气候变暖,蒸发量增加和降水量加剧减少,导致地表水的补给来源减少,水资源紧缺限制经济的发展。

与此同时，未经过有效处理而任意排放的含高矿物质和盐分的水分造成地表水和地下水的污染，而以煤化工、煤电等高耗水产业为主的经济需要巨量的水资源。随着经济的发展、人口的增加和环境治理工作的加强，生活和生态用水也有较大需求，其用水矛盾也将日益凸显[84, 85]。

2. 天然植被破坏，土地承载力下降

榆林市境内丰富的资源主要分布在沙区。西部大开发的战略推动了榆林市经济的快速发展和能源矿产资源的开发利用。由于大量地开采能源矿产资源，加之榆林市生态环境脆弱，导致区域内水土流失问题相当严重；与此同时，急剧增加的工业用水造成地下水位的下降趋势明显，植被的生长受到影响，林地和草地大面积的枯死，使榆林市植被覆盖持续下降。

开发煤炭、石油和天然气严重破坏地表和地下地质结构。能源开发区内能源资源的大力开采或能源资源的超采形成大面积的采空区。榆林市北部煤田地质构造简单、煤层厚、埋藏浅，适宜大矿的综合开采，形成集中连片的采空区和塌陷区。能源开发造成地下水位下降、地表下陷、植被枯死等一系列问题；公路、铁路和能源管道等设施的建设同样加剧了植被破坏和水土流失。

3. 工业"三废"排放加大，环境污染加剧

榆林市是国家重要的能源基地，长期为国家的经济建设提供能源物资保障。榆林市是典型的资源型城市，能源结构主要以煤炭、石油和天然气为主，其相关产业发展迅猛。在经济建设和资源开发的过程中产生了大量的工业"三废"，对生态环境造成了极大破坏。

由图 7-35 ~ 图 7-37 可知，自 2000 年开始，工业"三废"的排放量呈现显著的上升趋势，2000 年工业废气的排放量为 180.06 亿米^3，工业废水的排放量为 741.94 万吨，工业固废的排放量为 295.3 万吨；到 2010 年，工业"三废"的排放量分别达到 2 569.83 亿米^3、4 798.75 万吨和 1 338.26 万吨，分别增长了 1 327.2%、546.8%和 353.2%。榆林市工矿和城市用水不断增加，加剧了污废水的排放，严重污染地表水体和质量，同时污水的下渗等作用使地下水源遭到不同程度的破坏。工业废气的排放造成榆林市大气质量的下降，大量未经有效处理的废气排入大气引发温室效应和酸雨等一系列的大气污染问题。在煤矿开采和能源企业生产过程中产生大量的固体废弃物，造成大量资源的浪费，其中很多资源可以被重新回收利用，如作为建筑材料或铺路用材料等[86, 87]。

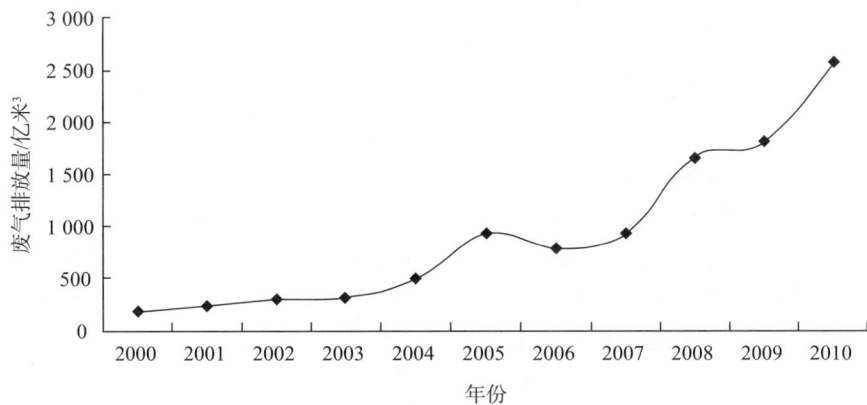

图 7-35　工业废气排放量

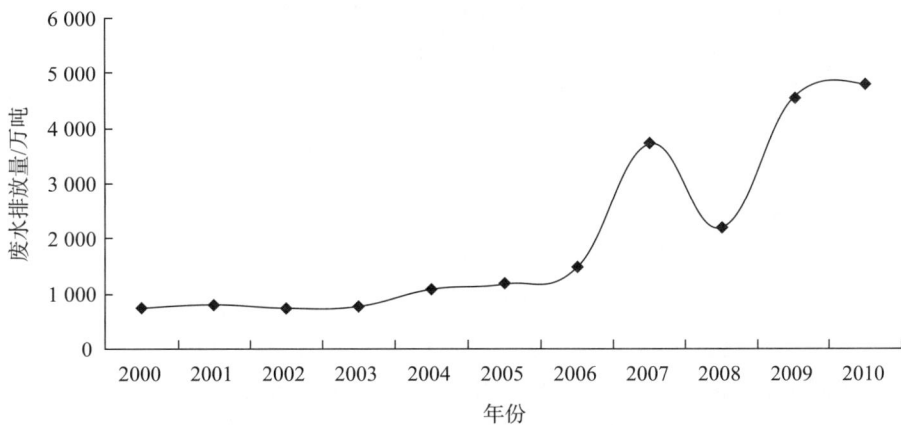

图 7-36　工业废水排放量

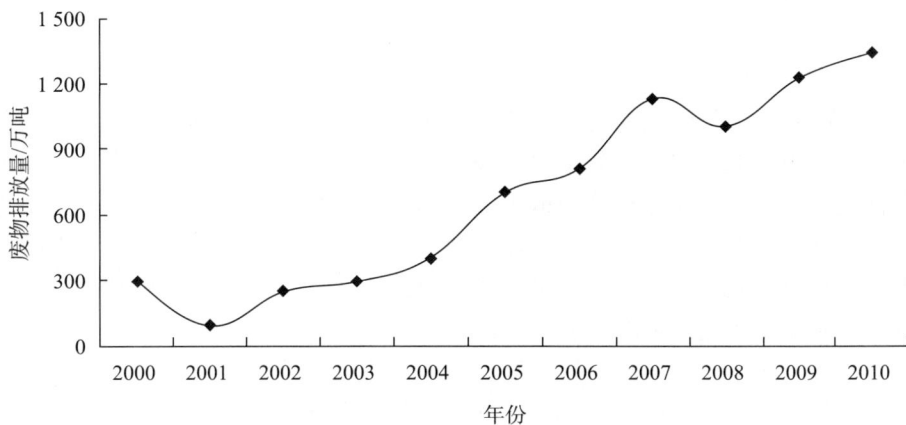

图 7-37　工业固体废弃物排放量

4. 水土流失和荒漠化

榆林市水土流失现象严重，北部风沙草滩区的地形相对比较平坦，土壤的潜在侵蚀量较小，以风蚀沙化为主；南部为丘陵沟壑区，地形崎岖，土壤的潜在侵蚀量相对较大，以水蚀为主，同时该区域为黄河中游水土流失最严重的地区。由于能源矿产资源的开发产生大量固体废弃物，同时缺乏有效的管理，占用了大量的土地资源，加之开采过程中地面的塌陷引发新的水土流失问题，严重破坏了植被和地貌景观。地处干旱半干旱区的榆林市水资源匮乏，近年来地下水被过量的开采致使土地重新出现荒漠化，土地生态环境进一步恶化。

能源开发导致的采空区使地面发生沉降，造成地面产生大量的裂隙，从而增加了土壤的蒸发面，地面蒸发量的不断增加使土壤深层水分迅速流失，土壤含水量的持续下降使原本缺水的土壤更趋干旱化，威胁采空区和塌陷区的植被生长[88]；同时塌陷的形成还会破坏植被的生理特征，造成植被的机械性损伤，致使植被死亡或生长衰退，使植被防风固沙的功能大大降低，采空区和塌陷区的水土保持形势日趋严峻。

7.5.2　榆林市生态环境问题成因

造成榆林市生态环境质量持续恶化的原因包括自然因素和人为因素，其中，自然因素包括气候、土壤、水文等，通常在较大的时间和空间尺度上对区域生态环境产生影响；人为因素包括人口变化、经济增长、政府决策等。但榆林市生态环境变化以人为因素为主导，随着经济社会的发展和人类活动的加强，人为因素在逐渐地增强对自然界的干扰作用。

1. 自然因素

生态环境质量与区域的气候变化有着极高的相关性，气候的变化对区域的生态环境的演变和更替起着十分重要的作用。在全球气候变暖的背景下，我国地表平均温度明显升高，北方地区的地表湿润指数和土壤湿度的降低对区域的生态环境产生显著变化[89]。生态环境变化源于气候的波动，当气候干燥时，原有植被消退使土壤遭受侵蚀，生态环境质量下降。反之，当气候湿润时，植被覆盖的提高使地表侵蚀强度降低，生态环境质量好转[90]。

榆林市地处西北干旱半干旱地区，蒸发量大、降水量少、气候干燥，生态环境十分脆弱。根据榆林市 31 年的年均气温和年均降水量的变化趋势图（图 7-38

和图 7-39）。由图 7-38 和 7-39 可知，1980～2010 年，榆林市的年均气温为 8.2～10.8 摄氏度，气温的高低变化较明显，呈现明显的波动上升趋势，其增温速率为 0.487 摄氏度/10 年，明显高于全球近百年来气温的平均增长速率（0.05 摄氏度/10 年）；年降水量相对比较稳定，为 265.1～505.4 毫米，年降水量呈现微弱的下降趋势，以 4.467 毫米/10 年的速率下降。气候的持续变暖加快了榆林市水体的蒸发速度，而生活和农业灌溉用水量的逐年上升，使水资源总量呈减少趋势；降水量的减少使地表水量的补给来源明显减少，致使水资源短缺问题更趋严重。气候的变暖导致地表蒸发量增大从而使土壤处于水分亏缺状态，土壤水含量的降低使人工植被种植的难度加大，进一步导致地表植被覆盖不断萎缩，生物多样性降低，生态环境质量持续下降。

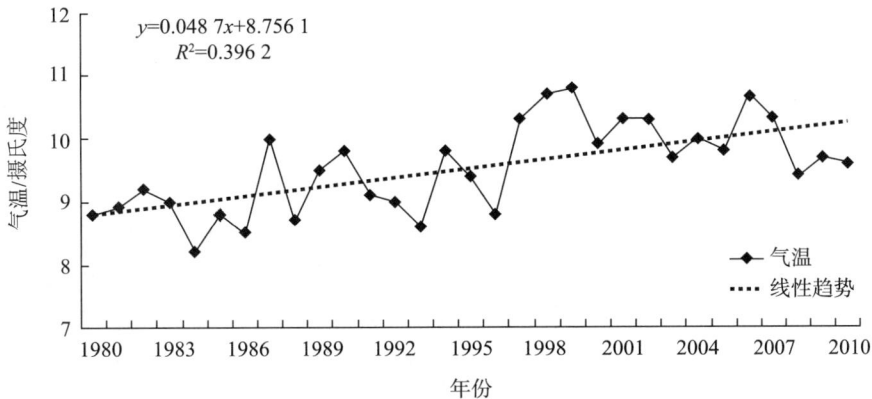

图 7-38 榆林市年均气温变化趋势

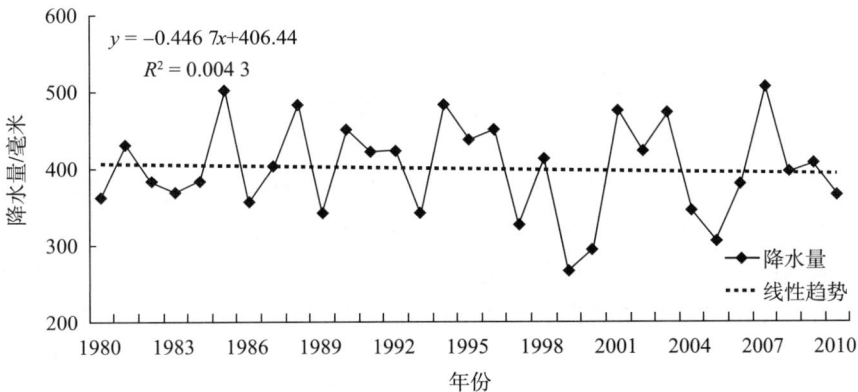

图 7-39 榆林市年均降水量变化趋势

2. 人文因素

自然因素对榆林市生态环境质量的恶化存在一定的影响，但人为因素对生态环境的变化起到了至关重要的作用，人类活动的影响直接影响着生态环境的变化。随着改革开放和西部大开发的推进，榆林市的经济发展迅速，但是产业结构布局不合理，作为国家重要的能源基地，石油、煤炭资源等产业在榆林市经济结构中占据支配地位，同时"三废"污染物的排放、急剧增长的人口和快速的城市化进程使榆林市的生态环境遭受不同程度的破坏。水土流失治理和"三废"无害化处理等工程对生态环境的恶化起到了一定的遏制作用，使生态环境得到一定的改善。

1）企业责任落实不到位、行为不自觉

近年来，石油、煤炭等矿产资源的市场行情不断高涨，对资源的需要表现出强烈的供不应求的状况，企业为了获得更高的经济效益和财政收入，实行掠夺式的开采。这样，不仅人为地加重了对当地地质环境的破坏，同时也大大缩短了资源矿区的开采年限。企业为了提高经济效益减轻自身负担，存在逃避政府处罚的侥幸心理而违法生产。

2）开发强度过大，政府责任和权利缺失

榆林市地方政府为了增强经济实力，通过大量开采能源资源以实现其经济快速发展。石油、煤炭等部门为了单纯的增产，忽略了资源的合理利用，弱化了环境的保护意识。资源的开采开发缺乏中长期的整体规划，以及地方政府缺乏有效的监督管理措施，导致资源不断枯竭的同时区域的水资源、土地资源、大气等生态环境也遭到了严重破坏。

一方面，榆林市能源基地内众多投资开采者无序开发，采取小规模、粗放式、低水平的投资开发方式，加上法律意识的缺失，缺乏环境保护的意识，没有顾及资源的可持续开发与环境保护的协调发展。另一方面，能源基地的广大劳动者受教育的程度普遍较低，对环境保护的意识相当淡薄，生态环境的观念十分落后。

3）法规不健全，生态环境治理责任落实不力

法律法规的不健全和已有环境治理的机制不够明确，现有的环境法律法规对人为造成的地质灾害和环境污染的赔偿标准没有具体统一规定，仅是对损失程度和损失范围原则性的要求。此外，榆林市地方政府管理权限的限制，使地方政府对央企的企业行为无法实施监督，影响了能源开发区生态环境的治理。

4）生态补偿机制不完善，补偿标准过低

能源开发生态补偿机制在一定程度上改善了生态环境，植被迅速恢复，生态环境有所好转，但总体状况仍不容乐观。虽然局部地区的生态环境改善效果明显，但并没有改变整体的恶化趋势。政策和法规约束的缺失及资金是限制生态环境重

建有效实施的瓶颈。生态破坏补偿金的标准过低使生态破坏区的土地复垦、水土流失治理和植被恢复无法得到有效治理。因为没有落实生态补偿费，生态环境治理缺乏资金的有力保障。榆林市存在诸多生态环境问题，在加强管理的同时应当加大榆林市能源开发区域生态环境建设的投资力度，通过合理有效的生态补偿来促进能源开发区域的可持续发展。

7.5.3　榆林市生态环境保护管理对策与研究

1. 强化生态保护和建设，完善生态环境的动态监测

通过退耕还林还草工程来建设榆林市的生态环境，从实际情况出发在整体上遏制生态环境的恶化。推广科学技术，坚持因地制宜的造林原则；结合榆林市的气候和地形特点进行造林整地工作，通过建设小型水利蓄水工程来保障植树造林种草工程的水源；在风沙区优先发展固沙造林，提高植株的成活率；将群众的近期利益和长远利益相结合来调动其积极性。

加强榆林市水土流失和土壤侵蚀的治理，通过一定的措施来改变原有地表植被覆盖状况，改善小流域水土流失和土壤侵蚀现状。将 3S 技术应用到榆林市生态环境的地面调查和遥感的监测当中，建立立体的生态环境监测体系来加强榆林市生态环境的动态监测，为榆林市生态环境评价提供科学依据。

2. 合理开发利用水资源，缓解水资源瓶颈

合理规划水资源对水资源匮乏的榆林市尤为重要。以生态环境保护为前提，科学规划、统筹安排来实现水资源的合理开发和优化配置。发展节水农业、节水工业和节水城市，因地制宜加强农村水利基础设施的建设，有计划地进行蓄水工程的建设，做到开源节流。同时对榆林市各企业实施以水定产，采取阶梯式的水价来提高企业的水资源利用效率。在经济开发区空间布局上形成集约化的产业集群，发展区内循环经济，同时推行清洁生产，提高污水处理率，在保水的同时实现节约用水，通过高效率地利用水资源，最大限度地降低对水资源的损耗和环境的污染。

3. 坚持适度开发，防范地质灾害

坚持适宜地开发自然资源，调整区域资源开发量，适当压缩资源的开采度，将能源矿产资源开发的环境影响降到最低。在多学科综合研究的基础上规划矿区，

统一管理各类煤炭企业。运用科学的开采方法来保护地表、地下水系，减轻地面沉降和塌陷。通过人工和机械封堵来治理采空区的地表塌陷裂隙，此外提高地表植被覆盖度来增强生态稳定性。

4. 强化经济补偿机制，体现环境成本效益

通过充分考虑环境成本和环境价值来保证环境保护和资源开发的协调发展。强化企业的环保意识，监管能源化工企业在资源开发区造成的水土流失、地表沉陷和地下水破坏等行为。政府财政税收政策的杠杆作用使自然资源的更新补偿机制得到健全和完善，真正协调发展环境和经济效益。

总体来说，目前生态环境影响评价的方法众多，理论上也有较为详尽的阐述，然而实际的定量研究说明较少。本章通过对生态环境影响评价方法的分析研究，从不同的时间和空间尺度上，运用实地调查统计数据和遥感监测手段，依据国家环保部 2006 年颁布的《生态环境状况评价技术规范（试行）》进行生态环境评价与分析，研究榆林市生态环境的现状和变化趋势，比较客观地反映榆林市生态环境真实状况。针对榆林市自然条件和社会经济发展的现状，从榆林市生态环境特征等因素出发，从宏观的角度研究榆林市的生态环境，分析榆林市区域范围内生态环境现状和存在的问题，对生态环境建设制定有针对性的政策和措施，对榆林市生态环境的保护起到切实可行的作用，同时为政府的环境决策和管理提供一种有效的技术支持。

本章以榆林市 2000 年和 2010 年的土地利用、土壤侵蚀和环境等数据为基础，参照《生态环境状况评价技术规范（试行）》中的评价体系，通过层次分析法优化评价指标来建立更符合榆林市实际情况的生态环境评价指标体系，采用矢量面状评价单元和栅格点状评价单元相结合的评价单元方法，运用 3S 技术对榆林市的生态环境质量进行评价研究。通过榆林市 2000 年和 2010 年生态环境质量指数，总结出榆林市 2000～2010 年生态环境的变化趋势和存在的问题。从自然和人为因素的角度分析导致榆林市生态环境变化的原因，对榆林市未来的生态环境规划、管理和建设提出针对性的建议和措施，为有关部门提供参考和借鉴。研究结论如下。

（1）2000 年和 2010 年榆林市整体生态环境质量指数偏低，且呈现下降的趋势，生态环境质量等级为一般，即生物多样性处于一般水平，植被覆盖度中等，较适合人类生存，但存在不适合人类生存的制约性因子，在社会经济发展和城市建设的过程中，生态环境无明显变化，但水资源和环境污染是人类生存的制约性因子。

（2）2000～2010 年，榆林市各区县的生态环境状况指数发生了明显的空间变化，2000 年榆林市北六县的生态环境状况要好于南六县，其中府谷县、神木县、榆阳区、佳县、横山县和定边县六县的生态环境状况等级为良好，其余六县的等级为一般；而到了 2010 年情况发生了明显的转变，其中生态环境状况等级为一般的有府谷县、神木县、榆阳区、佳县、横山县、靖边县和子洲县七县，定边县、米脂县、绥德县、吴堡县和清涧县五县的生态环境状况等级为良好，南六县的生态环境状况要好于北六县。

（3）从评价结果总结而知，退耕还林还草和土地荒漠化防治等政策促进了黄土高原植被覆盖度的增加，特别是南六县、定边县和靖边县的南部黄土高原丘陵沟壑区，这些区域的生态环境状况指数较高，这些地区的植被覆盖和水土流失得到了有效治理，生态环境明显改善；而榆林市北六县，特别是能源开发区及周边区域，这些区域的生态环境状况指数较低，这些地区的城市化和工业化进程加速，区域内分布着大量的能源开发开采区，能源资源被开采开发过程中大量的污染物排放到资源环境中，尤其是能源开发区内的横山县、靖边县、榆阳区、神木县和府谷县，这样不可避免地破坏了生态，加之这些地区脆弱的生态和落后的自然环境条件使这些地区生态环境质量逐渐恶化。因此，榆林市的生态环境在保持现有水平的基础上，应不断提高各区县的植被覆盖，加强水土流失治理工作，同时采取相应措施，控制污染物的排放，尽量减少污染性的工矿企业的发展。

（4）人为因素对生态环境的变化起到加速推动作用，人类活动已成为生态环境变化的一个重要因素，经济的快速发展、人口的集聚增加、产业结构的不合理，以及工业活动过程中产生大量的工业“三废”污染物，这些都是导致榆林市生态环境质量指数降低的主要因素，而退耕还林还草、植树造林、治理水土流失等工程对生态环境持续起到一定的改善作用，因此在今后的发展中，应该注重经济发展和生态建设协调发展，走可持续发展的道路。

第8章 神府煤矿能源开发区
生态安全评价

    本章通过收集 TM 遥感影像、气象数据、土地荒漠化数据、工程地质类型数据、煤矿开采分布数据、地质灾害数据、土壤类型数据等，采用标准化植被指数、美国 USLE 等数学模型，通过多指标综合评价法和变异系数法测算研究区土地生态安全状态，并对评价结果进行安全等级分区。旨在研究矿区土地安全的分布规律及空间差异。

    通过对神府矿区土地生态安全定量计算，从而对区域土地生态环境进行安全分级区划，并根据研究区特点制定符合客观实际的土地生态调控对策，对维护区域土地生态安全和可持续发展具有重要作用。研究区地处陕北黄土高原北缘和毛乌素沙漠东南缘，气候干旱、水土流失与风沙侵蚀严重，土地生态环境非常脆弱，加之近年来煤矿能源工业的快速发展，对矿产资源进行无限制开采造成了严重的环境污染。针对研究区土壤侵蚀、土地荒漠化及煤矿开采导致的地质灾害等问题，通过土地生态安全测评确定区域土地生态安全程度，并讨论区域土地可持续发展调控对策。

8.1 研究区概况

    煤矿能源区的土地生态安全问题与矿区的开发建设相伴而生，是人类传统工业发展模式的必然结果。在长期的煤炭矿区开发实践中，人类对资源的需求量越来越大，以至于不顾矿山开发对生态环境的影响，对矿产资源进行无限制开采以满足区域社会经济发展的需求，极大地破坏矿区土地生态安全。目前，煤矿能源区土地生态问题主要存在于地表及自然景观的破坏、矿区水环境的污染及破坏、土地荒漠化、矿山开采诱发地质灾害、噪音和固废污染等，这些将会给人们带来巨大的社会经济损失和生态损失。因此，研究煤矿开采区土地生态安全，对矿产资源的开发和利用以及全国经济、社会、资源的可持续发展具有重要意义。

8.1.1　研究区自然概况

1. 位置与范围界定

神府矿区位于陕西省东北部的神木县和府谷县境内，是中国最大煤矿盆地鄂尔多斯盆地腹地。神木和府谷两县位于北纬 38°12′~39°35′，东经 109°39′~111°14′，面积为 10 675.98 平方千米，辖 21 镇 18 乡，1 268 个行政村，21 个居民委员会，两县总人口 58.57 万。

研究区地处陕北黄土高原的北缘和毛乌素沙漠的东南缘，土壤环境较恶劣，水土流失与风沙侵蚀现象严重，区域气候环境干旱，极端天气发生频率较高，整体生态环境极其脆弱。同时，该地区的矿产资源十分丰富，具有大量的煤炭、天然气、砂岩、石英砂等资源，也因此成为我国重要的能源化工基地之一。在长期资源开发过程中，人们从中获得了巨大的经济财富，但是，由于矿山开采导致的土地生态安全问题给区域本来脆弱的土地生态环境施加了更大的生态压力，给区域人地和谐发展带来了巨大的阻碍。本章根据神木和府谷两县的采矿权分布范围圈定研究区域（图 8-1），即神木县大部及府谷县西部，研究区面积为 6 171.1 平方千米。行政区界包括府谷县的大昌汗乡、老高川乡、新民镇、庙沟门镇，神木县的大柳塔镇、中鸡镇、孙家岔镇、店塔镇、麻家塔乡、栏杆堡镇、瑶镇乡等。

2. 气候

在第四纪全球气候变化的影响下，陕北毛乌素沙漠向黄土高原过渡地带的气候条件整体向干旱、严寒方向发展，这也是区域生态环境形成的大气候背景[23]。研究区属于温带半干旱大陆性气候，总体特点是夏短冬长，夏季炎热，冬季寒冷，昼夜温差悬殊，气候湿度小较干燥，夏季暴雨集中，风沙频繁。

据神木县气象资料（表 8-1）：神木县多年平均气温为 9.57 摄氏度，历年最高气温 39.0 摄氏度（1999 年），最低气温为−28.5 摄氏度（1993 年），昼夜温差可达 26.4 摄氏度，矿区由北向南气温平均差为 6.0~8.5 摄氏度。据府谷县气象资

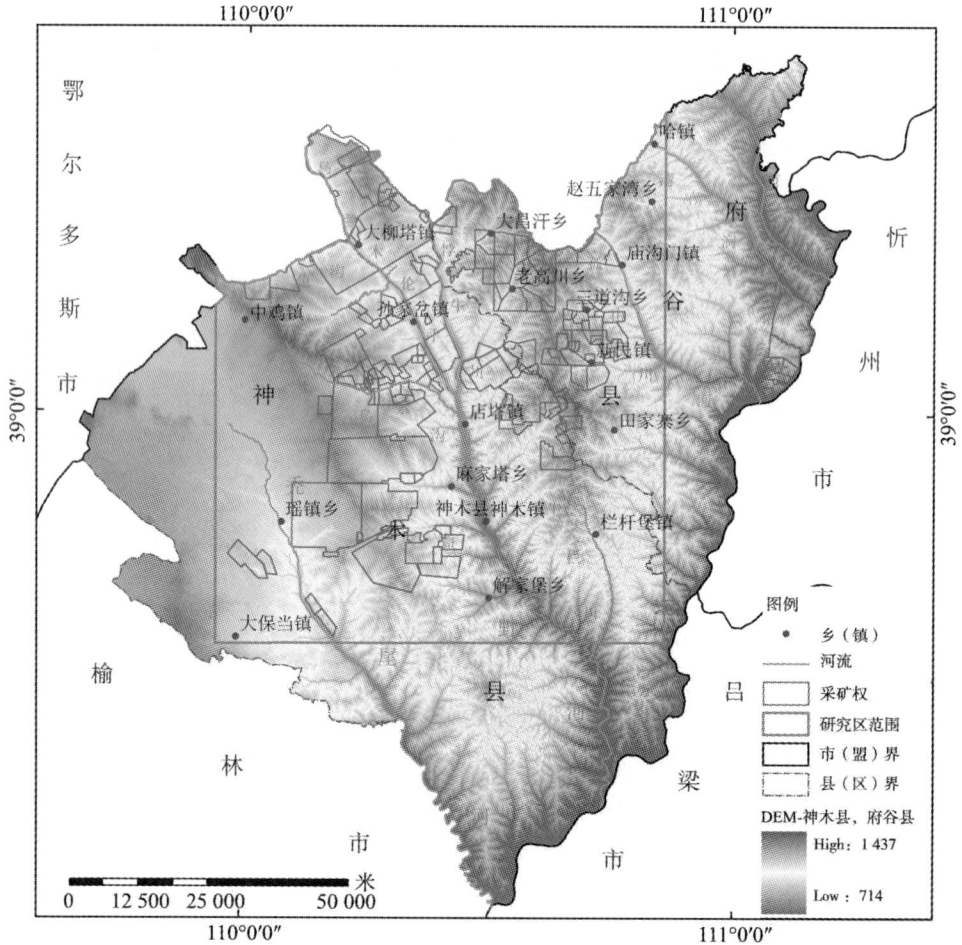

图 8-1　研究区位置

料（表 8-2），府谷县多年平均气温为 9.78 摄氏度，历年最高气温为 38.0 摄氏度（2000 年），最低气温为 –25.7 摄氏度（2002 年），昼夜温差可达 24.7 摄氏度，矿区由北向南气温平均差为 6.0～8.0 摄氏度。多年平均降水量由研究区南部的 440.8 毫米向北逐渐减至 280 毫米不足。年内降水主要集中在 7～9 月，约占总降水量的 69%，尤以 8 月最多，平均为 128.2 毫米，占总降水量的 29%，并多以暴雨形式出现，最易发生洪涝灾害，丰枯水年降水量分别是 634.4 毫米（2003 年）和 204.2 毫米（2006 年）。多年平均蒸发量为 1 636～2 535 毫米，是降水量的 6～7 倍，多年相对湿度为 55%，绝对湿度为 7.6 毫巴。历年无霜期较短，平均为 172 天，冻土最厚深度为 146 厘米。

表 8-1　1991~2006 年神木县气象资料

气象要素	年平均气温/摄氏度	最高气温/摄氏度	最低气温/摄氏度	年降水量/毫米	无霜期/天	大风日数/天	年平均风速/(米/秒)
1991 年	8.9	36.7	−24.1	448.2	149	5	1.2
1992 年	8.5	37.3	−21.1	419.4	179	2	1.2
1993 年	7.9	34.7	−28.5	289.6	155	3	1.4
1994 年	9.3	35.7	−20.6	430.3	139	3	1.4
1995 年	8.9	35.9	−19	646.5	—	3	1.6
1996 年	8.6	36.1	−19.9	484.4	182	—	1.7
1997 年	9.9	38.0	−22.3	299.6	163	1	1.8
1998 年	10.4	37.6	−29	443.8	210	5	1.6
1999 年	10.6	39.0	−18.6	251.7	186	1	1.7
2000 年	9.6	38.9	−23.9	251.3	178	7	1.6
2001 年	10.3	37.5	−21	413.8	183	10	1.6
2002 年	10.3	36.5	−26.7	364.1	210	21	1.9
2003 年	9.6	36.1	−25.1	491.3	192	13	1.9
2004 年	9.9	35.8	−21.9	427.4	177	18	1.9
2005 年	9.9	35.8	−21.9	427.4	177	18	1.9
2006 年	10.5	37.7	−21.8	290.1	—	—	—

表 8-2　1991~2006 年府谷县气象资料

气象要素	年平均气温/摄氏度	最高气温/摄氏度	最低气温/摄氏度	年降水量/毫米	无霜期/天	大风日数/天	年平均风速/(米/秒)
1991 年	9.5	37.4	−22	406.4	164	31	2.4
1992 年	9.0	37.3	−19.2	512.7	183	35	2.4
1993 年	8.6	34.8	−22.6	315.6	176	30	2.3
1994 年	9.8	35.4	−19.2	391.8	166	35	2.4
1995 年	9.8	36.7	−17.8	678.4	—	54	2.5
1996 年	8.8	36.1	−18.4	484.4	182	—	2.2
1997 年	10.1	36.3	−21	336.9	169	29	1.8
1998 年	10.8	36.8	−24.3	429.0	172	30	1.8
1999 年	10.8	37.9	−18.5	297.6	186	33	2
2000 年	9.6	38.0	−21.9	275.1	103	42	2.2
2001 年	10.2	37.7	−21	343.5	172	48	1.6
2002 年	10.2	37.2	−25.7	350.3	197	29	2.2
2003 年	9.2	35.2	−24.5	634.9	30	188	2.1
2004 年	9.8	35.4	−21.2	351.7	35	151	2
2005 年	9.8	35.4	−21.2	351.7	35	151	2
2006 年	10.4	37.9	−20.4	204.2	—	—	—

3. 地形地貌

研究区地处毛乌素沙地南缘与黄土高原北缘的交界地带，海拔位于 800~1 400 米，总体地形表现为西北高、东南低。按地貌形态特征及形成原因可划分为黄土丘陵区和沙漠滩地区（表 8-3 和图 8-2），其分布特征如下：①黄土丘陵区位于研究区东南部，约占区域总面积的 37.76%，包括栏杆堡乡、解家堡乡等及店塔镇部分地区。该区以墚峁丘陵发育为主，地形支离破碎，沟壑万千且密度较大，"V"形沟谷占较大比重，沟道深度为 100~300 米，绝大部分坡面大于 15°，基岩出露于谷底与斜坡下部，黄土分布于墚峁顶部及斜坡上部。河口与河阶地区主要分布有较为密集的民宅，人类活动强烈，地表存在诱发地质灾害的可能性较大。②沙漠滩地区位于研究区西北部，包括大柳塔镇、尔林兔镇、大保当镇、麻家塔乡、中鸡镇、孙家岔镇等及店塔镇部分地区，约占全县总面积的 51.3%。该区地势较为平坦，以风蚀沙化为主，基底地形为侵蚀残留的黄土墚峁，表面的风成沙丘以片流沙和半固定沙丘为主，沙丘间形成大小不等的滩地。由于毛乌素沙地的东侵南扩，在长城沿线，形成部分覆沙丘陵地貌。

表 8-3　地貌类号与特征对应表

地貌类号	地貌特征	地貌类号	地貌特征
$A22_2^{Bc}$	起伏干燥剥蚀高地台	$H32_{16}^{A}$	侵蚀堆积高的深谷黄土宽斜墚
$E12_{12}$	固定缓起伏沙地	$H32_{15}^{A}$	侵蚀堆积高的浅谷黄土宽斜墚
$E32_{11}^{A}$	固定草灌丛沙堆	$H32_{13}^{A}$	侵蚀堆积低的浅黄土狭斜墚
$E32_{12}^{A}$	固定墚窝状沙丘	$H32_{34}^{A}$	侵蚀堆积高的深谷黄土峁墚
$E32_{21}^{A}$	半固定草灌丛沙丘	$H41^{Ae}$	黄土覆盖的缓低山
$E32_{22}^{A}$	半固定墚窝状沙丘	$H42^{Ae}$	黄土覆盖的缓中山
$E32_{24}^{A}$	半固定沙垄	$H32_{33}^{A}$	侵蚀堆积高的浅谷黄土峁墚
$E32_{31}^{A}$	流动新月形沙丘和沙丘链	$F12_2^{C}$	冲积河漫滩
$E32_{32}^{A}$	流动格状沙丘和沙丘链	$F32_2^{Ae}$	侵蚀剥蚀缓高丘陵
$H12_1^{Ab}$	倾斜的风积洪积山前黄土平地	$F31_2^{Ae}$	侵蚀剥蚀缓高丘陵
$H32_{31}^{A}$	侵蚀堆积低的浅谷黄土峁墚	$F31_1^{Ad}$	侵蚀剥蚀平缓低丘陵
$H32_{23}^{A}$	侵蚀堆积高的浅谷黄土峁	$F41^{Af}$	侵蚀剥蚀陡低山
$H32_{18}^{A}$	侵蚀堆积高的深谷黄土狭斜墚	$F12^{F}$	河谷平原
$H32_{17}^{A}$	侵蚀堆积低的浅谷黄土狭斜墚	$L12_1^{A}$	湖滩

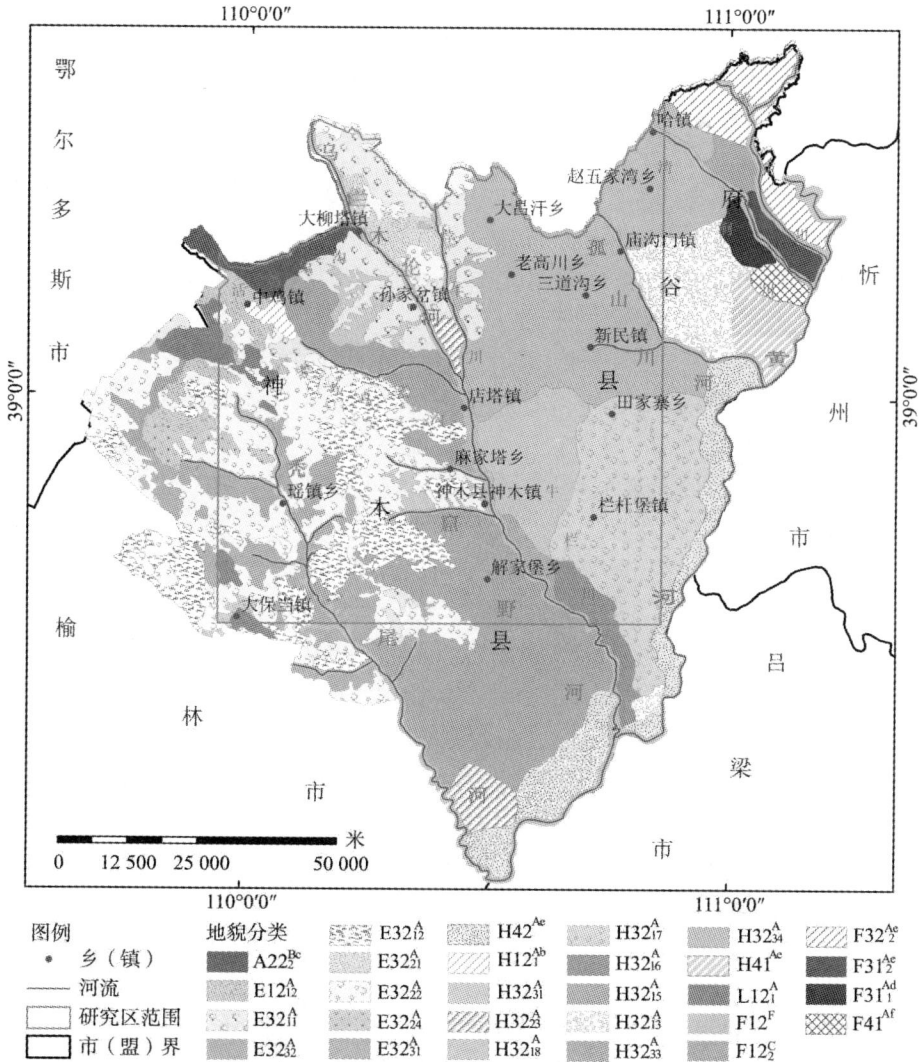

图 8-2　地貌特征分布

4. 水系

研究区内主要河流为乌兰木伦河及悖牛川，至店塔镇以北汇合后称窟野河，经神木县城至贺家川乡汇入黄河。

乌兰木伦河：从内蒙古东胜市东胜县巴定沟发源，由西北向东南纵贯整个矿区，全长 138 千米，流域面积 3 839 平方千米，河道比降 2.96‰。据黄委会王道恒塔水文观测站资料，多年平均流量为 7.19 米³/秒，最大日平均流量为 23.86 米³/秒（8 月），历年最大流量为 9 760 米³/秒（1976 年 8 月 2 日），流量最小时干枯或仅为 0.017～0.44 米³/秒，年径流量 1.2～3.4 亿立方米。矿区内较大支流为活鸡兔沟、朱盖沟、庙沟、考考乌素沟及麻家塔沟。

悖牛川：发源于内蒙古准格尔旗新庙以北，全长 109 千米，流域面积 2 274 平方千米，河道比降 3.16‰，河床宽度为 500～1000 米，据新庙水文观测站资料，多年平均流量为 3.967 米³/秒，历年最大流量为 4 850 米³/秒（1978 年 8 月 30 日），最小流量仅为 0.003 米³/秒（1973 年、1975 年），年径流量 0.682 9～2.27 亿立方米。矿区内较大支流有七盖沟、三不拉沟。

秃尾河：黄河支流，源于神木县瑶镇西北的公泊海子，与圪丑沟汇流后称为秃尾河，在佳县武家峁附近注入黄河，全长 140.0 千米，流域面积 3 294.0 平方千米，河道平均比降 3.87‰。据高家堡水文观测站资料，秃尾河流量年际变化很小，最大年平均流量 14.212 8 米³/秒（1967 年），最小年平均流量为 11.6 米³/秒（1969 年），远小于北部的窟野河。

窟野河：位于矿区东部边界，是陕北地区较大河流之一，据神木县水文观测站资料，多年平均流量为 16.449 米³/秒，历年最大流量为 12 800 米³/秒（1976 年 8 月 2 日），最小流量为 0.012 米³/秒（1982 年 5 月 25 日），年径流量 2.531～9.52 亿立方米。

研究区内各河径流量季节变化幅度很大，夏季多洪峰，冬季流量很小甚至干枯，通常情况下，每年 3 月底至 4 月初冰雪融化流量增加，7、8 月因降水集中，极易出现山洪等地质灾害，使沿岸农田被淹、交通受阻。以窟野河为例，春汛流量占年平均流量的 19.3%，夏汛占 40.9%。其他各支流多为间歇性水流，流域面积小，径流量较小。

5. 能源资源

神府矿区地域广阔，总面积为 6 171.1 平方千米。能源资源极其丰富，有得天独厚的煤炭资源，尚有潜在的天然气、光能、风能、黄河水利水电资源。

（1）煤炭资源。神府矿区是我国庞大能源基地的重要组成部分，研究区主要分布侏罗纪煤，煤藏丰度 1 500～2 500 万吨/千米²，是一个远景储量达到 700 亿吨的巨型优质动力煤田，可贵的是它的能源经济地理具有承东启西的战略地位和生产出口煤的竞争优势，所以煤田开发的起步规模、现代化程度和建设速度是史无前例的。

（2）天然气田。主要是埋藏深部的油成气和煤成气，区内的隆起带可能与气田有关。

（3）水能资源。位于黄河晋陕蒙峡谷段，境内长约 240 千米，落差 200 多米，年径流 250～300 亿立方米，可进行梯级开发。1976 年建成小型天桥径流电站，装机 12.8 万千瓦，"八五"拟建万家寨水利枢纽，装机 102 万千瓦。各支流峡谷段也蕴藏有水利资源。

（4）光能资源。全区日照充足，年日照时数由南部万镇的 2 803 小时，向北递增，日照百分率达到 62%～71%。年辐射总量在 140 千卡/厘米^2，是本区气候资源中的最大优势。5～9 月是日照多值期，又是水热同期，有利于农作物和牧草生长，但目前的光能转化率很低，农作物仅为 0.1%～1.0%，天然牧草为 0.02%～0.12%，光能利用潜力很大。

（5）风能资源。区内风速从南向北逐渐增加，平均为 1.88 米/秒。按有效风能密度每平方米出力计算，西北部年风能在 500～600 千瓦/小时，属风能丰富区，东南部在 250 千瓦/小时左右，是风能欠缺区。

6. 植被

属陕北长城沿线沙生植被、草甸草原区，为典型的农牧交错地带。受地貌和气候条件的影响，区内植被呈现出一定的规律性分布，自东南向西北，由旱生植被逐步向沙生植被过渡，中间区域两者相互混生。交错地带的植被群落呈明显垂直分层，上部是以矮生灌丛为主的沙生植被，下部是以禾草、杂类草为主的旱生植被。

该区植被群落可分为乔木、灌木、草地和农作物四个类型。天然植被乔木林分布于黄土墚与黄土峁，主要树种为油松、杏林、杨树、柳树等。优势植被群落为灌木丛，种类有花棒、踏郎、柠条、沙柳、臭柏、沙蒿、牛心朴子等，其中臭柏为该区域特有树种，并建有自然保护区，分布于大保当西部地区。农作物以小麦、谷子、土豆、玉米等为主，农业植被中的旱地主要分布于黄土墚、峁，水浇地主要分布于河流阶地与滩地。草丛主要种类有草苜蓿、禾草、沙米等，禾草为混生植被，分布于群落底部，以针茅、长芒草等为主。

7. 人文经济

自改革开放以来，晋陕蒙接壤黑三角地区发展飞快，特别是对神北矿区煤炭资源的大规模开发，使交通、电力、通信等基础设施有了很大改进，以煤炭开发为龙头，建材、冶金、电力、农副产品、煤炭深加工等为主的乌兰木伦河经济开发带初步形成，区内面貌发生了巨大变化。至 2010 年，该区全年实现生产总值 604.9 亿元，同比增长 16%，占榆林市生产总值的三分之一，人均生产总值达到 140 465 元，相当于榆林市人均水平的 3 倍多，财政总收入 131.46 亿元，同比增长 31.5%，完成固定资产投资 222.7 亿元，同比增长 15%。城镇居民人均可支配收入 22 300 元，农民人均现金收入 8 672 元，同比增长 20.1%和 19%。截至 2011

年，神木县煤矿产量已达到 1.6 亿吨，已搭建 23 套 60 万吨以上的大型环保节能兰炭生产线，累计完成项目投资 455.5 亿元，煤液化、煤制烯烃等战略性项目取得了突破性进展，建造能源化工基地逐渐步入规模化集群发展的轨道。

煤炭资源大规模开发和工业的快速发展带动神木、府谷两县人口数量结构发生了较大变化，经济发展初期人口分布极不均匀，城镇人口与农村人口相差很大。至 1985 年，城镇非农业人口占人口总数比从之前的 5% 增至 8.95%，至 2010 年，神木和府谷两县人口总数为 66.38 万，其中城镇非农业人口数为 15.40 万，占人口总数的 23.20%。因此，煤炭开发带动了农村人口逐渐向城镇迁移，导致城镇非农业人口比重逐渐增大。

8.1.2　煤炭资源开发现状

1. 煤炭资源

神府能源区主要矿种为煤矿，含煤底层以中侏罗统延安组为主，分布在乌兰木伦河、活鸡兔沟、考考乌素沟和悖牛川沿岸，以硐采为主；其他矿种为砂石矿和砖瓦用黏土，为露天开采。研究区煤矿矿权共 175 处，区内已具备"三证"（即煤矿生产许可证、采矿证、经营许可证）的煤矿共 285 个，建成大型煤矿 4 个，中型煤矿 7 个，小型煤矿 274 个，这三类煤矿主要为国有企业。在 285 个煤矿中正在生产的矿山有 125 个，已关停的矿山有 160 个，新建矿山有 1 个，长期停工处于恢复生产阶段的矿山有 3 个。

目前，研究区内的煤炭资源开采主要分布在神木县境内（图 8-3）。区内煤矿开采主要分布于考考乌素沟南北两侧、乌兰木伦河与活鸡兔沟交界处、敏盖兔沟南北两侧、大昌汗乡与老高川乡一带、三道沟乡和新民镇西南部一带，主要占地类型为天然牧草地、荒草地与少量耕地。

2. 煤层组成

含煤地层主要为中侏罗统延安组（J_{1-2y}），沿乌兰木伦河、悖牛川和孤山川河流域分布较广，这种分布状态与区内采矿活动范围具有较强的一致性。考考乌素沟以南，活鸡兔沟至大柳塔镇以北，可采煤层总厚度达 25 米以上，各主要煤层大致沿朱盖沟、敏盖兔沟两侧分岔，并不同程度地自南、北两侧减薄乃至尖灭。矿区主要可采煤层为 5-1 号煤层（厚 10.28 米）和 5-2 号煤层（厚 8.24 米），煤层近似水平分布，极少断层，顶底板相对稳定，埋深较浅，许多地区的覆盖只有 4～5 米，部分煤层大面积裸露于地面之上，易于露天开采。

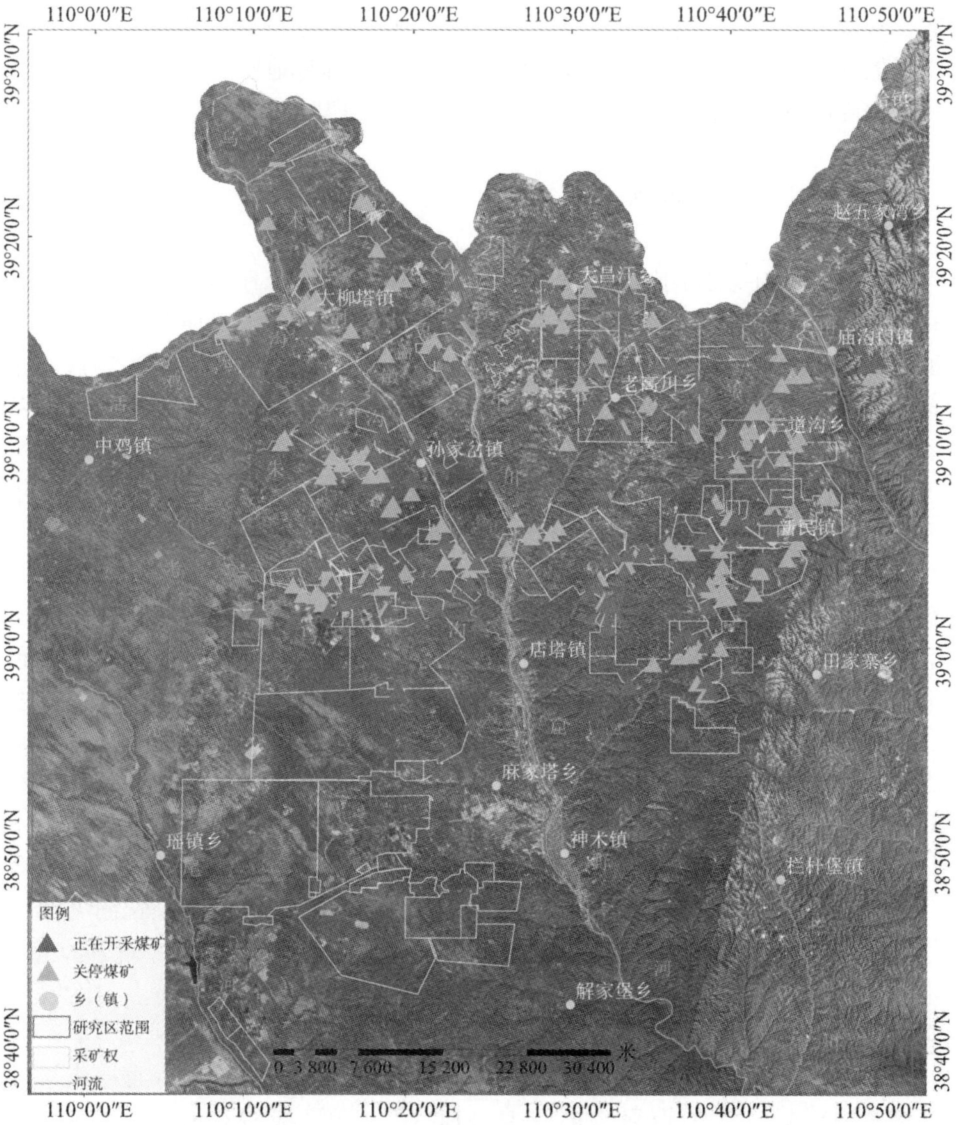

图 8-3　研究区煤矿开采分布图

3. 煤矿开采的地质条件

研究区煤矿开采的地质条件与其他矿区相比具有较大的特殊性。以黄土侵蚀形成的沟壑地貌为主，仅在乌兰木伦河沿岸与考考乌素河以南台塬上有小范围沙漠地貌分布，沙地、沙丘呈片状分布于黄土基岩之上。煤矿分布区内基岩厚度较小（一般不大于 80 米），埋藏深度普遍较浅，大多数在 100 米以下。由于区内地形起伏较大、较复杂，地应力分布不均匀，因此普遍分布有不同时期形成的自然黄土滑坡体，部分支流河口处可见泥石流堆积物，具有地质灾害隐患。此外，在采矿区内随时存在采矿诱发的地面地质灾害和矿井塌陷的可能和危险。

8.1.3 　区域生态状况

矿产资源的开发利用，对土地生态环境的影响主要存在两个方面：一方面，煤炭的大力开发加剧了区域土地生态环境的恶化，产生了如耕地资源退化、地表植被破坏、水体萎缩和矿区地质灾害频发等一系列土地生态环境问题；另一方面，随着榆林市煤炭能源化工基地的快速发展，对土地生态环境进行了大规模的恢复和治理工程，通过植树造林、退耕还林等方式，部分地区的土地生态环境得到了改善。根据陕北煤炭资源开采对土地生态环境造成的影响，目前工作区主要存在以下五个方面的土地生态环境问题。

（1）水资源约束增强，地表水（河流、湖泊、井泉）萎缩现象明显。水资源严重缺乏是影响陕北地区生态环境的重要因素，该区属联合国教科文组织亲自划定的水资源短缺区。由于煤炭资源的开采造成了地下水位下降，严重影响了地下水平衡系统，导致不少泉眼干涸及地表水断流，如窟野河一年内超过其三分之一的时间处于断流或濒临断流状态，逐渐演变为季节性河流，区内煤炭开采导致的泉眼干涸有 20 多处。据相关资料统计，1986~2012 年，毛乌素沙地东部面积大于 0.02 平方千米的湖泊数量由 1986 年的 79 个减少到 2010 年的 14 个，共减少 65 个，面积由 1986 年的 5 282.81 公顷减少至 2010 年的 2 901.66 公顷，湖泊严重萎缩。地表径流和泥沙条件的差异可能导致不同的地表形态，地表经长期流水冲刷作用通常会导致不同程度的土壤侵蚀，地下水环境的变化有可能导致土壤盐渍化、滑坡、地面塌陷等威胁区域生态安全的现象发生。因此，水资源特点对区域生态安全具有重要作用。

（2）矿山开采过程中产生的煤矸石和矿山建筑占用的土地资源直接或间接导致区域植被破坏、土地荒漠化加剧。自 20 世纪 80 年代初期神府东胜矿区开发至今，矿产资源开发占用和破坏了大量土地资源，对荒漠化的发展有着举足轻重的影响，尤其是近年来大规模的煤矿露天开采活动对原始地貌的扰动、植被的破坏尤为严重，加剧了荒漠化与水土流失问题。同时，煤矸石堆放不合理，导致地表水、土壤污染，未进行工程治理或治理不到位产生自燃进而形成大气污染。据相关资料统计，由采矿活动对林草地的影响面积达 76 525 亩（1 亩≈666.7 平方米），除神华集团投入了大量资金用于矿区生态环境的治理，大柳塔与活鸡兔等矿区的植被覆盖度得到了明显提高，荒漠化得到了进一步的逆转外，大部分煤矿区尚未进行全面的恢复治理工作，部分矿区的土地荒漠化出现了面积扩张和强度加剧的现象，同时煤炭开采引起的水资源系统破坏对荒漠化影响更是具有潜在性、长期性和不可逆性。根据统计数据可得，以目前的开发速度，神府矿区每年将有 5 300 ~ 6 700 公顷林地和草地遭到破坏，土地荒漠化速度加快。

（3）煤炭开采导致耕地退化严重。煤炭开采导致地下水水位下降、地表水萎缩，以及与煤炭开采配套的大型洗煤厂用水需求增强，使农田灌溉用水难以得到满足，目前在煤炭开采剧烈的乌兰木伦河、悖牛川、考考乌素沟河流阶地沿岸分布的耕地已基本消失。与此同时，大型储煤场、矸石直接压占耕地，也是耕地退化的主要原因之一。大型煤矿上部分布的耕地，由于煤矿采空塌陷严重，导致土壤水分下降，大面积作物枯死，同时，村庄搬迁后使耕地撂荒、造成耕地退化。

（4）工矿活动易诱发较严重的地面塌陷、地裂缝等地质灾害，严重影响周边地面建筑，威胁群众生命安全，大大降低土地的安全性。陕北地区煤田工程地质构造简单，煤层厚度大，埋藏浅，适合大范围开采活动。大型矿山在实现高产、高效的同时，对区内地质环境的改变起到重要作用，导致多种地质灾害发生，如地面形变灾害（如地面塌陷、地裂缝等）、岩土体斜坡失稳（如崩塌、泥石流、滑坡）等，极易造成集中连片采空区和塌陷区，给区域生态环境带来了直接破坏，给人类活动和生命财产安全造成巨大危害。

（5）煤矿开采形成的人口聚集给土地生态安全带来更大压力。人口数量本身并不一定与区域生态安全成直接负相关，然而在生态脆弱区，土地生态承载能力本身较低，土地生态压力相对大，人类不合理的活动很大程度上加剧了生态压力。特别是大量人口在矿区聚集，直接增加了矿区内单位土地所受到的人口压力以及土壤、植被、水体、大气被污染或不合理开发的可能性，生态风险增大。而城市总人数对耕地与粮食产量方面提出更高的要求，不合理的农用地利用方式有可能导致更严重的水土流失与荒漠化现象。

8.2　研究方法与数据处理

8.2.1　研究方法

本章采用的研究方法为多指标综合评价法[24~26]，为了能够较为综合全面地反映神府能源区土地生态安全状态。先根据被评价事物自身特点，选择用于描述其不同方面的因子并构建评价指标体系，将有量纲的因子指标转化为无量纲的相对值，通过数学计算评估区域土地生态安全状态。多指标综合评价法的实质在于对统计相对数的处理，"统计相对数"的实质是对指标实际值的无量纲化处理，其结果总是得到一个统计相对数，也就是说，多指标综合评价方法是用相对方法来解决指标的综合性问题。

　　多指标综合评价法的步骤如下：①评价指标的选定；②评价指标无量纲化；③评价指标权重的确定；④综合指标计算；⑤等级划分及分析。

　　评价指标的选择主要依据科学性、目标性、简明性和易得性原则，从不同层次和角度针对评价目标所具有的综合特征，选取相应因子构成评价指标体系。评价指标的权重反映各项指标对规划目标所起作用的差异，在评价中指标权重系数确定常用的方法为德尔菲法、等差法、层次分析法、回归系数法、变异系数法等。

　　评价指标的综合指数计算公式为

$$F = \sum_{i=1}^{n} W_i P_i \qquad (8\text{-}1)$$

式中，F 表示土地生态安全指数；W_i 代表第 i 项评价指标归一化权重；P_i 代表第 i 项权重指标分级指数。

　　通过计算区域的综合指数，考虑有关评价指标的差异性和评价目标的要求，运用自然断点法划分不同生态安全等级并分区，有利于说明区内各安全等级在空间分布上的差异。

8.2.2　技术路线

　　为了有效衡量煤矿开采区土地生态安全状况，研究的主要步骤如下。

　　（1）通过到榆林市实地调查，收集研究区相关的各种资料及图件，包括自然环境、社会、经济等四个方面，即收集多年平均输沙模数图、气象水文数据、多年统计数据等。

　　（2）对收集来的数据进行分类，根据数据类型分别进行统计分析、遥感解译、地图数字化等。对各指标的测度可通过定量描述来表达，主要包括水土流失因子、植被覆盖度因子、土地荒漠化因子、工程地质因子和地质灾害因子五大类。

　　（3）为确保指标综合计算具有客观性和可信性，采用多指标综合法与变异系数法相结合，建立神府矿区数学评价模型，对神府矿区的土地生态安全进行科学的评价。

（4）为了充分表达出矿区生态安全分布规律，利用遥感软件和 GIS 软件直观表达的优势和空间运算、分析功能，获取神府矿区土地生态安全各项指标的分布状态及生态安全评价结果。

（5）利用 ArcGIS 中的自然段点法对矿区土地生态安全评价结果划分等级，获得综合土地生态安全分区图，在分区基础上重新统计各项自然地理要素，对区域土地生态环境可持续发展提出建议。

综上所述，将研究步骤以组织结构图形式表示（图 8-4）。

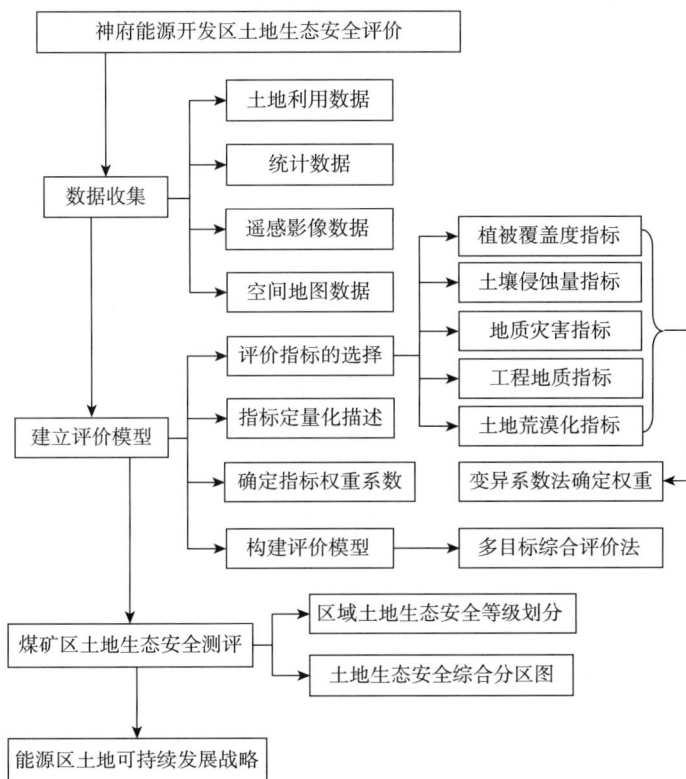

图 8-4　研究技术路线图

8.2.3　数据来源与处理

1. 数据来源

神府矿区覆盖面积较小，仅为 6 171.1 平方千米，因此选用分辨率为 30 米的 TM 影像作为研究基础并辅以 ZY-1-02C 影像，研究所用的原始数据均由中国煤炭地质总局航测遥感局（简称中煤航测遥感局）提供。研究所使用的气象数据为1991~2006年以年为单位的年平均气温、年最高温、年最低温、年降水量、年无霜期日数和年平均风速等，指标均来自榆林市统计年鉴。行政区矢量要素根据行政区划图矢量化获得，分辨率为1∶25 000；DEM数据取自中国科学院数据应用环境中心提供的SRTM 90m分辨率数据；煤矿开采分布数据使用中煤航测遥感局提供的2007年神府矿区煤矿开采实地调查数据；土地荒漠化数据取自中煤航测遥感局荒漠化调查结果；工程地质数据取自中煤航测遥感局地质调查结果；研究区地质灾害数据来自中煤航测遥感局地质灾害调查结果；1∶100万土壤类型数据取自中国科学院西部环境生态数据中心提供的土壤数据集。所有图层统一转换为自定义的高斯克吕格投影，中央经线为110.5°E，标准纬线为39°N。

2. 数据处理

为了能够较好地反映研究区自然植被与人工植被的生长状况，采用2007年6月landsat5号卫星获取TM影像作为研究基础。同时采用2007年9月分辨率为2.36米的ZY-1-02C卫星影像作为参考数据，对TM影像进行校正，为后期植被覆盖度提取做好前期准备。具体步骤如下。

（1）辐射定标：遥感器在获得地物辐射（辐射亮度）过程中，不仅要受大气效应影响，还会产生相关的系统误差。为了从扫描数据中获得精确的辐射信息，扫描仪必须被辐射定标，即在遥感器输出值（DN值）与入射的辐射亮度值之间建立定量关系。换句话说，就是为了消除传感器本身的误差，将传感器记录的DN值转换为辐射亮度值。这一过程在ENVI下实现，Basic Tools→Preprocessing→Calibration Utilities→Landsat TM。

（2）大气校正：为了消除如水蒸气、二氧化碳、氧气等大气分子和气溶胶散射的影响，获取地表真实的反射率数据，对辐射定标后的数据进行大气校正。这一过程在ENVI下实现，Basic Tools→Preprocessing→Calibration Utilities→FLAASH。

（3）几何精校正：通常情况下，原始遥感图像都存在系统性或非系统性的几何形变，纠正图像形变从而实现与标准图像或地图的几何整合就是几何校正的目的。本章中根据已校正的资源一号卫星数据对TM影像进行几何校正，并采用二次多项式拟合法进行影像配准，获得校正后影像。为了增强目视效果，有利于反映植被生长状况，采用TM5.4.3波段组合显示。

具体实现过程如下。

（1）选择配准点进行配准，Map→Registration→Select GCPs: Image to Image，由于这两幅遥感数据的分辨率不一致，在尽量多的情况下共选择12个配准点，并将误差控制在0.5以内。

（2）采用二次多项式拟合法实现影像配准，Ground Control Points Selection→ Option→Warp Displayed Band→Warp Parameters→Polynomial，并设置其他相关参数，完成影像配准。

8.3　土地生态安全评价体系建立

构造科学合理的评价体系是研究土地生态安全的关键，直接决定了评价结果是否真实可靠，但到目前为止，还没有一个公认的评价标准，就现有研究结果而言，由于各个学者从事的研究领域不同，对土地生态环境研究的侧重点不同，导致所选择的评价因子、建立的评价指标体系、对各个因子确定权重的方法及应用的评价模型各不相同。因此，掌握区域自身特点，构建一个方法科学、易操作的评价体系，是本章需要解决的重要问题。

8.3.1　评价指标的确定

1. 评价指标确定原则

在土地生态安全评价过程中，要求评价指标具有科学合理性，这是评价研究结果是否可信的关键。因此，应按照以下几项原则确定评价指标[27, 28]。

（1）科学性原则。在进行评价因子选择时，要确保选取因子的科学性，选择的各项因子能够充分体现土地生态安全的内涵，保证评价结果的可信性。

（2）主导性原则。影响土地生态安全的因素有很多，在选取评价指标时，应具有选择性地选取主导因子或具有代表性的因子，这样才能够真实反映出土地生态安全现状分布。

（3）综合性原则。土地是一个由自然、社会、经济组合而成的复杂生态系统，因此，在评价指标选取时应考虑指标体系的综合性和全面性，要能够反映出土地生态安全的主要属性及其相互关系。

（4）系统性原则。由于区域尺度土地生态环境是一个十分复杂的生态系统，其内部的结构和功能上关系更加错综复杂，因此要理清研究思路，按照系统论的观点进行考虑，构成尽可能完整的评价指标体系。

（5）客观性原则。评价指标选取是要结合区域特征，以保障评价结果的客观性。

2. 指标的确定

体系的建立要保证其科学合理性，只有合理的指标体系才能准确反映区域土地生态环境客观状况，科学合理的指标体系必然有科学合理的评价指标来支撑，以此来反映土地生态环境成因及结果表现，才能对区域土地生态安全进行客观评价。但如果把所有影响因素全部纳入土地生态安全评价指标体系，则会造成评价指标冗余、重复从而不能突出主要指标，并且会使评价体系过大，增加不必要的工作量，这些都会使评价结果不科学、不准确。为了使评价指标体系简明、准确，应结合区域资源环境特点，选取主要影响因子参与评价。

神府矿区内水土流失现象较为严重、土地沙漠化有严重的趋势、地质灾害时有发生、植被覆盖程度差异较大、洪涝灾害频繁发生等是影响神府矿区土地生态环境的主要问题。因此，在对神府煤矿能源区土地生态环境充分研究的基础上，选择水土流失因子、植被覆盖度因子、土地荒漠化因子、工程地质因子和地质灾害因子作为土地生态安全定量评价指标。

8.3.2　专题信息提取与分析

1. 植被覆盖度因子

区内特有的气候、水分和土壤条件决定了植被生长的特殊性，区内气候干燥、暴雨集中，土壤大多粗化、钙化，成土幼稚，有机质含量低，表土水分严重不足，导致植被普遍稀疏低矮，属典型干旱草原生态环境。同时，植被条件反向影响着区域土地生态环境，经研究表明植被是土壤侵蚀模型（RUSLE）中的基本参数或重要的影响因子，在陕北黄土高原风沙区，增加地表植被覆盖度有利于减弱风力侵蚀作用[34]。因此，研究植被覆盖度对神府能源区环境保护和生态安全建设意义很大，是神府矿区土地生态安全评价不可缺少的指标之一。

植被覆盖度的提取流程可分为植被指数提取、植被覆盖度提取和人机交互式检验数据。

1）植被指数提取

遥感图像上的植被信息，主要通过绿色植物叶子和植被冠层的光谱特性及其差异、变化来反映。但对于复杂的植被遥感，往往通过对多光谱遥感数据某几个波段进行数学运算，产生对植被长势、生物量等有指示意义的数值，即植被指数。

获取植被指数通常选用对绿色植物吸收较强的红光波段（0.6~0.7 微米）和对绿色植物较强反射、透射的近红外波段（0.7~1.1 微米）。这两个波段对统一生物物理现象的光谱响应能够形成明显反差，这种反差随叶冠结构、植被覆盖度的变化而变化，因此对其进行比值、差分等线性组合来增强或揭示隐含的植物信息。通常采用的植被指数为比值植被指数（RVI）、标准化植被指数（NDVI）、调整土壤亮度的植被指数（SAVI、TSAVI、MSAVI）、差值植被指数（DVI）等。

结合研究区基本情况，研究选用归一化植被指数作为反映植被生长状况的指标，它与植被类型、植被覆盖度、生长状况和光合作用强度等关系紧密，并能够在空间尺度上客观地反映植被覆盖度信息，计算公式为

$$\text{NDVI} = \frac{\text{NIR} - \text{IR}}{\text{NIR} + \text{IR}} \tag{8-2}$$

式中，NIR 为 TM4 近红外波段的辐射亮度值；IR 为 TM3 红外波段的辐射亮度值。

将几何校正后的遥感影像导入 ENVI 中，在 Basic Tools 波段运算工具（Band Math）中输入公式：

$$(b_1 - b_0)/(b_1 + b_0) \tag{8-3}$$

式中，b_1 为近红外波段；b_0 为红外波段。

2）植被指数与植被覆盖度的转换

植被覆盖度是指植被在地面的垂直投影面积占统计区总面积的百分比。参考植被指数提取植被覆盖度的方法[29~32]，考虑研究区现有资料，可以通过像元二分模型法估算区内植被覆盖度分布。其原理是一个像元的 NDVI 值分为两部分，即绿色植被部分贡献的信息和无植被覆盖（裸土）部分贡献的信息。在植被遥感监测中通常采用植被指数转换为植被覆盖度模型，如下所示：

$$F_{\text{mdvi}} = \frac{\text{NDVI} - \text{NDVI}_{\text{min}}}{\text{NDVI}_{\text{max}} - \text{NDVI}_{\text{min}}} \tag{8-4}$$

式中，F_{mdvi} 为植被覆盖度；NDVI_{min} 为最小归一化植被指数；NDVI_{max} 为最大归一化植被指数。

（1）NDVI_{min} 和 NDVI_{max} 的选取。由于传感器获取的遥感影像或多或少存在噪声，因而 NDVI 辐射亮度值统计出的最大值与最小值不能直接用于 NDVI_{max} 和 NDVI_{min}。综合考虑研究区影像特征，决定在 NDVI 辐射亮度频率累计表上取 0.5% 对应的 NDVI 为 NDVI_{min}，其辐射亮度值为 0.101 066；取 99.5% 对应的 NDVI 为 NDVI_{max}，其辐射亮度值为 0.579 788。

（2）植被覆盖度计算。根据以上求得的 NDVI_{min}、NDVI_{max} 和植被覆盖度 F_{mdvi} 公式，将研究区 NDVI 分成三部分：NDVI 小于 0.101 066，F_{mdvi} 取值为 0；介于 0.101 066 与 0.579 788 之间的 NDVI 使用 F_{mdvi} 公式；NDVI 大于 0.579 788，F_{mdvi} 取值为 1。植被覆盖度的计算采用与获取 NDVI 相同的处理方法，将植被指数导入 ENVI，利用 Basic Tools 在波段运算工具（Band Math）中输入算式：

$$(b_1 \text{LT } 0.101\,066) \times 0 + (b_1 \text{GT } 0.579\,788) \times 1 + (b_1 \text{GE } 0.101\,066 \text{ and}$$
$$b_1 \text{LT } 0.579\,788) \times (b_1 - 0.101\,066) \div (0.579\,788 - 0.101\,066) \quad (8\text{-}5)$$

式中，b_1 为 NDVI 辐射亮度值；LT（less than）为小于运算符，如果运算符两边左边大于右边则返回真，否则返回假；GT（greater than）为大于运算符，如果运算符两边左边大于右边则返回真，否则返回假；GE（greater than or equal to）为大于等于运算符，如果运算符两边左边大于右边则返回真，否则返回假。

将输出图像加载到 ArcGIS 中进行掩膜裁剪，获得研究区植被覆盖度灰度图。

（3）植被覆盖度分级。植被覆盖度分级标准曾在一些文献中提出[31, 33]，参考文献中所提到的阈值，结合研究区各地理要素特征，考虑到水体为非植被类型，需将水体部分从植被覆盖图中剔除，将覆盖度分为四个等级。其划分标准与植被状况对应表如表 8-4 所示。

表 8-4　植被覆盖度等级划分

植被覆盖度	植被分布状况
中高覆盖 （植被覆盖度为 61%～100%）	1 级：植被覆盖度在 61%～100%，地表呈现出中高产草地、林地，属中高覆盖度
中覆盖 （植被覆盖度为 31%～60%）	2 级：植被覆盖度在 31%～60%，地表呈现出高度侵蚀区、中产草地、低郁闭林地、低产草地，属中覆盖度
低覆盖 （植被覆盖度为 11%～30%）	3 级：植被覆盖度在 11%～30%，地表呈现低产草地、疏林地、中度沙漠化土地，属低覆盖度
极低覆盖 （植被覆盖度为 0～10%）	4 级：植被覆盖度在 0～10%，地表呈现裸岩、裸土、高度沙漠化土地，属极低覆盖度

3）人机交互式检验数据

在遥感影像中，经常出现异物同谱现象，即不同的地物类型因太阳高度角、大气散射等问题出现相同光谱特征。通常情况下，这种异物同谱现象计算机是无法自动识别分类的。因此在提取植被覆盖度后，要进行分类精度检验：①检验植被覆盖度分类整体正确性；②检验局部解译是否正确，并进行人工干预数据；③由于影像上河流与周围地物光谱特征差异不大，计算机无法自动分离，因此需要目视解译人工提取河流。

4）植被覆盖度现状及分区评述

根据陕西植被区划系统[34]分类可得，研究区属于草原地带，区域植被类型中草原占地最广，几乎无成片森林分布，因此植被覆盖度整体偏低。但通过植被指数求得植被覆盖度是相对于区域整体而言的，与实际情况相比偏高，这里仅关注各类别相对关系。根据植被覆盖度分布图（图 8-5），统计出各类别占地面积与比例，详见表 8-5。

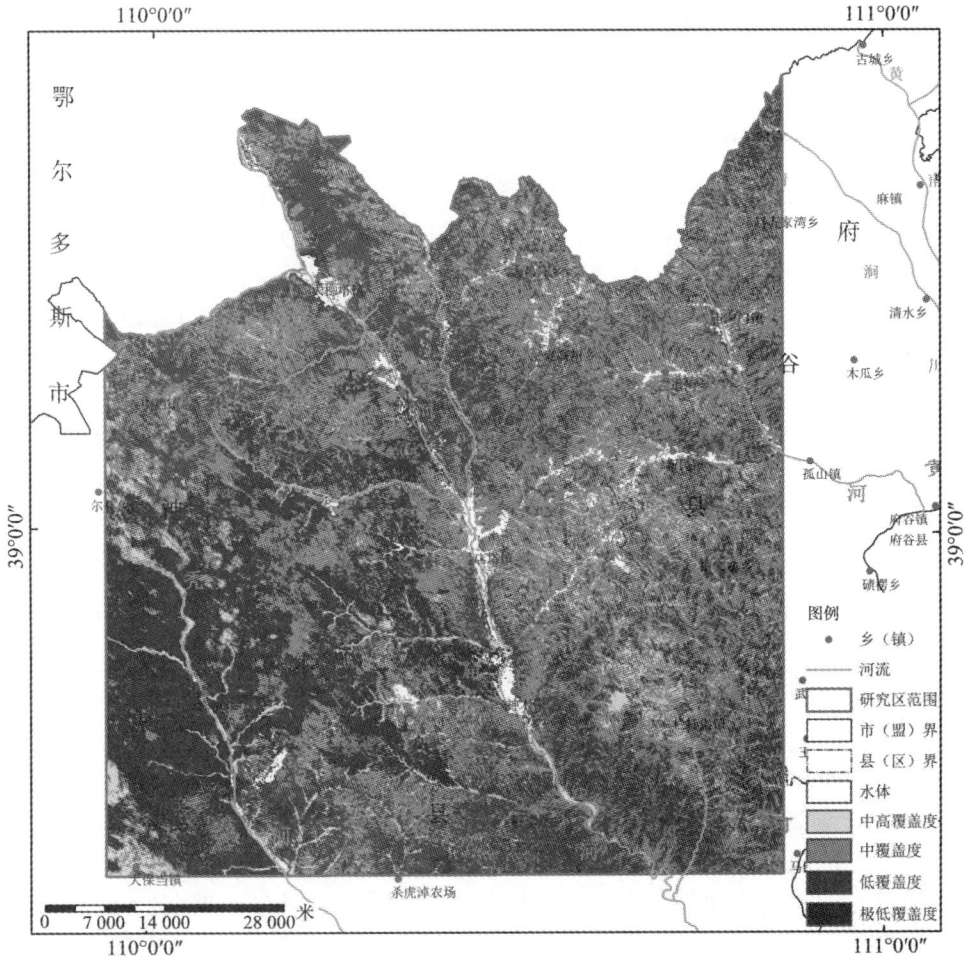

图 8-5　植被覆盖度分布图

表 8-5　研究区各类别植被覆盖度统计结果

覆盖度	中高覆盖	中覆盖	低覆盖	极低覆盖
	61%~100%	31%~60%	11%~30%	0~10%
占地面积/千米²	308.362 7	2 769.189 6	1 732.890 5	1 220.724 5
占地百分比/%	5.02	44.91	28.11	19.81

　　研究区植被覆盖度分布差异较大。中覆盖度所占比例最大为 44.91%，面积为 2 769.189 6 平方千米，主要分布于研究区东部，碎屑状成片分布；低覆盖度所占比例为 28.11%，面积为 1 732.890 5 平方千米，主要分布于窟野河、悖牛川、活鸡兔沟沿岸，多呈片状分布；极低覆盖度所占比例为 19.81%，面积为 1 220.724 5 平方千米，主要分布于研究区西北部秃尾河与长城沿线交接处一带，该地区为沙

漠滩地区，表面多为起伏沙丘，植被覆盖 很少，呈片状分布；中高覆盖度所占比例最小为 5.02%，面积为 308.362 7 平方千米，呈碎屑状零星分布。

2. 土壤侵蚀量指标计算

研究区地处陕北黄土高原的北缘和毛乌素沙漠东南缘，是黄河中上游水土流失严重地区，矿区降水量只有 398 毫米，而多年平均蒸发量为 1 990 毫米。此外，由于自然植被覆盖少，夏秋季太阳辐射强，易形成直升气流、地形雨和热雷雨，6~9 月多暴雨。区内地形较破碎，沟壑集中分布，岩土体抗侵蚀强度低，黄土及风沙广布全区，加之不合理的人类活动都会使自然地质环境恶化，造成区域水土流失。

水土流失按其破坏和搬运地表物质的营力分类，可分为水力侵蚀、风力侵蚀和重力侵蚀。水力侵蚀主要发生在矿区东部和中部的黄土丘陵和基岩山地地区，在坡谷、墚坡地带面蚀和沟蚀现象严重，沟谷底部以冲蚀为主。风力侵蚀主要发生在研究区西北部边界和西南角一带，地表物质疏松干燥，植被覆盖差，大风日数多，年风蚀程度可达 22 厘米，常见有风蚀残丘和风蚀洼地等。区内风沙流直接把泥沙输入河（沟）道，或在河（沟）谷背风坡暂时堆积，以泻溜的形式进入河（沟）道，成为河道泥沙的来源之一。夏季伴随着雷降雨而出现的大风，时间虽短，但来势猛，风力侵蚀和水力侵蚀相伴而生，搬运和侵蚀十分强烈。重力侵蚀也多发生在黄土丘陵区，陡坡和陡壁常见有滑坡、崩塌、撒落等重力地质现象，区内重力侵蚀常常是在其他营力，如水力、风力等共同作用下发展起来的，水力侵蚀严重的地区，常伴有重力侵蚀的发生。

矿区水土流失由两部分组成。一部分是原生地面产沙量，即在单纯自然条件下侵蚀作用产生的地面输沙量；二是因人类活动影响破坏了原来的地表形态，造成水土流失加剧，增加地面输沙量。研究区内具有大量的煤矿资源，对其大规模开发利用占有并破坏了土地资源，加速土地覆被变化，特别是大规模的煤矿露天开采活动对原始地貌的扰动、植被的破坏尤为严重，从而加剧了水土流失现象，同时煤矸石堆放不合理，又会导致严重的土壤污染。因此，通过对研究区土壤侵蚀的量化评价，为矿区土地生态安全评价提供研究基础。

国内外对土壤侵蚀量的计算方法很多，其中美国 USLE 方程最为广泛，其研究方法较为成熟，结构简单，评价因子获取相对容易，计算较方便。因此，选择美国 USLE 方程计算研究区土壤侵蚀量[35]，USLE 方程的基本形式为

$$A = 224.2R \times K \times L \times S \times C \times P \tag{8-6}$$

式中，A 为每年每平方米的土壤流失量［千克/（米^2·年）］；R 为降水侵蚀因子；K 为土壤可蚀性因子；L 为坡长因子；S 为坡度因子；C 为植被覆盖度因子（作物

经营管理因子）；P 为土壤保持措施因子；224.2 为单位转换系数。

根据以上水土流失方程公式可得，在实际应用中需要分别估算六个因子 R、K、L、S、C 和 P，用传统的方法来估算各因子都是基于小区实验得来的，经过长期的研究发展，特别是与 GIS 和 RS 技术结合之后，能够从已获得的各因子数据中获取统计规律，总结经验公式[36]。根据研究需要，借鉴比较成熟的经验公式对各因子进行估算。

1）降水侵蚀因子（R）

降水是土壤侵蚀的重要因子，降水侵蚀因子 R 表示降水导致区域土壤侵蚀的潜在能力。由于一些相对精准算法的数据往往难以获得，一般采用基于月降水量的简易算法相对较多[37, 38]。考虑到研究结果的正确性和研究区降水量数据的可获性，采用比较适合黄土高原地区且应用较广的就是 Wischmeier 等[39]提出的利用月平均降水量推算 R 值的公式：

$$R = \sum_{i=1}^{12} \left(1.735 \times 10^{\left(1.5 \times \lg \frac{p_i^2}{p} - 0.8088 \right)} \right) \qquad (8\text{-}7)$$

式中，p_i 为第 i 个月的平均降水量（毫米）；p 为年降水量（毫米）。

由于研究区较小，面积为 6 171.1 平方千米，且本章主要为现状评价，因此，考虑到数据的可获取性，选取 2007 年研究区周边 6 个台站（表 8-6）的 12 个月的平均降水数据，以避免异常值对研究结果造成的误差。基于 ArcGIS 地理信息系统软件操作平台，通过径向基函数方法进行数据的内插，得到各月区域降水量分布图。运用 ArcGIS 的栅格计算功能，将各月的降水量栅格图层作为输入数据进行计算，得到降水量侵蚀力因子空间分布图，再用矢量边界裁剪得出研究区 R 值空间分布图（图 8-6）。

表 8-6　研究区周围的 6 个台站的地理坐标

台站号	站点名	经度（E）	纬度（N）
53543	东胜	109.98	39.83
53564	河曲	111.15	39.38
53663	五寨	111.82	38.92
53664	兴县	111.13	38.47
53646	榆阳区	109.78	38.27
53529	鄂托克旗	107.98	39.10

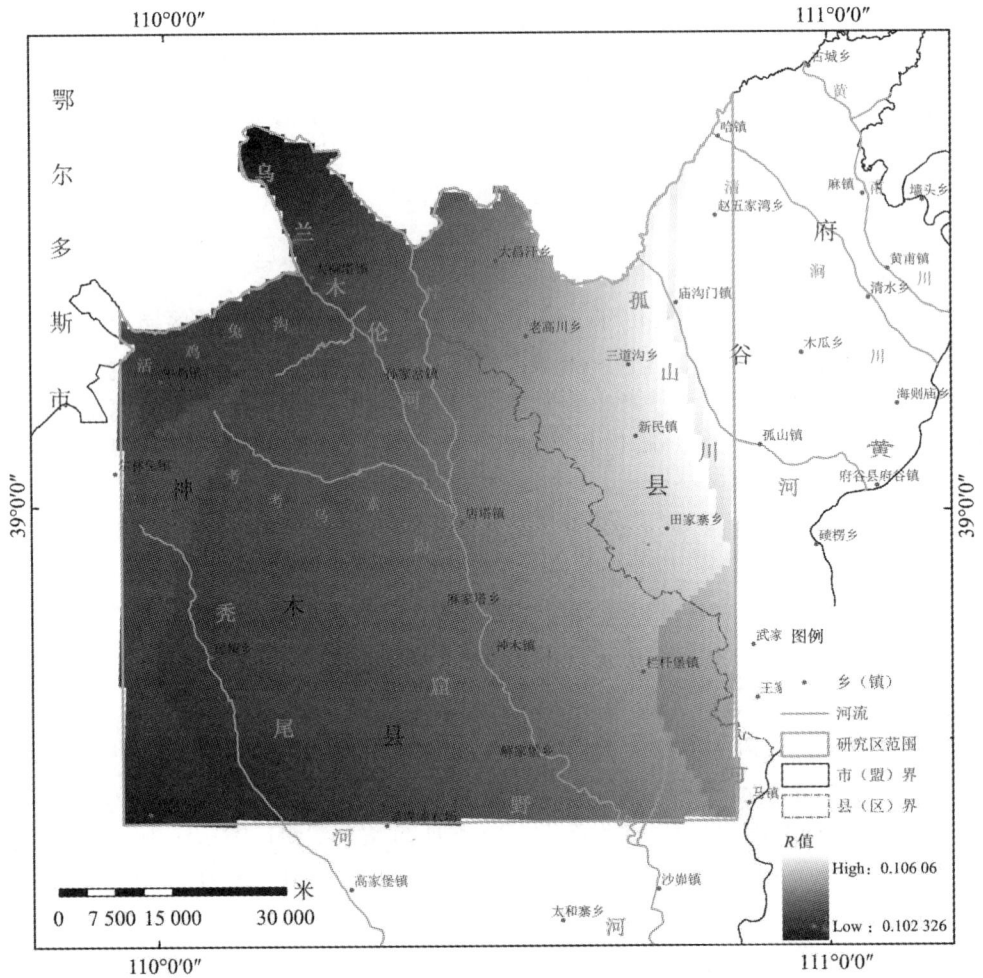

图 8-6　降水侵蚀因子空间分布

分析图 8-6 可以得到，研究区地处东经 110°~111°，北纬 38.5°~39.5°之间，区域 R 值整体差异很小。其中，高值区分布在府谷县境内的孤山川河流域，低值区主要分布在神木县境内的大柳塔镇北部、瑶镇乡和中鸡镇一带，R 值在研究区内整体呈自西向东递增趋势。形成这种分布的主要原因是，研究区西南部属于毛乌素沙漠而东北部属于陕北黄土高原，整体呈现出毛乌素沙漠向陕北黄土高原的过渡地带，故 R 值由低到高的分布形态是合理的。

2）土壤可蚀性因子（K）

土壤可蚀性因子（K）是描述土壤侵蚀敏感程度的重要指标，也是土壤流失方程的重要参数。土壤可蚀性因子是一个可以通过小区实验测定获得的常量指标，同一种土壤类型对应着相同的 K 值。自 20 世纪 50 年代以来，土壤可蚀性因子研究在估算土壤侵蚀量定量试验的基础上逐渐开展起来，相继出现了通过土壤理化性质计算 K 值的计算公式和诺漠方程[40]，随后计算公式逐渐简化为由土壤黏粒、土壤粉粒、有机碳和土壤砂粒组成的算式计算可蚀性因子 K 值[41]。

目前，在估算土壤可蚀性因子的方法中，通常使用 EPIC 模型[42]来评价土壤侵蚀对土地的影响。主要考虑土壤有机碳和粒径组成，土壤可蚀性因子与土壤间的关系式为

$$
K = \left\{ 0.2 + 0.3 \exp\left[0.025\,6 \mathrm{SAN}(1 - \mathrm{SIL}/100) \right] \right\}
$$
$$
\times \left[\frac{\mathrm{SIL}}{\mathrm{CLA} + \mathrm{SIL}} \right]^{0.3} \times \left[1.0 - \frac{0.25C}{C + \exp(3.72 - 2.95C)} \right] \qquad (8\text{-}8)
$$
$$
\times \left[1.0 - \frac{0.7\mathrm{SNI}}{\mathrm{SNI} + \exp(-5.51 + 22.9\mathrm{SNI})} \right]
$$

式中，C 为土壤有机碳含量（%）；SIL、CLA、SAN 分别为粉粒、黏粒、砂粒含量；SNI=1−SAN/100。

本章应用中国科学院西部环境生态数据中心 1:100 万土壤数据集及陕西省土壤志，对各类土壤及其对应的有机质含量建立相应的数据库，并生成栅格图层，根据上述公式运用 ArcGIS 的栅格计算器对栅格数据层综合计算，得到土壤可蚀性因子，如图 8-7 所示。

根据图 8-7 可得，研究区内土壤可蚀性因子的值域（0.33～1.33）整体上差异较小。低值区分布于秃尾河流域、乌兰木伦河以西至考考乌素沟流域以及乌兰木伦河南段和栏杆堡镇，分布情况与区域内河网的分布状况大体一致；高值区大面积分布于窟野河东部和西部。区内土壤类型主要为黄绵土，只有活鸡兔沟一带为栗钙土，这种分布情况与研究区土壤类型具有直接关系，故 K 值的分布是合理的。

3）植被覆盖因子（C）

植被覆盖度因子（C）的提取是基于植被覆盖度 NDVI（c 值）与坡面产沙量建立的数学模型得到的，具体公式为

$$
C = 0.650\,8 - 0.343\,6 \times \lg c \qquad (8\text{-}9)
$$

式中，C（植被覆盖度因子）和 c（植被覆盖度 NDVI）的取值范围均为[0，1]。当 $c < 0.1$ 时，$C=1$；当 $0.1 \leqslant c \leqslant 0.783$ 时，通过上述公式计算 C 值；当 $c > 0.783$ 时，$C=0$，则不产生土壤流失。

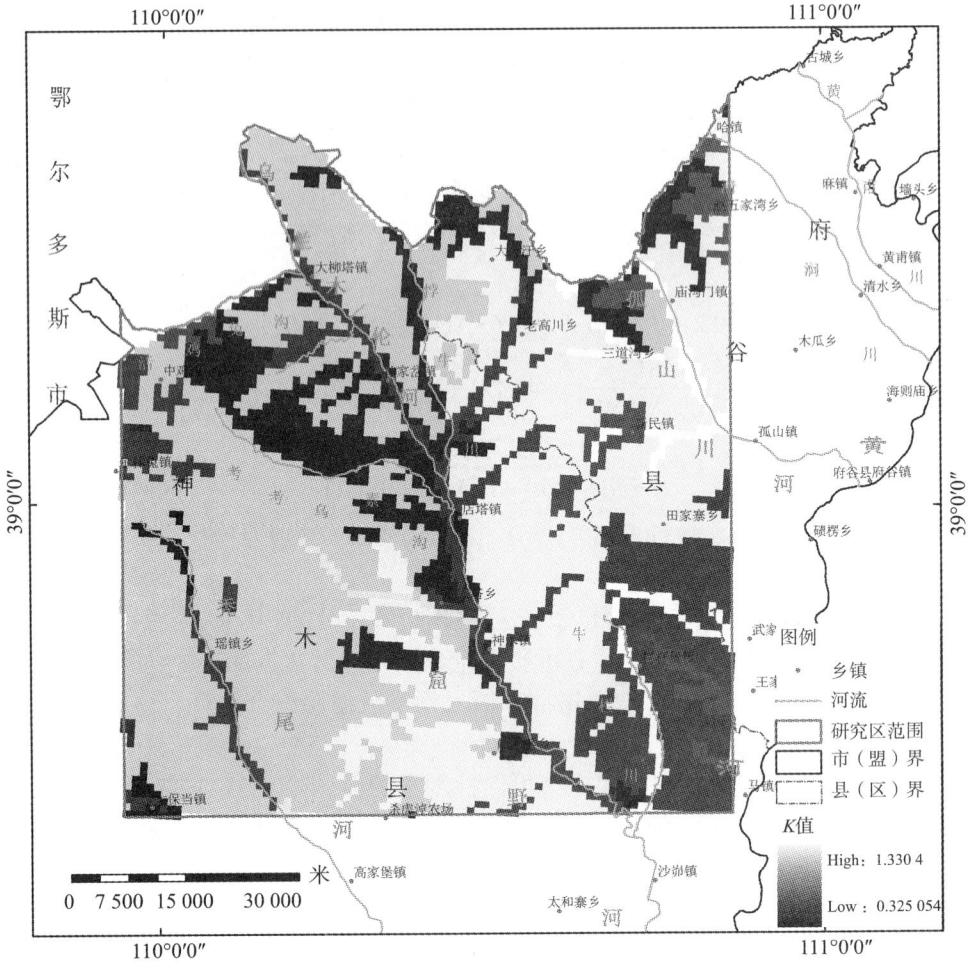

图 8-7　土壤可蚀性因子空间分布

植被覆盖度直接采用第 3 章计算结果，将植被覆盖度（c 值）输入 ArcGIS，通过栅格计算功能进行条件运算，即将植被覆盖度大于 0.783 的像元 C 值赋值为 0；将植被覆盖度小于 0.1 的像元 C 值赋值为 1，植被覆盖度为 0.1～0.783 的像元按照公式进行计算。植被覆盖度因子结果如图 8-8 所示。

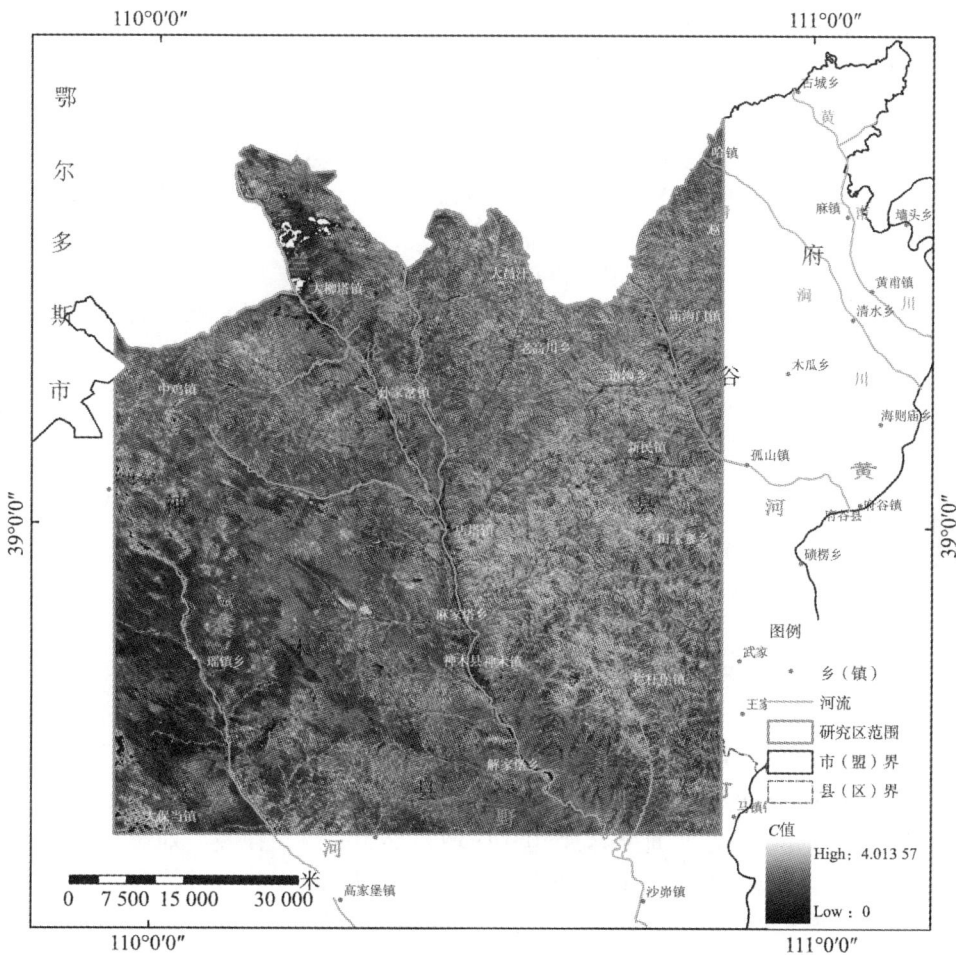

图 8-8　植被覆盖度因子空间分布

　　植被覆盖度因子呈现东高西低的分布模式。这是由研究区特殊的地貌类型决定的，西部属于毛乌素沙地，地表以风沙土为主，植被主要为沙生灌丛，局部有以沙柳、小叶杨为主的人工水土保持林；东部属于陕北黄土高原北缘，地表主要为长芝草、臭柏等丛生禾草和旱生杂草。研究区内低值区出现在瑶镇乡、大柳塔镇附近，呈片状分布；中高值区主要分布于窟野河东部区域，呈碎屑状与中覆盖度植被交错分布。

　　4）坡长坡度因子（LS）

　　坡长坡度因子是水土流失方程中重要的因素之一，在 USLE 方程中对 LS 因子的获取相对比较复杂。美国 USLE 方程中坡长坡度因子的计算模型是在坡度为

9%，坡长为 22.1 米的连续无耕作休闲状态，且实行顺坡耕作的标准小区试验获取的。不同地区的标准小区条件不同，故不能直接使用美国 USLE 方程中标准小区的条件。

本章所选区域地处陕北黄土高原，多沟壑丘陵区。根据区域的特殊性并结合 GIS 方法，采用经典坡度因子公式，可分级计算坡度因子 S，公式为

$$S = \begin{cases} 10.8\sin\theta + 0.03, & \theta < 5.14 \\ 10.8\sin\theta - 0.03, & \theta \geq 5.14 \end{cases} \quad (8\text{-}10)$$

坡长 L 的计算采用水平坡长 λ 和坡长指数 m 的经验公式，m 由细沟侵蚀 β 计算得出[48]，β 通过关于坡度 θ 的方程[49]求得，公式为

$$L = \left(\lambda / 22.1\right)^m, \quad m = \beta / \left(1 + \beta\right) \quad (8\text{-}11)$$

$$\beta = \left(\sin\theta / 0.089\,6\right) \Big/ \left[3.0\left(\sin\theta\right)^{0.8} + 0.56\right] \quad (8\text{-}12)$$

研究采用中国科学院数据应用中心提供的 SRTM 90m 分辨率的 DEM。运用 ArcGIS 的 Special Analyst 工具提取坡度，并换算为角度，通过 ArcGIS 空间统计功能提取坡度因子 S 和细沟侵蚀因子 β，最终求出坡长因子 L，即可得到坡长坡度因子（图 8-9）。

根据图 8-9 可得，研究区内坡长坡度因子（LS 值）的值域为[0.12, 123.09]，整体上差异较大。低值区成片分布于秃尾河流域、考考乌素沟流域、乌兰木伦河北段和活鸡兔沟南部流域；高值区主要分布于研究区西部，并与低值混合且无片状分布，这种分布形态是由区域地貌类型决定的。研究区西部主要分布有沙丘、沙垄等，地形起伏较小，地势较平坦；区域东部为中海拔丘陵，地貌发育为黄土峁和黄土墚等，沟谷切割较深，冲沟密布，地形起伏较大。这种特殊的地貌类型与区内坡长坡度因子的分布较为一致，故 LS 值的分布是合理的。

5）土壤保持措施因子（P）

土壤保持措施因子（P）指的是采取特定水土保持措施后的土壤流失量与未采取任何水土保持措施（即顺坡种植）时的土壤流失量的比值。P 值的取值范围是[0, 1]，P 值为 0 时表示该区域水土保持措施良好未发生土壤侵蚀现象，P 值为 1 时表示区域未采用任何水土保持相关措施，P 值为 0~1 时，P 值越大表示区域土壤侵蚀现象越严重，反之土壤侵蚀越微弱。目前，P 值的获取通常根据区域土地利用方式的特点赋值，采用已有的 2007 年矿区土地利用数据，P 因子赋值具体对应关系如下。

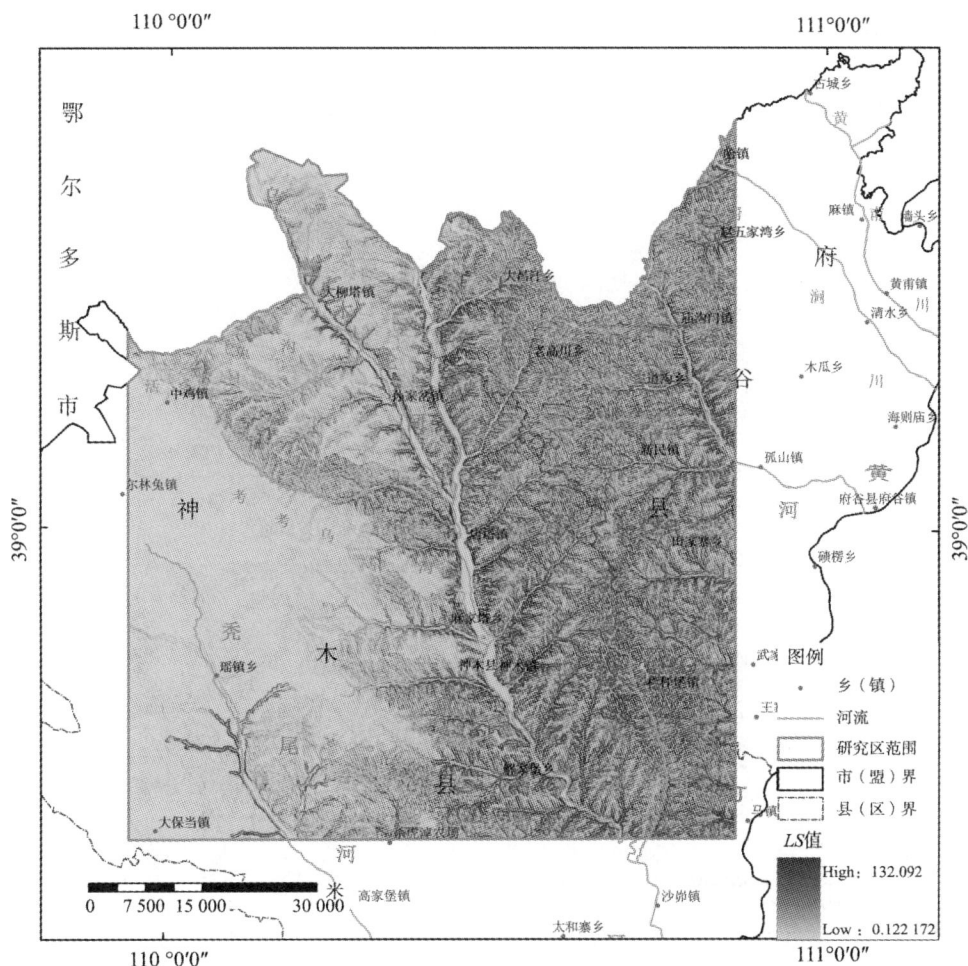

图 8-9　坡长坡度因子空间分布

通过在 ArcGIS 软件中对土地利用数据赋值，得到土壤保持措施（P 值）结果图，（图 8-10）并统计各类（0、0.35、1）取值对应的面积，见表 8-7。研究区水土保持措施整体较弱，其中未采用任何水保措施的土地面积最大，为 3 798.63 平方千米；水土保持措施良好未发生土壤侵蚀的土地面积最小，为 773.81 平方千米；而介于二者之间（P 值为 0.35）的土地面积为 1 548.19 平方千米。就研究区整体而言，0 值区主要出现在秃尾河流域，呈片状分布；1 值区主要出现在考考乌素沟流域南部、秃尾河流域西部和乌兰木伦河北段一带；0.35 值区呈碎屑状分布于矿区东部，范围较广。

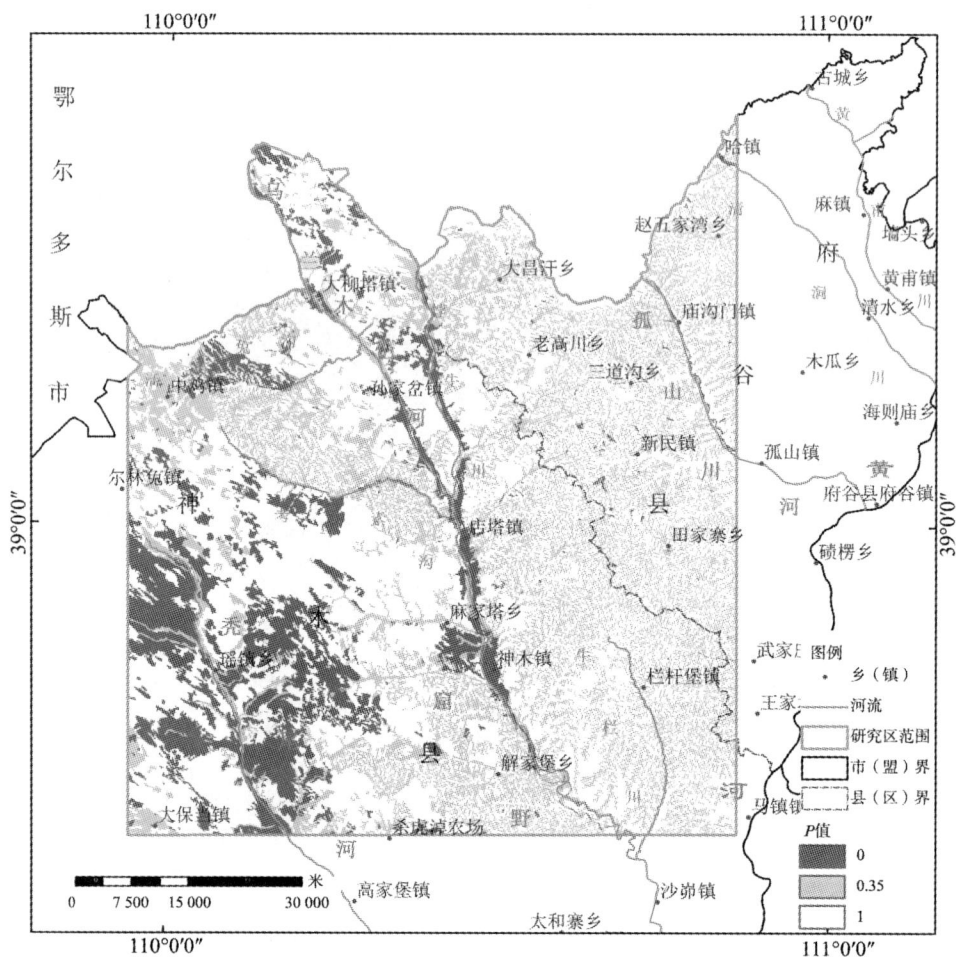

图 8-10　水土保持措施因子空间分布

表 8-7　P值与土地利用类型对应表

土地利用类型	P值（无量纲）	占地面积/千米²
林地、高覆盖度草地、低覆盖度草地	1	3 798.63
建筑用地、水域	0	1 548.19
农田、耕地	0.35	773.81

6）土壤侵蚀量测算

由于各地理底图的空间分辨率不同，综合计算时采用最小分辨率 30 米×30 米作为栅格大小，在统一的坐标系统下，运用 ArcGIS 栅格计算器对各个因子连乘，最后乘以单位转换系数 224.2（按照水土流失方程式计算），得到 2007 年土壤侵蚀强度图，如图 8-11 所示。通过实地调查并结合资料分析，对矿区土壤侵蚀量进行分级（表 8-8）。

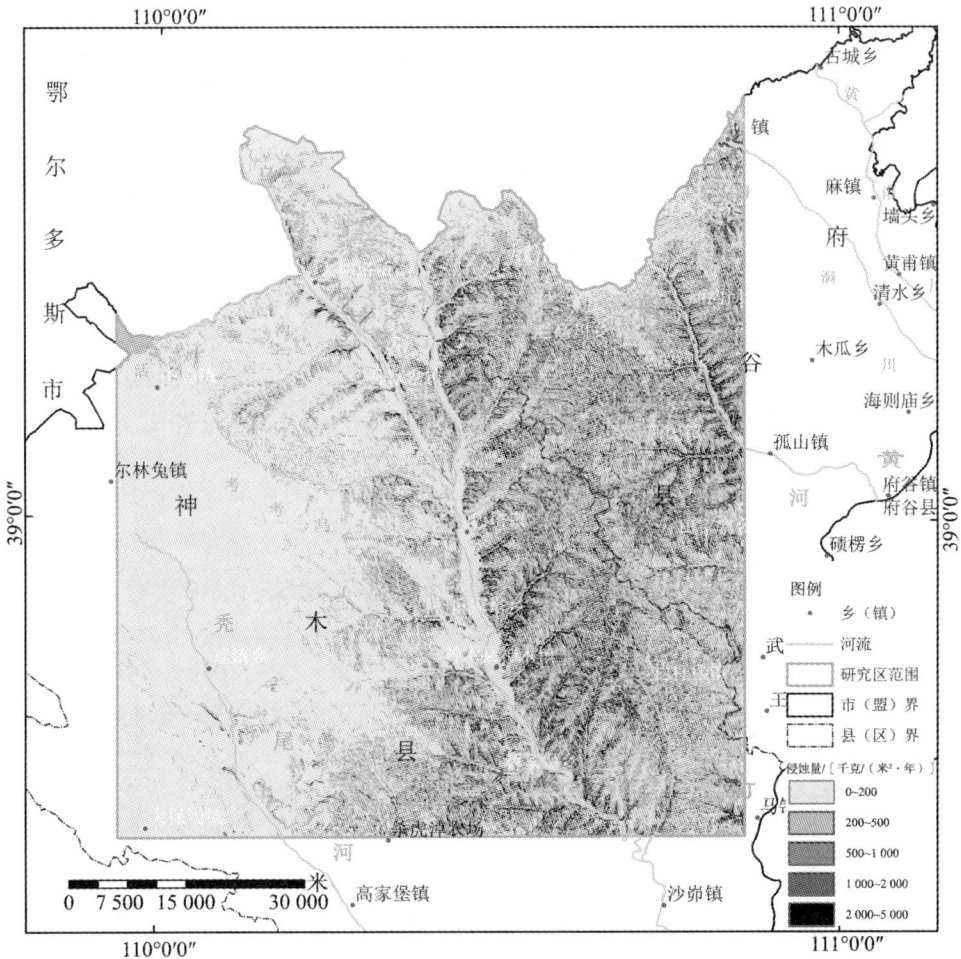

图 8-11　研究区土壤潜在侵蚀量

表 8-8　土壤潜在侵蚀量分级统计表

项目	等级				
	不明显侵蚀	微度侵蚀	轻度侵蚀	中度侵蚀	高度侵蚀
指标/[千克/（米²·年）]	< 200	200 ~ 500	500 ~ 1 000	1 000 ~ 2 000	2 000~5 000
赋值	0	1	2	3	4
面积/千米²	3 342.83	1 704.66	551.03	245.79	183.83

根据土壤侵蚀量分布可得各侵蚀程度所对应的土地面积（表8-8）。其中，不明显侵蚀 [<200千克/（米^2·年）] 占有土地面积最大，为3 342.83平方千米，集中分布于乌兰木伦河（窟野河）西部的中鸡镇、瑶镇乡和大保当镇一带，呈片状分布；微度侵蚀 [200~500千克/（米^2·年）] 面积为1 704.66平方千米，主要分布于乌兰木伦河（窟野河）流域西部一带，无成片分布，破碎度较大；轻度侵蚀 [500~1 000千克/（米^2·年）] 面积为551.03平方千米，主要分布于矿区东部孤山川与牛栏川流域，呈碎屑状分布；中度侵蚀 [1 000~2 000千克/（米^2·年）] 和高度侵蚀 [2 000~5 000千克/（米^2·年）] 面积较小，分别为245.79平方千米和183.83平方千米，主要分布在黄土高原的窟野河流域与悖牛川流域东部一带，呈现交错分布状态，无明显分布界限。通过上述分析可得，矿区土壤侵蚀量整体较小，呈现自西向东逐渐变大的趋势。这种分布情况与研究区地貌分布特征较为一致，即西部属于沙漠滩地区，地势较为平坦，基底残留黄土墚峁地形，地表多为波状起伏的片流沙或半固定沙丘；东部黄土高原区地形十分破碎，沟谷分布集中，黄土墚峁非常发育，因而土壤侵蚀程度比西部严重。

3. 地质灾害指标计算

地质灾害是指由自然条件和人类活动共同作用于地球表层导致岩土体发生移动，并强烈破坏人类生命财产和生存环境安全的现象。神府矿区位于陕北高原北部，具有丰富的能源资源，在历史上曾有"牛羊塞道，沃野千里"的美称。后来人类无节制的乱砍滥伐致使自然植被遭到破坏，风蚀沙化和土壤侵蚀现象严重，导致地质灾害频繁发生，生态环境日益恶化。近年来，人类社会经济的快速发展，同时伴随着自然资源的不间断开发，直接引发各类地质灾害频发，如崩塌、滑坡、泥石流、矿区塌陷等，使原本脆弱的生态环境遭到更严重破坏。因此，本章将地质灾害作为矿区土地生态安全一个非常重要的影响因素。

本章所用的地质灾害数据来源于2002年地质灾害调查报告，随后根据各年度神木县和府谷县地质灾害排查结果对调查数据进行更新，将更新后的数据作为本章的灾点数据。

1）地质灾害的发育类型

受地形地貌、岩土体类型及人类工程活动的影响，区内地质灾害较发育，主要类型有崩塌、塌陷（煤火）、滑坡、泥石流等（表8-9）。在这些地质灾害类型中，矿区塌陷灾害发育面积大且影响广泛，对自然和人类生存环境造成的危害最严重。崩塌和滑坡的危害稍弱，泥石流灾害局部发育。

表 8-9　地质灾害类型统计表

类型	群众报灾	新发现灾点	合计
崩塌	10	63	73
地面塌陷	5	24	29
滑坡	10	12	22
泥石流	3	8	11
合计	28	107	135

（1）崩塌。是指较陡斜坡上的部分岩土体在重力作用下脱离母体，通过坠落、跳跃和滚动等方式在空中下降并堆积在坡脚的斜坡破坏类型。通过将地质灾害分布与地貌类型综合分析，发现崩塌多发生在土石丘陵区和黄土丘陵区，尤其以土石丘陵区最为发育，共有灾点 73 个，占研究区灾害点的 54%，其中岩质崩塌点 56 个，土质崩塌点 17 个（表 8-10）。

表 8-10　崩塌类型统计表

类型	数量/个	占崩塌总数比/%
土质崩塌	17	23
岩质崩塌	56	77

崩塌灾害可分为两类，即岩质崩塌与土质崩塌，前者分布于节理发育的坚硬岩石中，后者分布于节理发育的第四纪风成黄土中。崩塌的形成除了与自然环境有关外，主要是由人类工程活动引起的。矿区内崩塌主要在人类工程活动的沟谷边坡带发育，不断地开挖坡脚破坏了岩体的稳定性，随着长期的风化作用，雨水和地表水渗入，形成不稳定岩体。

（2）地面塌陷。随着煤炭资源的开发，地面塌陷不断发生。经统计，研究区内共有 23 个煤矿不同程度地发生地面塌陷，造成地表裂缝、地面下沉、地下水位下降，致使道路中断、土地沙化、树木枯萎、人畜饮水困难等，对人类生存环境危害十分严重，对生命财产安全造成严重威胁（表 8-11）。

表 8-11　地面塌陷危险性统计表

点号	点位	所属县	危害性		稳定性	危险性
			危害情况	等级		
SM006	大柳塔镇布袋壕村	神木县	威胁 5 户, 20 人, 28 间房, 估计损失 20 多万元	中	不稳定	危险
SM007	大柳塔镇后山变电所	神木县	造成 3 户、10 人搬迁，矿井关闭，损失 100 多万元	中	基本稳定	危险
SM008	大柳塔国营矿	神木县	造成住户、砖厂搬迁，公路中断 8 千米，补偿损失约 600 万元	重	不稳定	重大级
SM009	大柳塔镇时令梁矿	神木县	造成矿井关闭，水位下降，土地沙化，损失达 100 万多元	中	不稳定	危险

续表

点号	点位	所属县	危害性		稳定性	危险性
			危害情况	等级		
SM011	大柳塔镇大柳湾矿	神木县	威胁 140 人，200 间房、高压线、通信光缆、村庄及相邻矿井，造成 3 人死亡，矿井关闭。损失估计 600 万元	中	不稳定	重大级
SM016	活鸡兔国营矿 208 工作面	神木县	造成 19 户、80 多人、75 间搬迁，毁坏田地、林、草面积 0.9 平方千米，估计损失 100 万元	中	不稳定	危险
SM017	活鸡兔国营矿 205 工作面	神木县	造成 18 户、70 多人、72 间房搬迁，估计损失 100 万元	重	不稳定	危险
SM018	活鸡兔国营矿 207 工作面	神木县	造成 16 户、60 多人、64 间房搬迁，估计损失 70 万元	中	不稳定	危险
SM028	店塔镇榆镇矿	神木县	植被枯死、水位下降、土地沙化，估计损失 1 万元	中	基本稳定	次危险
SM050	永兴乡糜地沟着火湾	神木县	引发大面积煤田着火，浪费资源，污染环境，估计损失 0.8 万元	轻	不稳定	次危险
SM056	永兴乡柳沟乡办煤矿	神木县	造成植被枯死、水位下降、水土流失，估计损失 5 万元	中	不稳定	次危险
SM066	麻家塔乡办矿	神木县	造成住户搬迁、树木枯死、毁田 380 亩，估计损失 10 万元	中	稳定	危险
SM071	西沟乡新圪崂矿	神木县	威胁 19 户、100 多人、80 间房，估计损失 97 万元	重	不稳定	重大级
SM073	西沟乡大砭窑矿	神木县	植被枯死、水位下降、土地沙化、毁田 90 亩，估计损失 2 万元	轻	不稳定	次危险
SM074	西沟乡凉水井村	神木县	威胁 2 户 3 人 4 间房，另外其上有神延铁路通过，估计损失 1 万元	轻	基本稳定	次危险
SM075	西沟乡利民煤矿	神木县	威胁 204 省道（油路）30 米，估计损失 0.3 万元	轻	不稳定	次危险
FG009	老高川乡石板台村硬地焉	府谷县	造成植被枯死，水位下降，毁田 400 亩，估计损失 12 万元	中	不稳定	危险
FG011	老高川乡长方梁村火赖沟	府谷县	造成住户搬迁，资源浪费，环境污染，估计损失 100 万元	重	稳定	危险
FG020	新民镇新尧村大路峁	府谷县	造成 15 户、60 多人、65 间房搬迁，估计损失 55 万元	中	不稳定	危险
FG026	新民镇龙王庙村温家渠	府谷县	威胁 3 户 10 人 3 间房，估计损失 1 万元	轻	基本稳定	重大级
FG033	新民镇高山村唐家山	府谷县	造成 7 间校舍坍塌，损失达 7 万多元	轻	不稳定	危险
FG045	庙沟门镇杨家梁村红石焉	府谷县	造成 20 户、90 多人、80 间房搬迁，毁坏农、林、草地约 1.1 平方千米，估计损失 120 万元	中	不稳定	危险

（3）滑坡。是指斜坡上岩土体受河流冲刷、雨水浸泡、地震及人类活动等因素影响，沿一软弱面整体地或分散地顺坡向下滑动的灾害现象。研究区共有滑坡点 22 处，占灾害总数的 16.3%，其中黄土滑坡 19 个，黄土-基岩复合型滑坡 3 个。

（4）泥石流。多发生在山区或沟谷深壑的地形险峻区，因其他自然灾害引发的山体滑坡并伴有大量的泥沙和块石的特殊洪流。泥石流发生突然，流速快、流量大且破坏力极强。其形式是在一定的地质构造、岩性、地貌和植被等相互影响下，当稳定状态下所具备的自然生态环境受到破坏，并超过能够承受的临界状态就会爆发。自然环境是先决和基础条件，当物质和动力条件积累演变到一定程度时，便会在暴雨径流的作用下形成泥石流。研究区共发现泥石流 11 处，主要分布于矿区东北部，占灾害总数的 8.1%，该区沟脑存在的烧变岩及大量的采石场碎石、煤矿开采废弃的矿渣是泥石流的主要物源。灾害主要由暴雨引发，且致灾方式主要是淤埋沟口新修的公路。

2）地质灾害分布规律及发育特征

第一，地质灾害的分布规律。地质灾害的区域性分布，主要是由新构造运动所造成的地形地貌条件决定的，地质灾害较为发育的地区通常分布有大量的人类工程及生产活动。地质灾害分布状况见图 8-12。

（1）地质灾害的区域分布。神木县西北部为地势平坦的沙漠滩地区，人口密度很小几乎无大的城镇，且该区煤矿开采点较少，采矿密度不大，因此地质灾害很少发生，几乎无大的地质灾害。但随着煤矿开采密度增加，力度增大，会产生新的地质灾害隐患。

神木县中北部的神木镇—麻家塔乡—店塔镇一线，蕴藏着十分丰富的煤炭资源，该区域分布有神木县主要城镇、厂矿、村庄、重要交通干线、重要工程设施，尤其是国营、集体、个体的大、中、小煤矿星罗棋布，经济发达，人口密集。地质灾害种类多、密度大、危害严重，尤其是地面塌陷和岩土体崩塌灾害十分发育。另外，还有少量滑坡和泥石流灾害。

新民镇、三道沟乡、老高川乡、庙沟门镇、大昌汗乡大部，即孤山川流域一带，属于黄土丘陵地貌及土石丘陵地貌，采矿分布密集，人口密度大。同时受到自然和经济条件限制，多在高陡石崖和土崖下建房、建窑或开挖坡脚，另外修筑山区公路亦破坏原始坡面，岩土体崩塌及滑坡灾害十分严重，具有数量多、危害大、集中发育的特点。

（2）地质灾害的乡镇分布。由于研究区内各个乡镇所处的地质环境条件、人口密度、资源开发、人类工程活动等的差异，致使各乡镇地质灾害发育及分布各不相同（表 8-12）。

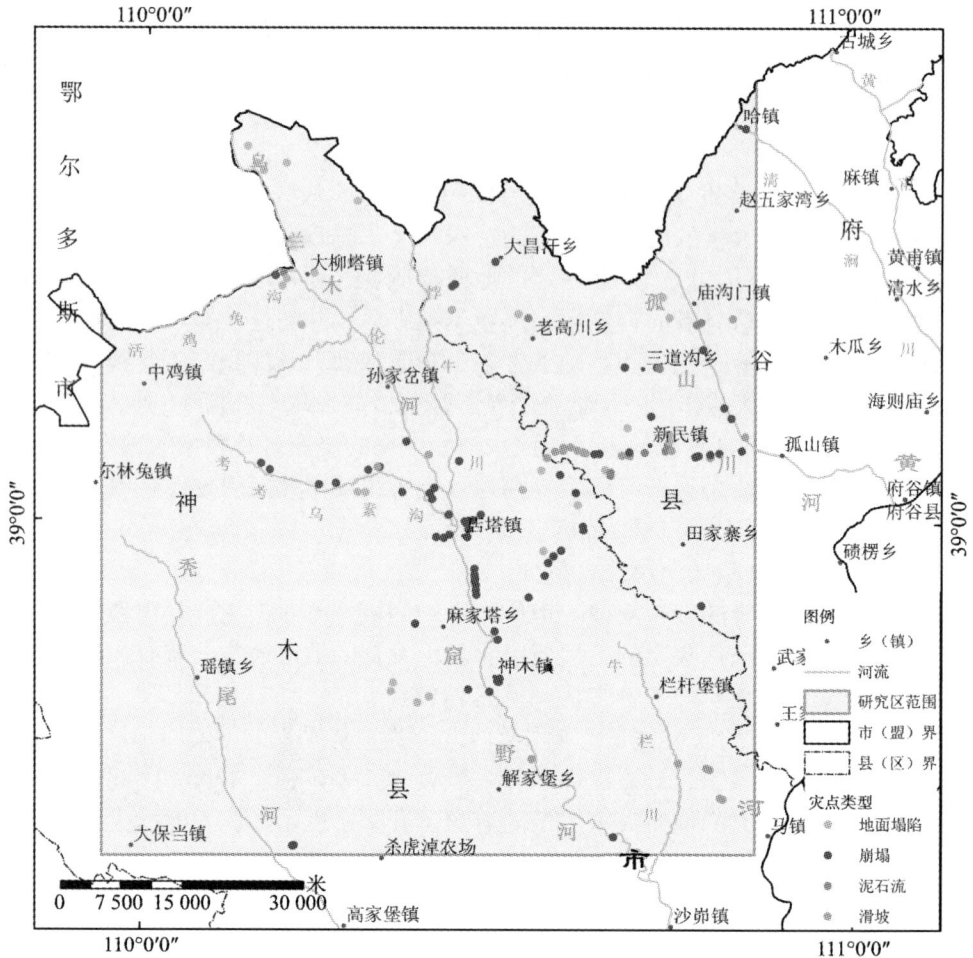

图 8-12　地质灾害分布

表 8-12　地质灾害乡镇统计数据

乡镇	所属县	面积/千米²	人口/人	地质灾害点数					占总数比/%
				滑坡	崩塌	泥石流	塌陷	总数	
中鸡镇	神木县	471.5	12 670			1	4	5	4.3
瑶镇乡	神木县	777.7	27 500						0
大保当镇	神木县	715.3	14 405		2			2	1.7
解家堡乡	神木县	386	11 800	5	1			6	5.2
麻家塔乡	神木县	490.5	12 514		4		2	6	5.2
神木镇	神木县	410	130 000	1	5		4	10	8.6
店塔镇	神木县	325	23 813		20		2	22	19.0
孙家岔镇	神木县	349.6	18 971	2	7			9	7.8
大柳塔镇	神木县	376	45 162				8	8	6.8

续表

乡镇	所属县	面积/千米²	人口/人	地质灾害点数					占总数比/%
				滑坡	崩塌	泥石流	塌陷	总数	
栏杆堡镇	神木县	514.8	19 747		1			1	0.9
新民镇	府谷县	204	12 049	5	8	5	4	22	19.0
田家寨乡	府谷县	227	9 768						0
大昌汗乡	府谷县	196.5	12 326		3			3	2.6
三道沟乡	府谷县	148	7 986		2	2		4	3.4
老高川乡	府谷县	232.4	10 670	7		1	2	10	8.6
庙沟门镇	府谷县	210	10 465	1	1	2	2	6	5.2
赵五家湾乡	府谷县	150	5 466						0
哈镇	府谷县	231.6	10 445		2			2	1.7

第二，地质灾害的发育特征。研究区地质灾害形成原因主要与岩性、人类工程活动及气候有关。区内广泛出露新生代中三叠统纸坊组、上三叠统瓦窑堡组、第四系风成黄土等软弱岩层结构面是形成塌陷、滑坡灾害的内在原因。开挖坡脚等不规范工程活动及降水（尤其是暴雨）、冻融等是形成崩塌、滑坡灾害的外在原因。中侏罗纪延安组含煤量较大，人类采煤活动多分布于此，因此研究区塌陷灾害的成因主要与不合理煤矿开采导致采空区面积过大、空区顶板厚度过薄（一般小于 40 米）及采高有关。泥石流灾害的形成原因主要与充足的物源（松散堆积物）、持续降水或暴雨有关，其根本原因是人类不规范的工程活动。

3）地质灾害点危险性评估

依据获取的地质灾害数据可得，灾点危险性统计结果如表 8-13 所示。

表 8-13　灾点危险性统计

项目	滑坡	崩塌	地面塌陷	泥石流	合计	比例/%
极危险		2	7	3	12	8.9
危险	14	9	11	7	41	30.4
次危险	10	57	8	4	79	58.5
不危险	1	2			3	2.2

通过初步评价结果可以得到，研究区内次危险点占了绝大部分，多数由变形活动导致，说明受自然及经济条件限制，人类工程活动欠规范且地质环境条件恶劣，地质灾害危险性大。目前，处于极危险状态的灾害点有 12 处，占 8.9%；危险状态的灾害点有 41 处，占 30.4%；次危险状态的灾害点有 79 处，占 58.5%；不危险状态的灾害点有 3 处，占 2.2%。其中极危险点分别为大柳塔国营矿（SM008）、大柳塔镇大柳湾矿（SM011）、永兴乡堡则村西山（SM055）、麻家塔乡枣梢峁村办矿（SM065）、西沟乡新圪崂矿（SM071）、新民镇高山村郭家石畔孤山（FG007）、新民镇龙王庙村温家渠（FG023）、新民镇高山村沙沟岔

（FG024）、庙沟门镇牛家梁村下凉水河（FG027）、新民镇新城川村东门沟口（FG045）、新民镇高山村沙沟岔沟口（FG047）、三道沟乡阳湾村市沟口（FG048）。这些灾点总体特点是发生规模较大，稳定性较弱，十分危险，对社会影响大。

4）地质灾害易发程度分区

研究区地质灾害易发程度分区参考《县（市）地质灾害调查与区划基本要求实施细则》的规定，根据研究区地质环境条件、地质灾害发育特征与分布规律，结合实地调查，将易发区分为四级，即高易发区、中易发区、低易发区和不易发区（表8-14），并采用定量与定性相结合的方法对地质灾害指标进行评价。

表 8-14　地质灾害易发区主要特征

灾种	易发区划分			
	高易发区	中易发区	低易发区	不易发区
崩塌、滑坡	多发生于人类工程活动强烈地段，以群状出现（如公路两侧）。虽规模小，但发生频次较高，受暴雨影响较大。岩体出露地段多以崩塌为主，土体出露地段多以滑坡及小型崩塌为主	多以零星状分布，一般规模较小。以土体为主，形成原因为自然地质环境与人类活动共同作用，在降雨诱发下产生，直接威胁其下住户安全	灾害数量较少，多分布于人类居住稀疏地区，以土体为主，一般不受人类活动影响，致灾因素主要为降雨，危害较小	零星状分布且全部为自然地质现象
泥石流	发育于活鸡兔沟右岸小型冲沟内。地形较陡，水土流失严重，每逢暴雨必发生。成簸箕状，为烧变岩分布区，植被发育很差，岩石破碎严重，为泥石流形成提供了充足的物源，且有较大的汇水区域；流通区有大量采石场及煤矿弃渣；堆积区为乡级公路，危害极大			
矿区地面塌陷	地面呈非均匀性下降，地表裂缝宽为5~50厘米，呈平行状或环状发育，小型矿区以漏斗状发育为主。造成地表植被枯死、土地沙化、公路毁坏、地下水位下降、房屋倒塌、部分生命线工程受到威胁，危害极大	分布于小型矿区内，已发生塌陷面积较小，且多为荒地，对人民生命财产影响较弱，个别煤火点造成资源损失极大。其余大部分地区属于隐患区，潜在危害较大	存在个别小型煤矿，现无塌陷发生，由于可采煤层厚度较薄，不易形成灾害	

5）地质灾害易发区划分与评价

地质灾害易发区划分以地质灾害分布现状为数据源，结合区域实际特点和获取的数据特征，采用密度制图法计算研究区地质灾害聚集状况，通过一个连续的密度分布表面反映地质灾害发育发生的疏密程度。

密度制图主要基于点数据生成，以每个待计算网格点为中心，以一定半径进行圆形区域搜寻，计算每个网格点的地质灾害密度值。密度制图的本质是通过离散的点数据进行表面插值的过程[51]，本章采用核函数密度制图（Kernal）作为计算方法，通过 ArcGIS 软件实现。

通过对比地质灾害易发区分布图和地质灾害点密度分布，认为其分布状态基本一致，因此采用密度制图的方法是合理的。参考实施细则和前人研究成果[52]，对矿区地质灾害易发区进行分级并计算易发区土地面积（表 8-15 和图 8-13）。

表 8-15　地质灾害分区统计表

项目	等级			
	高易发区	中易发区	低易发区	不易发区
赋值	4	3	2	1
面积/千米²	290.47	1 429.05	2 317.42	1 975.59
比例/%	4.8	23.8	38.55	32.86

矿区地貌类型以低山丘陵为主，由自然环境条件引发的地质灾害数量较少，但由于该区人类工程活动强烈（几乎 95% 的灾害由人类工程活动引起），致使本区成为灾害密集发育区。下面就划分的四个等级进行分述。

（1）高易发区：主要分布在店塔镇、新民镇、大柳塔镇及其西北部区域，分布面积较小，为 290.47 平方千米，占研究区总面积的 4.8%。

店塔镇区地质灾害大面积分布于考考乌素沟两岸，地貌类型属低山丘陵，面积为 83.22 平方千米。共发育灾害点 23 处，大多为小型灾害，仅有一处为中型地质灾害，总体上以岩质崩塌为主。

新民镇区地质灾害大面积分布于孤山川河西南部的新民镇附近，属土石丘陵地貌，主要位于省道 204、301 沿线，全区面积为 175.31 平方千米。共发育灾害点 32 处，27 处小型灾害，5 处中型灾害，以地面塌陷和岩质崩塌为主。崩塌在该区最为严重，以岩质崩塌为主，成片成群发育；地面塌陷主要位于高山村，塌陷面积为 0.56 平方千米，属于重大地质灾害，造成搬迁房屋 130 间，公路断线 100 多米，经济损失约 31 万元。

大柳塔镇及其西北部小区域，面积 31.94 平方千米，属于土石丘陵地貌，人口密度小于 40 人/千米²。共发育灾点 7 个，主要为地面塌陷灾害，分布于石圪台矿、瓷窑湾矿、前石畔矿及大柳塔矿。

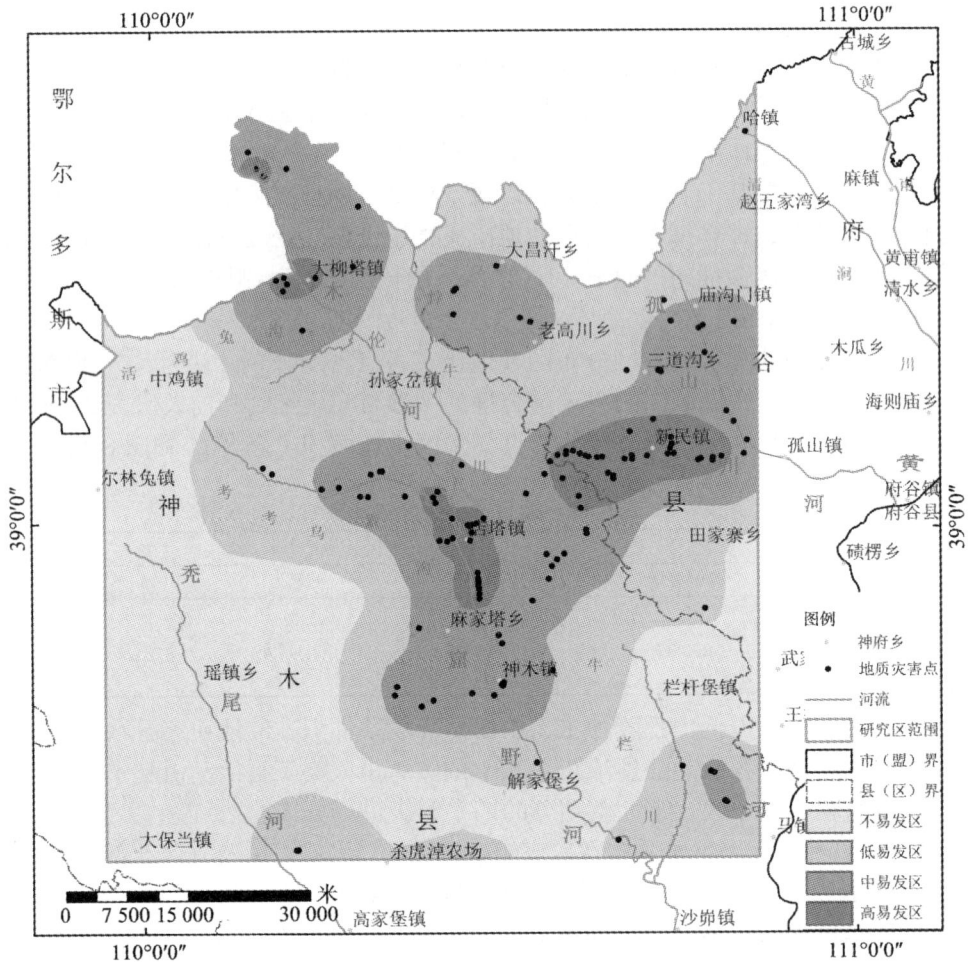

图 8-13　地质灾害易发区分布

（2）中易发区：分布有黄土丘陵和土石丘陵地貌，地形和地质条件中部比南部较好，地质灾害发育中等，面积 1 429.05 平方千米，占全区面积的 23.8%，共划分为四个区，即大柳塔区、老高川区、神木县东北区、牛栏川区。

大柳塔区分布于乌兰木伦河流域，与高易发区临接，面积 316.43 平方千米，属于土石丘陵地貌。该区发现灾点 5 个，均为地面塌陷灾害，大型矿区塌陷以大面积整体沉降为主，其裂缝一般宽为 1～50 厘米，多以平行状排列。而小型矿区塌陷则呈漏斗形串珠状，地裂缝呈阶梯状分布。

老高川区分布于悖牛川东部流域，包括老高川乡西部与大昌汗乡南部，面积 176.36 平方千米，属土石丘陵与黄土丘陵地貌。区内地质灾害较少，发现灾点 6

个，以崩塌为主。此外，区内小煤窑分布十分广泛，若不对煤矿开采进行控制，该区的崩塌和地面塌陷灾害将越来越严重，地质环境将受到进一步破坏。

神木县东北区包括麻家塔乡北部、神木镇、三道沟乡西南部和庙沟门镇南部，占地面积较大，约1 084.10平方千米。区内共发育灾点46个，多沿公路分布，灾害主要以崩塌为主，地面塌陷和滑坡次之。区内岩质崩塌均由修路开挖坡脚所致，加之岩体内部发育的节理裂隙及底部软弱易风化岩层（煤层、泥岩）的存在，在雨水的渗蚀、自重等外力作用的影响下，极易产生崩塌现象。该区存在9处地面塌陷，由于塌陷区为荒地且面积较小，因此影响不大。

牛栏川区位于牛栏川东部流域，面积较小，为28.5平方千米，属土石丘陵与黄土丘陵地貌。该区处于神木县人口密集聚居区边缘，受人类工程活动较为强烈。区内共发育灾害点四处，全部为土质滑坡。这是由于受自然和经济条件限制，当地居民大多居住土窑洞，在雨季，土体受雨水的长期侵蚀，极易产生塌窑及山体滑坡事件，直接造成人员伤亡和房屋倒塌。

（3）低易发区：位于研究区中北部广大区域和东南部小区域，面积2 317.42平方千米，占全县面积的38.55%。主要包括孙家岔镇、老高川乡东南部、赵五家湾乡西部、田家寨乡及解家堡乡北部。该区主要为黄土丘陵地貌，局部为沙漠滩地地貌及土石丘陵地貌。南部地区在地形、地貌及地质环境等方面较北部稍差，当地居民多居住于宽缓开阔地段，距不稳定岩土体较远，不易造成灾害损失，区内共发育灾点9处，主要以崩塌灾害为主。

（4）不易发区：该区位于研究区西南部，面积为1 975.59平方千米，占全县面积的32.86%。主要包括中鸡镇、瑶镇乡、栏杆堡镇全部及尔林兔镇和大保当镇大部地区，该区属沙漠滩地地貌，地势平坦，虽有秃尾河贯穿全区，但下切作用微弱。区内人口稀少，工程类活动微弱，因此基本无地质灾害发生。

4. 土地荒漠化指标

土地荒漠化是指人类不合理的经济活动对脆弱的生态环境造成破坏，导致土地生产力下降甚至丧失土地资源，使原非沙漠的地区出现了类似沙漠景观的土地资源衰退过程。矿区位于毛乌素沙漠的东南缘，防风固沙能力较弱，沙漠化已成为矿区比较突出的环境地质问题。研究所用的土地荒漠化基础数据取自中煤航测遥感局荒漠化调查结果。

1）土地荒漠化的类型及分布特征

根据营力和地表物质组成，研究区荒漠化类型可分为沙质荒漠化、盐碱质荒漠化和水蚀荒漠化三种，各类型分布特征见表8-16和图8-14。研究区以水蚀荒漠化为主，沙质荒漠化次之，盐碱质荒漠化面积较小，面积分别为3 620.52

平方千米、2 203.13 平方千米和 128.89 平方千米，占研究区总面积的 58.67%、35.70%和 2.08%。

表 8-16　土地荒漠化统计数据

类型	沙质荒漠化区	水蚀荒漠化区	盐碱质荒漠化区
面积/千米²	2 203.13	3 620.52	128.89
比例/%	35.70	58.67	2.08

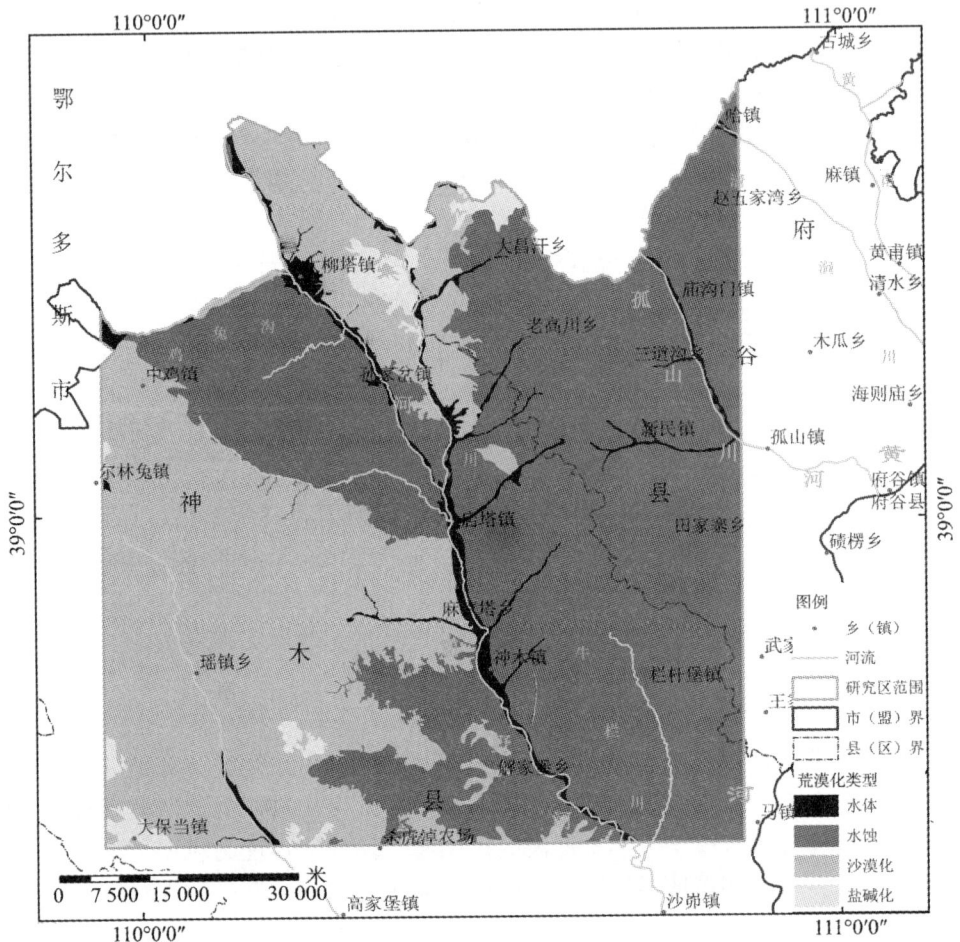

图 8-14　土地荒漠化类型分布

　　沙质荒漠化位于毛乌素沙地东南部，包括瑶镇乡、麻家塔乡全部，中鸡镇、尔林兔镇大部和孙家岔镇以北广大区域。以中度沙质荒漠化为主，由于沙地的东侵南扩，逐渐发展成典型的覆沙黄土丘陵过渡地貌，地貌差异造成沙地东侵南扩速度不同，沿窟野河、秃尾河等形成典型的锯齿状沙带。另外，该区是我国重要的煤炭生产基地，煤矿开采对植被的破坏和由采空引起的地裂缝、地面塌陷、地下水资源的破坏现象较为严重，因此，开发煤炭资源对其荒漠化形成具有长期影响。

水蚀荒漠化在区域分布最广泛，主要分布于研究区中东部和乌兰木伦河与考考乌素沟流域一带，包括店塔镇、神木镇、解家堡乡、栏杆堡镇、田家寨乡、新民镇等，区内以轻度与中度水蚀荒漠化为主。

盐碱质荒漠化在区内占地面积较少，仅为 128.89 平方千米，集中分布于毛乌素沙地的滩地中，包括大保当镇和大柳塔镇以东，呈碎屑状分布。以轻度盐碱质荒漠化为主。

2）土地荒漠化分级标准

参照 DD2004—02《区域环境地质总则》和《联合国关于在发生严重干旱和/或荒漠化的国家特别是在非洲防治荒漠化的公约》，结合微地貌形态、植被类型与覆盖度等指标反映的荒漠化程度差异，将研究区划分为重度、中度和轻度三个等级（表 8-17、表 8-18、表 8-19）。

表 8-17　沙质荒漠化分级特征

沙质荒漠化类型	风积、风蚀地表形态占该地面积/%	植被覆盖度/%	地表景观综合特征
轻度沙质荒漠化	10 ~ 30	21 ~ 40	风沙活动较明显，原生地表已开始被破坏，出现片状、点状沙地，主要为固定的灌丛沙堆；原生植被有所退化，与沙生植被混杂分布，农田适耕地下降
中度沙质荒漠化	31 ~ 50	10 ~ 20	风沙活动频繁，原生地表破坏较大，半固定沙丘与滩地相间分布，一般较开阔，多为灌草；地表植被覆盖极低，风蚀洼地和风蚀残丘较明显存于耕地中
重度沙质荒漠化	>50	<10	地表有强烈频繁的风沙活动，遍布流动沙丘，沙生植被稀少甚至没有生长任何植被

表 8-18　水蚀荒漠化分级特征

水蚀荒漠化类型	劣地或石质坡地占该地面积/%	现代沟谷（细沟、切沟、冲沟）占该地面积/%	植被覆盖度/%	地表景观综合特征
轻度水蚀荒漠化	<10	<10	50 ~ 70	沟谷切割深度在 1 米以下，片蚀及细沟发育，零星呈斑点状分布的裸露沙石地表
中度水蚀荒漠化	10 ~ 30	10 ~ 30	30 ~ 50	较大面积分布的劣地或石质坡地，沟谷切割深度为 1~3 米，较广泛地分布在裸露沙石地表

水蚀荒漠化类型	劣地或石质坡地占该地面积/%	现代沟谷（细沟、切沟、冲沟）占该地面积/%	植被覆盖度/%	地表景观综合特征
重度水蚀荒漠化	≥30	≥30	≤30	密集分布的劣地或石质坡地，沟谷切割深度3米以上，地表切割破碎

表 8-19　盐碱质荒漠化分级特征

盐碱质荒漠化类型	盐碱化地表占该地面积/%	表层土壤含盐量/%	地表景观综合特征
轻度盐碱质荒漠化	<30	0.3~0.6	地表有一定面积的植被生长，有的地段可生长较大面积的乔灌木林、耕地和草地中可见小块盐斑裸地
中度盐碱质荒漠化	30~50	0.6~1.0	地表有少量植被生长，主要为乔木林和灌木林，草地已被耐盐植物代替
重度盐碱质荒漠化	>50	>1.0	地表无植被或局部有少量胡杨，骆驼刺、索索草等零星分布

3）土地荒漠化综合分区

根据以上荒漠化分级标准，考虑到研究区域较小不能将水体部分忽略且水体又不属于荒漠化类别，因此将水体作为单独类别。按照矿区土地流沙覆盖率的大小、沙丘或沙地的流动程度、沙丘形态特征和规模等划分为四类，即重度荒漠化土地、中度荒漠化土地、轻度荒漠化土地和水体（图8-15和表8-20）。研究区土地荒漠化以中度荒漠化为主，面积3 906.67平方千米，占地比例为63.30%；轻度荒漠化面积1 434.08平方千米，占地比例为23.24%；重度荒漠化面积612.05平方千米，占地比例为9.92%；水体面积218.20平方千米，占地比例为3.53%。

表 8-20　土地荒漠化分区统计

类型	重度荒漠化区	中度荒漠化区	轻度荒漠化区	水体
赋值	4	3	2	1
面积/千米²	612.05	3 906.67	1 434.08	218.20
比例/%	9.92	63.30	23.24	3.53

重度荒漠化区分布范围较广且零散，包括乌兰木伦河与悖牛川之间的台地、老高川乡西南部、孤山川河流域、麻家塔乡西部和杀虎淖农场北部广大区域。重度区面积为443.62平方千米，占地比例为72.48%；水蚀荒漠化次之，面积为168.44平方千米，占地比例为27.52%；盐碱质荒漠化基本不存在重度区域。重度荒漠化土地其流动沙丘占据面积较大，地表沙丘连绵，以新月形沙丘链、格状沙丘链和

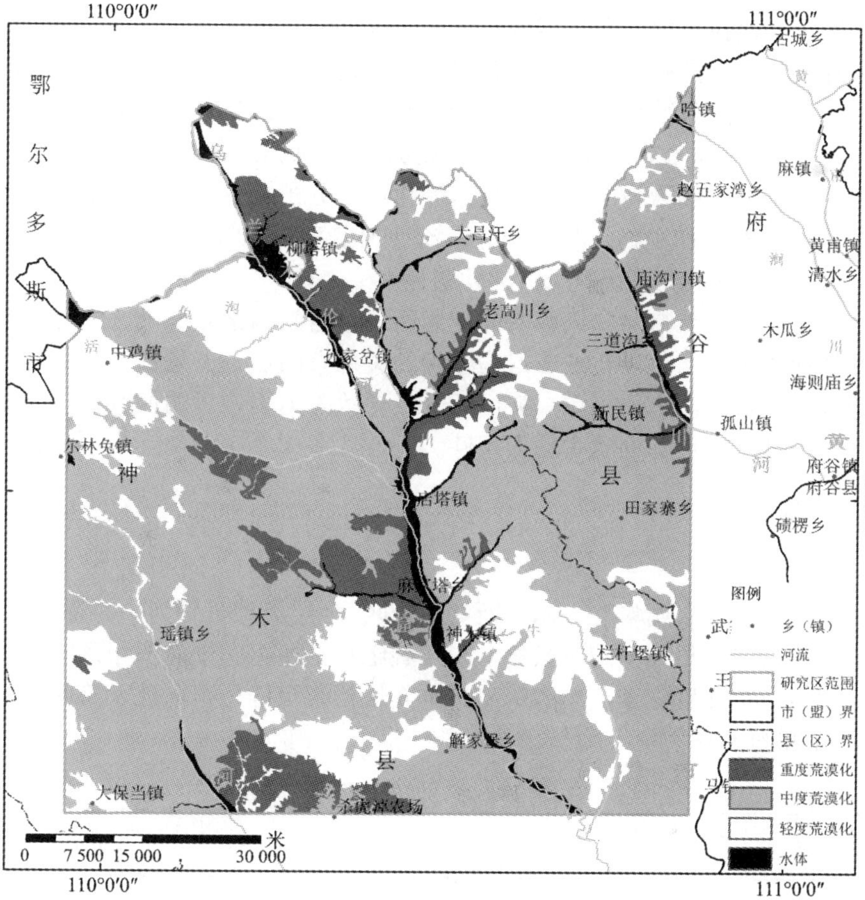

图 8-15　土地荒漠化分区

沙垄等为主，起伏程度为 5~20 米。植被稀疏，覆盖度小于 10%，生态系统呈现解体状态，风沙活动强烈。

中度荒漠化区分布十分广泛，几乎布满研究区域，包括瑶镇乡、三道沟乡、新民镇、店塔镇、田家寨乡全部和尔林兔镇、大昌汗乡、解家堡乡、栏杆堡镇、庙沟门镇大部。中度荒漠化区以水蚀荒漠化为主，面积 2 525.67 平方千米，占地比例为 64.65%；沙质荒漠化次之，面积为 1 378.40 平方千米，占地比例为 35.28%；盐碱质荒漠化面积仅为 2.6 平方千米。中度荒漠化土地不仅具有重度荒漠化特点，还具有轻度荒漠化的某些特征，是一种过渡类型。流沙覆盖率为 10%~65%，平均在 40% 左右，地表主要分布抛物线沙丘、沙垄和沙片等，起伏不大，一般为 1~5 厘米。水蚀比较严重是本类型的显著特点，以沙蒿为主，覆盖度 10%~20%，生态系统衰败，风沙活动频繁。

轻度荒漠化在区内分布较零散且呈小区域集中分布状态,包括大保当镇、中鸡镇、孙家岔镇全部和栏杆堡镇、解家堡乡、大柳塔镇大部及店塔镇东北部。轻度荒漠化区以水蚀荒漠化为主,面积926.40平方千米,占地比例为64.60%;沙质荒漠化次之,面积381.38平方千米,占地比例为26.59%;盐碱质荒漠化面积126.30平方千米,占地比例为8.81%。轻度沙漠化地表分布有各种固定和半固定沙丘,主要是沙垄、沙堆和抛物线状沙丘等,流沙覆盖率为5%~10%。植被覆盖度为20%~40%,生态系统退化,风沙活动明显。

土地荒漠化是受自然和人为共同作用所致,自然因素是基础,人为因素起着诱发和加速作用。与荒漠化形成最为密切的关系有两点,一是气候干旱且多风;二是地表有丰富的沙物质来源。矿区的开发导致人为因素影响加剧,为土地荒漠化的发展提供了充足的物质和动力条件。

5. 工程地质指标

1)地质特征

研究区地层分布属华北鄂尔多斯盆地分区,地层类型分别为中三叠纪纸坊组、中三叠纪延长组、早侏罗纪富县组、晚三叠纪瓦窑堡组、中侏罗纪延安组、中侏罗纪直罗组、中侏罗纪安定组、第三纪上新保德组与静乐组并层及第四纪全新统(表8-21和图8-16)。

表8-21 地层特征

地层单位		地层编码	岩性特征	厚度/米	分布范围
第四纪	全新统 Q_4	10	主要是风积沙,其次是冲积沙、砂砾石层、黄土、黄土状粉砂土	3.5~22	风积沙分布于塬峁上,冲积沙及砂砾石层分布在河床及一级阶地,黄土及黄土状砂土分布于黄土墚峁一带
第三纪	保德组和静乐组并层 N_{1b} N_{2j}	9	静乐组(上)为含有较丰富结核的紫红色风成黏土;保德组(下)为棕红色黏土、亚黏土,其间常夹多层钙质结核及层数不等的砂砾层或砾岩	19~70	中鸡镇东南部、大昌汗乡东南部、大柳塔镇东北部、哈镇东北部
侏罗纪	安定组 T_{2a}	4	上部为灰、紫红、灰黄色薄板状泥灰岩夹钙质泥岩;中下部为灰黄、紫红色砂岩或泥岩夹泥灰岩及灰黑色页岩	0~98.66	分布于活鸡兔沟以南(西段)
	直罗组 J_{2z}	6	下部为黄绿、灰绿色细砂岩、粉砂岩、泥岩,底部以一层厚34米的黄绿色中粒砂岩、砾岩与下伏延安组呈整合接触;上部以紫红、褐、灰绿色泥岩、粉砂岩为主	0~137.54	分布集中于考考乌素沟与活鸡兔沟交接处以南,墚峁之上安定组之下

续表

地层单位		地层编码	岩性特征	厚度/米	分布范围
侏罗纪	延安组 J_{2y}	5	灰色细长石砂岩,深灰色泥岩,沙质泥岩及煤层组成的含煤岩系,泥岩中多含菱铁矿结核,泥灰岩透镜体,蒙脱质黏土岩	200~300	分布较广,沿乌兰木伦河(窟野河)、悖牛川、考考乌素沟和孤山川河流域均有分布
	富县组 J_{1f}	7	是一套紫红色、局部灰绿、紫杂色泥岩与灰白色长石石英砂互层的河湖相岩系,夹黑色泥岩、薄煤及油页岩为典型组合;另一组合厚度不大,仅有石英砂岩,黑色泥岩夹煤线	0~37.7	分布于窟野河、孤山川河流域,与侏罗纪延安组临接
三叠纪	瓦窑堡组 T_{3w}	3	以灰黄、灰黑色泥岩与粉细砂岩互层为主,以发育多层煤线、薄煤层或黑色页岩为主要特征	0~228	分布于窟野河、孤山川河流域,与侏罗纪富县组临接
	延长组 T_{3y}	2	以灰绿、灰黄绿色、浅肉红色长石砂岩为主,夹深灰绿色页岩及煤线的陆相地层。中上部含石油,下部夹黑色油页岩。含植物等化石	95~200	主要分布于牛栏川与窟野河交汇处及以东流域
	纸坊组 T_{2z}	1	岩性大致可分两段,下段为紫灰、黄绿色块状细砂岩夹粉砂质泥岩;上段为暗紫色粉砂质泥岩夹页岩、细砂岩	330~1 000	呈零星分布状,仅在哈镇西部有小区域分布

2)工程地质类型分级标准

参考《陕西省区域地质志》及专家意见,按照岩土体坚硬程度将各地质类型划分为坚硬、半坚硬、软弱和土体四个类型(表 8-22)。

表 8-22　地质类型分级特征

项目	地层类型	地表景观综合特征
坚硬岩体	三叠纪纸坊组 T_{2z}	全区均有分布,四类地层均以砂岩为主,较坚硬。西北部稳定区分布有较大面积的劣地或石质坡地,呈紫红、暗紫砂岩,分布于沟壑峭壁。黄绿或黄灰色块状中、细粒长石砂岩分布于神木七概沟两侧的陡壁上。东北部稳定区密集分布劣地或石质坡地,地表非常破碎,灰色粉砂岩和细砂岩广布
	侏罗纪富县组 J_{1f}	
	侏罗纪安定组 T_{2a}	
	侏罗纪直罗组 J_{2z}	
半坚硬岩体	三叠纪瓦窑堡组 T_{3w}	广泛分布于河流两岸,受水蚀作用地表分布有较大面积的劣地或石质坡地,沟谷切割深浅不一。窟野河南部一带出露浅灰色中厚层粉细砂岩和中粒长石砂岩;绿、黄绿色砂泥岩出露于秃尾河、窟野河两岸沟壑峭壁中;灰色细长石砂岩分布较广,沿窟野河、悖牛川、考考乌素沟和孤山川河流域切沟均有分布
	三叠纪延长组 T_{3y}	
	侏罗纪延安组 J_{2y}	
软弱岩体	第三纪保德组 N_{1b} 和静乐组 N_{2j}	西北部零星斑块分布,原生地表风沙活动强烈,有密集的流动沙丘和风蚀残丘,沙生植被稀少。东北部零星斑块呈现细沟发育,紫红色亚黏土和结核层分布在沟谷中

项目	地层类型	地表景观综合特征
土体	第四纪全新统 Q_4	分布广泛，以黄绵土为主，占土壤总面积的 64%。大部分黄绵土都分布在水土流失严重的墚峁丘陵沟壑坡地上。风沙土占榆林市总面积的 45.5%，占沙区面积的 61.9%，其中流动风沙土占 25.4%、半固定风沙土占 22.5%，固定风沙土占 52.1%。流动风沙土分布主要集中在小毛乌素沙带

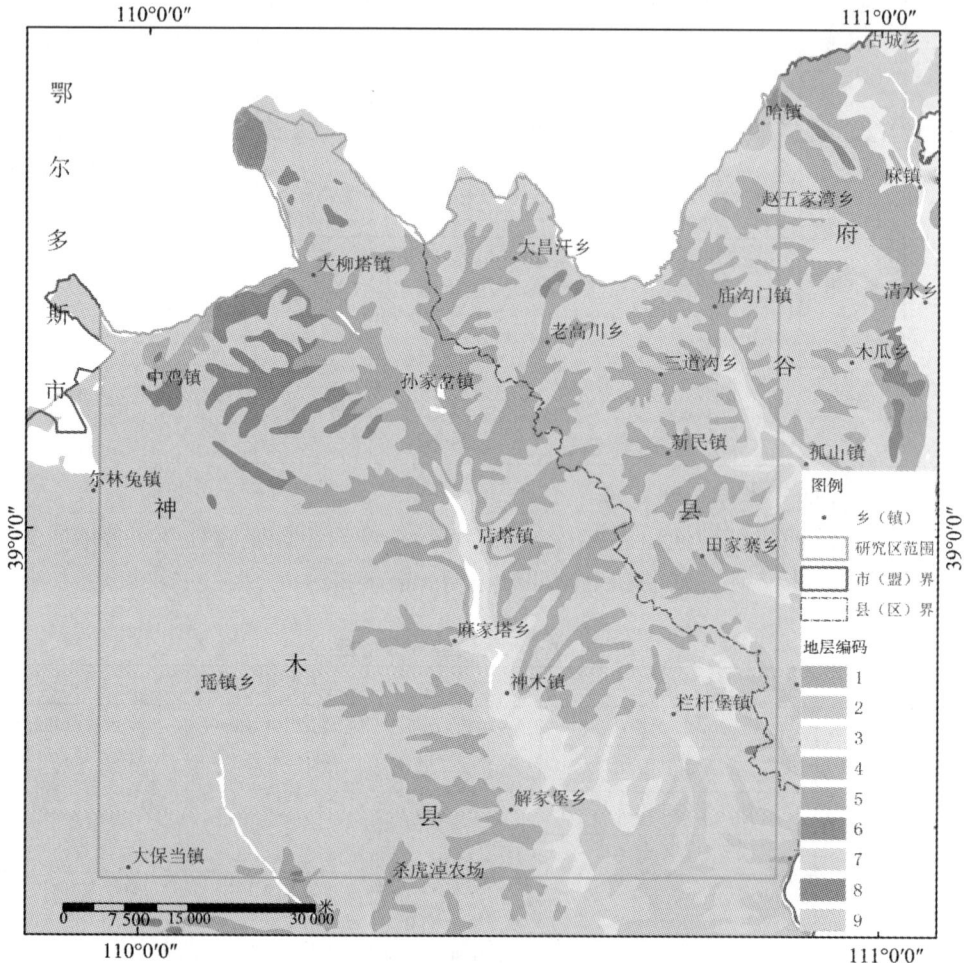

图 8-16　工程地质类型分布特征

3）工程地质类型分区与评价

根据地质类型分级标准，将研究区地质类型分为四类（表 8-22、图 8-17 和表 8-23）。研究区以土体区为主，面积为 4 054.95 平方千米，占地比例为 65.70%；

较坚硬岩体区次之，面积为 1 583.65 平方千米，占地比例为 25.66%；坚硬岩体区面积为 502.15 平方千米，占地比例为 8.14%；软弱岩体区面积极小，仅为 31.16 平方千米，占地比例为 0.50%。

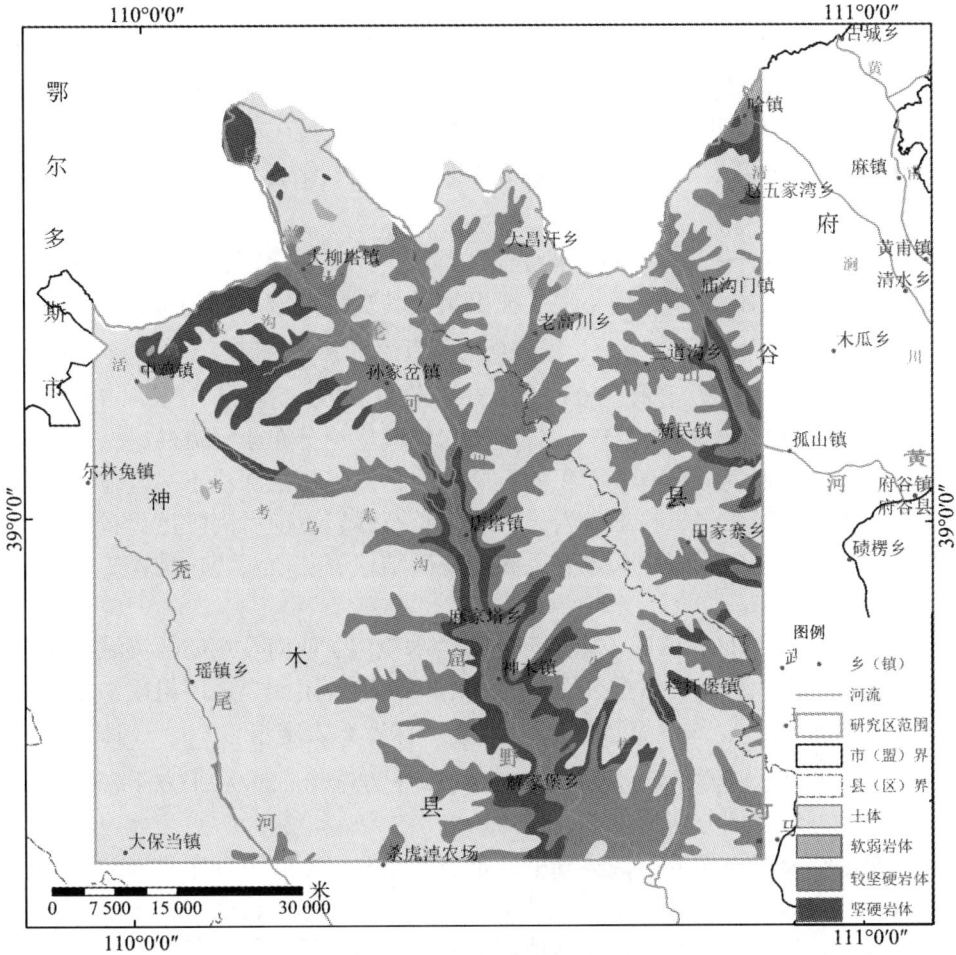

图 8-17　工程地质类型分区图

表 8-23　工程地质类型分区统计

项目	等级			
	土体	软弱岩体	较坚硬岩体	坚硬岩体
赋值	4	3	2	1
面积/千米²	4 054.95	31.16	1 583.65	502.15
比例/%	65.70	0.50	25.66	8.14

（1）土体区。土体区为第四纪全新统（Q_4），分布范围非常广，包括秃尾河流域、窟野河与孤山川河流域中间地带及乌兰木伦河东北部，占地面积 65.70%。该区以黄绵土为主，分布于墚峁丘陵沟壑的坡地上，黄土状粉砂土、亚砂土、亚黏土、风成沙、砂砾石等物质分布也较广泛。土体区主要分布于毛乌素沙漠，风沙活动频繁，半固定沙丘与滩地交错分布，小部分位于黄土高原陡峭切沟之中。

（2）软弱岩体区。该区呈零星分布状态，仅占研究区面积的 0.5%，分布于中鸡镇东南部、老高川乡东北部和哈镇镇北部较小区域。软弱地层为第三纪保罗组（N_{1b}）和静乐组（N_{2j}）并层，以紫红色亚黏土、结合层为主，通常分布于沟谷之中。

（3）较坚硬岩体区。该区主要分布在河流两岸，占研究区面积的 25.66%，在窟野河（乌兰木伦河）、悖牛川、孤山川及其支流流域均有分布。较坚硬地层分别为三叠纪瓦窑堡组（T_{3w}）、三叠纪延长组（T_{3y}）、侏罗纪延安组（J_{2y}），面积分别为 220.36 平方千米、203.41 平方千米和 1 159.88 平方千米，占地比例分别为 13.91%、12.84%和 73.25%。较坚硬岩体区广泛分布于河流两岸，由于受到流水作用较大，地表分布有大面积的石质坡地，沟谷切割深浅不一，地表出露可见灰黄、灰黑色泥质岩、粉细砂岩、灰绿色长石砂岩、前后肉红色长石砂岩等质地的岩层。侏罗纪延安组中含煤岩系和菱铁矿结核等矿产资源，是煤矿和铁矿资源开采的主要地带。

（4）坚硬岩体区。该区于窟野河（乌兰木伦河）西南及东南部流域和孤山川河流域均有小面积分布，占全区面积的 8.14%。该区由四类地层组成，分别为三叠纪纸坊组（T_{2z}）、侏罗纪富县组（J_{1f}）、侏罗纪安定组（T_{2a}）、侏罗纪直罗组（J_{2z}），面积分别为 2.43 平方千米、294.72 平方千米、29.94 平方千米和 175.06 平方千米，占地比例分别为 0.48%、58.69%、5.97%和 34.86%。三叠纪纸坊组与侏罗纪安定组分布面积极小，呈零星分布态。侏罗纪富县组分布于窟野河（乌兰木伦河）东南部和孤山川河流域，呈条带状，受流水作用较严重，沟谷切割深度达 3 米以上，地表切割破碎，出露地表部分呈现紫红色，局部灰绿泥岩与灰白色长石石英砂等，该地层夹有煤层，在空间上与侏罗纪延安组邻接，是重要的煤矿开采地带。侏罗纪直罗组分布在窟野河（乌兰木伦河）西南部，地表呈斑点状有劣地或石质坡地，沟谷切割深度在 1 米左右，出露地表部分呈现灰黄、紫红色砂岩、粉砂岩等。

8.4　土地生态安全综合评价

本次研究土地生态安全综合测评主要从植被覆盖度、土壤侵蚀量、地质灾害易发程度、土地荒漠化程度和工程地质类型五大方面考虑。基于测评模型及地理信息系统软件平台，对神府矿区的植被覆盖度、土壤侵蚀量、地质灾害易发程度、土地荒漠化程度和工程地质类型五个指标数据进行处理，由此对研究区土地生态安全进行综合评价。

8.4.1　指标权重确定

指标的权重反映各项指标对规划目标所起的作用的差异。指标权重可通过主观和客观两种方法确定，较成熟的主观确权法有逐对比较法、古林法、层次分析法、德尔菲法等；客观确权法有因子分析法、变异系数法、熵值法、灰色关联度法等，确权方法的选择应根据数据本身特征来确定。

由于各评价因子数据特征性较明显，能够明确区分各个参评样本且各样本的分辨信息丰富。因此，为了提高综合评价结果的可信性和科学性，减少主观因素的影响，采用变异系数法确定权重。该方法根据各指标观测值的变异程度大小对其赋权。变异程度大的因子说明其能够较好地区分各指标，应赋予较大的权重；变异程度小的因子区分各指标能力较弱，赋予较小权重。所以权值通过各因子变异信息量的大小来确定。

变异系数法具体步骤如下所示：假设有 n 个评价指标，每个评价指标中有 m 个样本，每个样本的评价指标值为 X_{ij}，先求出各评价指标的均值 $\overline{X}_i$ 和标准差 S_i：

$$\overline{X}_i = \frac{1}{m}\sum_{j=1}^{m} X_{ij}, \quad j=1,2,3,4,5 \tag{8-13}$$

$$S_i = \sqrt{\frac{\sum\limits_{j=1}^{m}(X_{ij}-\overline{X}_i)^2}{m-1}} \tag{8-14}$$

各指标变异系数 V_i：

$$V_i = S_i / \overline{X}_i \tag{8-15}$$

各指标归一化权重 W_i：

$$W_i = V_i / \sum_{i=1}^{n} V_i, \quad i=1,2,3,4,5 \tag{8-16}$$

本书分别计算了矿区植被覆盖度、土壤侵蚀量、地质灾害易发程度、土地荒漠化程度和工程地质类型五个指标。为了减少不同量纲之间的差异性，已对其进行分级，转化为无量纲的相对评价等级值。采用变异系数法计算各指标权重值，结果如表 8-24 所示。

表 8-24　土地生态安全指标分析

评价因子权重	植被覆盖度	土壤侵蚀量	地质灾害易发程度	土地荒漠化程度	工程地质类型
平均值 $\bar{X}_i$	2.62	1.28	2.03	2.78	3.24
标准差 S_i	0.93	0.71	0.87	0.66	1.087
变异系数 V_i	0.35	0.55	0.43	0.24	0.33
归一化权重 W_i	0.19	0.29	0.22	0.12	0.18

8.4.2　土地生态安全综合评价模型

$$F = \sum_{i=1}^{n} W_i P_i \qquad (8\text{-}17)$$

式中，F 为综合土地生态安全指数；W_i 表示第 i 项评价指标归一化权重；P_i 表示第 i 项评价指标分级指数；本章中 $n=5$，表示土地生态安全指标种类数，即植被覆盖度、土壤侵蚀量、地质灾害易发程度、土地荒漠化程度和工程地质类型五个指标。

8.4.3　土地生态安全综合分级

基于 ArcGIS 软件平台，应用地统计分析功能，对神府矿区土地生态安全进行综合测评。采用自然段点法，将土地生态安全指数分为五级（表 8-25），得到神府矿区土地生态安全综合分级图（图 8-18）。

表 8-25　土地生态安全分级标准

指标	极不安全	不安全	较不安全	临界安全	较安全
	>2.84	2.50~2.84	2.21~2.50	1.89~2.21	≤1.89
面积/千米²	284.83	876.30	2 046.05	1 863.86	1 100.05
比例/%	4.62	14.20	33.16	30.20	17.83

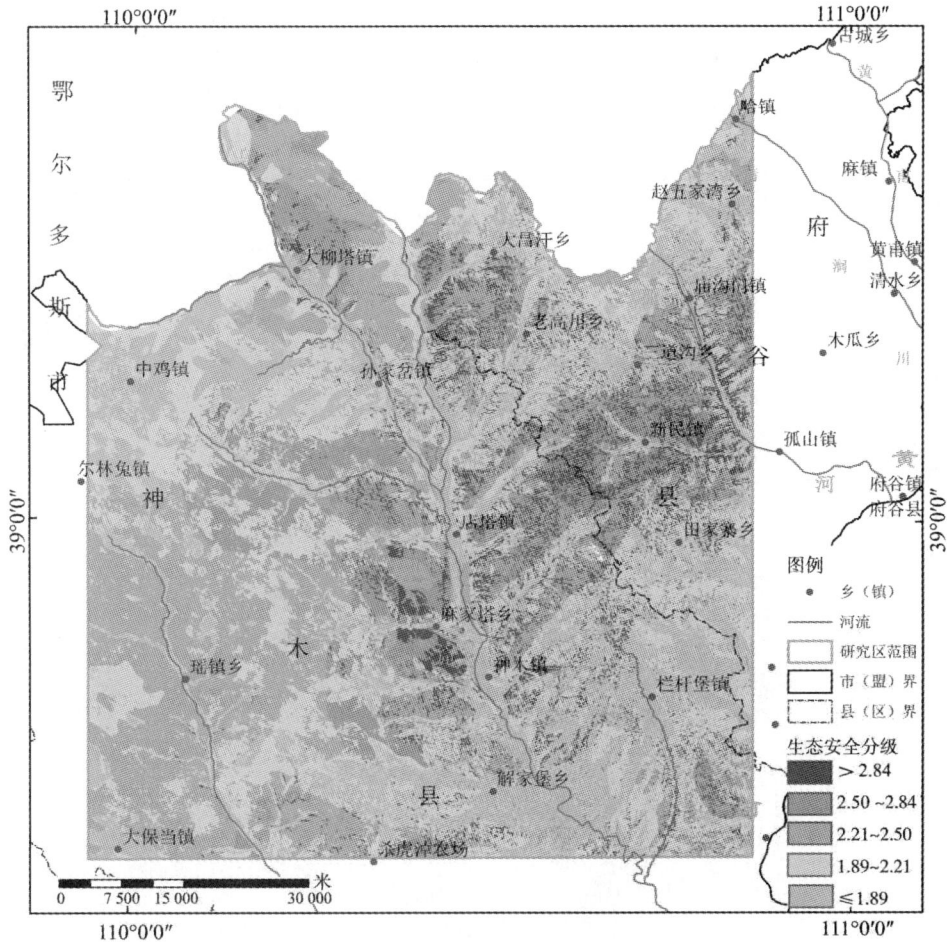

图 8-18　土地生态安全综合分级

　　依据各安全级统计结果可得，研究区以较不安全和临界安全级为主，面积分别为 2 046.05 平方千米和 1 863.86 平方千米，占地比例分别为 33.16%和 30.20%；较安全级次之，面积为 1 100.05 平方千米，占地比例为 17.83%；不安全和极不安全级分布较少，面积分别为 876.30 平方千米和 284.83 平方千米，占地比例分别为14.20%和 4.62%。

8.4.4　土地生态安全综合分区评价

　　为了更具体地说明神府矿区土地生态安全现状，依据生态安全等级图中各级别斑块组合方式及乡镇分布状态将神府矿区土地生态安全分为极不安全区（A）、不安全区（B）、较不安全区（C）、临界安全区（D）、较安全区（E）五大类，共 15 个小区（图 8-19）。

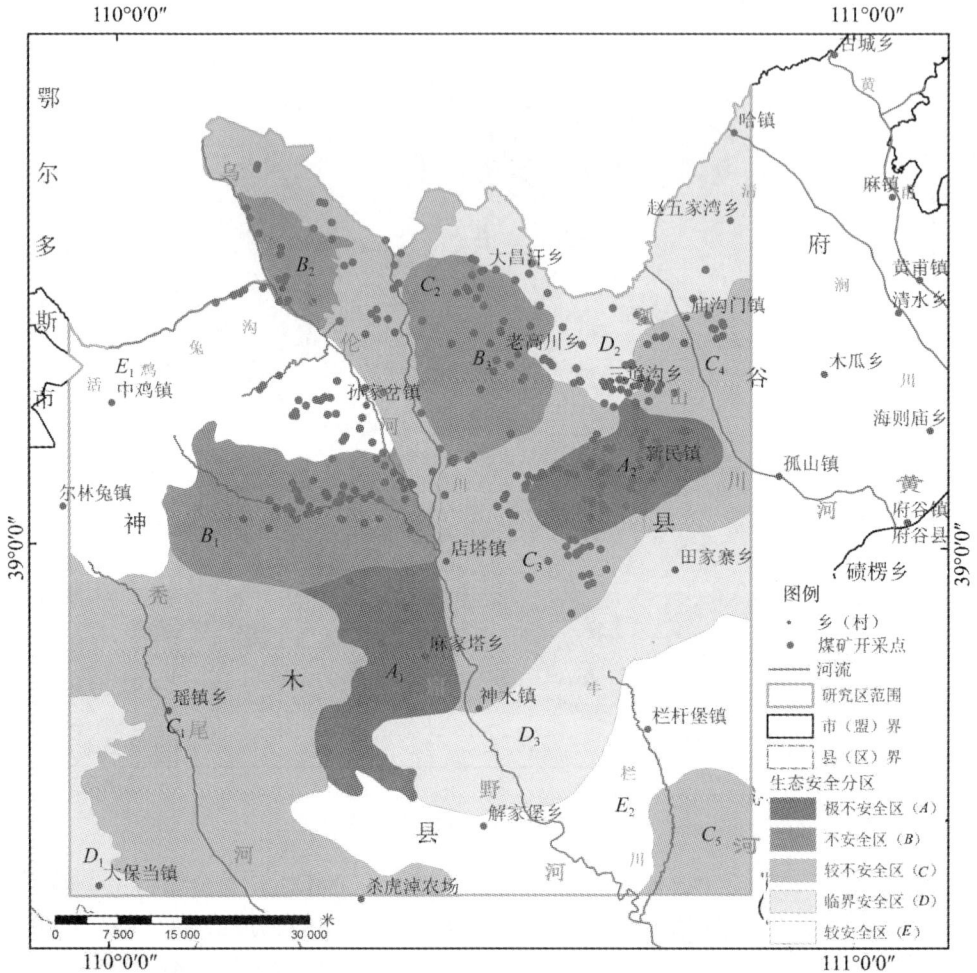

图 8-19　土地生态安全综合分区

1. 土地生态极不安全区（A）

极不安全区在矿区范围多以组合形式出现，总的来说呈现出极不安全状态，面积为 504.76 平方千米，占全区面积的 8.18%。主要分布于麻家塔沟流域和新民镇一带，共划分为两个区，分述如下。

1）麻家塔区（A_1）

分布于麻家塔沟流域，面积为 295.72 平方千米，占全区面积的 4.79%，土地安全主要以极不安全级和不安全级混合分布模式存在。在行政单元上属麻家塔乡与神木镇；在地貌单元上属毛乌素沙漠与黄土丘陵过渡区，植被覆盖度较低，土地荒漠化程度严重。此外，该区人类生产类活动较强，同时采矿活动持续多年，地质灾害发育。因此，麻家塔流域是在土地荒漠化、地质灾害和植被覆盖度这些主要因素的共同作用下形成的。

2）新民区（A_2）

该区主要分布于新民镇一带，面积为 209.04 平方千米，占全区面积的 3.39%。区内为不安全级与极不安全级混合分布模式，地质灾害严重，以岩质崩塌和地面塌陷为主，岩质崩塌最为严重，成片成群发育于地家川流域南北两侧。同时，区内人类采矿活动频繁，流域南北两侧煤矿开采点密度较大，煤层自然现象严重，导致区内地面塌陷，地表植被枯死，进一步恶化生态环境。因此，由人类采矿活动导致的地质灾害是影响新民镇一带土地生态安全的主导因子。

麻家塔区和新民区均受地质灾害影响较大，但究其成因，麻家塔地质灾害是由修路开挖坡脚及人类采矿活动造成岩质崩塌所致；新民区地质灾害是由人类采矿活动频发造成岩质崩塌和地面塌陷所致。因此，人类活动强度过大是导致地质灾害发育发生的主要因素，也是导致土地极不安全的根本原因。综上所述，极不安全区受地质灾害影响最大，植被覆盖度和土地荒漠化仅对部分地区造成影响。

2. 土地生态不安全区（B）

不安全区通常以不安全级为主的组合形式出现，面积为 845.56 平方千米，占全区面积的 13.70%。主要分布于考考乌素沟流域、大柳塔镇、老高川乡西南部一带，共划分为三个区，分述如下。

1）考考乌素沟区（B_1）

该区主要分布于考考乌素沟流域南北两侧，面积为 428.90 平方千米，占全区面积的 6.59%。区内土地生态安全受植被覆盖度和地质灾害影响较大。考考乌素沟流域位于毛乌素沙地边缘与中东部黄土丘陵区相邻，植被覆盖度极低，加之长期受风力作用影响，地表生态条件差。地质灾害沿考考乌素沟与乌兰木伦河交界处变化分别为高易发区—中易发区—低易发区，程度逐渐变弱，其中高易发区位于店塔镇附近，人口密集度大，属于人类工程活动的沟谷边坡带。考考乌素沟流域为煤矿开采点密集区，地层较软稳定性弱，极易造成地面塌陷等地质灾害，采煤活动是导致该区灾害发生的主要原因。综上所述，植被覆盖度与地质灾害程度是影响该区土地安全的主要因素。

2）大柳塔区（B_2）

该区位于神木县大柳塔镇，面积为 108.58 平方千米，占全区面积的 1.76%，主要分布有不安全级，极不安全级沿乌兰木伦河呈碎屑状零星分布。活鸡兔沟与乌兰木伦河交汇处为地质灾害高易发区，沿乌兰木伦河以北逐渐变为中易发区。该区分布大柳塔煤矿区，属土石丘陵地貌，采矿活动密度大，极容易形成地面塌陷，虽灾害点少，但造成地表裂缝、地面下沉、土地沙化、道路中断等严重破坏了土地生态环境。此外，该区的重度沙质荒漠对土地生态安全起到了较大影响，这种分布状态不仅与自然生态环境有关，同时也与采矿活动具有直接关系。综上所述，地质灾害程度与土地荒漠化是影响该区土地安全的主要因素。

3）老高川乡西南部区（B_3）

该区分布于悖牛川与板兔川交汇处以北，面积为 308.08 平方千米，占全区面积的 4.99%，全区土地安全性以较不安全级、不安全级、极不安全级混合分布模式存在。属黄土丘陵墚峁起伏地带，与悖牛川和板兔川邻接，流水作用导致土壤侵蚀严重。植被覆盖度低值区位于悖牛川流域以东，高值区位于板兔川流域以西，形成由低值向高值的过渡地带，这与土壤侵蚀量的分布状态较为一致，即土壤侵蚀量较大，植被覆盖度较低；土壤侵蚀量较小，植被覆盖度较高。该区地质灾害分布特征由南至北为低易发区—中易发区—低易发区过渡模式，中易发区集中分布于大昌汗乡西南部与老高川乡西北部交汇处，地质灾害主要以崩塌为主，加之区内小煤窑分布广泛，煤矿开采力度较大，导致土地安全性较差。因此，土壤侵蚀、地质灾害和植被覆盖度是影响该区土地生态安全的主导因子。

综合以上分析，位于毛乌素沙漠地带的不安全区以地质灾害和植被覆盖度作为影响土地安全性的主导因子；而黄土丘陵地带的不安全区以土壤侵蚀、植被覆盖度和地质灾害作为影响土地安全性的主要指标。因此，仅就不安全区而言，地质灾害易发程度起到了非常关键的作用。

3. 土地生态较不安全区（C）

较不安全区在矿区内分布最广且呈片状分布，面积约为 2 330.32 平方千米，占全区面积的 37.76%。主要分布于秃尾河下游瑶镇乡，悖牛川西部至乌兰木伦河及北部，店塔镇东部一带，庙沟门镇南部和牛栏川流域东南部，共划分为 5 个区，分述如下。

1）瑶镇乡区（C_1）

该区位于秃尾河下游流域瑶镇乡一带，面积为 1 075.82 平方千米，占全区面积的 17.43%。该区土地安全程度总体偏低，属较不安全级，主要分布有较不安全级和临界安全级，属毛乌素沙漠地带，区内人口稀少，地表植被极少且以沙生类植物为主，流动沙丘遍布，为中度沙质荒漠化区域，这种分布状态通常是自然形成的。虽然该区地表环境恶劣，但沙漠地带生态环境较为稳定，不会发生较大变化。综上所述，土地荒漠化是影响该区土地安全的主导因子。

2）悖牛川区（C_2）

该区位于窟野河与悖牛川交汇处至大柳塔镇及以北区域，区域呈条状分布，面积为 361.89 平方千米，占全区面积的 5.86%。对比各指标的分布状态可得，植被覆盖度和工程地质类型是影响该区土地安全级的主要因素。区域植被分布较少，呈现大片低植被覆盖区；工程地质类型以第四纪全新统为主，地表大量分布黄绵土，极易受风沙作用影响，形成大量移动沙丘；同时，区内分布有少量煤矿开采点，对该区土地安全也有一定影响。总的来说，该区土地生态安全受植被覆盖度和工程地质类型影响较大。

3）店塔区（C_3）

该区分布于神木镇至店塔镇东北部一带，面积为 471.03 平方千米，占全区面积的 7.63%。主要分布为较不安全级，同时与安全级、临界安全级、不安全级和极不安全级并存，是一个较大的组合型图斑。长期以来，黄土高原土壤侵蚀非常严重，受风蚀水蚀作用形成纵横交错、深浅不一的沟谷和切沟，造成水土流失；地质类型为侏罗纪延安组与第四纪全新统交替分布，形成岩土体坚硬与软弱相间分布；地质灾害发育较严重，分布依次为高易发区—中易发区—高易发区，对土地安全构成较大威胁。因此，该区土地生态安全分布状态主要受土壤侵蚀量、工程地质类型和地质灾害共同作用发育而成。

4）庙沟门区（C_4）

该区面积为 259.67 平方千米，占全区面积的 4.21%，以临界安全级与极不安全级混合模式分布于孤山川河中下游东西两岸。庙沟门区土壤侵蚀较为严重，主要发育于河岸东西两侧，这是由于黄土丘陵区严重的水蚀作用。同时，区内小煤窑分布广泛，造成岩质崩塌是地质灾害发生的主要原因。综上所述，土壤侵蚀量和地质灾害为影响该区土地安全的主要指标。

5）牛栏川区（C_5）

该区位于牛栏川流域东南部，面积为 161.91 平方千米，占全区面积的 2.62%。该区图斑类型复杂，主要分布有不安全级、较不安全级和临界安全级。牛栏川区受植被覆盖度、工程地质类型、地质灾害影响较大。植被以较低覆盖度为主，同时半坚硬的三叠纪延长组与土体交错分布，地质灾害中易发区于牛栏川区中部小面积分布。在这三种主要影响因素作用下形成了较不安全级、不安全级和临界安全级混合交错分布模式。

综合以上分析，较不安全区按地貌类型可大致分为两类，毛乌素沙漠与黄土丘陵地带。地处毛乌素沙漠地带的较不安全区以植被覆盖度和工程地质类型作为影响土地安全性的主导因子;而黄土丘陵地带的较不安全区以土壤侵蚀、工程地质类型和地质灾害易发程度作为评价土地安全性的主要指标。

4. 土地生态临界安全区(D)

通常情况下,临界安全区不仅包含临界安全级,同时有较不安全级与较安全级混合分布。临界安全区面积约为 1 118.21 平方千米,约占全区总面积的 18.12%。土地生态临界安全区主要分布于大保当镇西北部,哈镇西北部,田家寨乡及西南部,共划分为三个区,分述如下。

1)大保当镇西北部区(D_1)

该区位于大保当镇及其西北部,面积为118.21 平方千米,占全区面积的 1.92%,主要分布为临界安全级,局部为较安全级。主要受植被覆盖度和荒漠化程度影响,植被覆盖度由南至北分别为中—极低—中高—极低的交错分布模式,研究区北部植被覆盖度最低;土地荒漠化由南至北呈轻度—中度—轻度—中度的分布模式。这两个主导因子共同作用于该区土地生态环境,其安全性由南至北为较安全—较不安全—较安全—较不安全—临界安全的分布状态。

2)哈镇西北部区(D_2)

该区位于研究区东北部哈镇、赵五家湾乡至大昌汗乡北部一带,面积为 422.84 平方千米,占全区面积的 6.85%。主要分布有较不安全级、临界安全级、较安全级,这种分布状态主要受工程地质类型影响。由东至西分别为第三纪保德组、静乐组并层,侏罗纪富县组,三叠纪延长组,第四纪全新统和侏罗纪延安组,将其坚硬程度排序分别为侏罗纪富县组>三叠纪延长组、侏罗纪延安组>第三纪保德组、静乐组并层>第四纪全新统。区内侏罗纪富县组比重最大,岩体坚硬,因此土地处于临界安全状态。

3)田家寨乡及西南部区(D_3)

该区位于田家寨乡及其西南部一带,面积为577.16 平方千米,占全区面积的9.35%,主要分布有较不安全级、临界安全级和较安全级,还有较少的不安全级和极不安全级。受土壤侵蚀影响较大,该区位于黄土高原区,窟野河两岸受流水侵蚀作用严重,沟壑纵横,对该区土地生态安全造成较大影响。

综合以上分析可得,毛乌素沙漠地区临界安全区主要受植被覆盖度和荒漠化程度影响,黄土高原区主要受土壤侵蚀量和工程地质类型影响。

5. 土地生态较安全区(E)

较安全区以片状分布为主,区域总体受人类活动影响较小,土地生态安全性较好。较安全区面积约为 1 371.85 平方千米，占全区总面积的 22.23%。该区主要包括中鸡镇、孙家岔镇西北部、栏杆堡镇及解家堡乡，共划分为两个区，分述如下。

1) 中鸡区（E_1）

该区位于窟野河（乌兰木伦河）流域下游北部、中鸡镇、尔林兔镇东北部和孙家岔镇西北部区域，面积为 707.27 平方千米，约占全区面积的 11.46%。中鸡镇和尔林兔镇东北部土地属较安全级，窟野河下游流域呈较安全与临界安全条带状交错分布，全区主要为较安全级。中鸡镇西南部为第四纪全新统，以黄绵土为主，其余区域为侏罗纪直罗组与第四纪全新统交替分布，工程地质类型是影响该区安全性的主要因素。植被覆盖度、荒漠化程度和土壤侵蚀等因素影响均微弱。

2) 栏杆堡区（E_2）

该区位于解家堡乡南部、栏杆堡镇及武家庄乡西部一带，面积为 664.58 平方千米，占全区面积的 10.77%，安全级与较安全级呈交错分布，土地生态安全主要受植被覆盖和工程地质类型影响。解家堡乡南部植被覆盖度较低，至栏杆堡镇植被逐渐变为中覆盖度，这是由于近些年退耕还林起到了明显效果，使植被覆盖得以改善。该区地层分布有三叠纪延长组和第四纪全新组，延长组较全新组坚硬、不易风化形变、稳定性较强；第四纪全新组主要为黄绵土，受到雨水侵蚀或风力作用极易发生变化。因此，不同地质类型对地表植被类型、覆盖度、荒漠化程度均有不同程度的影响。

综合以上分析，位于毛乌素沙漠地带的较安全区，影响其土地安全性主导因子为工程地质类型；位于黄土墚峁地带的较安全区受植被覆盖度和工程地质类型影响较大。

8.4.5　土地生态安全调控对策

矿区地处晋陕蒙交界处，丰富的煤炭资源正在开发，但自然地质环境复杂，生态环境问题众多，土壤侵蚀、土地荒漠化、各类地质灾害严重。境内众多土地环境问题与复杂的环境地质条件，是长期以来地壳表层岩石圈与水圈、大气圈、生物圈和人类活动共同作用的结果。然而，人类活动特别是矿区内大规模的采矿活动，可以起到强烈改变自然土地生态环境，使环境产生劣质变化的重要作用，因此对矿区土地生态环境要有宏观调控对策，即以调控人类活动为核心，扭转土地环境恶化趋势，防治地质灾害为目标。

矿区内土壤侵蚀和土地荒漠化包括开发前自然状态下的发展和开发以后新

增的两部分。矿区中南部的黄土丘陵区应借鉴水土保持工作的经验，其防治对策与措施应以小流域为单元，沟坡兼治，将生物措施和农业措施紧密结合，进行综合治理。北部风沙区的治理要求范围广，覆盖率高，稳定成分比重大，能充分发挥植被绿色效应，改善裸露沙地对大气辐射的反馈影响，调节大气温度与湿度，以发挥改善小气候环境的功能。经过近些年的治理，矿区沙漠化现象已得到初步改善。

矿区地质灾害从空间可划分为两大类，即地表地质灾害和矿井地质灾害。矿井地质灾害应主要从矿区地质条件的深入研究和地质勘探的方法着手，加深地质条件的研究程度和对矿井安全生产的认识，以利于生产。地表地质灾害以泥石流、砂体流动和崩塌为主，而泥石流和砂体流动通过对矿区原有和新增水土流失的治理基本可得到控制。崩塌则主要发生在矿区公路边坡，由于当初建设时工程量较大，受资金、工期等因素制约未能按安全坡角进行施工，而给现在留下隐患，加之受气候影响，加剧了原有边坡的危险性，建议在积累资金较充足后及时进行必要的加固或爆破等处理，以利矿区生产安全。

神府矿区地处晋陕蒙边界，煤田的开发状况表明，单靠一个省区从政府决策来解决该地区环境保护问题是困难的，其根本途径在于加强顶层设计。各有关部门、地区、单位应密切合作、统筹安排、综合治理。国家应把晋陕蒙"黑三角"开发区不同层次的开发对象纳入统一的监督管理范畴，在已颁布的《开发建设晋陕蒙接壤地区水土保持规定》的基础上，从矿区整体生态环境出发，尽快制定《晋陕蒙接壤地区能源开发管理条例》。当务之急是对开采单位进行清理整顿，禁止乱采乱挖，多部门共同把关，重新审核开采单位的许可证，任何工程建设项目都应执行"三同时"制度，即建设项目中主体工程与环保设施同时设计、同时施工和同时投产，凡有不符合之处限期整改。禁止在河床开采，河床区现有的开采矿点，一律关闭。

建立生态环境综合整治示范区，实行矿区内小流域整治工程。在清理整顿矿区现状基础上，建立神府矿区生态环境综合治理示范区，包括污水处理、给排水、复土造田和绿化工程。同时，在示范区建立国家级环境协调管理机构和环境监察队伍，赋予特殊管理权限，以利于现场执法。对造成资源浪费、生态环境严重破坏的行为依法进行管理，神府矿区所在的乌兰木伦河流域是矿区开发中生态环境的重灾区，抓紧流域治理对维护和改善整个矿区生态环境、预防自然灾害、减少入黄泥沙和下游淤积产生全局性和战略性影响。

加大矿区开发的科技投入，以保护水资源为主，进行井下开采的防治水工作，维护地表植被的正常生长。目前矿区开发建设的几对矿井中，大部分首采区含水层富水性强——中等，煤层回采后已相继出现顶板冒裂、地表塌陷、裂缝，地下水水位下降乃至潜水枯竭现象，直接威胁地表植被的生长，也成为潜在土地荒漠化重新复燃的可能。为此，勘查、设计和生产部门应针对矿区生态环境脆弱和地下水资源短缺问题，开展以保护水资源，防治矿井地质灾害的开采技术研究为目的，加大科技投入；划分合理的开采区分布，尽量做到以水源地为中心，采用由远及近，由外围到中心的开采方式，以预防地下水和地表植被不致在煤矿开发初期就发生严重的破坏。

为做好矿区环境保护与治理工作，必须进一步建立健全省、地、县各级环境管理机构，并在神府矿区设立三县协调部门，其职能除从事环境研究与监测工作外，主要应严格监督检查国家制定的《中华人民共和国环境保护法》《中华人民共和国水污染防治法》《中华人民共和国大气污染防治法》《中华人民共和国森林法》《中华人民共和国草原法》《中华人民共和国水资源法》《中华人民共和国矿产资源法》《中华人民共和国水土保持法》等法律法规。并建立有效的地方法规和有效的实施细则，广泛开展宣传教育，逐步做到依法治理水土流失，防治土地沙漠化，依法保护生态环境与自然资源，并直接参与各种建设新项目的审批，从资源与环保角度严格把关。

综上所述，神府矿区位于陕北黄土高原与毛乌素沙漠过渡地带，气候干旱，土质较疏松，水土流失与风沙侵蚀严重，生态环境非常脆弱。近 20 年来，人类对该地区煤炭、天然气等自然资源的大量开采，使原本脆弱的土地生态系统受到矿山开发和人们生产生活的双重影响，人地矛盾日益突出。本章将选取影响区域土地生态环境的主要因子对矿区土地安全进行评价，以期为维护区域土地生态安全、增强土地生产能力及土地可持续发展起到重要作用。

本章主要以 Landsat5 TM 遥感影像、土壤数据、气象数据、地质灾害数据、土地荒漠化数据、工程地质数据为数据源，应用归一化植被指数模型、USLE 模型等，结合多指标综合评价法和变异系数法，基于 ENVI 4.7、ArcGIS 9.3 等软件平台，对 2007 年神府矿区植被覆盖度、土壤侵蚀量、地质灾害易发程度、土地荒漠化程度和工程地质类型进行相关测评，并通过数学模型综合计算研究土地生态安全空间差异。得出的结论如下。

（1）建立了煤矿开发区土地生态安全评估指标体系。分别为植被覆盖度、土壤侵蚀量、地质灾害易发程度、土地荒漠化程度和工程地质类型五项评价指标，采用变异系数法对其赋权值，通过多指标综合评价法计算得到矿区土地生态安全测评结果，按照土地生态安全等级和地理要素分布特征将研究区分为极不安全区、不安全区、较不安全区、临界安全区和较安全区。

（2）矿区土地生态安全程度结构差异大。在五类土地生态安全分区中，极不安全区占 4.62%，不安全区占 14.20%，较不安全区占 33.16%，临界安全区占

30.20%，较安全区占 17.83%。其中，较不安全区所占比重最大，临界安全区次之，极不安全区占有比重最小。综上所述，研究区土地安全程度总体偏低，应尽快采取治理措施，规范区内人类采矿活动及各类生产活动。

（3）矿区土地生态安全程度空间差异大。极不安全区与不安全区主要分布于窟野河中游流域；较不安全区主要分布于秃尾河下游流域毛乌素沙漠一带及窟野河中游流域西部，与不安全区交错存在；较安全区与临界安全区主要分布于窟野河（乌兰木伦河）中下游及西南部广大区域。综合分析可得，河道两岸的土地生态安全性普遍较低。

（4）影响矿区土地生态安全的因素复杂多样。极不安全区受地质灾害影响最大，植被覆盖度和土地荒漠化仅对部分地区造成影响；毛乌素沙漠地带的不安全区主要受植被覆盖度和地质灾害易发程度影响，黄土丘陵地带的不安全区主要受土壤侵蚀、植被覆盖度及地质灾害易发程度影响；毛乌素沙漠地带的较不安全区主要受植被覆盖度和工程地质类型影响，黄土高原地带的较不安全区主要受土壤侵蚀、工程地质类型和地质灾害易发程度影响；毛乌素沙漠地带的临界安全区主要受植被覆盖度和荒漠化程度影响，黄土高原地带的临界安全区主要受土壤侵蚀量和工程地质类型影响；毛乌素沙漠地带的较安全区主要受工程地质类型影响，黄土高原地带的较安全区主要受植被覆盖度和工程地质类型影响。

（5）采矿及人类生产活动是影响土地生态安全的主要驱动因素。煤矿开采活动主要通过地质灾害的发育发生影响土地生态安全，在岩土体软弱地区进行大面积矿山开发，极易形成地面塌陷，造成严重的地质灾害。但采矿活动不是形成地质灾害的唯一途径，人类生产活动中对道路开挖坡脚，极易造成岩土体崩塌，形成地质灾害。

本章以神府矿区为例，着重研究矿山开采导致的土地破坏对土地生态安全的影响。分别通过对植被覆盖度、土地荒漠化程度、土壤侵蚀程度、地质灾害、工程地质岩组类型五个要素量化分析评价，建立土地生态安全评价体系，计算得到土地生态安全现状，为维护矿区土地生态环境不再恶化，制定适合研究区特征的土地利用及其可持续发展策略。因此，通过研究矿区土地生态安全，不仅能够深化和完善其相关理论与评价方法，而且对增强土地生产力、维护区域土地安全及土地利用可持续发展具有重大作用和意义。

第9章 陕北能源富集区土壤重金属污染对能源开发的响应

本章基于不同类型的能源开采区及其10千米缓冲区、野外采样点和土壤普查采样点的土壤表土层中8种重金属（其中，砷为类重金属，故本章在研究时将其列入重金属之列）数据，采用多元统计方法来识别重金属来源，通过指示克里格分析能源开发过程中重金属生态风险的空间差异，最终将第5章土地生态安全指数与土壤重金属综合风险相结合，得到土地生态热点区，在此基础上结合实际生态环境状况，确定土壤重金属污染优先保护区，旨在为土壤重金属污染的控制和土壤保护与修复提供科学依据。

9.1 数据处理与研究方法

本章对陕北能源区8种重金属元素采样点数据采用普通克里格方法进行插值，插值结果栅格分辨率设置为1 000米，在此基础上统计了各元素的若干统计值，其中的变异系数分类等级采用Wilding和Drees的分类方法[152]，如表9-1所示。

表9-1 变异系数等级划分

变异程度	变异系数/%
低度变异	<15
中度变异	15～35
高度变异	>35

9.1.1 指标克里格

指标克里格可以估算出空间上各个地理位置超过某一阈值的概率[153, 154]，该阈值将连续数据转换为 0 或 1 的二进制变量，适合处理有偏数据[155]，包括单因子指标克里格和多因子指标克里格，本章采用这两种方法对陕北土壤重金属的单因子和综合因子生态风险进行估算。多因子指标克里格将多个单因子指示克里格指标合成为综合指标，其中每个单因子指示克里格指标具有不同的阈值，原理如下：

$$i(u, z_k) = \begin{cases} 1, & z(u) \geqslant z_k \\ 0, & z(u) < z_k \end{cases} \tag{9-1}$$

$$i^*(u_0, z_k) = \sum_{a=1}^{n} \lambda_a i(u_a, z_k) \tag{9-2}$$

$$\begin{cases} \sum_{\beta=1}^{n} \lambda_\beta = 1 \\ \sum_{\beta=1}^{n} \lambda_\beta \gamma_i(u_a - u_\beta, z_k) + \eta = \gamma_i(u_a - u_0, z_k) \end{cases} \tag{9-3}$$

$$i(u, z_p) = \sum_{k=1}^{m} w_k i(u, z_k) \tag{9-4}$$

$$w_k = r_k \bigg/ \sum_{f=1}^{m} r_f \tag{9-5}$$

式中，z_k 为阈值，本章各个重金属元素的阈值为其地球化学背景值（表 9-2）；$z(u)$ 为原始数据；$i(u, z_k)$ 为样点 u 的二进制变换值；$i(u_a, z_k)$ 为样点 u_a 的二进制变换值；λ_a 为 $i(u_a, z_k)$ 的权重；$i^*(u_0, z_k)$ 为插值点 u_0 处的估计值；γ_i 为阈值选定的情况下，u_a 与 u_b 以及 u_a 与 u_0 之间的指示半方差；n 为插值样点数；$i(u, z_p)$ 为多因子综合二进制变换值；w_k 为第 k 个重金属元素权重；r_k 为第 k 个重金属元素的毒性参数（表 9-2）。陕北土壤重金属的单因子和综合因子生态风险等级划分，如表 9-3 所示。

表 9-2　陕北能源区土壤重金属地球化学背景值和毒性参数

重金属元素	Hg	As	Pb	Cu	Zn	Cr	Cd	Ni
地球化学背景值/（毫克/千克）	0.05	11.8	14.7	19.9	54.6	61	0.1	26
毒性参数	40	10	5	5	1	2	30	5

表 9-3　陕北能源区土壤重金属生态风险分级

综合指示值	生态风险
<0.2	生态危害轻微
0.2 ~ 0.4	生态危害中等
0.4 ~ 0.6	生态危害较强
0.6 ~ 0.8	生态危害强
>0.8	生态危害极强

9.1.2　生态热点

生态热点是受到人类威胁且生物多样性丰富的生物地理区域[156~158]。本章将生态安全综合指数与土壤重金属风险相结合，通过 MATLAB 筛选出生态比较安全到安全同时土壤重金属风险轻微到中等的区域，作为应对土壤重金属污染的优先保护区。

9.2　结　果　分　析

9.2.1　陕北地区土壤重金属统计分析

从陕北地区土壤重金属统计特征（表 9-4）来看，表层土壤中 Hg、As、Pb、Cu、Zn、Cr、Cd 和 Ni 含量均值分别为 0.07 毫克/千克、8.54 毫克/千克、21.51 毫克/千克、14.52 毫克/千克、65.59 毫克/千克、21.74 毫克/千克、0.30 毫克/千克和 16.66 毫克/千克；其中 Cd 平均含量与国家二级标准相当，其他重金属均未超过二级标准，Hg、Pb、Zn、Cd 平均含量均超过了陕西省土壤背景值[159]，尤其是Cd、Pb 和 Hg 的平均含量分别达到了 0.30 毫克/千克、21.51 毫克/千克和 0.07 毫克/千克，分别是相应背景值的 3 倍、1.46 倍和 1.40 倍；虽然 As、Cu、Ni 平均含量低于土壤背景值，但是其最大值均超过了背景值，其中 Cd 的最大值超过国家二级标准。说明土壤重金属呈聚集态势。

表 9-4　陕北地区土壤重金属统计值

重金属元素	范围/（毫克/千克）	中值/（毫克/千克）	均值/（毫克/千克）	标准差	变异系数/%	偏度	峰度	背景值/（毫克/千克）	国家二级标准/（毫克/千克）
Hg	0.04 ~ 0.16	0.07	0.07	0.01	18.99	1.12	5.90	0.05	0.3
As	4.15 ~ 16.39	8.49	8.54	1.41	16.48	0.55	4.19	11.80	40
Pb	9.68 ~ 48.07	20.95	21.51	5.10	23.72	0.92	4.68	14.70	250
Cu	8.73 ~ 29.91	13.99	14.52	2.90	19.95	1.40	6.14	19.90	50
Zn	32.43 ~ 138.88	63.88	65.59	15.94	24.29	0.77	3.77	54.60	200
Cr	12.68 ~ 38.17	21.77	21.74	3.24	14.89	0.20	3.00	61.00	150
Cd	0.11 ~ 0.81	0.29	0.30	0.10	31.62	0.76	3.74	0.10	0.3
Ni	9.89 ~ 35.79	16.47	16.66	2.76	16.58	0.79	5.18	26.00	40

从偏度来看，8 种重金属元素均大于 0，表现为正偏度，偏度由大到小依次为 Cu>Hg>Pb>Ni>Zn>Cd>As>Cr。从变异系数来看，Cr（14.89%）为弱变异，其他元素均属于中度变异，其变异程度由强到弱依次为 Cd>Zn>Pb>Cu>Hg>Ni>As，其中 Cd、Zn、Pb 的变异系数远大于其他元素，说明其空间上异质性较大。土壤重金属的空间变异性可能是如土壤施肥、能源开发、"三废"排放、污水灌溉等外源性输入造成的。

9.2.2　陕北地区土壤重金属半变异函数理论模型

陕北地区土壤重金属半方差函数理论模型与参数值如表 9-5 所示，利用指数模型拟合 Hg 的空间分布较好，As 和 Pb 适合线性模型，其他重金属均利用球状模型拟合较好，决定系数均大于 0.9，理论模型的拟合精度较高。Pb、Zn 的结构系数/基台值 [$C/(C_0+C)$] 均大于 75%，属强空间相关性；其他重金属的 $C/(C_0+C)$ 为 25% ~ 75%，属于中等空间相关性。从有效变程来看，Hg、As、Pb、Cr、Cd 的有效变程比较接近，与 $2.5×10^5$ 相近，它们的空间分布规律较为相似；Cu、Zn、Ni 的空间分布规律差异性较大，有效变程分别约为 $4.0×10^5$、$3.2×10^5$、$1.7×10^5$。

表 9-5　陕北地区土壤重金属半方差函数理论模型与参数

重金属元素	理论模型	块金值 C_0	基台值 C_0+C	结构系数/基台值 $C/(C_0+C)$ /%	有效变程 R/米	残差平方 RSS	决定系数 R^2
Hg	Exponential	0.000 08	0.000 2	60.30	254 700	$1.43 × 10^{-9}$	0.907
As	Linear	0.90	2.665	66.30	261 017	0.17	0.959
Pb	Linear	7.56	35.612	78.80	261 017	13.20	0.987
Cu	Spherical	4.15	11.118	62.70	400 800	1.48	0.968

续表

重金属元素	理论模型	块金值 Co	基台值 $Co+C$	结构系数/基台值 $C/(Co+C)/\%$	有效变程 $R/$米	残差平方 RSS	决定系数 R^2
Zn	Spherical	80.40	341.800	76.50	324 200	1 212.00	0.986
Cr	Spherical	3.34	12.540	73.40	244 700	2.35	0.981
Cd	Spherical	0.003 16	0.012	72.80	272 700	2.84×10^{-6}	0.972
Ni	Spherical	3.11	8.274	62.40	169 700	1.58	0.957

9.2.3 陕北地区土壤重金属主成分分析特征

对 8 种土壤重金属采样数据进行主成分分析, 其旋转因子载荷如表 9-6 所示, 前三个主成分的累计方差贡献率达到了 90.336%; 为了与主成分分析相一致, 本章将土壤重金属聚类为三类 (图 9-1)。

表 9-6 土壤重金属元素旋转因子载荷

重金属元素	Hg	As	Pb	Cu	Zn	Cr	Cd	Ni	方差贡献率/%	累积方差贡献率/%
PC1	0.916	0.206	0.571	0.624	0.670	0.142	0.747	0.396	71.486	71.486
PC2	0.090	0.267	0.306	0.520	0.521	0.942	0.532	0.825	10.476	81.962
PC3	0.248	0.922	0.707	0.313	0.446	0.241	0.173	0.289	8.374	90.336

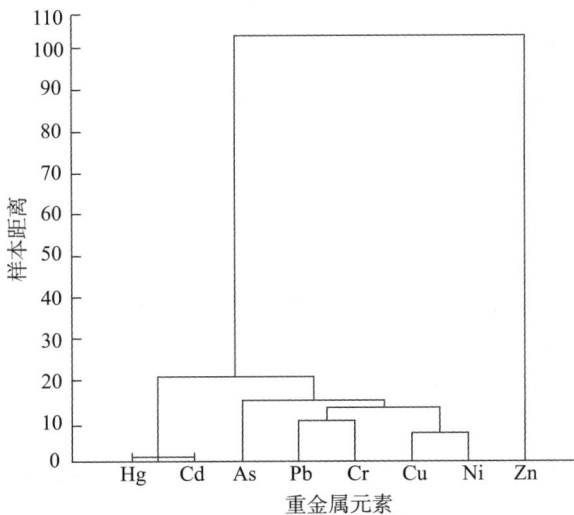

图 9-1 陕北地区土壤重金属聚类结果

PC1 的方差贡献率为 71.486%, Hg、Cd 和 Zn 对 PC1 影响较大, 旋转因子载荷分别为 0.916、0.747 和 0.670；从聚类图上可以看出 Hg、Cd 同属一类，这两种元素的平均含量远远超过各自的背景值；两种重金属主要受人类活动影响，Hg主要来自仪表厂、食盐电解、贵金属冶炼、燃煤等含 Hg 废水，Cd 主要来自肥料和农药以及电镀、采矿、冶炼、燃料和化学工业等的"三废"排放[95, 160, 161]，PC1主要是人为来源因素。

PC2 的方差贡献率为 10.476%，Cr、Ni 对 PC2 影响较大，旋转因子载荷分别为 0.942、0.825，这两种元素的平均含量远小于陕西省背景值，受地质背景的控制[162~164]，聚类结果显示 Cr、Ni 均属同一类，所以 PC2 为自然来源因素。

PC3 的方差贡献率为 8.374%，As 载荷最大，为 0.922，As 平均含量低于背景值，所以 As 是自然来源；Pb 次之，载荷为 0.707，Pb 平均含量高于背景值，且在 PC1 上的载荷也较高，由于 PC1 为人为来源因素，所以 Pb 是人为来源，Pb 主要来自于冶炼、电镀、燃煤等。PC3 属于混合来源因素。

另外，Cu 在 PC1 和 PC2 上的载荷均较高，分别为 0.624 和 0.520，Cu 的平均含量低于背景值，且最大值高于背景值，PC1 和 PC2 分别为人为和自然来源因素，所以 Cu 是人为-自然来源。Zn 自成一类，其含量超过了背景值，含量最大值远远超过背景值。但是 Zn 在 PC1、PC2、PC3 上的载荷均较高，所以 Zn 是混合来源。

除上述人为因素，陕北地区资源开发对土壤重金属的影响是不容忽视的，如废石和尾矿、矿石加工废渣的随意堆放等不合理开发，经过自然及人类因素的进一步作用，造成地下水、地表水和土壤污染。

9.2.4　陕北地区土壤重金属生态风险区域生态热点保护区

陕北地区各种土壤重金属潜在风险概率如图 9-2 所示。各种重金属生态风险概率空间分布具有很强的相似性，更加说明陕北地区土壤重金属的同源性，主要来源于人类活动的影响。

土壤重金属综合风险如图 9-3（b）所示，其生态危害极强区范围最广，占研究区面积的 33.21%；生态危害轻微区次之，面积占 18.96%，其余类型面积相当，面积由大到小依次为生态危害较强区>生态危害中等区>生态危害强区，面积比重分别为 16.99%、15.75% 和 15.10%。

土壤重金属潜在生态危害极强区分布于陕北地区西北部和西部[图 9-3（b）]，集中分布于神木县与榆阳区、府谷县的交界处，分布在靖边县中部、吴起县西南部的较多，子长县和延长县也有小面积分布；陕北东北部神府地区为我国特大煤矿之一，煤炭品质优越，矿山分布范围广，煤炭开采及其相关产业直接或间接造

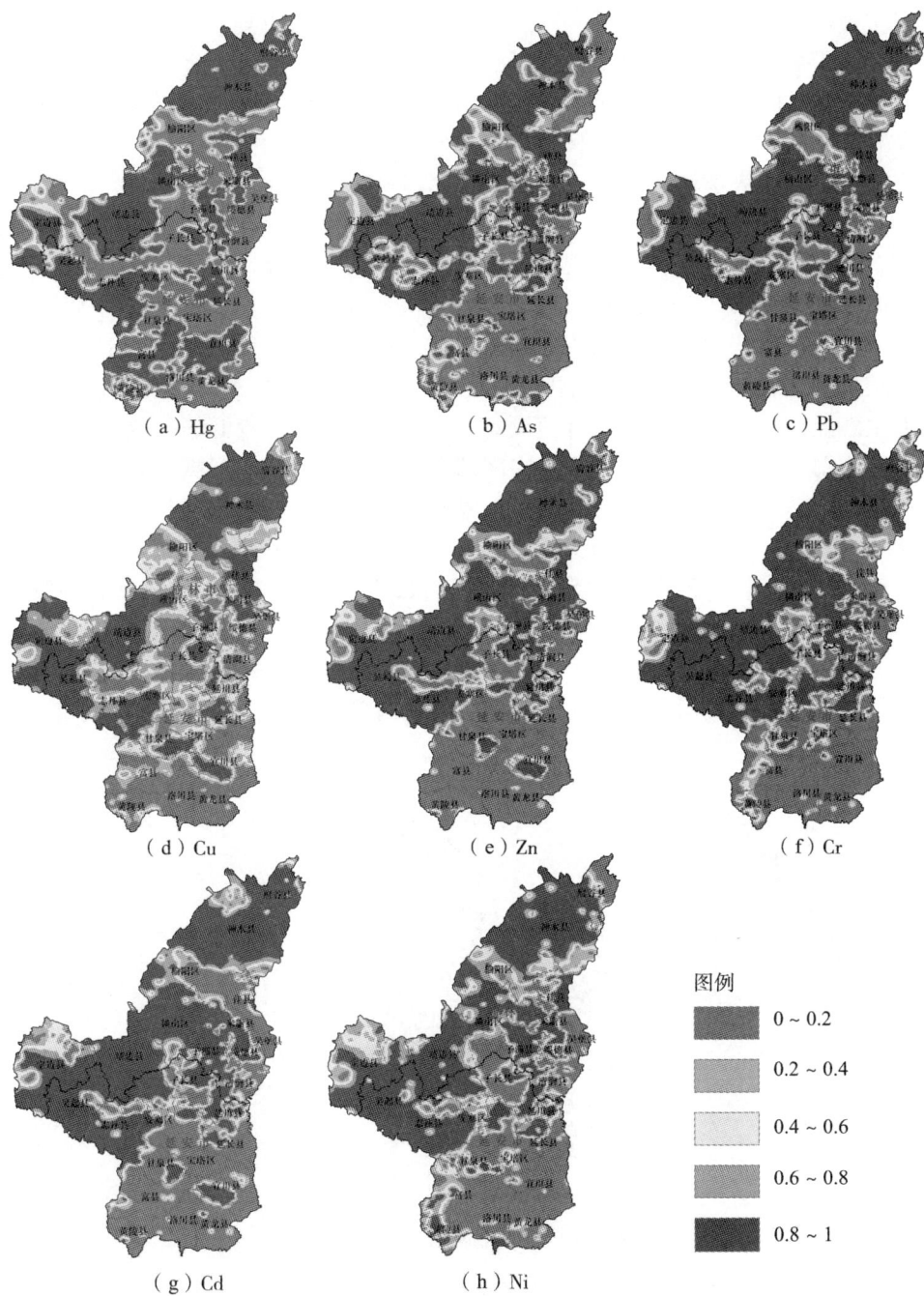

（a）Hg　　（b）As　　（c）Pb

（d）Cu　　（e）Zn　　（f）Cr

（g）Cd　　（h）Ni

图例

0 ~ 0.2

0.2 ~ 0.4

0.4 ~ 0.6

0.6 ~ 0.8

0.8 ~ 1

图 9-2　陕北地区各种土壤重金属潜在风险概率

成了重金属污染高值区；此外，陕北西部的定边县和靖边县、宝塔区—延长县—安塞区一带分别分布着储量丰富的天然气和石油资源。土壤重金属潜在生态危害轻微区分布在陕北中南部地区〔图 9-3（b）〕，陕北南部属于暖温带半湿润地区，分布有子午岭和黄龙山，其森林植被茂密，加之近年来的植被恢复，森林结构较为完整，所以受人类活动影响较小，重金属污染属于较低区。

　　生态热点是受到人类威胁且生物多样性丰富的生物地理区域。本章将生态安全综合指数与土壤重金属风险相结合，通过 MATLAB 筛选出生态比较安全到安全同时土壤重金属风险轻微到中等的区域，作为应对土壤重金属污染的优先保护区〔（图 9-3c）〕。白色区域为非热点区域，即生态保护价值较低—土壤重金属风险较高的区域，其面积最大，占总面积的 77.34%。反之，非白色区域是不同等级的生态热点区，即生态保护价值较高、土壤重金属风险较低的区域。其中，高热点区主要分布于黄陵县、黄龙县中南部和富县西北部，该区域气候较为湿润，植被茂密，人类活动相对较弱，生态环境安全，面积在热点区中比重最小，为 4.74%；中热点区主要分布于宝塔区南部、甘泉县中部、宜川县南部，相对于高热点区该区域人口较为密集，社会经济发展较快，生态环境受到人类活动影响较大，其面积占总面积的 6.14%；低热点区在热点区中面积最大，占总面积的 11.77%，主要分布在陕北南部的洛川县、北部的吴起县—志丹县—安塞区—子长县一带，宝塔区—延长县—宜川县，陕北北部神木县东南部和府谷县东北部也有分布。

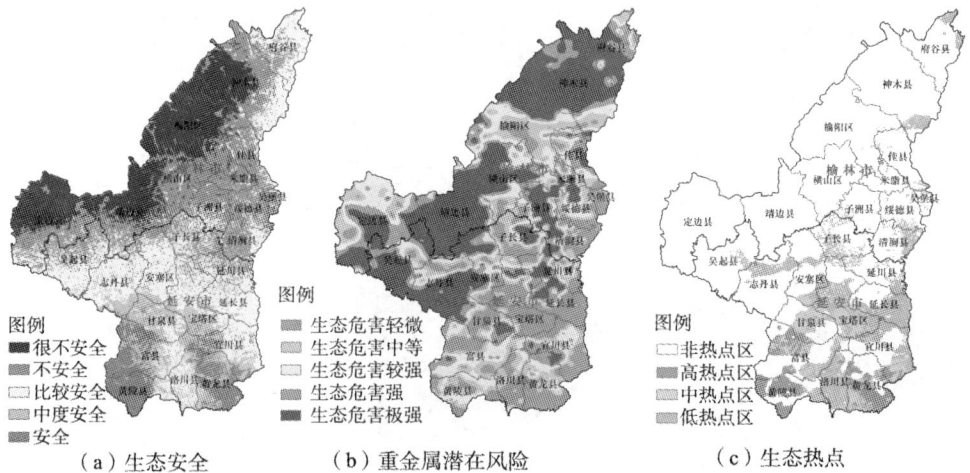

（a）生态安全　　　　（b）重金属潜在风险　　　　（c）生态热点

图 9-3　陕北地区土壤重金属潜在风险与优先保护格局

　　结合热点区域与实际生态环境状况，延安市中部的中—低热点区的过渡区及洛川县应该作为应对土壤重金属污染的优先保护区域，该区域生态环境中度安全，人口较为密集，且地下石油储量丰富，石油开采范围较广，石油开采等不合理人为活动导致山体稳定性减弱，水土流失加重，并且是该区域土壤重金属的重要来源。

从不同类型的能源开采区的重金属综合潜在风险来看（表 9-7），生态风险由大到小依次为天然气典型开采区>煤炭典型开采 I 区>石油典型开采区>煤炭典型开采 II 区，其中煤炭典型开采 II 区的综合潜在风险低于其缓冲区，其他开采区均高于其缓冲区，说明煤炭典型开采 II 区的开采活动及其相关产业的发展对开采区及周边土壤重金属污染影响较强，土壤重金属扩散严重，其他开采区重金属扩散较弱；不同类型的能源开采的生态安全综合指数与重金属污染综合潜在风险高度吻合，即生态安全指数高，则重金属潜在风险低；生态安全指数低，则重金属潜在风险高。值得注意的是，石油典型开采区及其缓冲区的生态安全指数相当，其重金属潜在风险高于其缓冲区，说明该区域生态环境受到石油开采引起的土壤重金属污染的影响较小，或者重金属污染的影响还未表现出来。根据生态热点的确定方法，煤炭典型开采 II 区为土壤重金属污染的优先保护区。

表 9-7　不同类型能源开发区及其缓冲区平均土地生态安全与土壤重金属污染潜在风险

能源开采区及其缓冲区	Hg	As	Pb	Cu	Zn	Cr	Cd	Ni	生态安全综合指数	重金属污染综合潜在风险
煤炭典型开采 I 区	0.748	0.748	0.822	**0.764**	0.832	0.843	**0.768**	0.803	0.204	0.764
煤炭典型开采 I 区缓冲区	0.662	0.486	0.726	**0.712**	0.714	0.711	**0.786**	0.660	0.250	0.689
煤炭典型开采 II 区	0.593	**0.325**	**0.079**	0.125	0.030	**0.219**	0.035	**0.354**	0.472	0.319
煤炭典型开采 II 区缓冲区	0.690	**0.304**	**0.086**	0.210	0.080	**0.188**	0.132	**0.358**	0.424	0.391
石油典型开采区	0.601	**0.535**	**0.531**	0.562	**0.531**	0.572	0.621	**0.514**	**0.289**	0.589
石油典型开采区缓冲区	0.445	**0.543**	**0.503**	0.459	**0.498**	0.585	0.564	**0.503**	0.286	0.502
天然气典型开采区	0.847	0.824	0.913	0.830	0.923	0.881	0.965	0.831	0.201	0.884
天然气典型开采区缓冲区	0.612	0.727	0.833	0.625	0.799	0.812	0.870	0.691	0.235	0.724

注：□ 表示典型开采区的均值低于缓冲区均值；___ 表示典型开采区的均值高于缓冲区均值；加黑表示典型开采区的均值与缓冲区均值相当

从不同类型的能源开采区及其缓冲区各个重金属潜在风险平均值来看（表 9-7），煤炭典型开采 I 区土壤中 Cd、Cu 平均潜在风险与其缓冲区相当，其他重金属平均潜在风险均高于其缓冲区平均值；对于煤炭典型开采 II 区，其土壤重金属潜在风险差异较大，开采区潜在风险低于缓冲的重金属风险依次为 Hg>Cu>Cd>Zn，开采区的 Ni、As、Cr 与 Pb 的风险与其缓冲区风险相当；对于石油典型开采区，开采区潜在风险高于缓冲区的重金属风险依次为 Cd>Hg>Cu，开采区其他重金属的风险与其缓冲区风险相当；对于天然气典型开采区，开采区的各种重金属潜在风险均高于缓冲区。说明煤炭典型开采Ⅰ区及其相关企业容易使 Cd、Cu 向周边地区发生迁移；煤炭典型开采Ⅱ区及其相关企业容易使 Ni、As、Cr 与 Pb 向周边地区发生迁移，缓冲区的 Hg、Cu、Cd、Zn 风险高于开采区对应元素风险，表明开采区周边土壤中 Hg、Cu、Cd、Zn 污染除受煤炭开采的影响外，主要由周边企业工业生产、农业生产等人类活动引起；石油开采及其相关企业易使 Cr、As、Pb、Zn、Ni 向周边地区发生迁移，缓冲区的 Cd、Hg、Cu 低于开采区对应元素风险，表明石油开采区周边的 Cd、Hg、Cu 主要属于自然来源；天然气开采造成开采地土壤各种重金属污染严重，但是迁移程度不高。

　　本章将生态安全等级与土壤重金属潜在风险等级相结合，从生态多样性与土壤重金属污染的可能性出发，探测了陕北能源区生态热点区域。本章根据实际生态环境及人类活动对其影响程度，在热点区域的基础上给出了应对土壤重金属污染优先保护区，该方法为生态环境优先保护范围的确定提供了一种新的思考模式，同时为相关部门生态修复和生态环境进一步管理与保护提供了理论依据。

第 10 章   结论与讨论

10.1   主 要 结 论

本书分析和研究了陕北能源区各空间尺度下能源开发对生态安全的影响，宏观尺度包括：①气候资源、土地资源变化与土地退化特征研究；②生态服务功能动态研究；③生态安全动态变化分析；④生态安全对能源开发的响应机制。中观尺度包括能源开发集中区生态安全评价。微观尺度包括我国生态脆弱区土壤重金属污染对能源开发的响应。

第一，宏观尺度上，分析了陕北能源区生态环境变化特征、生态系统服务功能，在此基础之上，评价并分析了能源区生态安全动态变化及其对能源开发的响应机制。

（1）30年间陕北能源区土地利用程度呈现出减小的变化特征，说明土地利用处于调整期或衰退期，1990 ~ 2010 年神木县、府谷县、定边县、靖边县及研究区中南部地区土地退化严重。由于退耕还林还草等措施的实施，人类活动对陕北能源区的植被覆盖主要表现为正作用影响。但是，近 30 年来陕北能源区年均温倾向率为 0.617 摄氏度/10 年，降水量倾向率为–11.744 毫米/10 年，陕北能源区气候呈现出明显的暖干化趋势。气候的暖干化会加剧地表水分蒸发，河流、湖泊水面严重萎缩，植被生长发育受到抑制，加之煤炭、石油、天然气等自然资源的开采带来一系列生态环境问题，生态环境将面临更严重的考验。

（2）陕北能源区除水源涵养价值量呈现出降低趋势外，其他生态系统服务功能价值量均呈增加趋势，生态系统服务功能价值总量极显著上升的区域主要分布在陕北中部，集中在榆林市的南部和延安市的北部及洛河两侧，其次分布于神木县和府谷县及极显著增加地区的周边，其中陕北中部石油典型开采区和西南部煤炭典型开采 II 区的生态系统服务功能可持续增加趋势显著，这主要是 1999 年退耕还林还草措施实施以来生态环境改善的重要体现。另外，需要注意的是，能源开发较为集中的神府煤炭典型开采Ⅰ区和定靖天然气典型开采区生态环境改善趋势相对较为缓慢，生态环境变化不明显，甚至出现退化，该区域位于陕北的风沙区，生态环境本身就十分脆弱，能源资源的开发对植被、土壤、水体等自然要素的影响严重，且具有不可逆性，生态修复难度大。

（3）1980~2010 年，陕北生态安全以不安全级别为主，说明陕北能源区在生态安全整体上呈现出不安全态势，而安全区域的扩展及不安全区域的萎缩，使生态安全状况呈现出改善的趋势。生态环境的治理速度先减后增，生态环境治理速度大于恶化速度。

（4）水土流失和沙漠化分别对陕北中部石油典型开采区和西北部煤炭典型开采Ⅰ区的生态安全变化影响较为严重，而在陕北南部的农业区和山地区，社会应对环境变化响应措施的程度对生态安全的影响较为重要。另外，在煤炭典型开采Ⅰ区的沙漠化区域的生态安全表现出改善趋势，生态响应指数对生态安全的解释程度相对较高，对生态压力的解释程度次之，该区域生态安全受到能源开发的影响也不容忽视，且由于煤炭典型开采Ⅰ区与其周边生态环境保护的投资和管理力度差异不大，所以为了避免生态脆弱区生态环境的恶化，该区域今后应该加大煤炭开采Ⅰ区应对环境的保护措施力度，尽量减小其生态环境与其周边区域的差异，并且沙漠化防治和减小能源开发造成的生态环境恶化并重。

陕北西南部煤炭典型开采Ⅱ区的生态环境状态在逐渐退化，该区域应该加强生态环境保护管理和投资力度，保证现有生态环境的稳定性，遏制其生态环境继续退化；天然气典型开采区生态安全的改善趋势由其生态环境状态的改善引起，天然气开采区应该减小人类对生态的压力，增加保护措施力度，以维持现有生态环境为宗旨。陕北中部石油典型开采区生态环境改善主要由人类活动压力的减小及生态环境状态的改善引起，开采区与其缓冲区生态安全及其分指数存在明显差异，开采区石油开采对其生态环境存在不可小觑的破坏。陕北北部生态环境改善主要是退耕还林还草措施的实施，生态保护投资力度加大使生态环境状态显著改善的结果。

第二，中观尺度上，分别分析了中大尺度的榆林市和中小尺度的神府矿区能源开发对生态安全的影响。

（1）榆林市生态环境状况改善的区域主要集中分布在南部区域，主要是退耕还林还草措施实施及相关法规完善的结果；生态环境状况恶化的区域分布于榆林市北部及长城以南沿线，该区域自然环境脆弱，但是能源开发及其相关产业发展迅速，能源开发造成了如地下水位下降、植被破坏、土壤污染、大气污染以及水土流失、崩塌、地面塌陷等地质灾害，生态环境质量逐渐恶化。因此，陕北能源开发区应该着重提高植被覆盖，加强矿产资源开采管理制度，控制能源开发相关企业污染物排放，经济发展与生态修复同时进行。

（2）神府矿区内人类对能源资源的开采导致土地生态环境发生巨大改变，生态环境不断退化，因此针对矿区土地生态环境要以调控人类活动为核心，以防治地质灾害为目标。对于土壤侵蚀和土地荒漠化，神府矿区中南部的黄土丘陵区应以水土保持为主，以小流域为单元，沟坡兼治，将生物措施和农业措施紧密结合，进行综合治理。北部风沙区以增加植被覆盖为主，植被不仅可以防风固沙、涵养水源、保持水土，而且还可以调节气候，增加空气湿度，调节气温。

神府矿区地质灾害对地表景观形态的改变影响很大，以泥石流、砂体流动和崩塌为主。泥石流和砂体流动危害较弱，经过治理后基本得到控制。崩塌的危害严重，潜在危险性较大，矿体的开挖未按安全坡角进行施工，造成岩体、山体稳定性降低，在气候等不确定性因素影响下，随时可能发生崩塌，对于识别出的潜在崩塌体应该加固或爆破，新的开采区应该加强开采安全管理，减小地质灾害的危害。

从煤矿开采点分布图来看，开采点多集中在河流两侧的区域，不合理的开采活动，一方面可以造成地下水位和地表水位的下降和流失，加剧干旱化气候，容易导致植被覆盖度降低，从而增加土地荒漠化的可能性。另一方面，煤炭开采造成地下水渗出至矿井，经人为排出地表，加之洗煤排放出大量的煤泥水，对土壤、植被、河流水系等形成污染。

第三，微观尺度上：①陕北能源区土壤中 Cd 平均含量与国家二级标准相当，其最大值超过国家二级标准，Hg、Pb、Zn、Cd 平均含量均超过且 Cd、Pb 和 Hg 远远超过陕西省土壤背景值；As、Cu、Ni 最大值均超过了背景值。说明土壤中各重金属存在明显聚集现象，污染较为严重。②Pb、Zn 的空间自相关性为强相关性；其他重金属的空间自相关性属于中等相关，Hg、As、Pb、Cr、Cd 的空间分布规律较为相似；Cu、Zn、Ni 的空间分布规律差异性较大。③Hg、Cd、Pb 属人为来源，Cr、Ni、As 为自然来源，受地质背景的控制。Cu、Zn 均属混合来源。④各种重金属生态风险概率空间上均表现出由南向北、由东南向西北逐渐增加的趋势，三类自然资源开采对土壤重金属影响的程度由大到小依次为煤炭>天然气>石油。⑤延安市中部的中—低热点区的过渡区及洛川县应该作为应对土壤重金属污染的优先保护区域。⑥煤炭典型开采Ⅰ区土壤中 Cd、Cu 易向周边地区发生迁移；煤炭典型开采Ⅱ区土壤中 Ni、As、Cr 与 Pb 易向周边地区发生迁移，开采区周边土壤中 Hg、Cu、Cd、Zn 污染主要由周边企业工业生产、农业生产等人类活动引起；石油开采区土壤中 Cr、As、Pb、Zn、Ni 易向周边地区发生迁移，开采区周边的 Cd、Hg、Cu 主要属于自然来源；天然气开采造成开采地土壤各种重金属污染严重，但是迁移程度不高。煤炭典型开采Ⅱ区为土壤重金属污染的优先保护区。

10.2　讨　　论

本书基于时间序列数据对陕北能源区能源开发对生态环境的影响进行了较为系统的研究，开发设计了针对时间序列地理栅格数据智能化处理的操作平台，提出了县级行政区二氧化碳治理的估算方法，并分析了陕北能源区能源开发对土壤重金属污染的影响，取得的重要进展如下。

（1）本书采用的数据多为时间序列数据，采用的统计学方法较多。各种数学方法的处理均以 MATLAB 的编程语言为基础，从多角度考虑，并且经过 GUI 设计和开发，建立多种分析方法的可执行文件，提高数以万计的栅格的运算效率，最终实现时间序列地理栅格数据的智能化、拓展式、人机交互式处理。期望可以将地理信息系统与 MATLAB 的数据处理系统紧密联系起来，对其他地学问题的处理有重要的应用价值和启发意义。

（2）本书将生态系统固碳对碳捕捉与封存成本的影响做了深入探讨，对陕北各个县区的二氧化碳治理最低合计成本进行了估算，从而基于相关部门的立法和约束，为各个县区的不同产业二氧化碳治理成本投资提供依据，使政府部门可以从全球变暖的主要根源出发，实现低能耗、低污染、低排放为基础的低碳模式。

（3）本书将生态安全等级与土壤重金属潜在风险等级相结合，从生态多样性与土壤重金属污染的可能性出发，探测了陕北能源区生态热点区域。本书根据实际生态环境及人类活动对其影响程度，在热点区域的基础上给出了应对土壤重金属污染优先保护区，延安市中部的中—低热点区的过渡区及洛川县应该作为应对土壤重金属污染的优先保护区域，该区域生态环境中度安全，人口较为密集，且地下石油储量丰富，石油开采范围较广，削山造城、石油开采等不合理人为活动导致山体稳定性减弱，水土流失加重。该方法为生态环境优先保护范围的确定提供了一种新的思考模式，同时为相关部门生态修复和生态环境进一步管理与保护提供了理论依据。

相对于研究特色与进展，本书还存在一些不足之处，需要进一步探讨和分析。

（1）经过多个专家的论证，本书所开发设计的时间序列地理栅格数据可执行文件，虽然可以实现海量数据的智能化处理，但是其界面不能很好地与 ArcGIS等地信软件相融合，没有完全实现空间分析功能与大数据计算的结合，所以在以后的研究中进一步研究 MATLAB 与 ArcGIS 接口的链接，或者利用如 Python 等语言实现。

（2）本书中生态系统气候调节功能中设计的 CO_2 捕捉与封存减排成本采用发电厂处理 CO_2 的方案，而发电厂产生的 CO_2 较为集中，较已经排放到空气中的 CO_2 容易捕获并封存，另外，利用每个县区投入的总成本来治理大气 CO_2，还需要工业生产、城市运转，交通等各个生产生活环节的相互配合，只有各个环节中 CO_2 的治理、捕获与封存相结合才能使大气 CO_2 浓度降低至 350 毫克/米^3 这个最大限度以下，所以本书估算的成本是处理大气中超过 350 毫克/米^3 的 CO_2 的最低成本。大气 CO_2 浓度还受植被呼吸作用及枯枝落叶分解的影响，所以植被固定的 CO_2 物质量相对更少，另外，地形、盛行风等因素也对大气 CO_2 浓度有一定影响，而本书在初步探索阶段并没有考虑到这些因素，在以后的研究中将做进一步考虑和分析。

参 考 文 献

[1] 陆大道. 我国区域政策实施效果与区域发展的基本态势[J]. 地理学报, 1999, 54 (6):
496-508.

[2] 肖笃宁, 陈文波, 郭福良. 论生态安全的基本概念和研究内容[J]. 应用生态学, 2002, 13
(3): 354-358.

[3] 史培军, 宋长青, 景贵飞, 等. 加强我国土地利用/覆盖变化及其对生态环境安全影响的研
究——从荷兰"全球变化开放科学会议"看人地系统动力学研究的发展趋势[J]. 地球科学
进展, 2002, 17 (2): 161-168.

[4] 王仰麟. 农业景观的生态规划与设计[J]. 应用生态学报, 2000, 11 (2): 265-269.

[5] 冷疏影, 宋长青. 关于地理学科"十五"重点研究的思考[J]. 地理学报, 2000, 55 (6):
751-754.

[6] 冷疏影, 刘燕华. 中国脆弱生态区可持续发展指标体系框架设计[J]. 中国人口资源与环境,
1999, 9 (2): 40-45.

[7] 蔡运龙, 陆大道, 周一星, 等. 地理学的中国进展与国际趋势[J]. 地理学报, 2004, 59 (6):
803-810.

[8] 李秀彬. 土地利用与土地覆盖变化研究[J]. 科学观察, 2006, 1 (5): 1.

[9] 陈百明, 杜洪亮. 试论耕地占用与 GDP 增长的脱钩研究[J]. 资源科学, 2006, 28 (5):
36-42.

[10] 刘彦随. 山地土地类型结构分析与优化利用[J]. 地理学报, 2001, (4): 504-509.

[11] 傅伯杰, 周国逸, 白永飞, 等. 中国主要陆地生态系统服务功能与生态安全[J]. 地球科学
进展, 2009, 24 (6): 571-576.

[12] 李文华, 刘某承, 张丹. 用生态价值观权衡传统农业与常规农业的效益——以稻鱼共作模
式为例[J]. 资源科学, 2009, 31 (6): 899-904.

[13] 李文华, 刘某承. 关于中国生态省建设指标体系的几点意见与建议[J]. 资源科学, 2007,
29 (5): 2-8.

[14] 李文华, 张彪, 谢高地. 中国生态系统服务研究的回顾与展望[J]. 自然资源学报, 2009,
24 (1): 1-10.

[15] 刘宝元, 阎百兴, 沈波, 等. 东北黑土区农地水土流失现状与综合治理对策[J]. 中国水土
保持科学, 2008, 6 (1): 1-8.

[16] 郑新奇, 孙元军, 付梅臣. 中国城镇建设用地结构合理性分析方法研究[J]. 中国土地科学,
2008, 22 (5): 4-10.

[17] 郑新奇, 孙元军, 王淑晴. 资源地理信息系统研究现状与发展趋势[J]. 资源与产业, 2007,
9 (6): 94-99.

[18] 李秀彬. 对加速城镇化时期土地利用变化核心学术问题的认识[J]. 中国人口·资源与环
境, 2009, 19 (5): 1-5.

[19] 谢高地，甄霖，鲁春霞. 一个基于专家知识的生态系统服务价值化方法[J]. 自然资源学报，2008，23（5）：911-919.

[20] 腾藤.21世纪是我国生态经济学大发展的世纪[J]. 中国生态农业学报，2001，9（1）：1-2.

[21] 曲格平. 关注生态安全之二：影响中国生态安全的若干问题[J]. 环境保护，2002，7：3-6.

[22] 左伟，王桥，王文杰，等. 区域生态安全综合评价模型分析[J]. 地理科学，2005，25（2）：209-214.

[23] 刘勇，刘友兆，徐萍. 区域土地资源持续利用的生态安全研究[J]. 水土保持学报，2004，18（2）：192- 195.

[24] 陈亚宁，张小雷，祝向民，等. 新疆塔里木河下游断流河道输水的生态效应分析[J]. 中国科学，2004，34（5）：475-482.

[25] 刘昌明. 水资源开发利用及其在国土整治中的地位[J]. 地球科学发展，1998，13（6）：595.

[26] 刘纪远. 中国资源环境遥感宏观调查与动态研究[M]. 北京：中国科学技术出版社，1996.

[27] 黄秉维，郑度. 现代自然地理学[M]. 北京：科学出版社，1999.

[28] 宋长青，冷疏影.21世纪中国地理学综合研究的主要领域[J]. 地理学报，2004，60（4）：546-552.

[29] 冷疏影，宋长青. 中国地理学面临的挑战与发展[J]. 地理学报，2004，60（4）：553-558.

[30] 王静爱，商彦蕊，苏筠，等. 中国农业旱灾承灾体脆弱性诊断与区域可持续发展[J]. 北京师范大学学报（社会科学版），2005：130-137.

[31] 徐中民，程国栋，王根绪. 生态环境损失价值的初步研究[J]. 地球科学进展，1999，14（5）：498-503.

[32] 欧阳志云，王效科，苗鸿. 中国陆地生态系统服务功能及其生态经济价值的初步研究[J]. 生态学报，1999，19（5）：607-513.

[33] Costanza R，d'Arge R，de Groot R，et al. The value of the world's ecosystem services and natural capital[J]. Ecological Economics，1998，25（1）：3-15.

[34] Toman M. Why not to calculate the value of the world's ecosystem services and natural capital[J]. Ecological-Economics，1998，25：61-65.

[35] Turner Ⅱ B L，Meyer W B，Skole D L. Global land-use/land-cover change：towards an integrated study[J]. Ambio，1994，23（1）：91-95.

[36] Turner Ⅱ B L，Skole D，Sanderson S，et al. 1995. Land-use and land-cover change science /research plan[R]. IGBP Reports No.35，and HDP Report No.7.Stochkholm：IGBP.

[37] Turner Ⅰ B L，Skole D. 1995. Land use and land cover change（LUCC）：science / research plan[R]. IGBP Reports No.35.

[38] Turner P K，Adger W N，Brouwer R，et al. Ecosystem services value，research needs，and policy revance：a commentary [J]. Ecological Economics，1998，25：61-65.

[39] Wachernagel M，Lewan L，Hanson C B. Evaluating the use of natural capital with the ecological footprint：applications in Sweden and subregions[J]. Ambio，1999，28（7）：604-612.

[40] Zhao X G，Wu F Q，Liu B Z. Analysis of runoff and soil loss on the gentle fallow slope land in gully region of loess plateau[J]. Proceedings of International symposium of Floods and Droughts，1999：733-739.

[41] Liu B Y，Nearing M A，shi J P，et al. Slope length effects on soil loss for sleep slopes[J]. Soil Science Society of America Journal，2000，64（5）：1759-1763.

[42] Wackernagel M，Rees W E. Our Ecological Footprint：Reducing Human Impact on the Earth[M]. Gabriel Island：New Society Publishers，1996.

[43] Wackernagel M，Onisto L，Bello P. National natural capital accounting with the ecological footprint concept[J]. Ecological Economics，1999，29（3）：375-612.

[44] 张健，张斌成，王国柱. 陕北能源化工基地煤炭生产可持续发展的地质与环境地质问题研究[J]. 中国煤炭地质，2009，21（9）：64-69.

[45] 李国彬. 脆弱生态环境与贫困耦合机理下的陕北能源化工基地可持续发展研究[D]. 西北大学硕士学位论文，2007.

[46] 张茂省，卢娜，陈劲松. 陕北能源化工基地地下水开发的植被生态效应及对策[J]. 地质通报，2008，27（8）：1299-1312.

[47] 潘新华. 陕北能源化工基地建设可持续发展的途径[J]. 改革与战略，2007,23(10)：122-124.

[48] 樊华. 基于生态足迹理论的陕北生态环境可持续发展研究[D]. 北京林业大学博士学位论文，2010.

[49] 刘晓琼. 生态脆弱区大型能源开发对区域发展的影响及优化调控[D]. 陕西师范大学博士学位论文，2007.

[50] 张楠. 陕北能源化工基地地下水污染现状分析[D]. 西安科技大学硕士学位论文，2008.

[51] Costanza R，d'Arge R，Groot R，et al. The value of the world's ecosystem services and natural capital[J]. Nature，1997，387：253-260.

[52] Daily G C. Nature's Service：Societal Dependence on Natural Ecosystems[M]. Washington D.C：Island Press，1997.

[53] de Groot R S，Wilson M A，Boumans R M J. A typology for the classification，description，and valuation of ecosystem function，goog，service[J]. Ecological Economics，2002，41：393-408.

[54] 千年生态系统评估/世界资源研究所. 生态系统与人类福祉：生物多样性综合报告[M]. 北京：中国环境科学出版社，2005.

[55] Ahuja L R. Characterization and modeling of chemical transfer to runoff[A]//Stewart K. Advances in Soil Science[C]. New York：Springer-Verlag，1986：149-184.

[56] Romkens M J M，Nelson D W. Phosphorus relationships in runoff from fertilized soils[J]. Journal of Environmental Quality，1974，（3）：10-13.

[57] Wischmeier W H，Smith D D. Predicting Rainfall-Eroison Losses from Cropland East of Rocky Mountains[M]. Washington：USDA Handbook，1965.

[58] 王万忠，焦菊英. 中国降雨侵蚀 R 值的计算与分布（1）[J]. 水土保持学报，1995，9（4）：5-18.

[59] Wischmeier W H，Smith D D. Predicting Rainfall Erosin Losses[M]. Washington：USDA Handbook，1978.

[60] McGuire A D，Melillo J M，Kicklighter D W，et al. Equilibrium responses of soil carbon to climate change-empirical and process-based estimates[J]. Journal of Biogeograph，1995，22（4~5）：785-796.

[61] 江中善，贾志伟，刘志. 降雨和地形因素与坡地水土流失关系的研究[J]. 水土保持研究，1990，（2）：1-8.

[62] Parton W J，Scurlock J M O，Ojima D S，et al. Observations and modeling of biomass and soil organic matter dynamics for the grassland biome worldwide [J]. Global Biogeochemical Cycles，1993，7：785-890.

[63] 蔡崇法，丁树文，忠志华，等. GIS 支持下三峡库区典型小流域土壤养分流失量预测[J]. 水土保持学报，2001，15（1）：9-12.

[64] Kergoat L. A model for hydrologic equilibrium of leaf area index on a global scale[J]. Journal of Hydrology，1999，212~213：267-286.

[65] Potter C S，Randerson J T，Field C B，et al. Terrestrial ecosystem production：a process model based on global satellite and surface data [J]. Global Biogeochemical Cycles，1993，7：811-841.

[66] Prince S D，Goward S N. Global primary production：a re-mote sensing approach[J]. Journal of Biogeography，1995，22：815-835.

[67] Goetz S J，Prince S D，Goward S N，et al. Satellite remote sensing of primary production：an improved production efficiency modeling approach [J]. Ecological Modelling，1999，122：239-255.

[68] Knorr W，Heimann M. Impact of drought stress and other factors on seasonal land biosphere CO_2 exchange studied through an atmospheric tracer transport model [J].Tellus，1995，47B：471-789.

[69] 李晶，任志远. 基于 GIS 的陕北黄土高原土地生态系统固碳释氧价值评价[J]. 中国农业科学，2011，14：2943-2950.

[70] 朱文泉，潘耀忠，张锦水. 中国陆地植被净初级生产力遥感估算[J]. 植物生态学报，2007，（3）：413-424.

[71] 李红云，杨吉华，夏江宝，等. 济南市南部山区森林涵养水源功能的价值评价[J]. 水土保持学报，2004，（1）：89-92.

[72] 张文广，胡远满，张晶，等. 岷江上游地区近 30 年森林生态系统水源涵养量与价值变化[J]. 生态学杂志，2007，（7）：1063-1067.

[73] 高长波，陈新庚，韦朝海，等. 区域生态安全：概念及评价理论基础[J]. 生态环境，2006，（1）：169-174.

[74] 任志远. 区域生态环境服务功能经济价值评价的理论与方法[J]. 经济地理，2003，（1）：1-4.

[75] 肖笃宁，吠文波，郭福复.论生态安全的基本概念和研究内容[J]. 应用生态学报，2002，13（3）：354-358.

[76] Su S L，Zhang Z H，Xiao R，et al. Geospatial assessment of agroecosystem health：development of an integrated index based on catastrophe theory[J]. Stochastic Environmental Research and Risk Assessment，2012，26：321-334.

[77] Li Y F，Sun X，Zhu X D，et al. An early earning method of landscape ecological security in rapid urbanizing coastal areas and its application in Xiamen，China[J]. Ecological Modelling，2010，221：2251-2260.

[78] 朱运海，张百平，曹银璇，等. 基于动态因子的区域生态安全评价——以河北省万全县为例[J]. 地理科学进展，2006，25（4）：34-40.

[79] 吕建树，吴泉源，张祖陆，等. 基于 RS 和 GIS 的济宁市土地利用变化及生态安全研究[J]. 地理科学，2012，（8）：928-935.

[80] Zhao Y Z，Zou X Y，Cheng H，et al. Assessing the ecological security of the Tibetan Plateau：methodology and a case study for Lhaze County[J]. Environmental Management，2006，80：120-131.

[81] 任志远，黄青，李晶. 陕西省生态安全及空间差异定量分析[J]. 地理学报，2005，60（4）：597-606.

[82] Su S L，Li D，Yu X，et al. Assessing land ecological security in Shanghai（China）based on catastrophe theory[J]. Stochastic Environmental Research and Risk Assessment，2011，25：737-746.

[83] 魏停，朱晓东，李杨帆，等. 突变级数法在厦门城市生态安全评价中的应用[J]. 应用生态学报，2008，19（7）：1522-1528.

[84] 刘明，刘淳，王克林. 洞庭湖流域生态安全状态变化及其驱动力分析[J]. 生态学杂志，2007，26（8）：1271-1276.

[85] 陈秀端，卢新卫，赵彩凤，等. 西安市二环内表层土壤重金属空间分布特征[J]. 地理学报，2011，66（9）：1281-1288.

[86] 楚纯洁，周金风. 平顶山矿区丘陵坡地土壤重金属分布及污染特征[J]. 地理研究，2014，33（7）：1383-1392.

[87] 吕建树，张祖陆，刘洋，等. 日照市土壤重金属来源解析及环境风险评价[J]. 地理学报，2012，67（7）：971-984.

[88] Elsebai T，Lagacherie B，Soulas G，et al. Spatial variability of isoproturon mineralizing activity within an agricultural field：geostatistical analysis of simple physicochemical and microbiological soil parameters[J]. Environmental Pollution，2007，145：680-690.

[89] Yalcin G M，Ilhan S. Multivariate analyses to determine the origin of potentially harmful heavy metals in beach and dune sediments from Kizkalesi coàst（Mersin），Turkey[J]. Bulletin of Environmental Contamination and Toxicology，2008，81：57-68.

[90] Salman S R，Aburuka Y H. Multivariate and principal component statistical analysis of contamination in urban and agricultural soils from north Jordan[J]. Environmental Geology，1999，38：265-270.

[91] Inigo V，Andrades M，Alonso-Martirena J I，et al. Multivariate statistical and GIS-based approach for the identification of Mn and Ni concentrations and spatial variability in soils of a humid Mediterranean environment：La Rioja，Spain[J]. Water，Air and Soil Pollution，2011，222：271-284.

[92] Liu W X，Lia X D，Shena Z G，et al. Multivariate statistical study of heavy metal enrichment in sediments of the Pearl River Estuary[J]. Environmental Pollution，2003，21：377-388.

[93] 章明奎，王浩，张慧敏. 浙东海积平原农田土壤重金属来源辨识[J]. 环境科学学报，2008，28（10）：1946-1954.

[94] 赵彦锋，郭恒亮，孙志英，等. 基于土壤学知识的主成分分析判断土壤重金属来源[J]. 地理科学，2008，28（1）：45-50.

[95] 谢小进，康建成，李卫江，等. 上海宝山区农用土壤 重金属分布与来源分析[J]. 环境科学，2010，31（3）：768-774.

[96] 方淑波，贾晓波，安树青，等. 盐城海岸带土壤重金属潜在生态风险控制优先格局[J]. 地理学报，2012，（1）：27-35.

[97] 王惠萍，王志楼，柳建设.铜尾矿库重金属元素的形态分布及生物有效性[J]. 安徽农业科学，2010，38（29）：16293-16295.

[98] 周建民，党志，司徒粤，等. 大宝山矿区周围土壤重金属污染分布特征研究[J]. 农业环境科学学报，2004，23（6）：1172-1176.

[99] 窦嘉，周永章，高全洲，等. 土壤环境中重金属生物有效性评价方法及其环境学意义[J]. 土壤通报，2007，38（3）：576-583.

[100] 高军侠，党宏斌，姜灵彦，等. 矿区周围农田土壤重金属铜锌铅污染及生物效应分析[J]. 中国农学通报，2013，29（26）：137-141.

[101] 吴锦标，刘华基，亦如瀚，等. 云浮硫铁矿区土壤重金属生物有效性的研究[J]. 安徽农业科学，2010，38 （2）：852-855.

[102] 邓超冰，李丽和，王双飞，等. 典型铅锌矿区水田土壤重金属污染特征[J]. 农业环境科学学报，2009，28（11）：2297-2301.

[103] 储彬彬，罗力强. 南京栖霞山铅锌矿地区土壤重金属污染评价[J]. 岩矿测试，2010，29（1）：5-8，13.

[104] 龙健，黄昌勇，滕应，等. 矿区重金属污染对土壤环境质量微生物指标的影响[J]. 农业环境科学学报，2003，22（1）：60-63.

[105] 王学刚，王光辉，刘金生. 矿区重金属污染土壤的修复技术研究现状[J]. 工业安全与环保，2010，36（4）：29-31.

[106] 张尚铎，王德怀，曹家孔. 铜陵地区黄金矿山尾矿资源的综合利用[J]. 安徽地质，2007，17（3）：22-23.

[107] 张美钦. 南方重金属矿区的重金属污染现状及治理[J]. 亚热带农业研究，2006，2（3）：212-215.

[108] 吴超，廖国礼. 有色金属矿山重金属污染评价研究[J]. 采矿技术，2006，3（6）：360-363.

[109] 王莹，董雾红.徐州矿区充填复垦地重金属污染的潜在生态风险评价[J]. 煤炭学报，2009，34（5）：650-655.

[110] 徐友宁，张江华，赵阿宁，等. 小秦岭某金矿区农田土壤重金属污染的潜在生态危害评价[J]. 地质通报，2008，27（8）：1272-1278.

[111] Ji C Y. Land-use classification of remotely sensed data using Kohonen self organizing feature map neural network[J]. Photogrammetric Engineering & Remote Sensing，2000，66：1451-1460.

[112] Hutchinson M F. Anusplin Version 4.3 User Guide[M]. Canberra：The Australia National University，Center for Resource and Environment Studies，2004.

[113] Hutchinson M F. The Application of Thin Plate Splines to Continent-Wide Data Assimilation，Data Assimilation Systems，BMRC Research Report NO. 27[M]. Melbourne：Bureau of Meteorology，1991.

[114] 徐建华. 现代地理学中的数学方法[M]. 北京：高等教育出版社，2002.

[115] Kendall M G. Rank Correlation Methods（3rd ed.）[M]. New York：Hafner Publishing Company，1962.

[116] Helsel D R，Frans L M. Regional kendall test for trend[J]. Environmental Science and Technology，2006，40（13）：4066-4073.

[117] 黄森旺，李晓松，吴炳方. 近 25 年三北防护林工程区土地退化及驱动力分析[J]. 地理学报，2012，67（5）：589-598.

[118] Fotheringham A S，Brunsdon C，Charlton M. Geographically Weighted Regression：The Analysis of Spatially Varying Relationships[M]. Chichester：Wiley，2002.

[119] 刘纪远. 中国资源环境遥感宏观调查与动态研究[M]. 北京：中国科学技术出版社，1996.

[120] 全斌. 土地利用覆盖变化导论[M]. 北京：中国科学技术出版社，2010.

[121] 刘纪远，布和敖斯尔. 中国土地利用变化现代过程时空特征的研究：基于卫星遥感数据[J]. 第四纪研究，2000，20（3）：229-239.

[122] 朱文泉，潘耀忠，张锦水. 中国陆地植被净初级生产力遥感估算[J]. 植物生态学报，2007，31（3）：413-424.

[123] Fan H B，Huang Y Z，Yuan Y H，et al. Carbon cycling of forest ecosystems in response to global nitrogen deposition：a review[J]. Acta Ecological Sinica，2007，27（7）：2997-3008.

[124] IPCC. Climate Change 2001：Impacts，Adaptation and Vulnerability[M]. Cambridge：Cambridge University Press，2001.

[125] Kramer P J. Carbon dioxide concentration，photosynthesis and dry matter production[J]. Bioscience，1981，31：29-33.

[126] Waring R H，Schlesinger W H. Forest Ecosystems：Concepts and Management[M]. Pittsburgh：Academic Press，1985.

[127] Yu X X，Lu S W，Jin F. The assessment of the forest ecosystem services evaluation in China[J]. Acta Ecologica Sinica，2005，25（8）：2096-2102.

[228] 陈莉，李佩武，李贵才，等. 应用 CITYGREEN 模型评估深圳市绿地净化空气与固碳释氧效益[J]. 生态学报，2009，（1）：272-282.

[129] 马长欣，刘建军，康博文，等. 1999—2003 年陕西省森林生态系统固碳释氧服务功能价值评估[J]. 生态学报，2010，（6）：1412-1422.

[130] 李辉，赵卫智，古润泽，等. 居住区不同类型绿地释氧固碳及降温增湿作用[J]. 环境科学，1999，（6）：41-44.

[131] 李晶，任志远. 基于 GIS 的陕北黄土高原土地生态系统固碳释氧价值评价[J]. 中国农业科学，2011，14：2943-2950.

[132] 谢红霞，任志远，李锐. 陕北黄土高原土地利用/土地覆被变化中植被固碳释氧功能价值变化[J]. 生态学杂志，2007，（3）：319-322.

[133] 李小燕，马彩虹，莫宏伟. 陕北榆阳区植被生态系统固碳释氧价值动态[J]. 价值工程，2010，13：7-8.

[134] Hansen J，Sato M，Kharecha P. Target atmospheric CO_2：where should humanity aim?[J]. Open Atmospheric Science Journal，2008，2：217-231.

[135] Meinshausen M，Hare B，Wigley T M M，et al. Multi-gas emissions pathways to meet climate targets[J]. Climatic Change，2006，75：151-194.

[136] Hare B，Meinshausen M. How much warming are we committed to and how much can be avoided?[J]. Climatic Change，2006，75：111-149.

[137] 卢志刚，夏明昭，张晓辉. 基于多阶段减排规划的发电厂碳捕集系统优化配置[J]. 中国电机工程学报，2011，35（31）：65-71.

[138] 伍光和，田连恕，胡双熙，等. 自然地理学[M]. 北京：高等教育出版社，2000.

[139] 李晶，任志远. 基于 GIS 的陕北黄土高原土地生态系统固碳释氧价值评价[J]. 中国农业科学，2011，44（14）：2943-2950.

[140] Renard K G，Foster G R，Weesies G A，et al. Predicting soil erosion by water：a guide to conservation planning with the revised universal soil loss equation(RUSLE)[M]. Washington：USDA Handbook，1997.

[141] 章文波，谢云. 利用日雨量计算降雨侵蚀力的方法研究[J]. 地理科学，2002，22（6）：705-711.

[142] 谢云，刘宝元，章文波. 侵蚀性降雨标准研究[J]. 水土保持学报，2000，14（4）：6-11.

[143] Williams J R，Jones C A，Dyke P T. A modeling approach to determining the relationship between erosion and soil productivity[J]. Transactions of the American Society of Agricultural Engineers，1984，27（1）：129-144.

[144] Hickey R. Slope angle and slope length solutions for GIS[J]. Cartography，2000，29（1）：1-8.

[145] Cai C F，Ding S W，Shi Z H，et al. Study of applying USLE and geographical information system IDRISI to predict soil erosion in small watershed[J]. Journal of Soil and Water Conservation，2000，14（2）：19-24.

[146] Liu J Y，Liu M L，Tian H Q，et al. Spatial and temporal patterns of China's cropland during 1990—2000：an analysis based on landsat TM data[J]. Remote Sensing of Environment，2005，98（4）：442-456.

[147] 许月卿，蔡运龙，彭建. 土地利用变化的土壤侵蚀效应评价：西南喀斯特山区的一个研究案例[M]. 北京：科学出版社，2008.

[148] 李京昌. 生态价值论[M]. 重庆：重庆出版社，1999.

[149] 李晶，任志远. 秦巴山区植被涵养水源价值测评研究[J]. 水土保持学报，2003，17（4）：132-138.

[150] Hammond A，Adriaanse A，Rodenburg E，et al. Environmental Indicators：A Systematic Approach to Measuring and Reporting on Environmental Policy Performance in the Context of Sustainable Development[M]. Washington D. C：World Resources Institute，1995.

[151] 谢季坚，刘承平. 模糊数学方法及其应用[M]. 武汉：华中理工大学出版社，2000.

[152] Wilding L P，Dress L R. Biogenicopal in ohiosoils[J]. Soil Science Soiciety of America Journal，1971，35：1004-1010.

[153] Goovaerts P. Geostatistics for Natural Resources Evaluation[M]. Oxford：Oxford University Press，1997.

[154] Smith J L，Halvorson J J，Papendick R I. Using multiple-variable indicator kriging for evaluating soil quality[J]. Soil Science Society of America Journal，1993，57（3）：743-749.

[155] Brus D J，Gruijter J J，Walvoort D J J，et al. Mapping the probability of exceeding critical thresholds for cadmium concentrations in soils in the Netherlands[J]. Journal of Environmental Quality，2002，31：1875-1884.

[156] Myers N. Threatened biotas："hotspots" in tropical forests[J]. Environmentalist，1988，8：187-208.

[157] Myers N，Mittermeier R A，Mittermeier C G，et al. Biodiversity hotspots for conservation priorities[J]. Nature，2000，403（24）：853-858.

[158] Myers N. Biodiversity hotspots revisited[J]. Bioscience，2003，53（10）：916-917.

[159] 薛澄泽，肖玲，吴乾丰，等. 陕西省主要农业土壤中十种元素背景值研究[J]. 西北农林科技大学学报（自然科学版），1986，14（3）：30-53.

[160] 章明奎，王浩，张慧敏. 浙东海积平原农田土壤重金属来源辨识[J]. 环境科学学报，2008，28（10）：1946-1954.

[161] 赵彦锋，郭恒亮，孙志英，等. 基于土壤学知识的主成分分析判断土壤重金属来源[J]. 地理科学，2008，28（1）：45-50.

[162] Sajn R，Halamic J，Peh Z，et al. Assessment of the natural and anthropogenic sources of chemical elements in alluvial soils from the Drava River using multivariate statistical methods[J]. Journal of Geochemical Exploration，2011，110：278-289.

[163] Facchinelli A，Saechi E，Mallen L. Multivariate statistical and GIS-based approach to identify heavy metal sources in soils[J]. Environmental Pollution，2001，114：313-324.

[164] Boruvka L，Vacek O，Jehlicka J. Principal component analysis as a tool to indicate the origin of potentially toxic elements in soils[J]. Geoderma，2005，128：289-300.